後藤昭雄 監修
赤尾栄慶・宇都宮啓吾・海野圭介 編

天野山金剛寺善本叢刊 第二期

第五巻 重書

勉誠出版

大四百九十二座
三百四座　並預祈年月次新嘗上官幣就中七十一座預相嘗祭
百八十八座　並預祈年國幣
小二千六百卌座
四百卌三座　並預祈年案下官幣
（二千二百七座　並預祈年國幣）
宮中神卅六座
神祇官西院坐御巫等祭神廿三座　並大月次新嘗
御巫祭神八座　並大月次新嘗中宮東宮御巫亦同
神産日神　高御産日神　玉積産日神
生産日神　足産日神
御食津神　事代主神
座摩巫祭神五座　並預大月次新嘗
生井神　福井神　綱長井神
波比祇神　阿須波神
御門巫祭神八座　並大月次新嘗
櫛石窓神　四面門各一座
豊石窓神　四面門各一座

廿人有品親王家十人省直（舎人不足者權補）
（其名簿具注定因官位姓名容乃朝之時待太政官所下名簿補）
床（其輔胡床以黒漆丞以下以白木鼓之）纛幡二旒（頭垂穴樹鷲柱）鉦鼓各二
面（一鼓半）大鼓三鼓列陳鼓并一鼓進鼓（其韓鼓公）
夫執纛夫等並兵庫寮充之　丞二人分率内舎人供奉加馬二疋
御大極後殿即分就胡床禮畢加馬還供奉
凡供奉威儀（[illegible]）着襖帯横刀着靴
等並私備之自餘収省臨時申用但數胡床
之（不請）内蔵寮事了返上
倉前申録率史生省掌等昰依
様殿前龍尾道上（其數并相去丈尺見儀式）
凡賀正畢乗輿御豊楽殿賜宴侍従省預
検校侍従以上（[illegible]）掃部寮預設薦已下座於便處
省掌執簿位進當丞座前唱之（文詳式部式）五位以上就
版受點丞判命（[illegible]）參議以上八省得弾正
日右右一品及三位已上左右衛門左右兵衛督
左右近衛少将已上並違點其左右衛門左右衛
佐府生已上申由所司聞
儀暫因執其後宮人率陰陽寮入自逢春
門進七遅卿輔以下一人留奉進其詞曰
速

剗析料布長六丈 五寸 廣四尺 五寸 縫析汚一丈十七條 各長三丈 廣一寸 裂之草一張

復獸斮 長六尺 廣四尺 並随用盡及破損請受

凡擇千驛傳遠及遣渤海国勅書之類

者主鈴封之 勅書内記共署之

典鑰

凡諸司藏庫鑰匙毎日与監物共請之 延民部省

膳職主殿 家子大炊寮鑰 但兵庫鑰臨時請進

凡鑰袋皆以牛革縫造若有損破者申省

凡納御鑰韋櫃匙納典鑰局

延喜式巻第十二

延長五年十二月廿六日 外従五位下行左大史臣阿刀宿祢

従五位上行勘解由次官兼大外記紀朝臣

従四位上行神祇伯臣大中臣朝臣

大納言正三位兼行民部卿臣藤原朝臣

大臣正二位兼行左近衛大将皇太

永點故乞高朝臣説也 墨點者故

至平朱墨相遁之處者依朱不用墨 墨之本宣之

延喜式卷第十四

縫殿寮

祭神三座夏祭 冬祭准此

御匣殿神一座

五色薄絁各三尺 絹二疋 綿二屯 絲二絇 納幣

明櫃一合 以絹綿等至冬祭賜內 盛御巫冬料冬至夏賜 酒六升 雜食二案

脚別机四前 二盛幣料 二盛饌食料 調布一端 敷机案 二丈八尺 並內膳司備之

櫃一丈四尺 祝史料庸布二段

国宝 延喜式 巻第十四 17紙/18紙

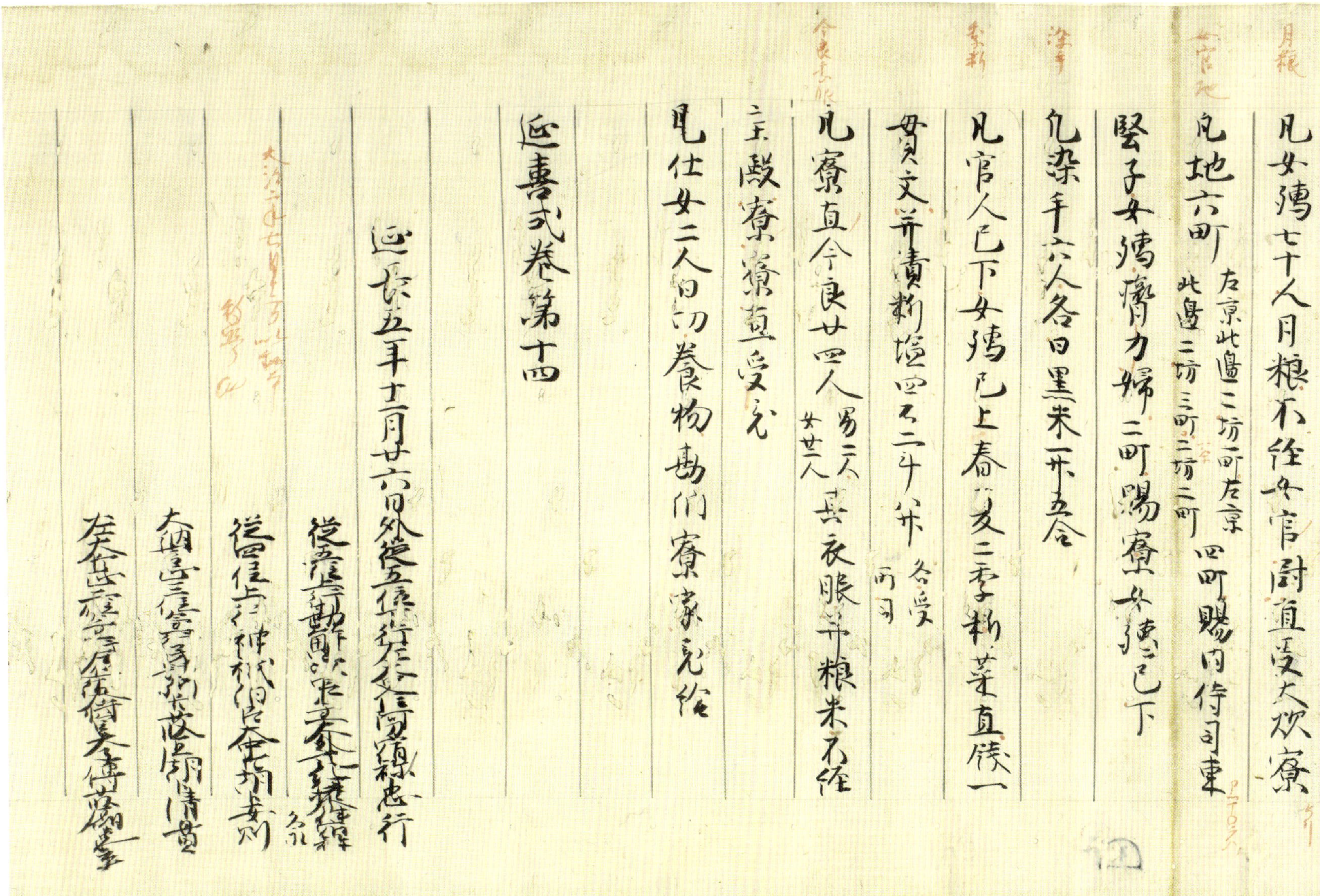

凡女孺七十人月粮不経女官尉直受大炊寮
凡地六町 右京北辺二坊西町左京北辺二坊三町二坊二町 四町賜内侍司東
竪子女孺膳力婦二町賜寮女孺已下
凡染手六人各日黒米一升五合
凡官人已下女孺已上春夏二季料菜直銭一
貫文并薪料塩四石二斗八升 各受所司
凡寮直今良廿四人 男二人 女廿二人 其衣服并粮米不経
主殿寮寮直受之
凡仕女二人日別養物並附寮家充給

延喜式巻第十四

延長五年十二月廿六日外従五位下行左大史臣阿刀宿禰忠行
従五位上行勘解由次官兼大外記紀伊権介臣伴宿禰久永
従四位上行神祇伯臣大中臣朝臣安則
大納言正三位兼行民部卿臣藤原朝臣清貫
左大臣正二位兼行左近衛大将臣藤原朝臣忠平

延喜式巻第十六

陰陽寮

凡新年鎮害氣者、預前勘録害氣在處并所須鎮物申省〈白絹八尺、絲三絇、木綿、清酒三斗、鋺一柄、盆一口、杵一枚、斫横家一具、鉏一柄、槖一具、廣四寸、一鍬十口、役夫十五人、外鎮祭物亦同〉正月上旬擇日、遣明官人率陰陽師、設鎮處於害氣之地、宮城内外各一處、堀方深各一尺、訖即内侍奏豆移者、諸司亦斫五位

喩以譬解脱雖以无量阿僧祇譬而實不可
以譬為比或有因縁亦可譬說或有因縁不
可以譬是故解脱成就如是无量功德趣涅
槃涅槃者如来亦有如是无量功德以如是
等无量功德成就滿故名大般涅槃迦葉菩
薩白佛言世尊我今始知如来至處為无
有盡處若无盡當知壽命亦應无盡佛言善
哉善哉善男子汝今善能護持正法若有善
男子善女人欲斷煩惱諸結縛者當作如是護
持正法

大般涅槃経巻第五

正平十四年六月七日於行廳一日之間卅五巻書之父母
仍法華涅槃共以舎那之若以是為是之全
天野宮　一品尼
言不能上大平

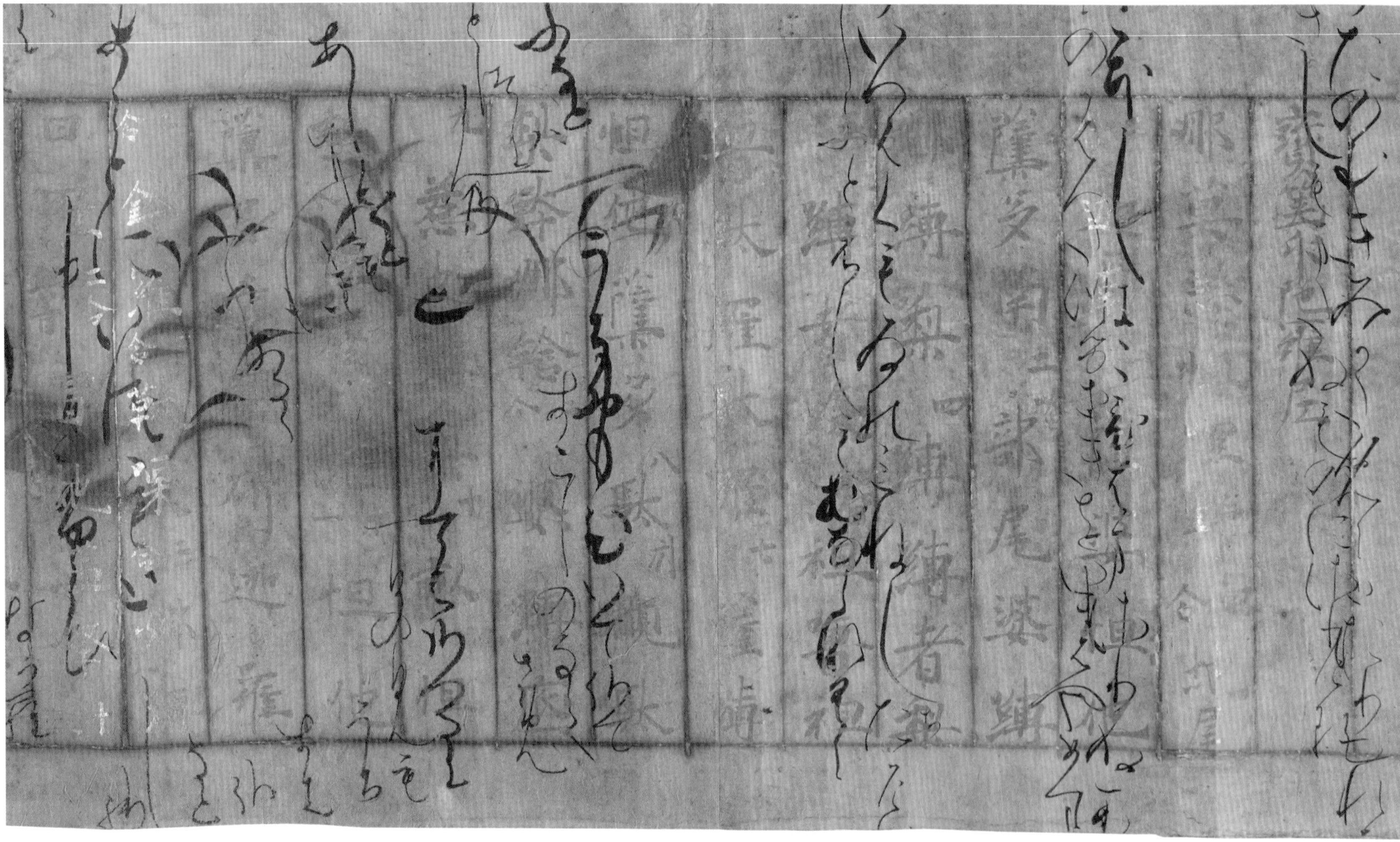

重要文化財 宝篋印陀羅尼経（金字本） 14紙／15紙

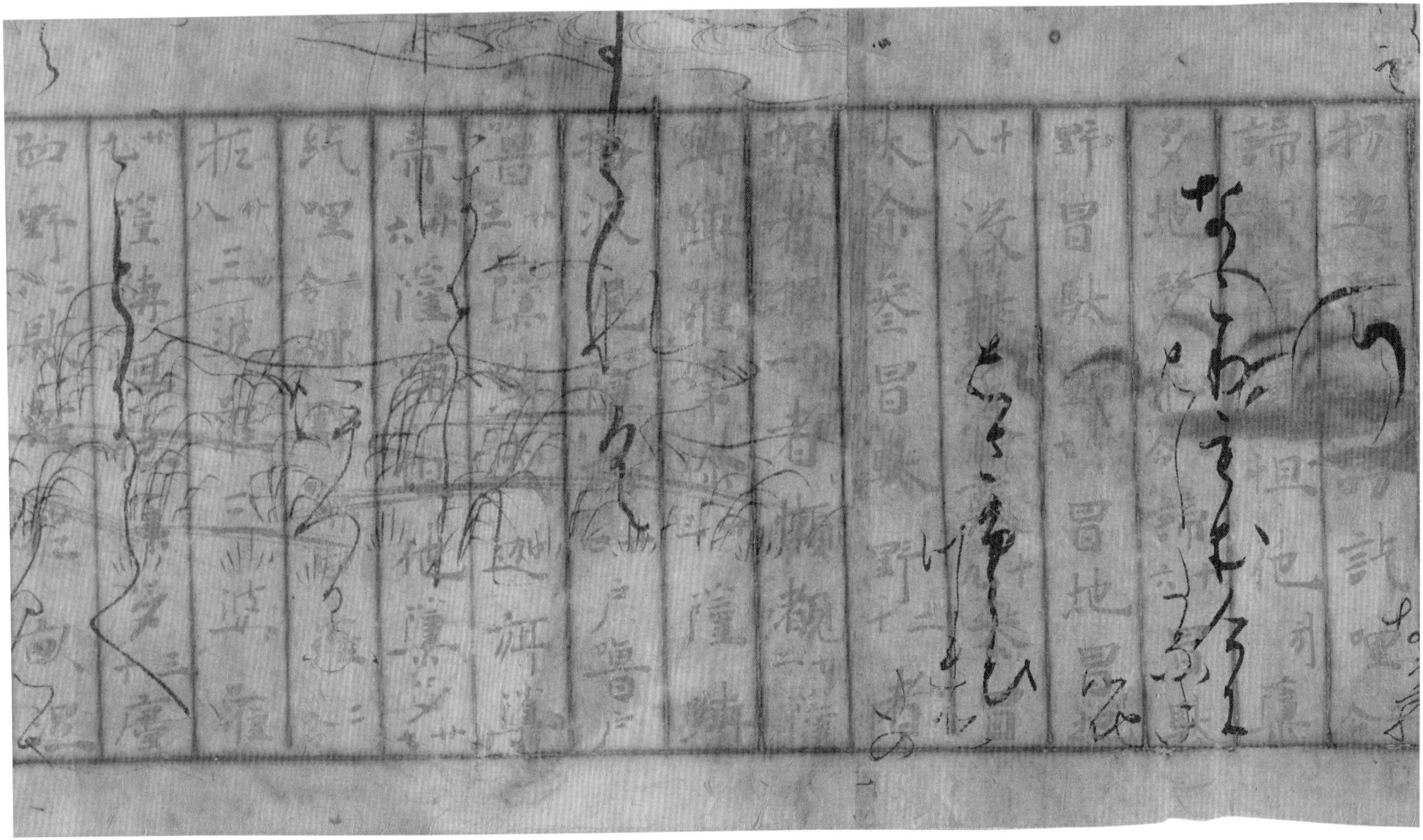

重要文化財 宝篋印陀羅尼経（金字本） 15紙／16紙

重要文化財 寶篋印陀羅尼経（墨書本） 1紙

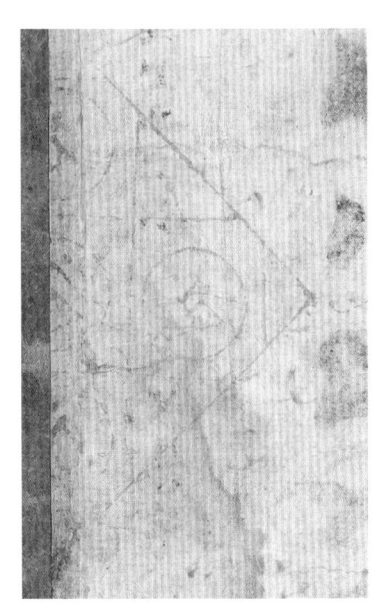

一切如来心秘密全身舍利寶篋印陀羅尼経
特進試鴻臚卿大興善寺三蔵沙門大廣智不空奉　詔譯
如是我聞一時佛在摩伽陀國無垢園中寶
光明池與大菩薩及大聲聞天龍藥叉揵闥
婆阿蘇羅迦樓羅緊那羅摩睺羅伽人非人
等無量百千前後圍遶
尒時衆中有一大婆羅門名无垢妙光多聞
聰慧人所樂見常行十善歸信三寶善心殷
重智慧微細常恒欲令一切衆生圓滿善利
大富豊饒時婆羅門無垢妙光從座而起往
詣佛所遶佛七帀以衆香華奉獻世尊无價
妙衣瓔珞珠鬘持覆佛上頂礼雙足却住一
面作是請言唯願世尊與諸大衆明日晨朝
至我宅中受我供養
尒時世尊黙然許之時婆羅門知佛受請遽
還所住即於夜間廣辨飾饍百味飲食洒掃
殿宇張施幡蓋至明旦已與諸眷属持衆香
華及諸妓樂至如来所白言時至願垂降臨
尒時世尊軟語安慰彼婆羅門无垢妙光遍

重要文化財 梵漢普賢行願讃 1紙

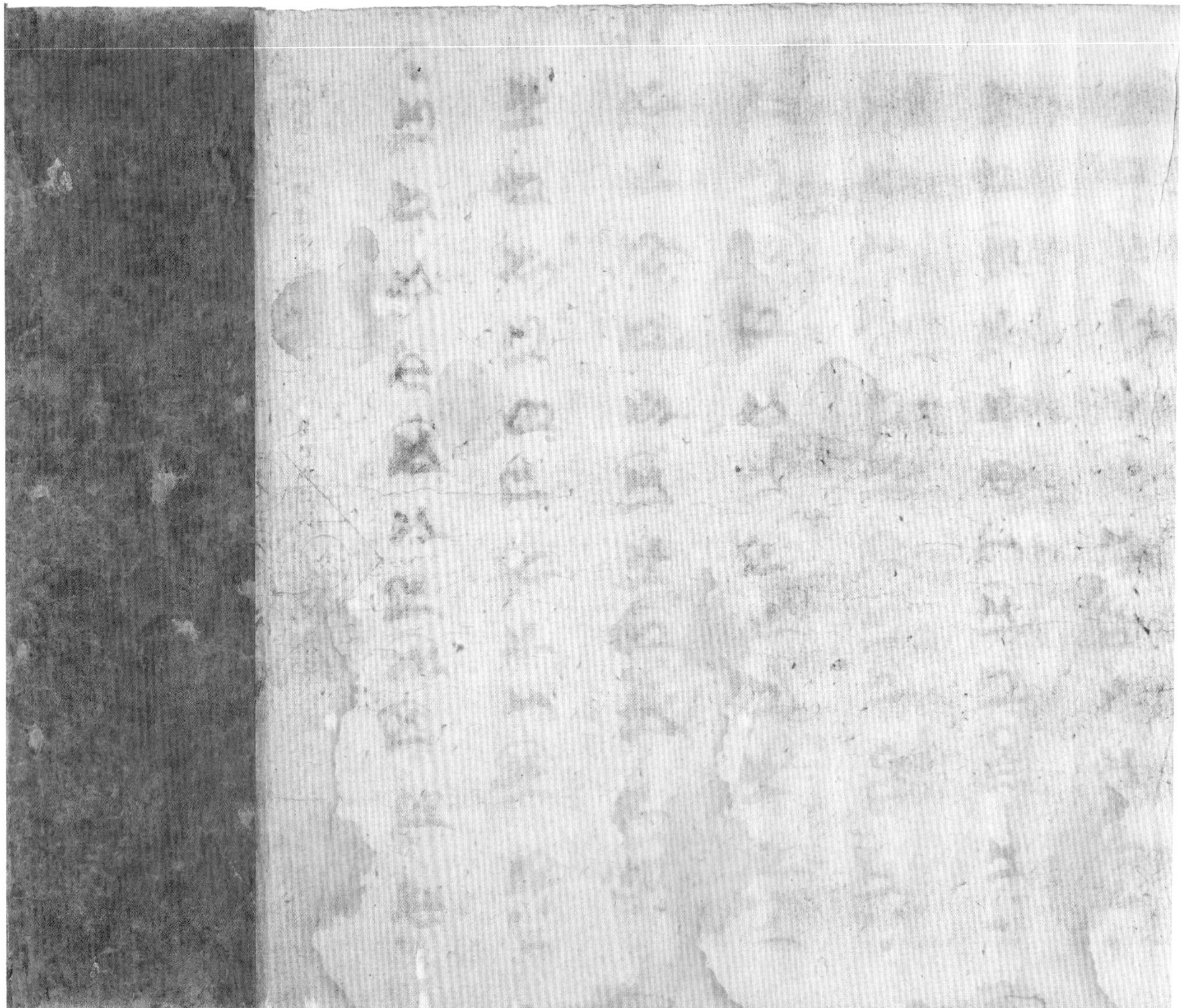

重要文化財 梵漢普賢行願讃 1紙紙背 印記部分

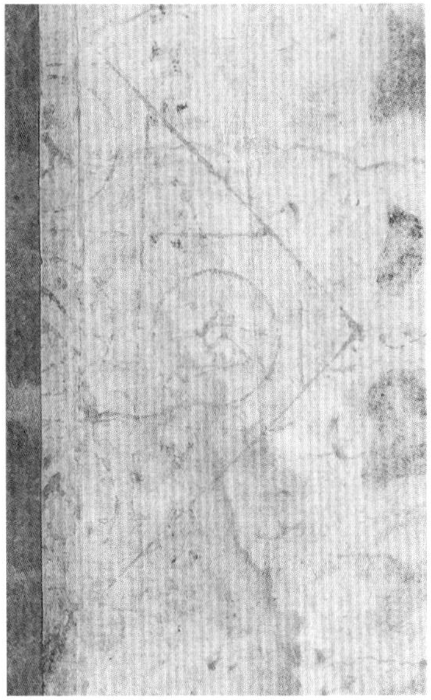

印記原寸

重要文化財 妙法蓮華経 巻第八 16紙

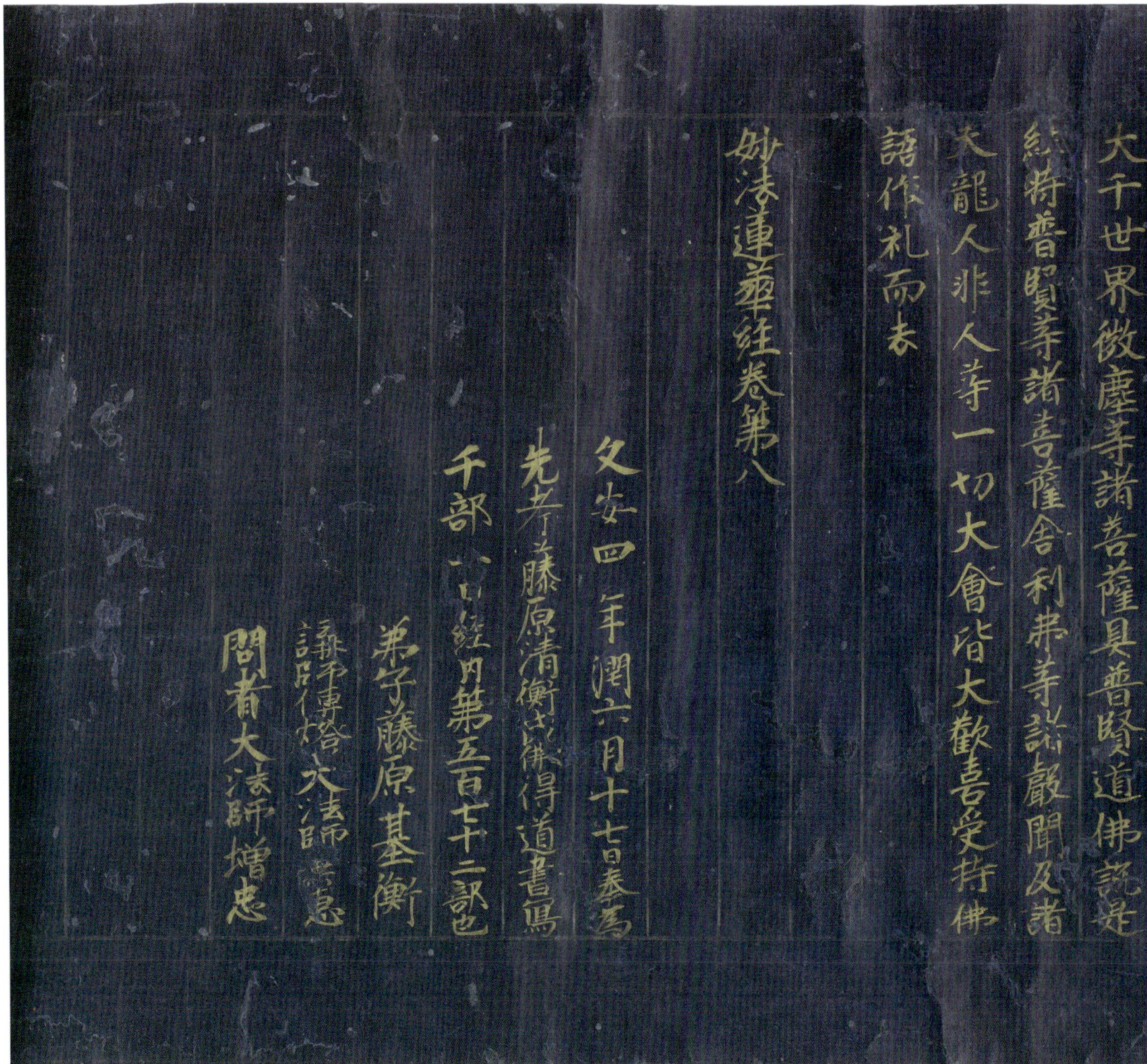

大千世界微塵等諸菩薩具普賢道佛説是
經時普賢等諸菩薩舍利弗等諸聲聞及諸
天龍人非人等一切大會皆大歡喜受持佛
語作礼而去

妙法蓮華経巻第八

文安四年閏六月十七日奉為
先考藤原清衡成佛得道書寫
千部一日經内第五百七十二部也
弟子藤原基衡
講師傳燈 讀師傳燈 大法師 [illegible]惠
問者大法師增忠

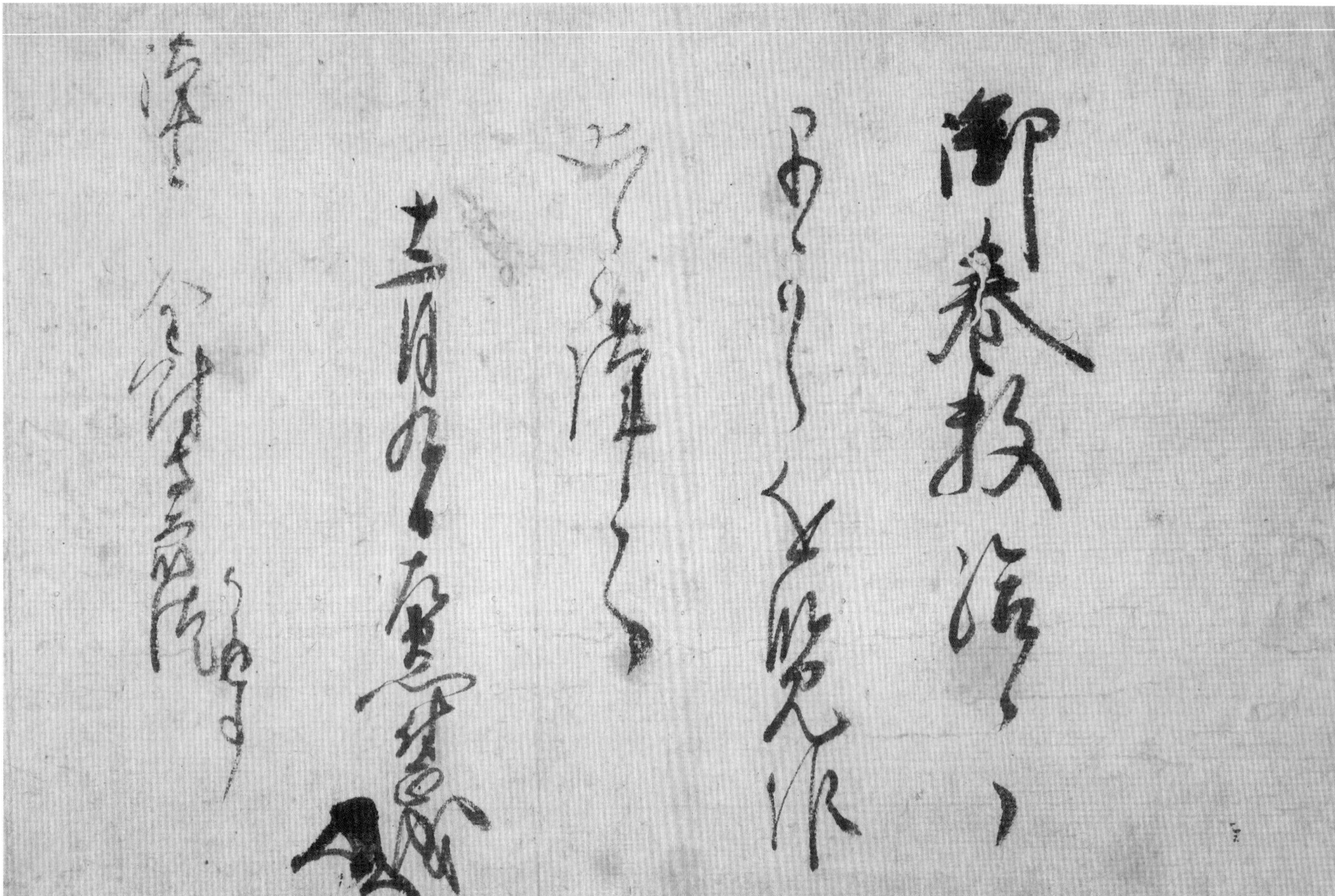

重要文化財 楠木氏文書　①楠木正成自筆書状

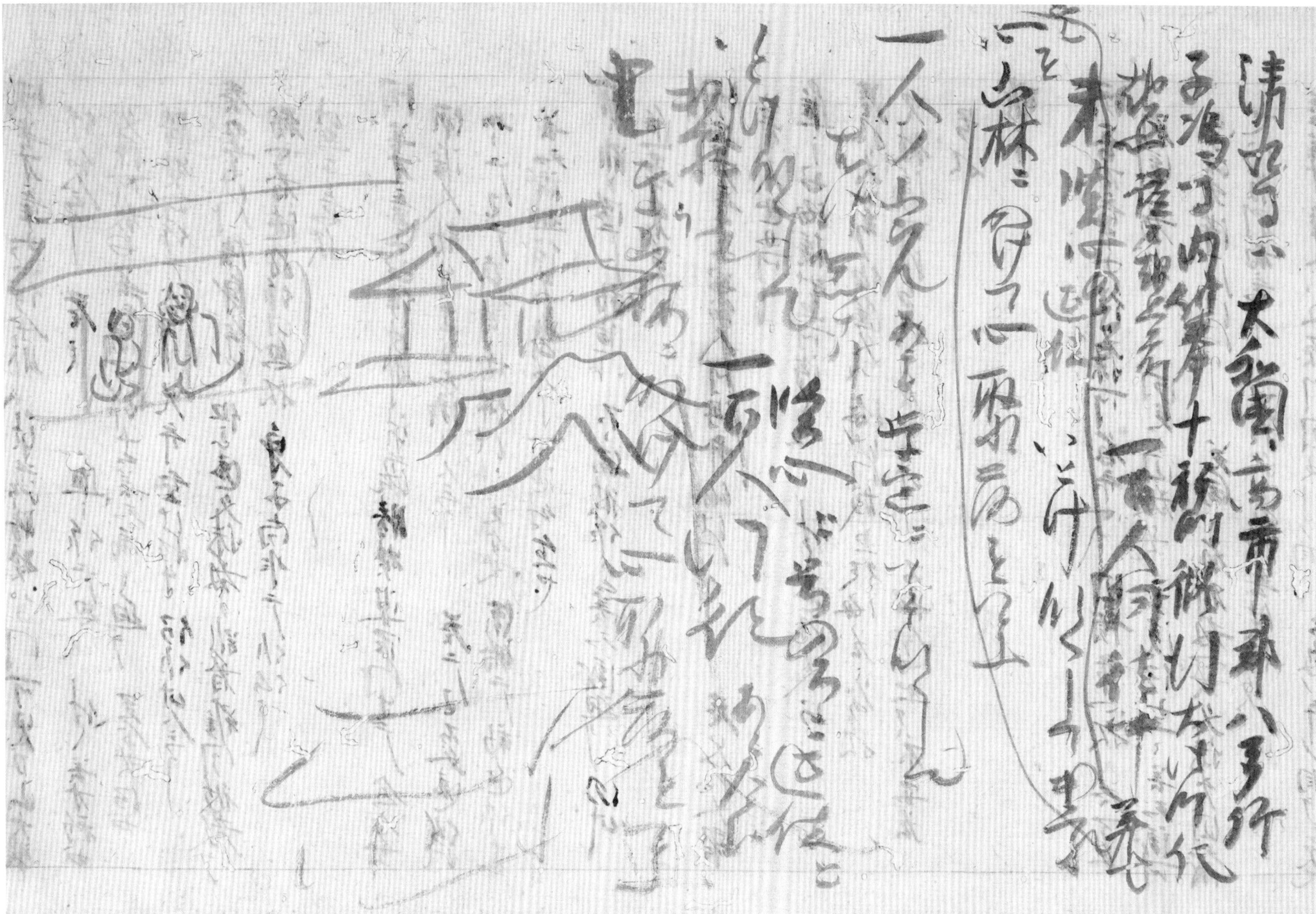

重要美術品 清水寺仮名縁起 1紙

南大門　安興道上

塔院大門二天事

右件天〈多聞天／持國天〉者當寺佐伯慶盛承平七
年七月〻也力所行到信濃國御坂夜
宿枯木之下然間大蛇忽来纏慶盛之
身慶盛念之欲殺後仍念道興雖
義経之大願蛇来謝實義大願之君
道此非有我山塔院大門〻也〻〻之仍造立
二天之像一〻安置件大門左右者所以
潜通靈験之顯蛇即解亡慶盛奉事
仍上洛之後寔尋當別當康尚開此
前塔之鍾年月刻二天像者也

一　清水寺別當次第

第一　延鎮上人
第二　顯僧
第三　安興
第四　貞原
第五　□宗
第六　壽遠
第七　道盛
第八　興咩

第五巻　目次

影印

解題

凡　例

一、本巻は、天野山金剛寺（大阪府河内長野市）に所蔵される典籍のうち、国宝『延喜式』巻第九神名帳上（平安時代後期写）、国宝『延喜式』巻第十二・第十四・第十六（平安時代後期写）、重要文化財『宝篋印陀羅尼経』（金字本・平安時代後期写）、重要文化財『宝篋印陀羅尼経』（墨書本・鎌倉時代前期写）、重要文化財『梵漢普賢行願讃』（唐時代または平安時代前期写）、重要文化財『妙法蓮華経』巻第八（久安四年〔一一四八〕写）、重要文化財「楠木氏文書」（元弘二年〔一三三二〕～正平九年〔一三五四〕）、重要美術品『清水寺仮名縁起』（鎌倉時代後期～南北朝時代写）、『清水寺真名縁起』（鎌倉時代後期～南北朝時代写）の九点の全文の写真版を掲げた（『宝篋印陀羅尼経』（金字本）については東京国立博物館より画像提供を受けた（除、巻姿・表紙・見返・外函掛紙・外函・内函））。重要文化財『大般涅槃経』後村上天皇宸翰奥書（平安時代後期～鎌倉時代前期写・正平十四年〔一三五九〕加筆）については各巻の巻首・巻尾と一部巻中の写真版を掲げた。

一、『宝篋印陀羅尼経』（墨書本）、重要美術品『清水寺仮名縁起』、『清水寺真名縁起』の三点は、紙背部分の写真版も収めたが、いずれも厚手の紙で裏打補修が施されているため、掲載に際しては墨書部分が明確になるように明度を調整した。

一、本巻所収の作品は著名なものや他に翻刻のあるものが少なくないため、判読の容易でないものに限り解題中に翻刻を附した。

影印

国宝　延喜式　巻第九　神名帳上（平安時代後期写）

国宝　延喜式　巻第九　神名帳上　（巻姿）

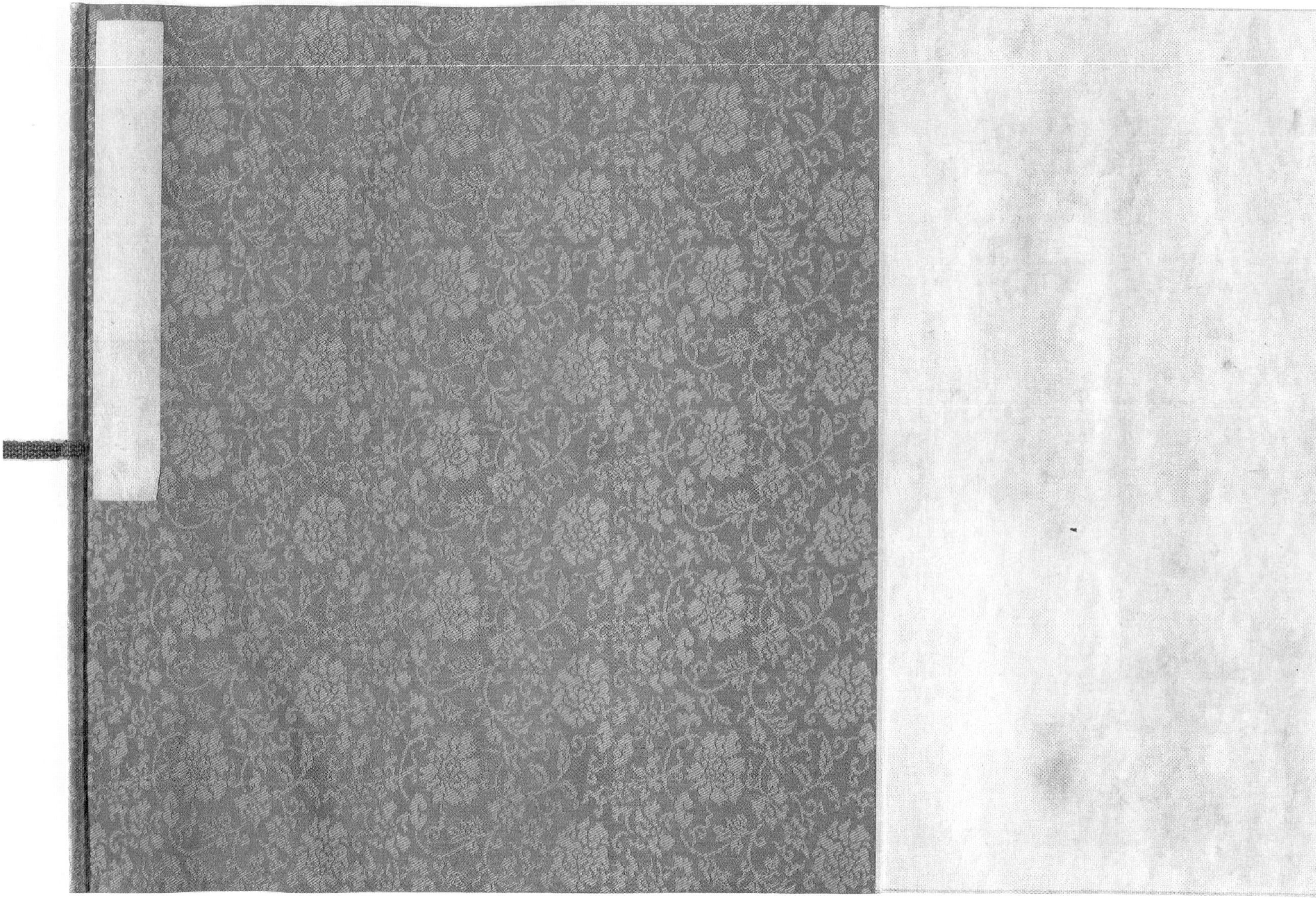

国宝　延喜式　巻第九　神名帳上　（表紙）

大四百九十二座

三百座 並預祈年月次新嘗案上官幣就中七十一座預相嘗祭

百八十八座 並預祈年國幣

小二千六百卌座

四百卌三座 並預祈年案下官幣

国宝 延喜式 巻第九 神名帳上 （表紙見返）

座
大四百九十二座
三百四座 並預祈年月次新嘗案上官幣就中七十一座亦預相嘗祭
百八十八座 並預祈年國幣
小二千六百卅座
四百卅三座 並預祈年案下官幣
宮中神卅六座
神祇官西院坐御巫等祭神廿三座 並大 月次新嘗
御巫祭神八座 並大 月次新嘗 中宮東宮御巫亦同
神産日神　高御産日神　玉積産日神
生産日神　足産日神
御食津神　事代主神
座摩巫祭神五座 並預大 月次新嘗
生井神　福井神　綱長井神
波比祇神　阿須波神
御門巫祭神八座 並大 月次新嘗
櫛石窓神 四面門　豊石窓神 四面門

櫛石窓神 四面門各一座
豊石窓神 四面門各一座
生嶋巫祭神二座 並大月次新嘗
生島神
足嶋神
宮内省坐神三座 並名神大 月次新嘗
薗神社
韓神社二座
大膳職坐神三座 並小
御食津神社
火雷神社
高倍神
造酒司坐神六座 大四座 小二座
大宮売神社四座 並大 月次新嘗
酒殿神社二座 酒弥豆男神 酒弥豆女神
主水司坐一座 小
鳴雷神社
京中坐神三座 大 並
左京二條坐神二座 並大 月次相嘗新嘗
太詔戸命神
久慈真智命神
同京四條坐神一座 月次新嘗
隼神社
畿内神六百五十八座 大二百卅一座 小四百廿七座
山城国一百廿二座
大五十三座 並月次新嘗 就中十一座預相嘗祭
小六十座

（1紙）

大五十三座 十一座預相嘗祭 小六十座
乙訓郡十九座 大五座 小十四座
羽束師坐高御産日神社 大月次新嘗 与杼神社
大井神社 乙訓坐火雷神社 名神大月次新嘗 石作神社
走田神社 御谷神社 國中神社
向神社 大歳神社 大月次新嘗 茨田神社
石井神社 神川神社 久何神社
簀原神社 小倉神社 大月次新嘗 入野神社
自玉手祭来酒解神社 名神大月次新嘗 元名山埼社 神足神社
葛野郡廿座 大十四座 小六座
葛野坐月讀神社 名神大月次新嘗 木嶋坐天照御魂神社 名神大月次相嘗新嘗
隨川神社 阿刀神社 松尾神社二座 並名神大月次新嘗
深川神社 隨川御上神社 櫟谷神社
平野祭神四社 並名神大月次新嘗 梅宮坐神四社 並名神大月次新嘗 天津石門別稚姫神社 名神大月次新嘗
伴氏神社 大月次新嘗 大酒神社 元名大辟神
愛宕郡廿一座 大八座 小十三座
賀茂別雷神社 亦若雷 名神大月次相嘗新嘗 出雲井於神社 大月次新嘗
賀茂御祖神社二座 並名神大月次相嘗新嘗 出雲高野神社

（2紙）

賀茂御祖神社二座 並名神大 月次相嘗新嘗
出雲高野神社
賀茂山口神社
小野神社二座 鍬靫
久我神社
末刀神社
須波神社
伊多太神社
貴布祢神社 名神大 月次新嘗
鴨川合坐小社宅神社 名神大 月次相嘗新嘗
鴨岡本神社
太田神社
三井神社 名神大 月次新
大柴神社
出雲井於神社
片山御子神社 大 月次相嘗新嘗
紀伊郡八座 大三座 小五座
御諸神社
稲荷神社三座 並名神大 月次新嘗
大椋神社
飛鳥田神社 一名柄本社
真幡寸神社二座
宇治郡十座 大五座 小五座
宇治神社二座 鍬靫
日向神社
許波多神社三座 並名神大 月次新嘗
天穂日命神社
宇治彼方神社 鍬靫
山科神社二座 並名神大 月次新嘗
久世郡廿四座 大十一座 小十三座
石田神社 大 月次新嘗
水主神社十座 並大 月次新嘗 就中同水主坐天照御魂神 三伴能山背大国魂命神 二座預相嘗
荒見神社
雙栗神社三座
水度神社三座 鍬靫
旦椋神社
伊勢田神社三座 鍬靫
巨椋神社

（3紙）

室城神社
綴喜郡十四座 大三座 小十一座
樺井月神社 大月次新嘗 朱智神社 月讀神社 大月次新嘗
咋岡神社 鍬靫 高神社 鍬靫 内神社二座
粟神社 棚倉孫神社 大月次新嘗 佐牙乃神社 鍬靫
酒屋神社 甘南備神社 天神社
地祇神社
相樂郡六座 大四座 小二座
祝園神社 大月次新嘗 和伎坐天乃夫支賣神社 大月次新嘗
綺原坐健伊那大比賣神社 相樂神社
岡田鴨神社 大月次新嘗 岡田國神社 大月次新嘗
大和國二百八十六座
大一百廿八座 並月次新嘗就中 卅一座預相嘗新嘗
小一百五十八座 並官幣
添上郡卅七座 大九座 小廿八座
鳴雷神社 大月次新嘗 率川坐大神神御子神社三座 狹岡神社八座
率川阿波神社 宇奈太理坐高御魂神社 大月次相嘗新嘗

（4紙）

和尒坐赤坂比古神社 大月次新嘗　比咩神社　和尒下神社二座
奈良豆比古神社 鍬靫　神波多神社 鍬　高橋神社
太祝詞神社 大月次新嘗　宅布世神社　大和日向神社 鍬靫
夜支布山口神社 大月次新嘗　春日神社　賣太神社
春日祭神四座 並名神大 月次新嘗　赤穂神社　嶋田神社
率川社石立命神社　天乃石吸神社　五百立神社　天乃石立神社
添下郡十座 大四座 小六座
矢田坐久志玉比古神社二座 並大月次新嘗　添御縣坐神社 大月次新嘗
菅田比賣神社二座 鍬靫　佐紀神社　菅原神社
登彌神社　菅田神社　伊射奈岐神社 大月次新嘗
平群郡廿座 大十二座 小八座
龍田坐天御柱國御柱神社二座 並名神大 月次新嘗　龍田比古龍田比女神社二座
往馬坐伊古麻都比古神社二座 並大月次新嘗　平群石床神社 大月次新嘗
伊古麻山口神社 大月次新嘗　平群神社二座 並大月次新嘗　久度神社
平群坐紀氏神社 名神大月次新嘗　猪上神社　船山神社
清楉神社　神岳神社　雲甘寺坐楢本神社
廣瀬郡五座 大一座 小四座

（5紙）

廣瀬郡……小四座

廣瀬坐和加宇加乃売命神社　名神大月次新嘗

讃岐神社

櫛玉命神社

穂雷命神社

於神社

葛上郡十七座　大十二座　小五座

鴨都波八重事代主命神社二座　名神大月次相嘗新嘗

葛木御歳神社　名神大月次新嘗

葛木坐一言主神社　名神大月次新嘗

多太神社　鍬靫

長柄神社　鍬靫

巨勢山口神社　大月次新嘗

葛木水分神社　名神大月次新嘗

鴨山口神社　大月次新嘗

高天彦神社　名神大月次相嘗新嘗

葛木大重神社

大穴持神社

大倉姫神社

高鴨阿治須岐託彦根命神社四座　並名神大月次相嘗新嘗

葛下郡十八座　大十三座　小五座

葛木倭文坐天羽雷命神社　大月次新嘗

片岡坐神社　名神大月次新嘗

長尾神社　大月次新嘗

石園坐多久虫玉神社二座　並大月次新嘗

調田坐一事尼古神社　大月次新嘗

金村神社　大月次新嘗

葛木御縣神社　大月次新嘗

深溝神社

火幡神社　名神大月次新嘗

志都美神社

伊射奈岐神社

當麻都比古神社二座

當麻山口神社　大月次新嘗

大坂山口神社　大月次新嘗

葛木二上神社二座　大月次新嘗

忍海郡三座　大二座　小一座

角刺神社

葛木坐火雷神社二座　並名神大月次相嘗新嘗

（6紙）

宇智郡十一座 並小

宇智神社 阿陀比賣神社 荒木神社

丹川神社 二見神社 宮前霹靂神社

火雷神社 高天岸野神社 落杣神社 鍬

高天山佐太雄神社 鍬 一尾神社

吉野郡十座 大五座 小五座 日本後紀第卅五巻弘仁九年四月大和国吉野郡雨師 神授従五位下以祈雨也

吉野水分神社 大月次新嘗 吉野山口神社 大月次新嘗 大名持神社 名神大月次相嘗新嘗

丹生川上神社 名神大月次新嘗 金峯神社 名神大月次相嘗新嘗 高桙神社

川上鹿塩神社 鍬 伊波多神社 波寶神社

波比賣神社

宇陀郡十七座 大一座 小十六座

宇太水分神社 大月次新嘗 阿紀神社 鍬靫 門僕神社 鍬靫

丹生神社 鍬靫 御杖神社 椋下神社 靫

高角神社二座 鍬 八咫烏神社 鍬靫 味坂比賣命神社

清井神社 岡田小秦命神社 神御子美牟須比賣命神社

櫻實神社 劔主神社 室生龍穴神社 都賀那木神社

城上郡卅五座 大十五座 小廿座

（7紙）

大神大物主神社 名神大月次相嘗新嘗　神坐日向神社 大月次新嘗　穴師坐兵主神社 名神大月次相嘗新嘗

巻向坐若御魂神社 大月次相嘗新嘗　御魂神社 大月次　他田坐天照御魂神社

志貴御県坐神社 大月次新嘗　狭井坐大神荒魂神社五座 並大月次鍬靫　忍坂坐生根神社 大月次新嘗

長谷山口坐神社 大月次新嘗　忍坂山口坐神社 大月次新嘗　等弥神社

殖栗神社　水口神社　桑内神社二座 並鍬靫

宅田神社二座 並鍬靫　宇太依田神社　玉列神社

伊射奈岐神社　綱越神社　綵代神社

穴師大兵主神社　若櫻神社　橖倉神社

高屋安倍神社三座 並大月次新嘗　宗像神社三座 並大月次新嘗

城下郡十七座 大三座 小十四座

村屋坐弥富都比売神社 大月次相嘗新嘗　池坐朝霧黄幡比売神社 大月次新嘗

鏡作坐天照御魂神社 大月次新嘗　千代神社　岐多志太神社二座

倭恩智神社 鍬靫　比売久波神社 鍬靫　服部神社二座 鍬

富都神社 鍬靫　糸井神社 鍬　村屋神社二座

鏡作伊多神社　鏡作麻気神社　久須須美神社

高市郡五十四座 大卅三座 小廿一座

高市御県坐鴨事代主神社 大月次新嘗　飛鳥坐神社四座 並名神大月次相嘗新嘗

（8紙）

152 宗我坐宗我都比古神社二座 並大月次新嘗　飛鳥山口坐神社 大月次新嘗

153 甘樫坐神社四座 並大月次相嘗新嘗　稲代坐神社 名神大月次相嘗新嘗　牟佐坐神社 大月次新嘗

154 畝火山口坐神社 大月次新嘗　高市御縣神社 名神大月次新嘗　巨勢山口坐石椋孫神社

155 鷺栖神社 靫　軽樹村坐神社二座 並大月次新嘗　天高市神社 大月次新嘗

156 治田神社 鍬靫　太玉命神社四座 並大月次新嘗　櫛玉命神社四座 並大月次新嘗

157 加夜奈留美命神社　飛鳥川上坐宇須多伎比売命神社　東大谷

158 呉津孫神社　川俣神社三座 並大月次新嘗　気都和既神社

159 大歳神社二座　波多神社 鍬靫　[illegible]歳神社 鍬靫

160 於美阿志神社　鳥坂神社二座 鍬靫　瀧本神社

161 許世都比古命神社　天津石門別神社　波多甕井神社

162 久米御縣神社三座　気吹雷響雷吉野大国栖御魂神社二座 並名神大月次新嘗

163 十市郡十九座 大十一座 小八座

164 多坐弥志理都比古神社二座 並名神大月次相嘗新嘗　十市御縣坐神社 大月次新嘗

165 目原坐高御魂神社二座 並大月次新嘗　石寸山口神社 大月次新嘗

166 畝尾坐健土安神社 大月次新嘗　耳成山口神社 大月次新嘗　竹田神社

167 坂門神社 鍬靫　子部神社二座 並大月次新嘗　畝尾都多本神社

168 天香山坐櫛真命神社 大月次新嘗 元名大麻等乃知神　皇子神命神社

(9紙)

姫皇子大命神社 小社神命神社 屋就神命神社 已上二社並皇子神 下居神社

山辺郡十三座 大七座 小六座

大和坐大国魂神社三座 並名神大 月次相嘗新嘗 石上坐布都御魂神社 名神大 月次新嘗

都祁水分神社 大 月次新嘗 山辺御県坐神社 大 月次新嘗 白堤神社

夜都伎神社 都祁山口神社 大 月次新嘗 梲田神社

石上市神社 下部神社 出雲建雄神社

河内国一百十三座

大廿三座 並月次新嘗 就中八座預相嘗

小九十座 並官幣

石川郡九座 並小

咸古神社 鍬靫 科長神社 建水分神社

大祁於賀美神社 美具久留御魂神社 佐備神社

咸古佐備神社 壹須何神社 鴨習太神社

古市郡二座 並小

利鴈神社 高屋神社

安宿郡五座 大三座 小二座

杜本神社二座 並名神大 月次新嘗 飛鳥戸神社 名神大 月次新嘗 伯太彦神社 癸

（10紙）

若倭彦神名下四座加

伯太姫神社　鍬
大縣郡十一座　並小
天湯川田神社　宿奈川田神社　金山孫神社　金山孫女神社
鐸比古神社　鐸比売神社　大狛神社　若倭彦命神社　鍬
若倭姫命神社　鍬　石神社　常世岐姫神社
高安郡十座　大二座　小八座
恩智神社二座　並名神大月次相嘗新嘗　都夫久美神社　天照大神高座神社二座　並大月次新嘗　元名春日戸
玉祖神社　許祖神社　鴨神社
佐麻多度神社　春日戸社坐御子神社
河内郡十座　大三座　小六座
枚岡神社四座　並名神大月次相嘗新嘗　津原神社　梶无神社　鍬
大津神社　栗原神社　石切剣箭命神社二座
讃良郡六座　大一座　小五座
須波麻神社　鍬靫　津机神社　高宮神社　大月次新嘗
津桙神社　高宮大社御祖神社　国中神社
茨田郡五座　並小
堤根神社　津嶋部神社　鍬靫　細屋神社　鍬

（11紙）

203 高瀬神社　堤根神社
204 交野郡二座 並小
205 片野神社 鍬靫　久須須美神社 鍬
206 若江郡廿二座 大二座 小廿座
207 阪合神社二座　矢作神社　若江鏡神社　御野縣主神社二座 鍬靫
208 石田神社三座　川俣神社 鍬靫　弓削神社二座 並大月次相嘗新嘗　都留美嶋神社二座 鍬靫
209 長栖神社 鍬　意支部神社　栗刀神社　宇波神社
210 澁川神社二座　栗栖神社　加津良神社　中村神社
211 澁川郡六座 並小
212 鴨高田神社　横野神社　波牟許曽神社
213 跡部神社　許麻神社　都留弥神社
214 志紀郡十四座 大六座 小八座
215 志貴縣主神社 大月次新嘗　長野神社 鍬靫　黒田神社
216 志疑神社　樟本神社三座 鍬靫　志紀長吉神社二座 並大月次新嘗
217 伴林氏神社　辛國神社　當宗神社三座 並大月次新嘗
218 丹比郡十一座 大三座 小八座
219 丹比神社 鍬靫　阿麻美許曽神社 鍬靫　狭山堤神社 大月次新嘗

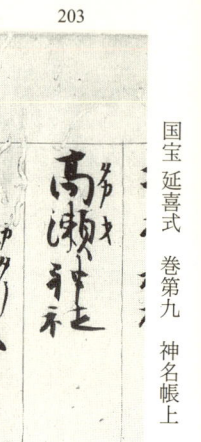

（12紙）

220 大津神社三座 鍬靫 狭山神社 大月次新嘗 菅生神社 大月次新嘗

221 酒屋神社 鍬靫 櫟本神社 鍬靫 田坐神社

222 和泉国六十二座

223 大一座 小六十一座

224 大鳥郡廿四座 大一座 小廿三座

225 大鳥神社 名神大月次新嘗 山井神社 鍬靫 大鳥神社 鍬靫 美多彌神社

226 押別神社 生国神社 大鳥神社 石津太社神社

227 等乃伎神社 蜂田神社 鍬 陶荒田神社二座 鍬靫 国神社

228 鴨神社 高石神社 大鳥美波比神社 多治速比売命神社

229 大鳥井瀬神社 大鳥濱神社 坂上神社 開口神社

230 櫻井神社 大歳神社 鍬 日部神社

231 和泉郡廿八座 並小

232 男乃宇刀神社二座 博多神社 夜疑神社 泉穴師神社二座

233 兵主神社 粟神社 曾禰神社 泉井上神社

234 阿理莫神社 山直神社 矢代寸神社二座 穂椋神社

235 和泉神社 楠本神社 淡路神社 意賀美神社

236 波多神社 積川神社五座 鍬 丸笠神社 蕎原神社 鍬

（13紙）

聖神社 鍬

日根郡十座 並小

日根神社 鍬靫

男神社二座

神前神社

加支多神社 鍬靫

国玉神社

意賀美神社

火走神社

波多神社

比売神社 鍬

攝津国七十五座

大廿六座 並月次新嘗 就中十五座預相嘗祭

小卌九座 並官幣

住吉郡廿二座 大十座 小十二座

住吉坐神社四座 並名神大 月次相嘗新嘗

大依羅神社四座 並名神大 月次相嘗新嘗

草津大歳神社 鍬

中臣須牟地神社 大 月次新嘗

神須牟地神社 鍬靫

楯原神社

須牟地曽祢神社

止杼侶支比売命神社

赤留比売命神社

天水分豊浦命神社

努能太比売命神社

大海神社二座 並大 元名津守

多米神社

船玉神社

生根神社 大 月次新嘗

東生郡四座 大三座 小一座

難波坐生国咲国魂神社二座 並大 名神 月次相嘗新嘗

比売許曽神社 並名神大 月次相嘗新嘗

阿遅速雄神社

西成郡一座 大

坐摩神社 大 月次新嘗

（14紙）

253 □□郡一座 …… 神社 祈年

254 嶋上郡三座 並小

255 阿久刀神社 野身神社 神服神社

256 嶋下郡十七座 大五座 小十二座

257 新屋坐天照御魂神社三座 並名神大月次新嘗 天照御魂神一座預相嘗祭 天石門別神社

258 須久久神社二座 鍬靫 阿為神社 鍬靫 井於神社 鍬靫 走落神社 鍬靫

259 佐和良義神社 幣久良神社 鍬靫 牟礼神社 三嶋鴨神社

260 伊射奈岐神社二座 大月次新嘗 溝咋神社 鍬靫 太田神社 鍬靫

261 豊嶋郡五座 大二座 小三座

262 為那都比古神社二座 細川神社 垂水神社 名神大月次新嘗 阿比太神社 大月次新嘗

263 河邊郡七座 並小

264 伊佐具神社 鍬靫 高売布神社 鴨神社 伊居太神社

265 多太神社 小戸神社 売布神社

266 武庫郡四座 大二座 小二座

267 廣田神社 名神大 月次相嘗新嘗 名次神社 鍬靫 伊和志豆神社 大月次 新嘗 岡太神社

268 菟原郡三座 並小

269 寛大社 河内國魂神社 鍬靫 大國主西神社 鍬靫 保久良神社 鍬靫

八部郡三座 大二座 小一座

（15紙）

八部郡三座 大二座 小一座

生田神社 名神大 月次相嘗新嘗　長田神社 名神大 月次相嘗新嘗　汶売神社

有馬郡三座 大一座 小二座

有間神社　公智神社 鍬靫　湯泉神社 名神大 月次新嘗

能勢郡三座 並小

岐尼神社　久佐佐神社　野間神社

東海道神七百卅一座

大五十二座 就中十九座預月次新嘗案　小六百八十座

伊賀国廿五座 大一座 小廿四座

阿拝郡九座 大一座 小八座

陽夫多神社　宇都可神社　波太伎神社

須智荒木神社　敢国神社　佐佐神社

穴石神社　真木山神社　小宮神社

山田郡三座 並小

鳥坂神社　阿波神社　葦神社

伊賀郡十一座 並小

木根神社　田守神社　比地神社　大村神社

度会乃大国玉比売神社　清野井庭神社　[illegible]
川原神社　[illegible]神社　大川内神社　[illegible]
川原神社　宇須乃野神社　小俣神社　川原淵神社
大神乃御船神社　[illegible]神社　荻原神社　官舎神社
多気郡五十二座　並小
須麻漏売神社　佐那神社二座　[illegible]田神社
相須夜神社　竹神社　仲神社
麻續神社　服部伊刀麻神社　相鹿牟山神社二座
大[illegible]神社　魚海神社二座
相鹿上神社　守山神社　宇尓櫻神社
宇尓神社　服部麻刀方神社二座　大海田水代大刀自神社
相鹿木大御神社　紀師神社　宇留布都神社
天香山神社　流師神社　荒田神社
畠田神社二座　流田上神社　[illegible]田神社
火地神社　佐支栗栖神社二座　竹大与杼神社
竹佐々夫江神社　[illegible]原神社　伊佐和神社

（16紙）

[illegible]神社　[illegible]神社　[illegible]神社
宇礼神社　有尓鳥墓神社　国生神社
大国玉神社　大谷神社　乃伎多神社
櫃倉神社　伊蘇上神社　伊呂上神社
櫛田槻本神社　牛庭神社　大櫛神社
飯野郡四座　並上
意非多神社　神山神社　石前神社　[illegible]垣神社
飯高郡九座　並小
立野神社　大神社　物部神社
加世智神社　意悲神社　丹生神社
丹生中神社　堀坂神社　久尓都神社
壹志郡十三座　大三座　小十座
波多神社　物部神社　稲葉神社二座　須加神社
阿射加神社三座　並名神大　波氐神社　小川神社
礼山神社　川併神社　敏太神社
安濃郡十座　並小
置染神社　大市神社　志夫弥神社　小丹神社
美濃夜神社　阿由太神社　小川内神社　比佐豆知神社

（17紙）

美濃夜神社　阿由太神社　小川内神社　比佐豆知神社
彌□□神社　船山神社
奄藝郡十三座　並小
伊奈冨神社　和爾良神社　多爲神社
久□□□神社　南□神社　酒井神社
尾前神社　比佐豆知神社　石積神社
大乃己所神社　服織神社　横道下神社　久留真神社
鈴鹿郡十九座　並小
那久志里神社　倭文神社　川俣神社
真木尾神社　志婆加支神社　縣主神社
天一鍬田神社　椿大神社　小岸大神社　大井神社二座
三宅神社　江神社　布気神社　石神社
長瀬神社　忍山神社　仁山神社　□□神社
河曲郡廿一座　並小
高□神社　□都和伎神社　□□神社　鬼大神社
川神社　矢橋神社　□夫神社　奈和等神社
小川神社　都波岐神社　飯野神社　久々志□神社

（18紙）

高見神社　大木神社　阿自賀神社　夜夫多神社
須[illegible]神社　深田神社　土師神社　大鹿三宅神社
三重郡十六座 並小
深田神社　加富神社　神前神社
小許曾神社　足見田神社　椿岸神社
朝明郡廿四座 並小
[illegible]須留乃神社　能原神社　[illegible]留太神社
菟上神社　石部神社二座　太神社
多比鹿神社　鳥出神社　八十積椋神社
喜[illegible]神社　耳利神社　[illegible]常神社
移田神社　櫛田神社　井手神社
殖栗神社　布[illegible]神社　穂積神社
櫻神社　井後神社　[illegible]谷神社
苗代神社　長谷神社
員辨郡十座 並小
鴨神社　石神社　平群神社　多奈閇神社
猪名部神社　鳥取山田神社　鳥取神社　大谷神社

[illegible]

賀毛神社　星川神社

桑名郡十五座 大一座 小十四座

桑名神社二座　猪富神社　尾津神社二座　小山神社

野志里神社　多度神社名神大　多度御子神社　深江神社

額田神社　宇賀神社　中臣神社　長谷神社

立坂神社

志摩國三座 大二座 小一座

答志郡三座 大二座 小一座

粟嶋坐伊射波神社二座並大　同嶋坐神乎多乃御子神社

尾張國百廿一座 大八座 小一百十三座

海部郡八座 並小

漆部神社　諸鍬神社　国玉神社　藤嶋神社

宇太志神社　由乃伎神社　伊久波神社　憶感神社

中嶋郡卅座 大三座 小廿七座

坂手神社　見努神社　大神神社名神大　波蘇伎神社

針熊神社　野見神社　酒見神社　裳咋神社

大神社名神大　知除波夜神社　小塞神社　石刀神社

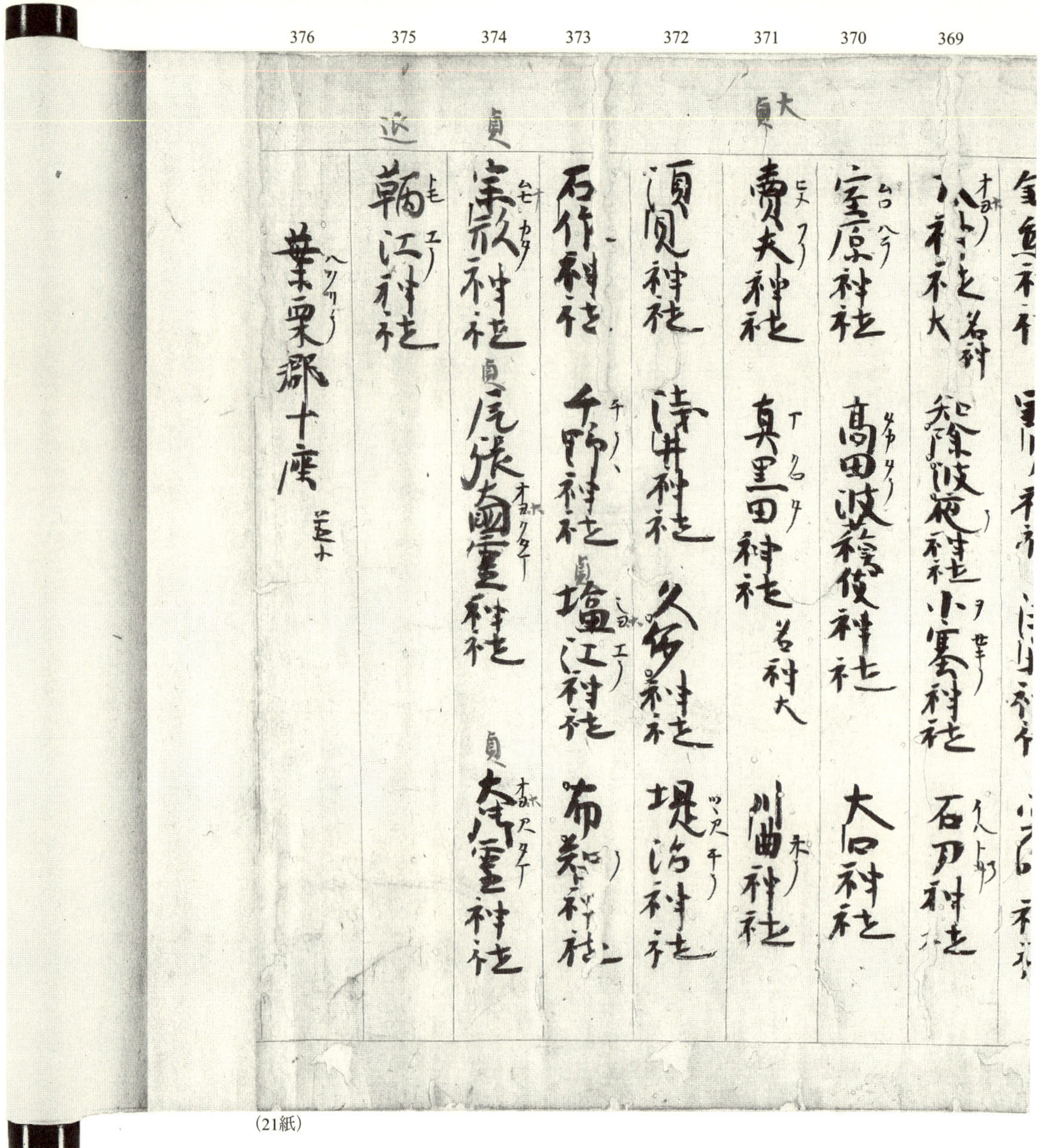

（21紙）

国宝　延喜式　巻第十二（平安時代後期写）

国宝 延喜式 巻第十二 （巻姿）

国宝　延喜式　巻第十二　（表紙）

18 17 16 15 14 13 12 11 10 9 8 7 6 5 4 3 2 1

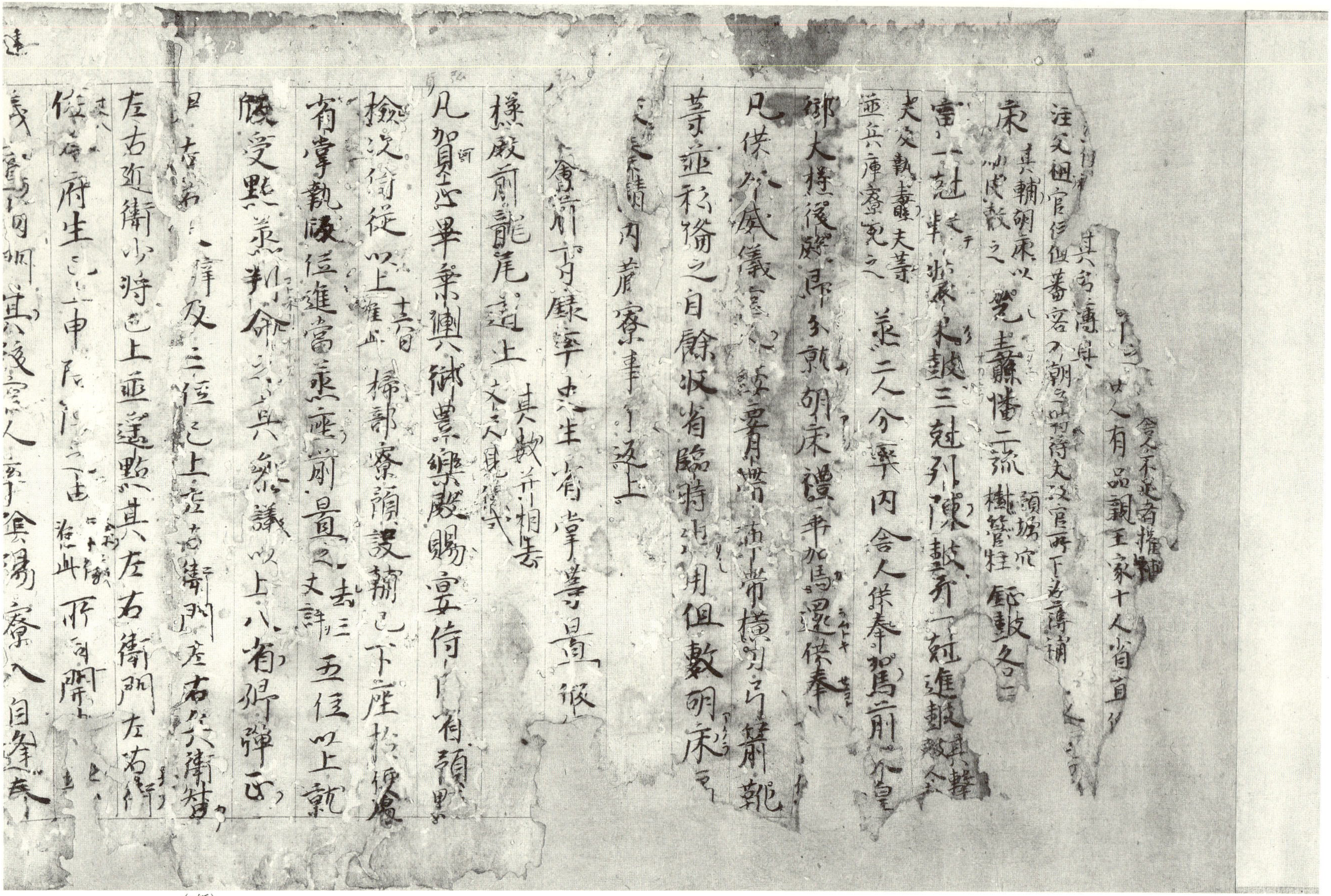

廿人有品親王家十人省[illegible]
注文位官位蕃客乃朝之時付大政官所下[illegible]簿補
床 其輔明床以[illegible]皮敷之 鷺纛幡二旒 頭據穴樹鷺柱 鉦鼓各二
當一鉦 [illegible]大鼓三鉦列陳鼓并一鉦進鼓
夫交執纛夫等 並兵庫寮宛之 [illegible]二人分率内舎人供奉御馬前
御大將[illegible]就明床禮畢加馬還供奉
凡供奉威儀[illegible]帯[illegible]横刀[illegible]靴
等並私備之自餘收省臨時出用但數明床
[illegible]内藏寮事了返上
[illegible]率史生省掌等量[illegible]
様殿前龍尾道上 其數并相去
凡賀正[illegible]畢乘輿御豊樂殿賜宴侍従省頭
検校侍従以上 掃部寮預設[illegible]已下座於便處
省掌執版位進當[illegible]前量[illegible]之 去三丈許 五位以上就
版受點[illegible]判命[illegible]其六衛議以上八省得弾正
日 左右[illegible]及三位已上左右衛門左右兵衛等
左右近衛少將已上並進點 其左右衛門左右衛府
位府生已上[illegible]所開
[illegible]其後宮人[illegible]入自[illegible]

（1紙）

遠
儀鸞門其後宮人率陰陽寮入自逢春
門進七曜御暦輔以下二人留奏進其詞曰
中務省奏久陰陽寮乃供奉留其年七曜御暦
進良久乎申賜止奏 其勅答若親王任卿者以進礼良久乎申 退差退数毛諸替進良久乎他皆放此
宴訖大臣執札相副
分唱名各賜御一條 儀式 事見
凡進入官奏御門諸司月料籍毎月一日 正月用三日但停朝拜年九日送之以下如此之類
皆放此 十二月送省遷物訖差一人加署即喚入左右衛
門及左右兵衛等府分付但前番門籍返付本
司
凡節會日次侍従已上不預謝座謝酒之礼不得賜
禄但参議已上并非参議三位有職[illegible]及三臘老杖之輩
不在此限凡次侍従已上年七十以上者雖身不参
令節會録
凡省輔雖非侍従預節會并臨時宴行幸等
凡酒番侍従及次侍従毎年定十二人 一日為一番 番別四人
惣封函[illegible]進 見直二人已上 其列籍之一閣不須
會但中宮東宮賀礼不在制限
凡省輔雖非酒番率侍従上殿行酒
凡酒番侍従及次侍従當遣藥殿二人 一番別 有闕者随
闕更補之
凡親王大夫帶次侍従之並者不得差酒番

凡親王大夫帯仗侍從之者亦從其例者
凡元日朝賀中宮并東宮就座令次侍從已上
凡伊勢大神宮祭主帶侍從及次侍從者不得差他使
儺
凡女樂并踏歌別當擇侍從有容儀者一人令供
奉若道隱不供無給當日祿
凡正月七日兵部供御弓者預簡内舍人令奏事見
儀
凡正月七日十一月新嘗會命婦賜祿一同男官祿法見大藏式
凡供奉最勝王經齋會内舍人十二人歷名〻
日具移送式部
凡女官人自八月至正月計上日一百廿以上者給春
夏祿（其任上日不滿三分之二者不在給例其六女王時服不計上日）本司各具録人數及祿
物色目二月一日申送於省省即會去年祿文具造
解文目録仍式部兵部共就辨官座申曰中務（二省）
省申其列 中務省申宮人（詞曰比）春夏祿可給事
上申給收訖 申辨官命使之録其稱唯退出
辨官向太政官申曰中務省申春夏祿可給宮人
合若干人之中労若干再任若干人合
物若干數去年人若干物若干申給申大臣
判令之三省共稱唯退所遣辨官廿五
日所司發及大藏省請祿訖狀申辨官

日所司設幄并大蔵省積禄訖状申
中務省仰給禄状即令縫殿寮官引列丞官訖省
掌量設版位於二幄間東進北面輔進就版位宣命
其詞云々命宣人等常毛給布春夏禄給久止宣
宣訖還退　命婦准此　次官称唯座一冊詳　著両手執板
地首末　訖令復座然後中務輔進録依次就座史
生就績禄列北面大録文生等以次就座即
中務史生執傳唱之其称給之訖録進
以次退去　秋冬准此　其齋宮寮女孺等季禄省准時
估價以伊勢國正税給之
出仕官考選　准太政官式儀
凡九月東應有宣命者亦執儀版位入自東明門
左右廂量於尋常版位以北相去一許丈事訖更入
撤
凡月朔告朔前一日量設版位於大極殿前庭　事見式
凡應供神今食并新嘗等齋侍從次侍從前參
百日平旦於神祇官南門外點檢訖即省輔相
率就同官齋所食四位一人五位二人省輔官内
一人若其日不參者不須尋會但親王者書啓
若付神祇官參下之諸司者散齋之日省責歴
名　省掌一人内記一人内舎人四人監物主鈴典鑰各一人中宮職十五人　大舎人寮十二人内蔵寮四人縫殿寮四人内侍以下一百人之

（3紙）

對座宣宮内省已訖各歸退丞録後集承明門
仰令運御神嘉殿大舎人叫門闡司奏宣小齋親
王已下侍奉如常 儀式見
凡應侍奉神今食小齋侍従已上歴名前参
大嘗會 准此
凡供奉諸祭和儛及法會堂童子等次侍従
已上不關忌諱節會 正月七日十一月大嘗會新嘗會豊明節會 并臨時
宴賞共内舎人奪一季之禄
凡簡點侍従及次侍従堪和儛者十人預令調
習毎年供祭事
凡藥師寺三月最勝會堂童子王氏内舎
人興福寺三月国忌勅會 若有闕月者 亦於其月 十月維摩
會等堂童子藤氏内舎人各六人前五日差點其
名簿送大政官
凡六月十二月晦日大祓輔丞録共集祓所申各官
數 事見儀式
凡相撲司前薦官堪事者大臣給名於輔
狀外記廳召之如除目儀 可用人色 見大政官式
凡七月廿三日其日四人舎人廿人歴名分送左右相
撲司廿五日輔丞共率内舎人等向相撲司即五
位以上及丞内舎人等行列引相撲人樂人等進

(4紙)

訖東西門左右相撲侍共入各立幄前五位已上…
旗ヽ共撲着座畢後左奏云…訖左右六位已
下着座右各如此事了退出入儀（事見儀式）
凡奉伊勢大神宮九月十一日平旦率丞録
史生省掌入八省院置案於後殿東廊（事見儀式）
十一月一日平旦輔率丞以下将陰陽寮進暦（事見儀式）
凡鎮魂祭前五日簡定和舞人侍従四人（具名移送式部）
祭日 内舎人大舎人各四人（祭儀人准此）（園韓神平野等祭亦准此）
並率所司依次奏舞（神祇官先舞次宮内省次侍従次内舎人次大舎人共舞）
神祇官捧賀帛神寿詞十三頭降十三夏青摺布衫
卅二領預前給之
凡新嘗祭小斎諸司青摺衫親王一領大
臣官十一領中務省三領侍従三領内舎人四領内記
二領監物一領主鈴一領典鑰一領中宮十五領大舎人十二
領内蔵四領縫殿四領宮内三領木工二領大炊二領
主殿廿二領典薬四領掃部七領内膳八領造酒二領
主水八領（中宮二領）左右近衛府各卌四領（中宮各十二領）
衛府各十領（中宮陣各四領）蔵人八領御膳前采女以二領
堅子八領女嬬已上一百廿領（中宮女嬬卌）
平野等祭物…三丈絹東絁…紅花…
銭一貫八百九十文…

（5紙）

錢一貫八百九十文 表袋皆 等直 但表袋者加増絶
三疋綿七屯工花小三斤錢一貫文
右依内侍司移中官請受

弘 詔書式
詔云云主者施行
年月御書日
中務卿位臣姓名宣
中務大輔位臣姓名奉
中務少輔位臣姓名行

弘 慰労詔書式
天皇敬問云云 大蕃国云天皇敬問 小蕃国云天皇問
年月御書日
中務卿位臣姓名宣
中務大輔位臣姓名奉
中務少輔位臣姓名行

弘 凡奉詔書者使内竪喚輔若丞入自閤門進就版
位跪奉勅執詔書笏退出 事見儀式 別寫一通所置
太政官 慰労詔書不在此限
弘 凡勅内親王以下四品位及三位已上輔勅五
位已上其授定又位畢仕勅縫殿寮 其六位已下位記者申太政官請印 事見
儀式

(6紙)

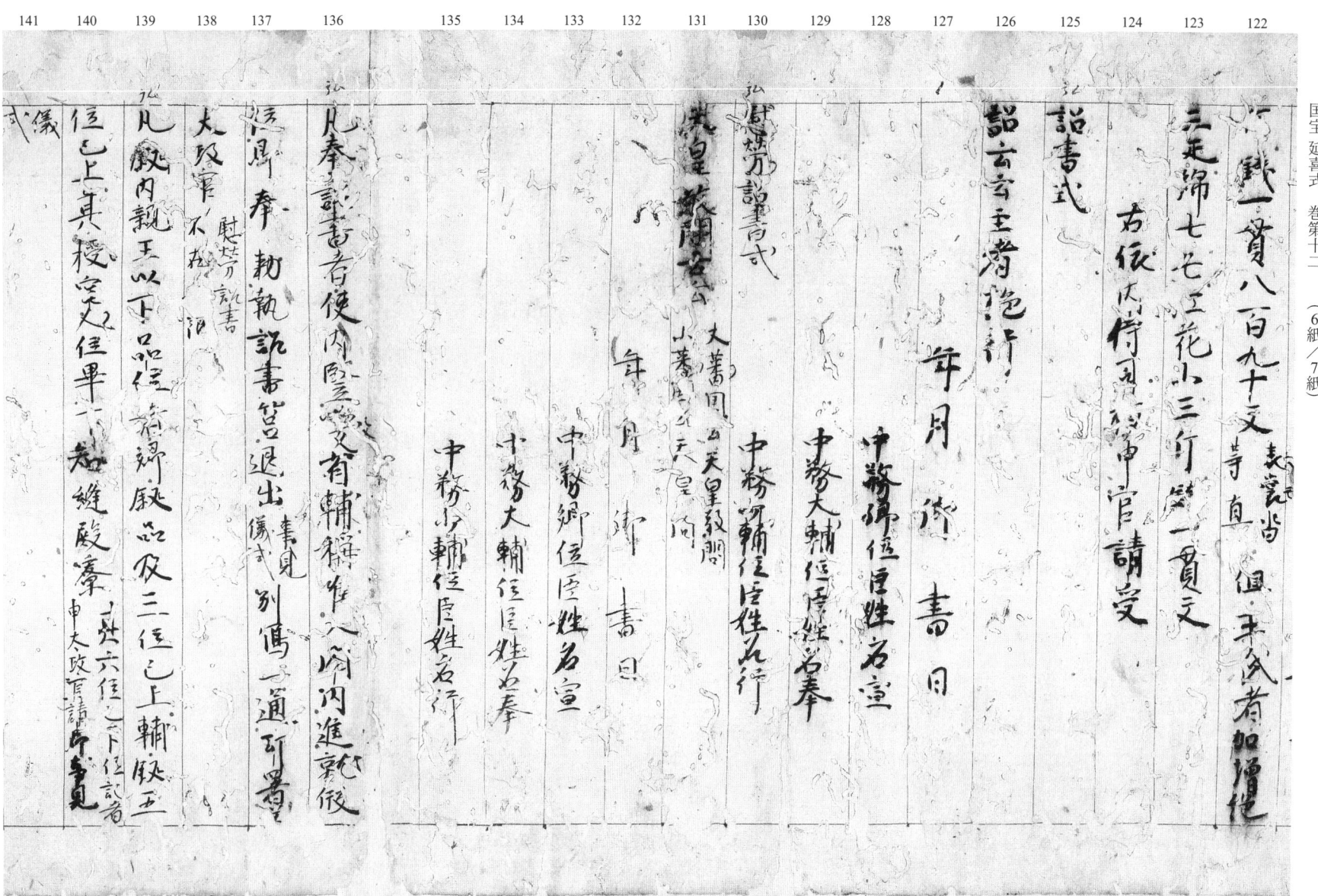

凡捺印五位以上并勲六等以上位記者、書位記日〈下同〉
預告中務輔〈輔不在者近衛少将代之〉若無并主鈴授〈持印令候〉
令掃部寮立案於敍位處、即少納言率輔一人進就
敍位奏請〈事見儀式〉其位案者内記造省省附位擬
并唯注奉位記并令授位階等早進辨官
中務丞以下知所司〈授神位及授僧尼位亦同〉
凡有外官飛驛奏者、少納言奏進、若不在者見
在並已上奏進、其報亦附飛驛者、少納言并輔已上之
内記二人共入内裏行事〈事見儀式〉
凡任女官者、造内裏、為文並以上入奏〈事見儀式〉
凡女官補任擬年、四月十月一日進太政官、若有遷
任卒死之類、以朱點側、更寫一通、六月十二月晦進藏
人所
凡尚蔵尚侍補任并散位之由者、中務大輔奏
凡長上及宮人考選文、十月一日輔率考選並録并
所管諸司共進辨官〈諸司考選文有掃押署後以省印印之〉番上考選文
者日輔及丞並録選式部省共官人考選文者
官錄以下然後校定訖、即造對讀記二通、一通留省并案
一通進内侍、選短冊〈内漆櫃量漆案〉正月古輔一人並録各二人率
史生省掌等進内侍、其詞曰、宮人〈能〉考選文進登
申、内侍執選昇殿披奏、奉訖返給、即受退出造目

（7紙）

中内侍執還昇殿授書奉覧訖返給即受退出造目
録式部兵部共申太政官
凡宮人成選位記者准男官叙之其料物十月廿日
官請受
凡五位已上有上表者置表函於高案 以蘆織筥著工數布帛
補訖曹司庁座以舎人四人執表案進
立版位後即共退出須臾大輔已上一人官率丞録
収之録持唯即令史生四人共降自西階進案
擡升席案進置庁上復本座録進案下執表筥置
於案大輔前開筥復本座輔以上開函見了即録
進執筥置案上復座訖大臣退出乃入内裏以状
申内侍然後入進 事見儀式
凡出雲国造應奏神寿詞者前一日装黙内舎人十
六人前日置版位於大極殿南庭 事見儀式
凡行幸者親王以上乗内舎人假闘腋列左右
奉御前其次者在近衛陣前兵衛陣後其人
須不怯装束 諸豊楽院神泉苑之類
凡行幸経宿者差定留守侍従付所奏之
凡應從奉城外行幸陣侍従侍従者除留守并威
悉陪従若無故不陪者不預節会
凡中務職及諸国所進之籍皆令染黄紙 但大宰並諸国不在此

若有未進者移送民部省拘留調庸税帳返抄
凡納庫戸籍令諸司史生中納之勿載年終帳
凡應収鋳諸司諸国印者随太政官符判下即下符内
匠寮鋳用度物省申官其字様者官仰下式部令
書博士就省書之即少納言輔及寮助以上共検校
令鋳造少納言輔不在者寮頭監鋳訖即進奏之
少納言執進内侍
凡諸国所進不動倉着鎰国解下省者省即勘
收庫若應出下者待官符下然後出充
凡次侍従員以百人為限 正侍従八人在此員中 但参議已上不入此員 中納言已
上奏 勅任之輔已上任之 若不在者 其名簿付省 其八正侍従
遷任者雖無闕猶為次侍従 以理解任亦同
凡帯官次侍従已上有遷任者待式兵両省移
解由乃預節会
凡侍従幷内舎人上日者毎日惣録六廿内舎人向侍従
所給之其籍付内竪者座前置之但雨泥
假等日令史生注見直
凡大舎人發雷鳴陣者立春興殿西廂
凡毎月十五日遣内舎人於常住寺十禅師房
行事

(8紙)

凡諸王以上娶女爲妻妾者不得准夫品位其内
親王及女王爲妻者不得准夫品位但五世王者得准夫位
凡諸氏貢女者皆簡年卅已下廿已上時無夫者
造解文録有无事申省省作奏文進之申勅送内
侍司下所縫殿寮若貢後過久依例擇替
凡諸國所貢采女名簿省轉官經奏不知省訖
録其由送内侍（若有闕替者具顯其由）
凡十二月奉諸陵幣者令陰陽寮擇日訖即申省
十陵八墓所者臨事使所奉送其使參議已上及非參
議三位太政官定之自餘省點　山階　柏原　長深
草　田邑　嶋　後田邑　小野　八陵參議已上若非參議
三位一人四位若五位一人内舎人内竪大舎人各一人後田
原八嶋二陵後宇治愛宕葛野後葛野小野後小野七墓
四位若五位一人内舎人内竪大舎人各一人多武峯墓
藤氏内舎人一人内竪大舎人一人遣參其使侍從四位
已上已下差之以十二月五日太政官當日平旦藤原
史并省掌等候所在所陽外中務以幣數計少判内居
人并大舎人等捧幣等内舎人等入就陽内座爲
點五位已上訖使人進執獻物（若帶劒者暫解從事）入自御所出
假御陽外衛門司告進執幣取出粮付堅入舎
人等但諸墓獻物不置御前使執取出

（9紙）

弘凡供諸陵幣使六位人者、依治部移、令本寮差定、物
送歴名
貞凡荷前使次侍従已上、若有闕怠者、移式部省令不
預正月七日節、兼解却
延凡後田原八嶋二陵荷前使、侍従次侍従、並遣之、五箇日
若此内皆免會者、雖身不參、猶須見參
貞凡荷前使内舎人有闕怠者、奪一年季禄、大舎人奪
夏冬衣服
貞凡臨時遣山陵使、侍従次侍従並差之、若致闕怠、並准荷前
使之例
弘凡年終行儺者、十二月晦日、少輔已上點定親王并
大臣以下侍従以上及參議、録内舎人等應預事者、
進奏文、當日平旦、付内侍進奏文、御覧訖令進大舎
人歴名、其分配闈司、參議以上一人、侍従十人、若參議一人、
録一人、内舎人四人、史生四人、大舎人五人、昏時者輔兼録
率史生者掌等、列於承明門外東庭、點檢儺
人、依次列立、録喚四位五位、史生喚六位已下及内舎人
國史生大舎人者、訖開承明門、闈司傳宣、一時率
侍従内舎人入而列立、次傳宣之前、以桃弓葦矢桃
杖陰陽寮作進之、頒儺人、事見儀式
延凡親王以下次侍従以上、闕怠雖陣者、不須[illegible]

（10紙）

凡親王以下次侍従以上、闕追儺陣者、尽預元日節

禄

凡奉十二月大祓之公卿者、不可更責儺陣之罪

凡内舎人歴十箇年、於筆労懐徊雑務十箇年上果

満二千四百考者、不得載之

時服

神祇官卜部廿人　宮主卜長上一人　宮宮主一人　卜部等在此数内　太政官九人　大外記　少外記

二人　史生　左弁官十五人　大弁一人　中弁一人　少弁一人　大史二人　少史二人　史生八人　左弁官准此　中務省

二人

一百八十八人　卿一人　大輔一人　少輔一人　大丞二人　少丞二人　大録一人　少録三人

記二人　史生十人　侍従八人　次侍従九人　大内記一人　少内記二人　内舎人　世人　大内記二人　少内記

二人　史生一人　大監物二人　中監物四人　少監物四人　史生

四人　大主鈴二人　少主鈴二人　大典鑰二人　少典鑰二人　中宮職一百六十二人

大夫一人　亮一人　大進一人　少進二人　大属一人

少属二人　史生四人　舎人一百五十人　之　大舎人寮一百七人　頭一人　助一人　大允一人　大属

一人　少属二人　舎人百人　大内記生　図書寮九人　頭一人　助一人　大允一人　大属

十人　在舎人内　頭一人　助一人　大允一人　少允一人　大属一人

大少属一人　造紙長　内蔵寮八十五人　頭一人　助一人　大允一人　少允一人　大属一人

上二人　造墨長上一人　少属二人　典履一人　大主鎰四人　蔵部

十人　舎人廿　縫殿寮七人　生二人　助一人　大允一人　少允一人　大属一人　少属一人　史

人　仕丁廿二人　頭一人　助一人　進部四人　染手　十六人

陰陽寮十六人　頭一人　助一人　大允一人　大属一人　少属一人　陰陽師六人　陰陽博

士一人　暦博士一人　天文博士一人　漏刻博士二人

内匠寮一百卅四人　頭一人　助一人　大允一人　少允一人　大属一人　少属二人　史生

六人　長上廿人　番上　近一百人

隼人司廿三人　正一人　佑一人　令史一人　隼人廿人　大蔵省廿二人　蔵部廿人　織部司

価長二人

世人　正一人　佑一人　令史一人　挑文師二人　織手

世人　機工　伯作　在此数内　縫女三人　宮内省十人　卿一人　大輔

大丞一人　少丞二人　典鑰　十四人　少輔一人

大録一人　少録三人　大膳職十七人　作　之　木工寮一百

世四人　頭一人　助一人　大允一人　少允二人　大属一人　少属二人　史生十人　算

師四人　大工一人　少工一人　長上十二人　将領十人　工部五十人　飛騨工卅七人　大炊

寮五人　部　主殿寮三百九十六人　属一人　史生四人　殿部廿人　今良　頭一人　助一人　允一人　大属一人　少

(11紙)

一百卅人采女 良女 藥生卅六人 典藥寮五人 乳長上一人醫師 侍醫生四人 掃部寮廿五人 頭一人助一人

允一人大屬一人少屬一人史生四人掃部八人作手八人 内膳司六十六人 奉膳二人典膳六人令史一人膳部卌人作菜手十七人 造一

酒司十二人 正一人佑一人令史一人酒部九人 采女司二人 正一人部一人 主水司卅三人

正一人佑一人令史一人水部卅四人年御井六人 左近衛府四百卅五人 大將一人中將一人少將二人將曹四人府生六人

醫師一人番長六人近衛三百人 左衛門府六百八十一人 督一人佐一人大尉二人少尉

二人大志二人少志二人府生四人醫師一人門部六十人衛士六百人右衛門府准此 左兵衛府二百六十七人

督一人佐一人大尉一人少尉二人大志一人少志二人府生四人醫師一人番長四人兵衛四百人右近衛府准此

府生四人醫師一人番長四人兵衛二百人駕輿丁五十人右兵衛府准此

左馬寮廿八人 頭一人助一人大允一人少允一人大屬一人少屬一人史生四人騎士一人馬部十五人 右馬寮准此

兵庫寮十六人 頭一人助一人大允一人少允一人大屬一人少屬一人 春宮坊廿六人 傳一人學士二人大夫一人亮一人

雅一人少進二人大屬一人少屬二人 舍人監一百四人 正一人佑一人令史二人舍人一百人 主膳監四人 正一人佑一人

令史二人 主殿署二人 首一人令史一人 主馬署准此 修理職三百九十人

大屬一人少屬二人史生八人長上十人將領廿六人工部六十人仕丁二百廿七人飛驒工六十三人

右雜有定員待本司解明知見定狀以後給之其自

十二月至五月廿日以上日長上百廿以上番上八十以

上給春夏時服秋冬准此但木工寮修理職飛驒

工者春以三月秋以九月爲限四月十月給之其

計夜者待從次侍從廿以上者並内舍人五十以上

六衛府官人已下舍人以上八十已上兵庫左右

馬寮五十已上自餘不須計夜其親王及參

議已上者不在給限侍從者並依侍從給之若帶六衛府

又左右馬寮兵庫 並臨時別給皆依官府并…

又左右馬寮兵庫 者並依本司日夜 其臨時別給皆依官符若有
任者起自任日至二十日限計其上日長上不
満三分之二番上不満二分之一者不在給限 補任者
親王及十月 以前任者 其服色者五位已上春纏絁三丈人
七尺同 秋 帛一丈五尺人 秋疋 綿四屯 秋 牛皮並准
内舎人絹五丈二尺人 秋絁一疋四丈 四尺綿四屯 諸司官人已下絹
四丈五尺人 秋絁一疋三 丈綿四屯 今良男女各絁三丈布一端 調 秋 絁
疋布一端綿三屯 但女綿二屯 隊丁大長庸布一段 秋二段 綿二屯
士駕輿丁商布 秋二段 綿三屯 六月十二月百總造解
文七日申太政官九日奏聞 儀式 車駕
元品親王時服 内親王 亦同 絹五十疋細布卅七端二丈 一品人 冬加綿二
百屯
右五月廿日解文進省六月十二月五日省造
解文進官
後宮時服
紀絹六十疋細布卅端曝布五十端 冬加綿三百屯 夫人絹五十
五疋細布卅端曝布五十端 冬加綿二百五十屯 嬪絹卅疋細布廿
端曝布廿端 冬加綿二百屯 女御絹廿疋曝布廿端 冬加綿一百屯 別給
時服夏四月五日冬十月五日内侍具録人数及物色移省省
造解文申官
宮人時服

（13紙）

宮人時服

内侍司一百十人〈尚侍二人、典侍四人、掌侍四人、女孺一百人〉　蔵司十七人〈尚蔵一人、典蔵二人、掌蔵四人、女孺十人〉

書司九人〈尚書一人、典書二人、女孺六人〉　薬司七人〈尚薬一人、典薬二人、女孺四人〉　兵

司九人〈尚兵一人、典兵二人、女孺六人〉　闈司十五人〈尚闈一人、典闈四人、女孺十人〉　殿司九人

〈尚殿一人、典殿二人、女孺六人〉　掃司十二人〈尚掃一人、典掃二人、女孺十人〉　水司九人〈尚水一人、典水二人、采女六人〉

膳司卅八人〈尚膳一人、典膳二人、掌膳四人、采女卅一人〉　酒司三人〈尚酒一人、典酒二人〉　縫司一

百七人〈尚縫一人、典縫二人、掌縫四人、女孺一百人〉

中宮女孺九十人

右五位已上夏絁一疋〈冬加綿二屯〉　女孺已上絁三丈〈冬加

絁三丈綿二屯〉

内教坊未選女孺五十人

右夏絁三丈〈冬加絁三丈綿二屯〉　貲布一端〈冬調布二端〉

女丁人別夏絁三丈〈冬加絁三丈綿二屯〉　緑調布二丈一尺　庸布一

段〈冬亦同〉

前件時服夏四月廿日冬十月二日内侍司具録人数

并賜物色目移省省造解文申官符下大蔵

省及内侍司請受依件班給

女官馬料

尚蔵一人〈准正三位〉

右一人給銭八貫文

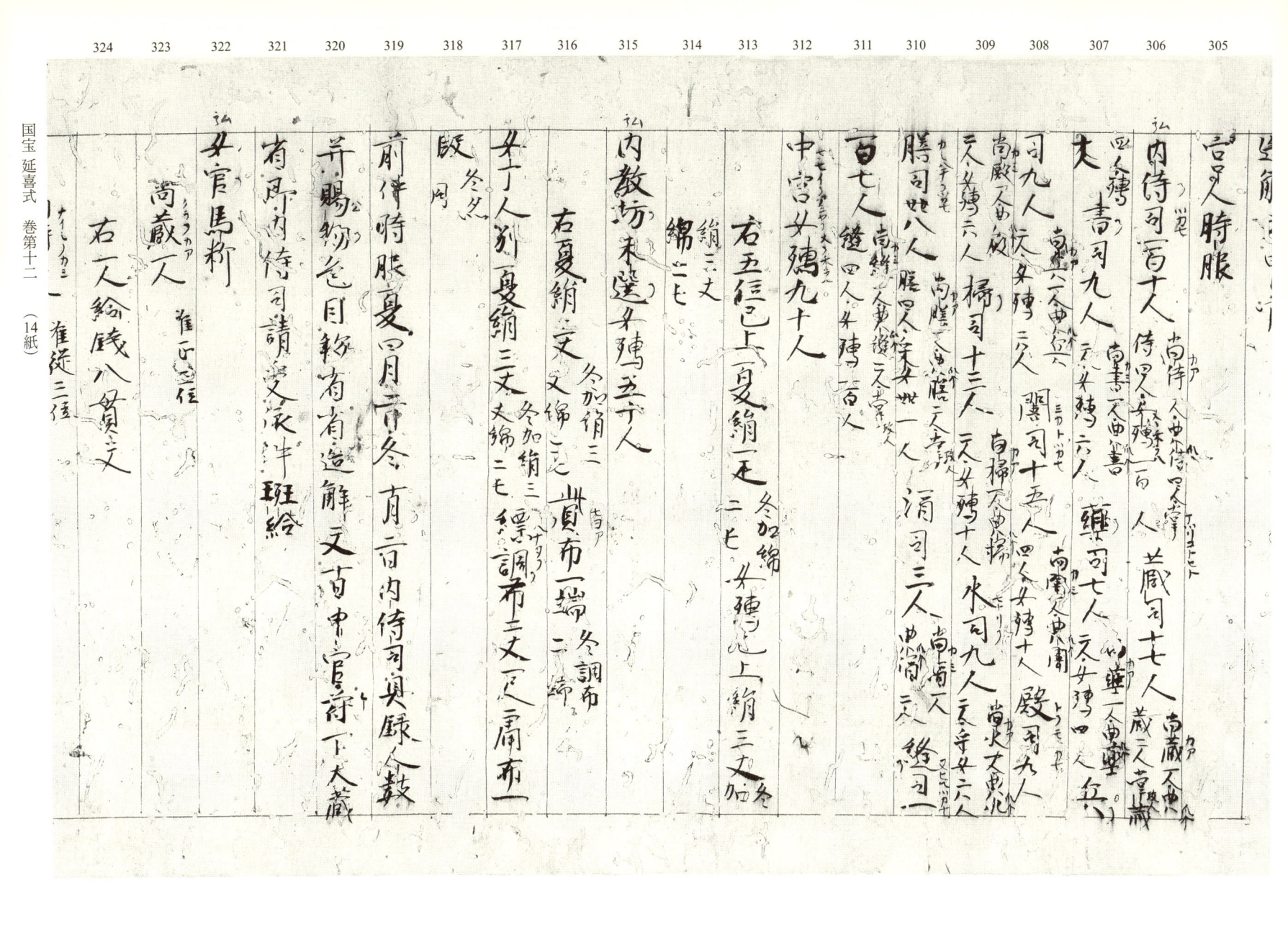

尚侍一人〈准従二位〉

尚侍一人 准従三位
右二人各銭七貫五百文
尚膳一人 尚縫一人 並准正四位
右二人各銭三貫五百文
典侍四人 典蔵二人 並准従四位
右六人各銭三貫文
掌侍四人 典膳二人 典縫二人 並准従五位
右八人各銭二貫文
尚書一人 尚殿一人 尚酒一人 並准従六位
右人別銭一貫二百五十文 唯尚酒一人一貫七十文
掌蔵四人 典書二人 尚薬一人
尚兵一人 尚闈一人 尚掃一人
尚水一人 並准七位
右人別銭一貫一百七十五文但典書二人各一貫一百
文 尚薬一人一貫二百五十文
掌膳四人 尚縫四人 典薬二人 典兵二人
典闈四人 典殿二人 典掃二人 典水二人
典酒二人 並准八位
右卅四人各銭一貫一百文
前件女官自正月至六月上日一百廿五以上者給春

（14紙）

夏馬新嘗 秋冬准此
其有上日共等勞劇及同司依官位次作差
給縫満限日資闕、有故者不須給、給帛帯三尺
者、從一位高給廿八貫、外官者各一員
凡諸司諸家衣服門文簿送大藏省
凡諸司權官衣服別縣爲正官共申内侍官雜用
女官雜用料
新賀茂祭 四月
使命婦二人、女孺二人、裝束新帛十疋、絹十六疋
細布五端、紺細布廿端、紅花十四斤、袍四領 直二端
春日祭 春冬同
使命婦一人、女孺三人、裝束新絁十二疋、綿十四屯、細
布十四端
大原野祭 春冬同
使命婦一人、女孺三人、裝束料新絁十二疋、綿十四屯、細布
十四端
六月神今食、八姫裝束新絹八疋、木綿四斤、綿廿屯
准此 十二月神今食
五月五日
命婦已下女官已上裝束新絹一百六十九疋、調布

（15紙）

命婦以下令史已上装束料絁一百六十九疋調庸
一百端貲布二百十六端為端　八丈　縹布廿五端殿司燈守四人
掃司女孺十人装束料縹絁八疋三丈　人別三丈　火炬二人黄絁
一疋　人別三丈
皇后宮定額女孺九十人装束料絁廿五疋貲布廿九
端三丈為端　四丈　令史十五人装束料絹七疋三丈　人別二丈　縹布
七端二丈　人別一丈
新嘗會
命婦以下令史已上装束料絹三百廿八疋綿六百七
十六屯調布六百廿一端縹布廿五端殿司燈守四人掃部
女孺十二人装束料縹帛八疋二丈　人別三丈　帛八疋三丈
人別二丈　綿卅四屯　人別二屯　火炬二人黄帛一人　人別三丈　帛一疋
人別三丈　綿四屯　人別二丈
東豎子四人装束料人別緋絁四丈帛二疋綿四
屯　雑用　五月五日菖蒲一尺貲布四丈紅花小二斤
並依内侍移請充
皇后宮女孺九十人装束料絁九十疋綿一百八十屯
布一百八十端　令史十五人料絁十五疋　人別一疋　綿卅屯　人別二屯　縹
布七端二丈
十二月晦日雑給料
命婦已下料米八十斛糯米廿斛大豆一斛小豆一斛

命婦已下料米八十斛糯米廿斛大豆小豆各廿斛
油四斛五斗
皇后宮女孺等料米十五斛糯米五斛大豆小豆
各五斛油二斛

蔵司

五月五日続命縷料絲五十絇紅花大五斤
料櫃四隻尺麻笥二口櫃二口水甁一口大案一脚杓二柄
書司元日拝天地四方料御褥一條料絁一疋調綿四屯
御薬覆三條 二條各長六尺 一條長七尺 料絹五丈二尺同帯六條 或本十二條
各長六尺 料纈帛六尺香二両細布三端柳筥四合料紙
十二張白紙十二張高盤二基漆椎杯古比一口
供奉行筆御琴硯纏料緋帛四丈五尺調布一端
三尺御琴硯案袋覆緒纏料絁五丈八尺五寸緋
帛五丈油絹五丈八尺五寸調布一端三尺並随破換
[illegible]

薬司

九月九日裹呉茱萸料緋帛一疋緋絲一絇 皇后宮亦同
料鼓茗籠細布一端庸布一段柳筥二合明櫃二合
筥二合杓二柄由加一口陶盤廿口手洗二口箸薫二合笥
坏廿口盧坏廿口瓶二口椀廿口叩盆二口 年料 油絁一丈
兩面一丈八尺絁一丈八尺緋帛四丈緋絲一両細布一丈 [illegible]

（17紙）

六尺調布三丈四人　酒臺筥葉并陣横　覆纏絹並随損請換

闈司

闈司纏絹束絁五疋細布五端紅花大八斤

殿司

御扇殿絹兩面綃各五丈一尺五寸緋帛三丈調 或本五丈五尺 本

布三丈漆横二合 小合 中合 床案覆絹帛黄帛各一

疋五二尺並随損請換

内教坊

春神祭五色薄絁各二丈木綿一斤商布二段鍬

二口酒三斗米五斗糯米二斗 秋三斗 大豆小豆各五

升塩三顆鰒堅魚腊海藻各一籠 秋祭准此

七日節舞樂五十人装束絹綃一百卌疋三丈綿

一百九十七

屯布商布四段鍬六口白木韓櫃二合明櫃四合

折櫃廿合筥五十合輿籠四口槽二 准人別四枚 賃

十枚食薦廿枚椀卌口杯一百口

采女厨

春神祭絹五尺絁各三尺木綿麻各一斤調布一端鍬

三口 秋二口 酒三斗米五斗糯米二斗大豆小豆各一斗

塩三顆鰒堅魚腊海藻各一籠 秋祭准此

（18紙）

柏三張 自十月至五月料
年料庸布五段 韓六 白木韓櫃六合 大案四脚
切案二脚 明櫃六合 折櫃一百合 麻笥八口 一百合斗
一口 升二口 杓八柄 縄笥六合 槽二隻 籠四枚 簀苫枚
瓶叩盆六口 坏三百口 陶椀 盤各一百口
右雑用料依前件 侍内侍 殿申官請受 既附 諸
物名 但神今食御巫・平野祭等物忌衣束
一 縫殿神祭料物及新紙 女官漬菜料等
塩各見本司式

内記

凡節会及尋常詔勅者 内記預書 元日賜群臣宴 七日叙位賜宴 十六日踏歌 九月九日賜宴 十一月大嘗会等詔 並当日進奏 議了 十一月吉日 新嘗会 冊命及遷任記問 任郡司等詔 並内記前日付内侍執奏 了即清書授内記 内記当日早旦進大臣 其詞各見儀式 但臨時詔勅者 承宣尋内記作
詔書畢納筥 令参議已上若内侍進於御所
凡元日朝賀依有滞故 延用二三日者 其日宣命
之 譯稱朔日
凡神社山陵宣命 大臣奉勅 令内記作之内
記進入大臣 大臣給使
凡宣命文者 皆以黄紙書之 但奉伊勢大神宮之文
縹紙書 賀茂社以紅紙書

凡賀茂祭日宣命、前一日書付内侍奏之

凡天皇御大極殿視告朔者、諸司大夫進置函於

案上、奏者畢、復本列訖、侍従令舎人喚内記

下、内記二人称唯、昇東西階就版位、二侍従宣

日、進文殴之、称唯進案下、揖函退、降東階出

蒼龍楼、授輔丞　文殿送中務省

凡應授五位及勲六等以上者、内記執筆

昇殿上、書位記、校訖即以位記案送中務省　神僧尼位

但臨時位記、中納言以上奏、勅使於宜陽

殿及陣頭令書之

凡在外官飛駅奏事者、大臣奏畢、即令内記

作勅符、大臣自持昇殿奏、覧畢、少納言、中

務輔、内記、主鈴等請印、封函発遣　事見儀式

凡封駅伝勅符式、少納言、中務輔、主鈴等請

印、准飛駅式、但主鈴封函、官史奏発遣　事見儀式

神位記式

勅

无位某神　今奉授某位

年月日

僧綱位記式

某[illegible]位名

僧綱位記式
某位名
右可某位
勅云云可依前件主者施行
年月甲日
中務卿位臣姓名宣
中務大輔位臣姓名奉
中務少輔位臣姓名行
奉
勅如右牒到奉行
年月乙日
治部卿位名
治部大輔位名
左大辨位名
告某位名奉
勅如右符到奉行
大録名
治部少輔位名　少録名
年月丙日下
僧（弘）尼位記式
勅

（20紙）

僧位記式

勅

某位僧名 臈若干 年若干 某寺

今授某位

年月日

〔貞〕延暦寺棲山一紀僧位記式

某位僧名 臈若干 年若干 延暦寺

今授某位

勅云云

年月日

〔弘〕五位已上位記式

某位姓名

右可某位

中務云云可依前件主者施行

年月日

中務卿位臣姓名宣

中務大輔位臣姓名奉

中務少輔位臣姓名行

大納言位臣名

大納言位臣名

中納言位臣名

中納言位臣名

中納言[illegible]等言

中納言位臣名等言
制書如右請奉
制付外施行謹言
年月日
制可
月丙日辰時大外記姓名
左中辨名
左大臣位朝臣
右大臣位朝臣
式部卿位名
式部大輔位名
左大辨位名
告其位姓名奉
制書如右符到奉行
大録名
式部少輔位名　少録名
少録名
年月一日下
右文官位記式、如件。命婦位記忽同。但武官位
記以兵部代式部、以右辨代左辨
弘貞　凡蝦夷位記式
中[illegible]已上二[illegible]上首[illegible]

（22紙）

神位記三位已上者縹紙緑褾雜綺帯黄楊軸
親王位記者白紙表白呉綾六衣紫羅褾緑緑
綫裏雜綺緑帯赤木軸三位以上者縹紙緑
褾雜綺帯黄楊軸五位以上者白紙白褾帛帯
厚朴軸 并已同但僧綱已上准三位律師准五位
凡五位以上位記料雜物色紙羅綾綺帛帯軸等
量其所用之数作奏進内侍内侍令奏覧畢
羅綾綺帛帯者自内侍所行之色紙者受
蔵人所赤木黄楊厚朴等軸受内匠寮
凡造位記料板二枚 長各八尺広二尺四寸厚一寸 鑢一 長一尺一寸八分 二寸 刀
子二柄 長五寸 広一寸 机二脚 並受木工寮 砥一顆 受大蔵省 柳筥
四合 受内蔵寮 随損請換
凡賜渤海客書日内記従使赴客館
凡供奉行幸遠処内記二人史生一人内記外衣左
右領被鞍御馬一人之後駄騎馬主騎之前近
処内記一人史生一人
凡書位記料麻紙者上総国一百五十張下野国一百張
毎年進之詔書料黄紙者随用直奏受蔵人所
凡納位記料等筥八合緑絹八尺帯料 結筥二 並随損付

(23紙)

内侍奏受内藏寮
凡納贈位記析柳筥臨時受内藏寮
凡諸公文使史生進省
恒例解文進省式
右、八省春夏禄文五月廿日夏衣服文六月
神今食兆人文同月廿日夏馬料文七月廿日
秋冬禄文八月廿日内記并史生考日行事文十
一月剰帯會地人内記一人文同月廿日冬馬料文
又依古請要劇文毎月十日進
凡從圖書寮請紙二百張筆十管月墨六年一迋
凡内記疾假陽頭掌記録
[illegible]以詔[illegible]　右勅書函臨上書封字函上并題書中務省三字
凡請諸司管鑰者毎旦監物并典鑰等共候延政
門外近衛開門大舎人就闈司　採訪寮　設座　叩門二段
其詞曰美又　闈司問曰誰大舎人稱姓名曰鑰給良年登
監物姓名典鑰姓名等候門　申闈司進就版
位奏其詞曰鑰給良年登　監物姓名典鑰姓名等
叩門故　申勅曰令奏闈司稱唯復本座
寺奏大舎人共稱唯即監物引典鑰　但大舎人叩門
大舎人等入共就版位在左掖門　監物奏曰司司

大舎人等[illegible]就位於左掖[illegible]

乃賜物下鎰給　申勅曰取永之共稱唯退
賜鎰　引大舎人等進就鎰櫃下出管鎰授
大舎人退出轉授監物夕時進鎰儀如之其奏
詞曰給留司司乃鎰進　申勅曰收之即共稱唯退
出但同日并奉伊勢大神幣帛日及諸節日不奏
其奏人鎰状皆於闈司闈司於内侍内侍嚴數後
奏訖即闈司宣曰直入即監物典鎰等入就内侍
所内侍以可給之鎰付監物典鎰等嚴數共稱唯退
凡魚屋前典鎰引大舎人等開櫃出鎰並如
上儀
凡請鎰官鎰當降雨之日於東明門壇上奏之
蔵物者少輔已上一人中務民部大蔵三
省輔各一人監物一人主計助已上一人同會就諸司
廳本司録申日雜物將出納　申　絁絹絲綿布錢等類雜判
入之録　准主鎰申日給鎰上　申監物命曰給之即稱
唯受鎰諸司共赴正蔵前主鎰引蔵部等申曰
開蔵　申監物命曰開之即稱唯令蔵部開諸封
校自明監物加封主鎰申同事畢諸司乃還其
出納鐵類等類及自餘諸司物者官史一人三省録
各一人監物及主計属各一人　若属不在者録代之　但會出納
凡[illegible]出大蔵物者[illegible]勅旨中務省有勅

（24紙）

凡奉出大蔵物者、奏　勅鉦中務省省輔
一人監物一人与本司輔已上一人相共出之 二省輔不在者丞代之
三司共入奏進即録物数三司署便附本司
送蔵人所 凡出賦蔵等物者省録已上一人監物一人
与本司録已上二人共出奉進
例年所請馬装十領 蒲鞍十枚 並官人所
八領 並請蔵 鞦一口 轡二枚 明櫃一合 合皆十合
正一日出器世物
凡宿直者大監物以下少監物以上二人
凡官人請暇三日有見直五人以上者得申請
若不満此数請者處分
主鈴
凡下諸国公文少納言奏請印状訖主鈴印之但
勅符并位記少納言印之
凡供奉従駕馬内印并驛鈴傳符等皆納漆櫃
子主鈴与少納言共預供奉其駄者左右馬寮充之
年料所須朱沙十二両膠八両 位記料 練絲三
斤 貲布一丈 敷印 柳筥二合 納印 赤漆
一斗 年終申省請受 但銅盤二口 印料 漆案二
脚 緋氈二枚 並随損請換

[illegible]

飛驛函新銅鎖子二口〈大宥嘗 木肪下〉 火鑚一枚 鉄草

袋十口〈各長二尺 廣一尺五寸〉 浣草條〈尺五寸 廣一寸〉 袋緒〈新各長五〉 生絲二両二分

縫袋 繪函廿合 緋冊六枚 松脂三斗 敢文草 [illegible]

新 折桉十二前〈各長六尺 廣四尺五寸〉 縫 新綫革十七條〈各長三尺 廣一寸〉 敢 草一張

覆駄新〈長六尺 廣四尺〉 並随用盡及破損請受

凡[illegible]擇年驛傳函及遣渤海国勅書[illegible]

者主鈴對之〈勅書 記其果衣之〉

典鑰

凡諸蔵庫鑰毎日与監物共請 [illegible]

監職主殿 大炊寮鑰 但兵庫鑰臨時請進

凡鑰袋皆以牛革縫造 若有損破 [illegible]

凡納御鑰韋櫃匙納典鑰局

延喜式巻第十二

延長五年十二月廿六日 外従五位下行左大史臣阿刀宿祢

従五位上行勘解由次官兼大外記紀伊権介

従四位上行神祇伯臣大中臣朝臣

大納言正三位兼行民部卿臣藤原朝臣

大臣正二位兼行左近衛大将臣[illegible]

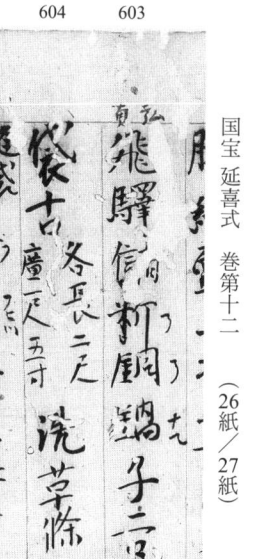

（26紙）

621

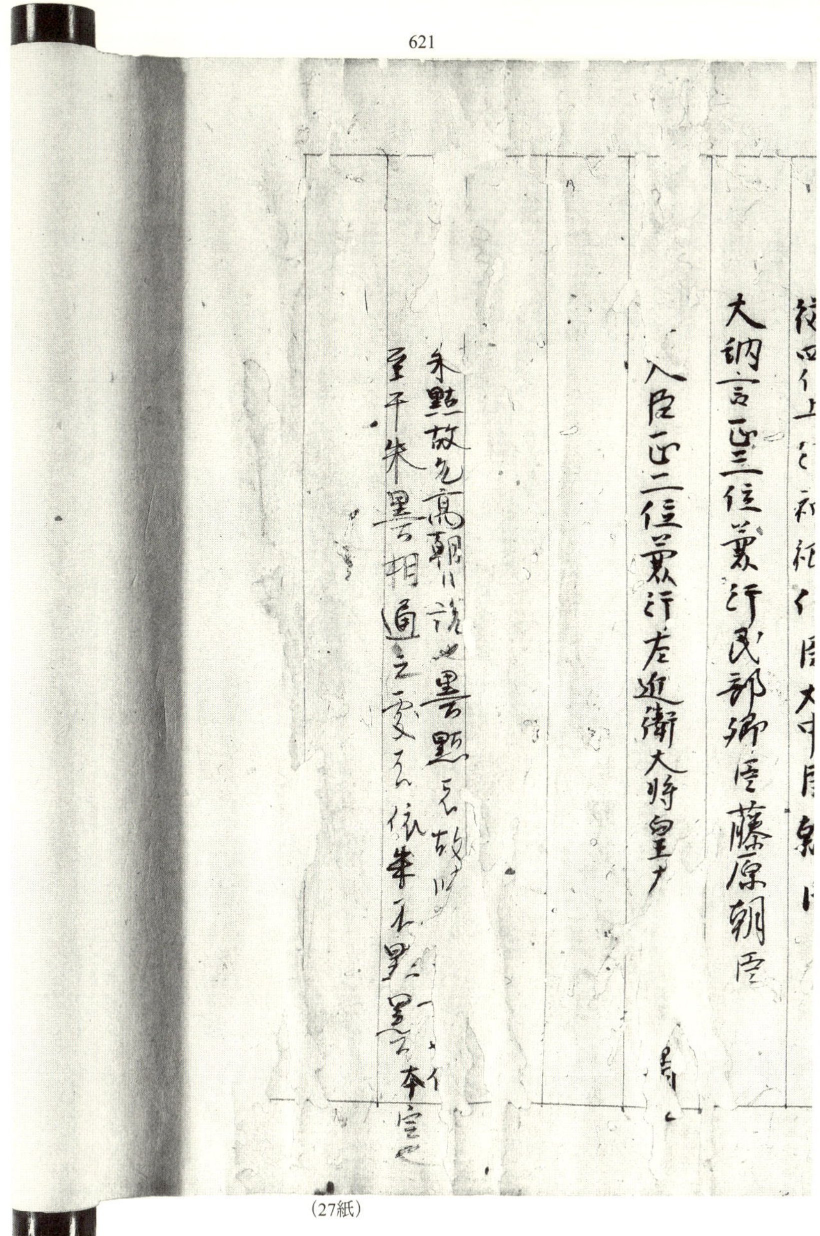

（27紙）

国宝　延喜式　巻第十四（平安時代後期写）

国宝　延喜式　巻第十四　（巻姿）

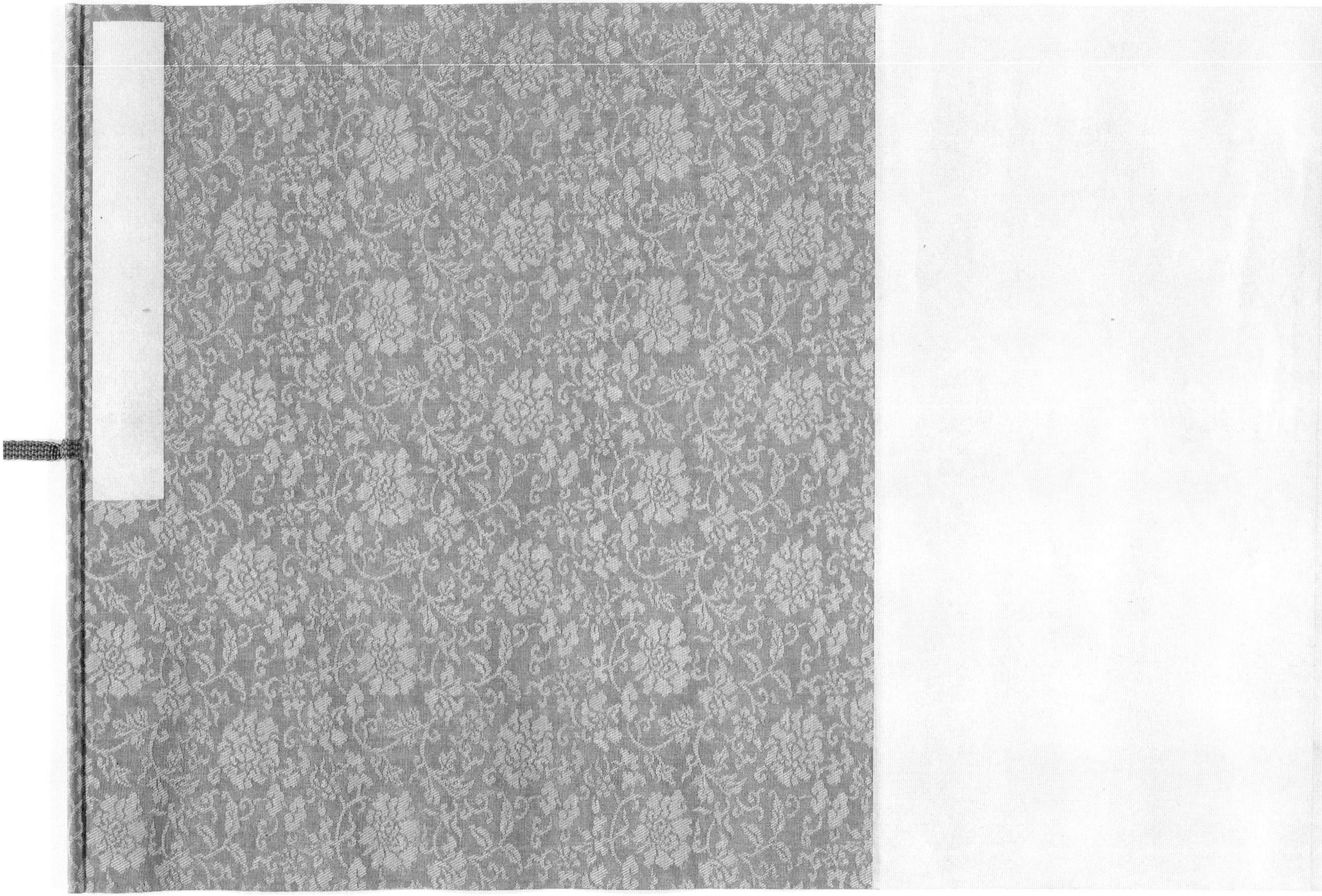

国宝 延喜式 巻第十四 （表紙）

式巻第十四
縫殿寮

延喜式巻第十四
縫殿寮
寮神三座夏祭 冬祭准此
御匣殿神一座
五色薄絁各三尺 纈二疋 綿二屯 絲二絇 納幣
明櫃一合 以絹綿等充冬祭賜酒 其御匣冬料亦至夏賜 酒六斗 饌食二案
脚別机四前 二座幣料 二座饌食料 並内膳司備之 調布一端 敷几案 二丈八尺充
櫃一丈四尺 祝史料 庸布二段

縫殿神一座
木綿大八両 酒二斗 米・糯米各一斗 大豆・小豆各五
升 鰒五斤 腊 乾魚 海藻各六斤
着酒神一座
五色薄絁各二尺 木綿大一斤 鮮物 直 酒四斗 米
三斗 糯米一斗 大豆・小豆各五升 鰒五斤 腊 乾魚
海藻各六斤 物忌童女装束 絹一疋 夏料 紫絹
三丈 調綿二屯 冬料
以上三前神 四月・十一月上卯日祭 前三日営作料物
六月神今食御服
帛袷衣二領 別三丈七尺五寸 袴二腰 別三丈 中袴二腰 別二丈
褌二腰 別二丈六尺 被二條 別七丈五寸 綿五屯 別二屯半 數被一
條 一疋 褥二條 別白二疋 暴布二丈一尺 帶一枚 帛作二尺 別三丈七尺 暴布載
一枚 一端 嗇巾一條 一端 帛袜二両 別三尺五寸 練絲二両六
土 絲二分 櫛二枚 履一両 已上二種内蔵備 餘絲櫛履准此 林杷条
二條 別四丈六尺 細眼白木韓櫃二合 敷細布二條 別五尺八
暴布綱二條 別長二丈 黒葛筥二合 各長一尺五寸 廣一尺三寸 紙十張
祓麻大一両 並事訖付神祇官 紅花大三両二分 支子二斗四升

（1紙）

酢三合六升新百廿斤薑六圍半
六月神今食中宮料 十二月新嘗亦准此但以敷被代褥
被一條褥一條軾一枚調布二端楊白筥四合紙
十枚練糸一兩櫛二枚履一兩白木韓櫃一合
六月晦日御贖服 十二月亦同中宮東宮准此
白帛襟頭二條 別三尺四寸 暴布袍二領 別三丈二尺 帛袷
衣二條 袍別六幅長三尺三寸廣四寸七分八 袴二腰 別八尺中宮二腰別一端 帶二條
別長六尺八寸五分廣一尺二寸 暴布帷二條 別二丈四尺六寸 綿廿七 別十七 暴布帷
二條 別二丈四尺六寸 暴布袜二兩 別三尺着帛絢 練絲二分生絲一兩
二分櫛二枚履二兩 備脂 楾管六合 大二合小四合 紙六張裹
雜物葉薦二枚木綿一兩麻大一分大机二脚
新嘗會御服
帛袍二領 別一疋一丈五尺 綿六七 別三七 褌子二領 別三丈八尺五寸
綿六七 別三七 汗衫二領 別三丈七尺五寸 袴二腰中袴二
腰綿六七襠二腰被二條綿廿七敷被一條
綿廿七褥一條綿十七帛帷二帳帛挾机一枚 一丈四尺
暴布軾一枚唾巾一條帛袜二兩一七帶二條 別五尺八寸
練絲二兩三分生絲一分三銖櫛二枚履一兩

（2紙）

帛二條納服韓櫃二合覆望陁布二條暴布
緦二條黒葛筥十四合紙廿張綿二分被床一兩
右御服依前件其丈尺各同上條十二月神今
食薦同此服裝其縫備所鋪設就所司請
鎮魂齋服 新嘗祭同用之
神祇官伯已下彈琴已上十三人𢅥摺帛袍十三領
別一疋一丈二尺 袴十三腰 別三丈 綿二十二屯 袍別二屯半 袴別一屯半 絲三兩
一分三銖 猨女四人緑袍四領 表裏帛 別三丈 綿八屯 別二屯
兩面細四條 別長一尺九寸廣五寸 汗衫四領 別三丈 緑裙四腰
緑表帛裏 別三丈 裙要料𢅥帛四條 別一丈五尺 綿八屯 別二屯
下裙四腰 裙別三丈 腰別一丈五尺 袴四腰 別三丈 綿四屯 別一屯
𢅥帶四條 別長六尺廣四寸五分 細布髻緒四條 別二尺 緋帔
四條 緋表帛裏 別一丈二尺 細布袜四兩 別三尺 緑鞋四兩
新嘗祭小齋諸司青摺布衫三百十二領 細布一百卅領 佐
渡布一百八十二領 並別一丈二尺 緋纈料細布四丈 貲布六端一丈二尺 別長二丈二寸 廣一寸
山藍五十圍半 模餧料米二斗四升八合 生絲四絇
紅花大十五斤五兩 薪六十荷 甘葛六圍 蘇芳六斤
四合 調布一丈四尺 帛被廿五條 別一 綿三百廿

四合調布一丈四尺帛被廿五條別一綿三百七十
五屯 別十 五屯 調布被廿五條 別五丈 十二人 庸綿三百七十五
屯 別十 五屯 納被暴布帒五十口 別一丈 二尺 練絲四兩四銖
生絲五兩十二分二銖 布被別一 銭帒別二兩 中宮小齋人青摺田
布衫卅九領 高座儀二人左右衛官人 四人左右兵衛官人二人女孺卅人 佐渡布衫
卅領 史生二人舎人十人左右近衛各十人左右 兵衛各三人主水司水部二人 細布貲布一端
三丈三尺七寸山藍十五圍模餝料米七斗四升紅花
大七斤六兩二銖酢一斗九合薪三荷蒭三圍帛鼓
十條綿一百五十七屯布被十條庸綿一百五十七屯布
袋廿口練絲一兩二分四銖生絲十三兩五分五銖
右依前件但帛布被通用十二月神今食待
内侍處分三年一度須給
正月齋會衆僧法服
講師讀師七條袈裟二條 講師淺紫綾讀師深緋綾 並深紫帛裏別四丈
甲裄深紫綾五丈 別二丈 五尺 絲四兩二分緒組裄紫絲
一領深紫羅紗二條 別一丈 六尺 深緋綾菸蔭脊二條
蒲菌表帛 裏別三丈 赤白橡座具四條 別二丈 四尺 袍二領 講師
深緑子綾表帛裏讀師青白 橡菸表淺緑帛裏別三丈 綿四屯 七 別二 襖子二領

縁衣表浅緑帛裏 別三丈七
蒲萄表帛裏 綿四屯 赤練汗衫二領 別三丈四尺 黄
纐纈裳二領 別四丈 裳帯料 縹帛八尺 別四尺 袴
二領 黄纐纈表帛重 別一丈五尺 綿四屯 褌二領 別一丈五尺 縹帯
二條 別長六尺 廣四寸 赤練被四條 別一疋 二條八日絁 二條十四絁 綿廿七屯
赤練敷被二條 別一疋 綿卅七屯 別廿七 暴布湯帷二
條 別一丈六尺 頭巾二條 別三尺 嗢巾四條 別一丈四尺 手巾四
條 別三尺 赤練帛袜各二兩 帛別三尺五寸 布別三尺 烏皮履
二兩 納脹𦁤 鞾横四合 布𧝂八條 別長九尺八寸 廣一尺二寸 拆筥
二合 納履小横二合 聽衆廿口 赤練被六十
條 廿條八日絁 廿條十四絁 綿六百廿屯 暴布湯帷廿條 手巾六十條
紙廿張 雜用
右法服依前件 右應縫九條者用帛一疋
八丈二尺二寸 袈裟料三丈九尺六寸 甲料二丈二尺六寸 絲五兩 五條用帛
四丈二尺四寸 袈裟三丈二尺八寸 甲料二丈四寸 絲四兩 其條備所見帳設
年中御服
春季
正月料 二月 三月 赤同 白橡六領 深紫四領 祀十領 十一月二領 十二月
二領並用白料絹十五疋四丈八尺 別一疋三丈四尺八寸 絲

（4紙）

二領並用白粁絹十五疋四丈八尺 別一疋三丈四尺八寸 絲
二兩二銖 別五銖 襖子十領 藍四領、蒲萄六領、青一領十二月二領並用白
絹十三疋四丈 別一疋二丈三尺 絲一兩二分四銖 別四銖 半臂
十領 藍四領、紫六領、十二月一領并用白 粁白絹六疋五丈 別四丈一尺
絲一兩二分 別三銖 袷褂單褂各十領 並紅 粁絹十
三疋一丈五尺 袷別五丈三尺、單別三丈六尺五寸 綿五十屯 別五屯 絲一
兩二分四銖 別四銖 表袴中袴各十腰 粁絹十
六疋四丈 別五丈 絲三兩一分二銖 別二銖 袷褌單褌
各十腰 粁絹十疋二丈 袷別四丈、單別三丈、腰粁八尺 絲二兩三
銖 別五銖 被長八領 白四領、紅四領、三月減二領 粁絹十三疋 別一疋
三丈 綿六十四屯 別七屯 絲一兩一分二銖 別四銖 被十二條
並紅、三月減四條 粁絹廿四疋 別二疋 綿一百廿七屯 別十屯 絲三兩
別一分 褥四條 並白 粁絹六疋五丈六尺 別一疋四丈四尺 綿廿七
屯 別五屯 絲二分 別三銖 纈絁一疋
夏季
四月粁着襴縠衫六領 白橡四領、藍薄色二領、九月一領用白 粁縠
廿疋二丈六尺 別五丈一尺 絲一兩 別四銖 半臂十領 紫五領、藍五領、九月減
用白 粁絁四疋一丈 別三丈二尺 絲三分二銖 別二銖 汗衫十領 色同

(5紙)

料緋六疋五丈 別四丈一尺 絲一両一分 別三銖 袷袍単袍各
十領 並紅 綿十屯 別屯 表袴中袴袷褌単褌各
十襖被衣四領 白二領紅二領 綿廿四屯 別六屯 被八條 並紅 綿
六十四屯 別八屯 褥四條 並白 綿十二屯 別三屯 襪絁一疋
五月料着襴衫衣六領半臂十領汗衫十領単
袍十領表袴中袴袷褌単褌各十襖被衣
二領 白一領紅一領 綿十屯 別五屯 被四條 並紅 綿廿四屯 別六屯 褥
六條 並白 綿十八屯 別三屯 襪絁一疋 六月料着襴
衫衣六領 々一領七月不料 半臂十領汗衫十領単袍十
領表袴中袴袷褌単褌各十襖被二條
褥六條 並白 襪絁一疋
秋季
七月料同六月 八月同五月 九月同四月
冬季
十月料同三月 十一月十二月並同正月
中宮御服
中宮
春季
正月料 二月三月亦同 袍十領 白一領作圓 白橡九領 料白絹四疋一丈 別三丈五尺

（6紙）

絲一兩一分別三銖 背子十領白領白橡九領 緋絹五疋別三丈 絲
一兩一分別三銖 單衣十領白一領韓紅二領蘇芳三領蒲萄二領藍三領 緋絹二疋
五尺別一丈二尺八五寸 絲三分二銖別二銖 頭巾四條緋紗三丈定
別九尺 絲四銖別一銖 表袷褶二領白一領夾纈并作田一領諸目作 絹二疋一丈
別一疋五尺 絲一分二銖別四銖 同領緋絹一丈別五尺 絲二銖別四銖
下褶二領白緋白絹二疋一丈別一疋五尺 絲一分二銖別四銖
同領緋絹一丈別五尺 絲二銖別一銖 袴十五領紅緋
絹十二疋三丈別五丈 絲一兩三分三銖別三銖 單袴七腰
紅緋絹八疋五丈別二丈六尺五寸 絲一兩二分四銖別二銖 桂衣
單桂衣各三領緋絹五疋三丈七尺五寸袷別一疋五尺單二丈
七尺 綿廿四屯別八屯 絲二分別四銖 被六條三月減二條 緋絹
十一疋二尺四寸別一疋五丈四寸 綿六十屯別十屯 絲一兩二分別一分
褥三條緋絹五疋別一疋四丈 綿十五屯別五屯 絲一分三
銖別三銖 御逸殿緋絹十疋綿卅屯

夏季

四月料五月六月同七月 袍十領白一領作目白橡九領 袷袍六領藍二杉葉之類
緋絹五疋別五丈 絲一兩二分別一八 單衣十領白一領韓紅三領蘇芳四領
藍二領 頭巾四條羅褶二領白一領夾纈一并作目摺一領 緋羅一疋五

尺 別三丈二尺八寸 絲一分二銖 別四銖 同嚢料絁一丈 別五尺 絲

二銖 紗裙二腰 白一嚢侠纈 幷依同摺一嚢 料紗一疋五尺 別二丈二尺五寸

同嚢料絁一丈 絲二銖 下裙四嚢 白 料絁二疋

一丈 別三丈二尺八寸 絲二分四銖 同嚢料絁二丈 絲四銖 袴

十五嚢 單袴廿嚢 袿衣 單衣各二領 綿十

二屯 別六屯 絲一分二銖 別四銖 被四條 綿卌二屯 別八屯 褥

三條 綿九屯 別三屯 御匣殿料絁十疋 綿卌屯

秋季

七月料 八月亦同 九月同四月 單衣卌領 白三領 淺萩青十七依 韓紅十領 藍十領 領巾 九字疏

四條 羅裙二嚢 嚢料絹一丈 紗裙二嚢 同嚢

料絁一丈 下裙四嚢 同嚢料絁二丈 袴十五嚢

單袴廿嚢 袿衣 單袿衣各二領 綿十屯 別五屯

被二條 綿十二屯 別六屯 褥三條

御匣殿料絁十疋 綿卌屯

冬季

十月料同三月 十一月 十二月並同正月

右四季御服並依前件 毎年依數從內藏

寮受之 准例染縫 臨時之色 月別一日 十六日兩般

（7紙）

均分供進若數不等者上臈加之

斗帳

斗帳一具 高八尺 帷八條 四條七幅四條六幅並長丈 絹十七疋二丈

表裏各八疋四丈 綿八十四屯 七幅四條別十七六幅四條別十七隻不須 帽甲一條 絹

綃一疋一丈五尺 表裏各三丈七尺五寸 紐六十四條 絹綃二疋 條別長七尺

五寸廣四寸五分 絲一絇

斗帳一具 高七尺 帷八條 四條六幅四條五幅並長九尺 絹綃十三疋一丈三

尺 表裏各六疋三丈六尺 綿七十六屯 六幅四條別十七五幅四條別九屯隻不須 帽甲一條

絹綃一疋一丈五尺 表裏各三丈七尺五寸 紐六十四條 絹綃一疋五丈

一尺 條別長七尺廣四寸五分 絲八兩

裁縫功程

九條袈裟長功日五人中功日六人短功日七人七

條長功日三人中功日四人短功日五人五條長功日

一人半中功日二人短功日三人蘰脊 座具褁亦同 長功日

大半人中功日一人短功日一人大半 袍 襖子及女袍褥六幅四幅被

准此 長功日大半中功日一人短功日二人 單衣 汗衫赤同但雜給料

各減小半人 長功日一人小半中功日一人大半短功日二人 綿

袴（褌及女袴亦同）長功日半中功日大半短功日一人表袷
裙長功日三人中功日四人短功日五人單裙（襪亦同）
長功日四覆中功日三覆短功日二覆
布袍長功日三領中功日二領短功日領
布衫長功日六領中功日四領短功日三領
單布袴長功日八覆中功日六覆短功日五覆
八尺斗帳一具（七尺亦准此）長功日十三人中功日十五人短
功日廿人新羅组一條（長一丈餘但亦准此）絲二絇八兩長功日廿
八人中功日廿二人短功日六十八人
絞组一條絲一絇四兩長功日十四人中功日十六人短
功日廿人大丸组一條絲五兩（中丸组減半細组減四分之三）長功日大半
中功日一人小半短功日二人倚一條（長五丈廣三分）絲五兩
長功日六人中功日八人短功日十人
二目纐帛一疋（一目纐減半）長功日十四人中功日十七人短功
日廿人榛摺帛一疋長功日大半中功日一人小半短
功日二人青摺布一端長功日少半中功日大半短功
日一人
雜染用度

（9紙）

新[illegible]
黄櫨綾一疋 櫨十四斤 蘇芳十一斤 酢二升 灰三斛
薪八荷 帛一疋 紫十五斤 酢一升 灰一斛 薪四荷 黄
丹綾一疋 紅花大十斤八両 炭子一斗二升 酢一斗 麩
五升 藁四圍 薪一百八十斤 准生𥿻所定 餘所皆准此 帛一疋 紅
花大七斤 炭子九升 酢七升 麩四升 藁三圍 薪
一百廿斤 羅一疋 用度同帛 絲一絇 紅花大二斤八両 炭子
三升 酢二升三合 麩二升 藁一圍 薪六十斤
深紫綾一疋 綿紬絲紬 東絁亦同 紫草卅斤 酢二升 灰二斛
薪三百六十斤 帛一疋 紫草卅斤 酢一升 灰一石八斗
薪三百斤 羅一疋 紫草卅斤 酢一升 灰二石 薪三
百斤 絞紗一疋 紫草十五斤 酢三合 灰四斗六升
薪一百廿斤 絲一絇 紫草十七斤 酢二合 灰二斗五升
薪六十斤 貲布一端 紫草五十斤 酢一升 灰一石二斗
薪二百卌斤 葛布一端 紫草廿三斤 酢二合 灰
一斗七升 薪六十斤 浅紫綾一疋 綿紬絲紬 東絁亦同 紫草五
斤 酢一升五合 灰五斗 薪六十斤 羅一疋 用度同帛 絞
紗一疋 紫草五斤 酢六合 灰一斗二升 薪六十斤 纈
帛一疋 紫草五斤 酢一升 灰二斗五升 薪六十斤

（10紙）

帛一疋紫草五斤酢一升灰二斗五升薪六十斤
絲一絇紫草五斤酢三合灰一斗薪卅斤貲布
一端紫草七斤酢八合灰一斗八升薪六十斤葛布
一端紫七斤酢六合灰一斗五升薪六十斤深滅
紫綾一疋紫草八斤酢一升灰一石薪百廿斤帛
一疋紫草八斤酢一升灰一石薪百卅斤絲一絇紫
草八斤酢二合灰三斗薪九十斤中滅紫綾一疋
紫草八斤酢八合灰八斗薪九十斤帛一疋紫草
八斤酢七合灰七斗薪九十斤絲一絇紫草七斤酢
一合灰一斗五升薪卅斤浅滅紫絲一絇紫草一斤
灰一升薪三斤深緋綾一疋（綿紬絲紬 東絁亦同）茜大卅斤紫
草卅斤米五升灰三石薪八百卅斤帛一疋茜大廿五
斤紫草廿三斤米四升灰二石薪六百斤貲布一
端四丈 茜大十六斤紫草十四斤米三升灰一石五升
薪三百六十斤葛布一端茜大七斤米八合灰四斗薪
九十斤紫草七斤
浅緋綾一疋（綿紬東絁 貲布亦同）茜大卅斤米五升灰二石薪三
百六十斤帛一疋茜大廿五斤米四升灰二石薪三

百六十斤葛布一端茜大十斤米一斗灰四斗薪
九十斤深蘇芳綾一疋蘇芳大一斤酢八合灰三
斗薪一百廿斤帛一疋蘇芳大十両酢七合灰二斗
薪六十斤纈帛一疋蘇芳大十両酢七合灰二斗薪
六十斤絲一絇蘇芳小十三両酢二合灰六斗薪廿斤
中蘇芳綾一疋蘇芳大八両酢六合灰二斗薪九
十斤帛一疋蘇芳大六両酢三合灰一斗五升薪卅斤
絲一絇蘇芳大二両酢一合灰五升薪廿斤浅蘇芳
綾一疋蘇芳小五両酢一合灰八升薪六十斤帛一疋
蘇芳小三両酢五夕灰五升薪卅斤絲一絇蘇芳
小一両酢三夕灰二升薪廿斤蒲萄綾一疋紫草
三斤酢一合灰四升薪卅斤帛一疋紫草一斤酢一合
灰二升薪廿斤韓紅花綾一疋紅花大十斤酢一斗麸
一斗藁三圍薪一百八十斤帛一疋紅花大六斤酢六升
麸六升藁二圍薪一百廿斤羅一疋紅花大七斤
酢七升麸五升藁二圍半薪一百五十斤紗一疋紅
花大二斤酢二升麸二升藁大半圍薪卅斤絲一
絇紅花大一斤酢七合麸二升藁半圍薪卅斤

（11紙）

貲布一端紅花大四斤酢一升二合茜藺一圍薪六
十斤細布一端紅花大五斤酢六升藺二圍薪百
五十斤調布准此中紅花貲布一端紅花大一斤
四兩酢八合藺一圍薪卌斤退紅帛一疋紅花小
八兩酢一合茜藺半圍薪卅斤絲一絇紅花小二兩
二分酢三夕茜藺小半圍薪廿斤細布一端紅花大
四兩酢二合茜藺半圍薪卅斤調布一端紅花小十
四兩酢一合六夕茜藺半圍薪廿斤深支子綾一疋紅花
大十二兩支子一斗酢五合茜藺半圍薪卅斤帛一疋
紅花大八兩支子七升酢四合茜藺半圍薪廿斤絲
一絇紅花小一斤支子三升酢一合五夕茜藺小半圍
薪廿斤黄支子綾一疋支子一斗薪卅斤帛一疋
支子八升薪廿斤絲一絇支子三升薪廿斤浅支
子綾一疋支子二升紅花小三兩酢一合茜藺半圍
薪卅斤帛一疋支子三升紅花小三兩酢八夕茜藺
半圍薪六斤絲一絇支子七合紅花小一兩酢五
夕茜藺小半圍薪三斤橡綾一疋 東絁亦同 搗橡二斗
五升茜大二斤灰七升薪二百廿斤帛一疋搗橡一斗

（12紙）

五斤茜大二斤灰五斗薪二百廿斤絲一絇搗橡六
斤茜大六兩灰二斗薪卌斤
赤白橡綾一疋 綿紬絲紬 東絁亦同 黄櫨大九十斤灰三石茜
大七斤薪七百廿斤帛一疋黄櫨大七十斤茜大五斤
灰二石薪六百斤絲一絇黄櫨大五斤灰一斗三升茜
大五兩薪卌斤貲布一端黄櫨大十五斤灰三斗
五升茜大一斤八兩薪一百廿斤青白橡綾一疋 綿紬 絲紬
東絁 赤同 苅安草大九十六斤灰三石薪八
百卌斤帛一疋苅安草大七十二斤紫草四斤灰
二石薪六百六斤絲一絇苅安草大二斤紫草一斤
灰七斗薪卌斤貲布一端苅安草大卌八斤紫草
五斤灰一石一斗薪六十斤深緑綾一疋 綿紬絲紬 東絁亦同 藍十
圍苅安草大三斤灰二斗薪二百卌斤帛一疋 貲布亦同
藍十圍苅安草大二斤灰一斗薪一百廿斤絲一絇
藍三圍苅安草大九兩薪六十斤
中緑綾一疋 綿紬絲紬 東絁亦同 藍六圍黄蘗大二斤薪九十
斤帛一疋藍五圍黄蘗大一斤八兩薪卌斤絲一絇
藍一圍黄蘗大九兩薪卌斤浅緑綾一疋藍半圍

（13紙）

藍一圍蘗大九兩薪卅斤淺緑綾一疋藍半圍
黄蘗二斤八兩帛一疋藍半圍黄蘗大二斤纐帛
一疋藍半圍黄蘗大二斤絲三絇藍小半圍黄
蘗大二斤青緑帛一疋藍四圍黄蘗二斤薪卅斤
青淺緑絲二絇（黄淺緑絲亦同）藍小半圍黄蘗八兩深
縹綾一疋藍十圍薪六十斤帛一疋藍十圍薪
一百卅斤絲一絇藍四圍薪卅斤貲布一端乾
藍二斗灰一斗薪卅斤
中縹綾一疋藍七圍薪九十斤帛一疋藍五
圍薪六十斤絲一絇藍二圍薪卅斤
次縹帛一疋藍四圍薪六十斤絲一絇藍一
圍大半薪卅斤淺縹綾一疋藍一圍薪卅斤
帛一疋藍半圍薪卅斤絲一絇藍大半圍薪
卅斤深藍色絲一絇藍一圍小半黄蘗十四兩
薪卅斤中藍色絲一絇藍一圍黄蘗十四兩薪
卅斤淺藍色綾一疋藍半圍黄蘗八兩帛一疋
藍半圍黄蘗八兩纐帛一疋藍半圍黄蘗
八兩絲一絇藍小半圍黄蘗八兩白藍色絲一
絇[illegible]圍[illegible]深黄綾一疋（綿紬絲紬）

（14紙）

絁蘆小半圍黄蘗七両深黄綾一疋 綿紬絲紬 東絁亦同
刈安草大五斤灰一斗五升薪六十斤帛一疋刈安
草大三斤灰八升薪卅斤絲一絇刈安草大一斤灰
三斗薪廿斤浅黄綾一疋 綿紬絲紬 東絁亦同 刈安草大三
斤八両灰一斗二升薪卅斤帛一疋刈安草大二斤
絲一絇刈安草大十二両灰一升 二升 薪廿斤
練用度
練絁用度
絁十疋 綾絹 赤同 藁五圍薪百廿斤絲卅絇藁四圍
薪六十斤
年料雑物
年料雑物
柳筥四合 盛御服料二合 雑給料二合 刀子十五枚鉇一枚針五千
一百六十枚砥二顆熨斗卅六口擣衣料調布五端
一丈下纏綿一屯曝絁緒芋十一斤裁衣板六枚
長五尺 厚三寸 陶由加四口染槽四隻 已上二色 酒殿請替 轆轤杉四柄
水椀麻笥四口席三枚 請内蔵寮 紙三百六十張 上紙百 卅張凡紙
二百 卅張 箒十二管墨三廷帛三疋一丈二尺 疋四丈六尺盛襆 案二脚袍料一疋
交四尺 熨斗被 二領料 緤帛八尺 盛襆案二脚袍 細四條料別一尺 綿十屯 熨斗被二 條料
絁四丈 襌四條料 細布十端一丈八尺 九端縫御服机九敷料 一端一丈八尺 御厨子二基敷料

黄端畳四枚裀薦二枚長帖十枚長席二枚

三年一度雑物

黄絁四丈八尺帛五疋緋両面一疋一丈六尺生絁二疋

五丈二尺調綿十二屯曝布八端緋油絁四丈八尺

六寸貲布九端五丈四尺糸十両白木脚別机二前

各長三尺五寸高三尺 筥三合 栽板三枚 各長五尺廣二尺五寸厚三寸

右御服所雑物依前件

染槽四隻 各長一丈 槽二口 一口受一石一口受五斗 水甖麻笥四口木

麻笥五合 受三斗 轆轤杪五柄 大三小二 叩戸五口

右御服染作所雑物依前件

御服床敷料紫端畳四枚 各長八尺廣五尺 両面深霞

三條料両面五丈七尺 裏料生絹長同表 両霞三條料緋油

絁五丈七尺 裏料生絹長同表 緋裡六條 各長二丈 料緋絁一疋

調布一端二丈 中子料 黄霞一條 長八尺三副 料黄絁二丈四

尺 裏料帛長同表 両霞後一條 長同上 料緋油絁二丈四尺 裏料生絹

長同表 同霞帯四條 各長八尺 料縹絁八尺 四副 柳筥二合

黒葛筥四合 各方三尺 筥霞四條 二條黄絁二條油絁 表料黄絁

二丈四尺緋油絁二丈四尺裏料帛二丈四尺生絹二丈四

（15紙）

尺帷七條（御衣床并御礼韓櫃等覆料）料帛三疋三丈八尺東絁
二疋（裌襌料 縫糸五両料）縫糸ゝ裁板二枚（各長四尺 廣二尺八）瑩
板二枚（各長三尺五寸 廣二尺四寸）熨斗二口 熨斗炭卌六石（請主殿寮）擣衣
料調布二端二丈四尺五寸 下纏料調綿一屯 席二
枚 染槽六隻 漆手洗四口（受二斗）水樋麻笥五口 陶
池由加四口 檜槫四枚（各長二丈）漆絁張廿具 轆轤柁
十柄（大五 小五）細布端長疊八枚 短疊四枚 筆十二
管 墨三廷
右中宮御服所料依前件女官中内侍
身付辨官行

御帳
凡洗御帳帷料物中内侍給之其載帳車駄馬
寮請用之

御礼服 元日被綿
九日御礼服前二日受内藏寮熨備即付
本寮同日節會賜親王已下被一百條（別一疋一丈五尺）
綿八百屯（別八屯）預前縫備當日持候中務省
名寮即須給其有殘者依例行之行幸供

鷹飼
奉飼鷹胡桃衣料細布人別二丈一尺 袴別八尺
袴諸料帛以八尺充五[illegible]剖 飼大人別押脂子

（16紙）

袴緒料帛以八尺充五署剖 五 飼大人別押帽子

一口 別佃付 布一尺 絹布衫一丈八尺袴七尺七寸縫線絲五

銖 衫別三銖 袴別二銖 並毎年七月内備進内裏 其数臨時定之

凡命婦位禄宮人職事季禄馬料等請

受須給 季禄馬料春秋臨時有増減

凡定額女孺已下宮人已上春秋禄請受須給之

凡職事已下宮人已上造禄文料紙中省 春秋各五十張

凡擬力婦国養物勘納須給

凡女孺七十人月粮不経女官厨直受大炊寮

凡地六町 右京北邊二坊一町左京北邊二坊三町二坊二町 四町賜内侍司東

竪子女孺擬力婦二町賜寮女孺已下

凡染手六人各日黒米一升五合

凡官人已下女孺已上春夏二季料菜直錢一

貫文并責料塩四石二斗八升 各受両司

凡寮直令良廿四人 男二人女廿人 其衣服并粮米不経

主殿寮直受之

凡仕女二人日切養物勘例寮家充給

（17紙）

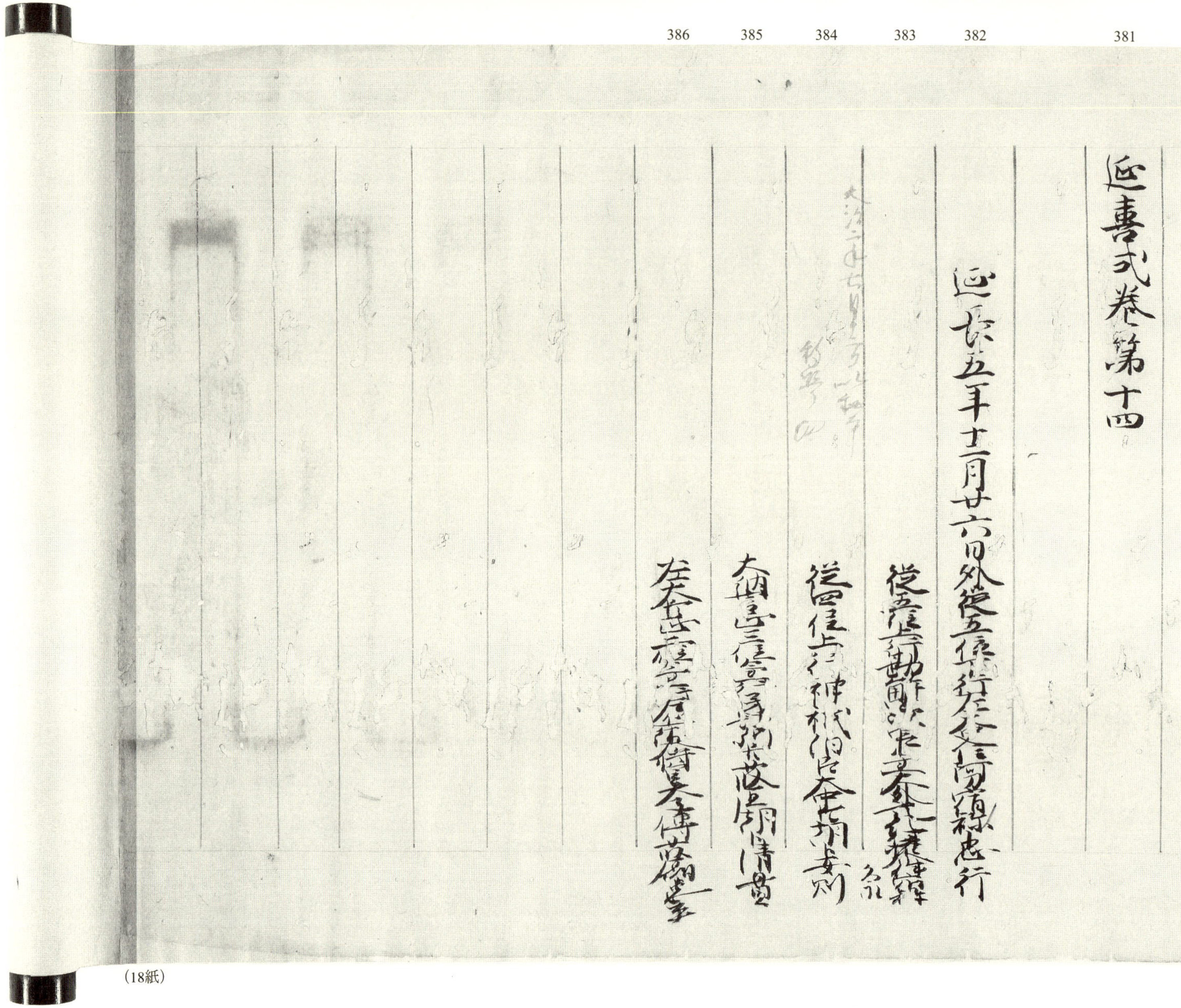

延喜式巻第十四

延長五年十二月廿六日外従五位下行左大史臣阿刀宿禰忠行

従五位上行勘解由次官兼大外記紀伊権介臣伴宿禰久永

従四位上行神祇伯臣大中臣朝臣安則

大納言正三位兼行民部卿臣藤原朝臣清貫

左大臣正二位兼行左近衛大将皇太子傅臣藤原朝臣

（18紙）

国宝　延喜式　巻第十六（平安時代後期写）

国宝 延喜式 巻第十六 （巻姿）

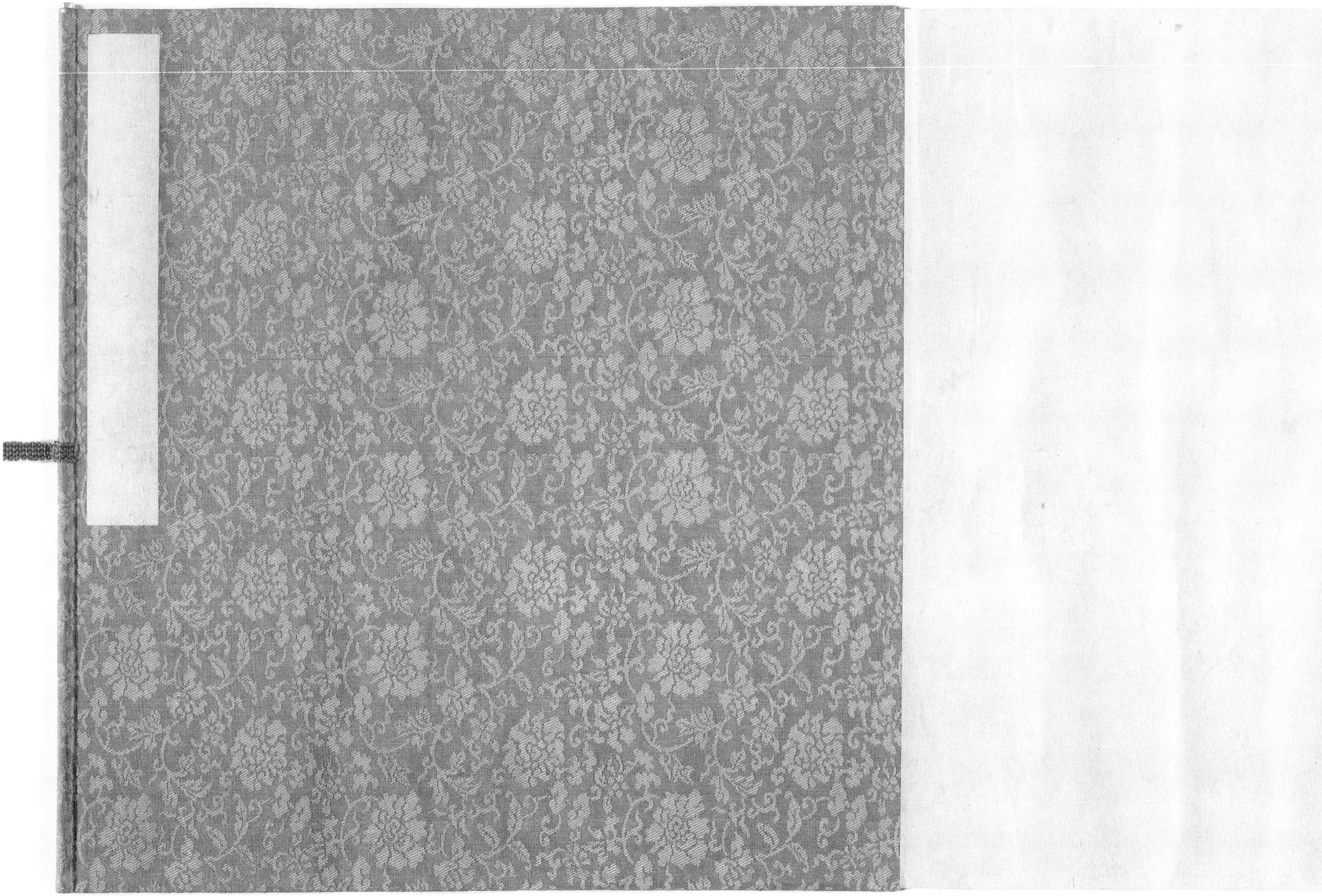

国宝 延喜式 巻第十六 （表紙）

国宝　延喜式　巻第十六　（表紙見返）

延喜式巻第十六
陰陽寮
凡新年鎮宮氣者預前勘録宮氣在處并
所須鎮物早申絲大三斤……消三斗鍬一柄……一口 杵一枚碓横木一具鉏一柄槀薦……
鬼十竹……大十五人 外鎮料物之同 正月上献日遲明官人率陰陽
師詣鎮處於宮氣之地宮所内外各一處掘
方深二尺許而内侍幷丞移告諸司所多位
……訖土及宮人等取許續……宮氣有余人無……

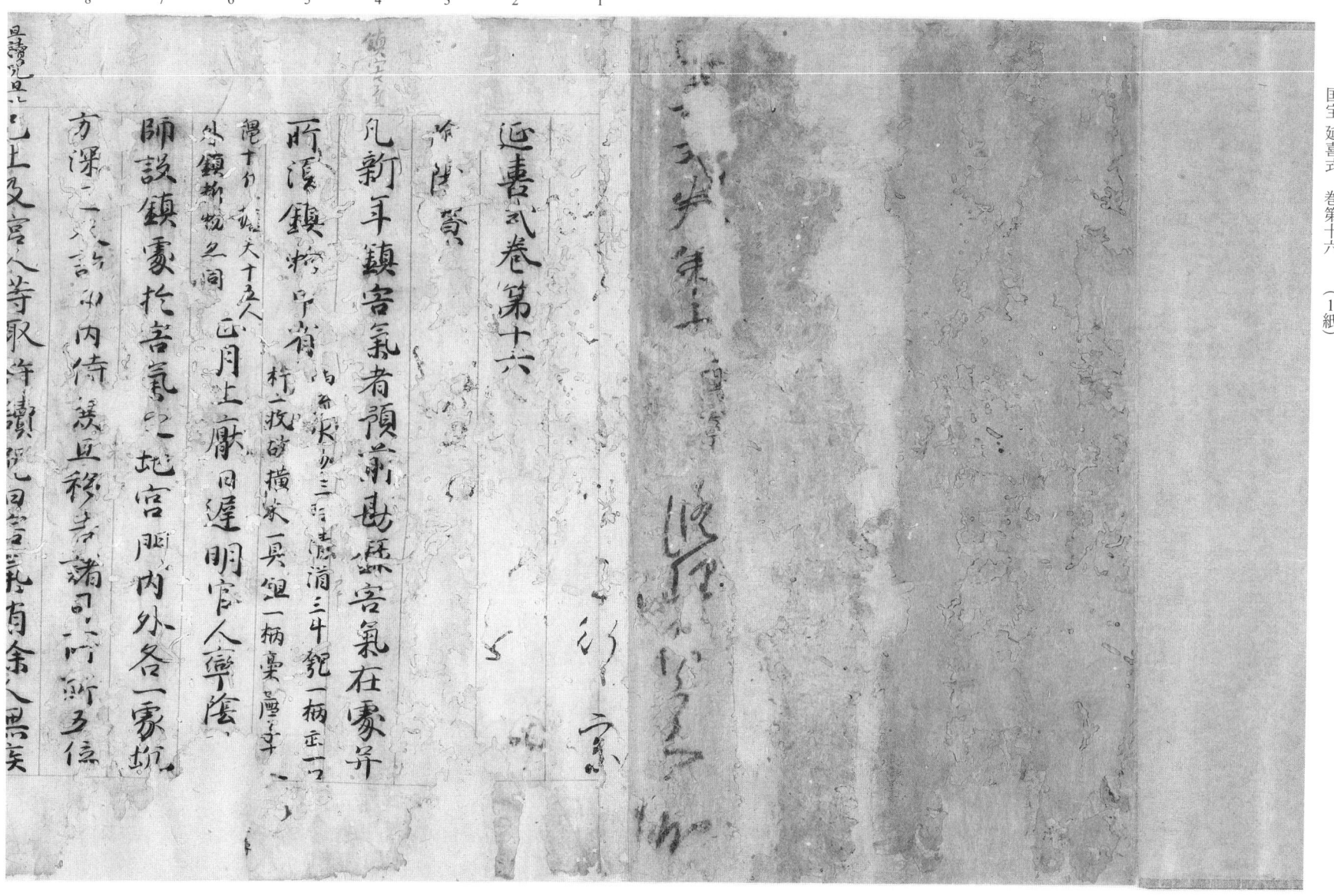

旦讀呪旦亡 符様

已上及宮人等取符讀呪曰宮氣消除人無疾
病五穀成熟築二七廿六外鎮處廣人口
取符禁之如内鎮但御忌當害氣在所者不
行内鎮

漏刻

凡漏尅燈油隨月大小請受所司 從三月至八月夜別四合從九月至二月夜
別五合 年料所請絁三丈六尺 一尺 拭漏剋器巾 別三尺 絁縢
各三丈六尺 鼓水篩料 月別二尺 調布三丈六尺 燈心料 月別三尺 油 木
二口 盤二口 麻笥二口 炒四柄 炭十二石 溫解龍口 凍料起十
月迄正月 別四斗 十一月廿日勘申省

造暦

凡進暦者具注御暦二巻 六月以前為上巻 七月以後為下巻 納漆函
安漆案 頒暦一百六十六巻 納漆櫃着臺十一
月一日至延政門外候 中宮東宮御暦准此 具七曜御暦
正月一日候承明門外 並見儀式

造暦用度

凡造暦用度者御暦上下二巻 具注 一巻七曜 料上紙一
百廿張 請圖書寮 料卅七張具注暦料廿五張七曜 料五千張頒暦料雖有閏月不加其料 麻紙
四張 縹紙料請 內藏寮 上墨大一廷 請圖書寮 上朱沙三兩
請藏人所 兎毛筆十二管 請圖書寮 膠一兩 請大藏省 花軸二
枚 請木工寮 白綺三條 別長一尺六寸 請內侍所 中宮東宮各二巻

具料亦准此 破損料紙、暦料五十張内 頒暦一百六十六巻料
紙二千六百五十張 別巻十八張有国 日上十巻別加二張 穀紙料紙
五十六張 以一紙充三巻 草案料二百廿九張 暦草廿四張 日度草十五
張 月度草十五張 文蝕草五張 五星度草五十張 五星行度草廿張 暦本十三巻料
九十張 卌七張具注本料廿四張七曜本料十九張頒暦本料 墨六十二廷半 頒暦并草
安料以一廷充二百卌張 麻毛筆九十八管 已上紙筆墨並請図書寮
糊料米三升三合 請大炊寮 檜軸一百六十六枚 請木
工寮 竹十六株 山城国所進 切續紙料机二前 長四尺廣一尺八寸厚
三寸高七寸随損受木工寮 座料長疊四枚 請掃部寮 砥一顆 請蔵省
装潢手單卌五人 御暦手單五十五人 並図書寮人
食米人別日一升六合 塩一勺六撮 醤滓二合
雑菜二合 頒暦手卅一人 省司史生廿三人内竪四人大舎人四人並右注
給食之限
右並具勘录五月一日申省請受
黒漆函三合 長各一尺八寸廣三寸八分深二寸四分
黒漆机一前
別足一脚 長三尺 廣一尺五寸七分 高二尺
標足一脚 長三尺 廣一尺三寸 高三尺

已上納御殿

納須暦赤漆韓櫃一合 長二尺三寸 廣一尺二寸 深一尺三寸 居黒漆呂形机妨

布綱三條 一條長一丈二尺 廣二寸五分 二條長各四尺五寸 廣一寸二分

右漆韓櫃等收寮庫至奏日出用之若有破損

申省修造

（暦本）凡暦本進寮具注御暦八月一日七曜御暦十二

月十一日頒暦六月廿一日並爲期限

（容奏料）凡容奏料紙筆墨等臨時申省

（中星暦）凡中星暦者八十二年一度造進其用途者博士

臨筆勘録進寮即寮申省請充

（天文奏）凡天文博士常守觀候毎有變異日記進寮（寮）頭

即共勘知密封奏聞其日記者加署封送中

務省令附内記

（日蝕）凡大陽虧者博士預前月一日（申）送寮（寮）前蝕

八月以前申送於省

（學生）學生廿人 陰陽生十人 暦生十人 天文生十人

其得業生陰陽三人暦二人天文二人並取生内人

取得業生選性識聰慧令專精學其

各申官及食成業年限依令未成業者

不得趁他色若亦給業書師遷外官者

從之給業

凡觀天文生一人不立年限其衣粮食米准

諸得業生給之

凡橦漏剋鍾料松木一枝 本周三尺長一丈六尺 隨損令

左右衛門府採送其緦料熟麻卌斤

隨損申省請大蔵省

凡行幸陪從屬已上二人寮陰陽師二人

漏剋博士一人守辰丁十二人直丁一人供奉

立於右兵衛陣後右衛門陣前其守辰

丁裝束袍布衫十二領 別一丈九尺 調布袴十二

腰 別八尺 調布帶十三條 別長九尺廣三寸 並隨損請

換

凡應供九日御藥童女年料衣色者舊

年十二月上旬与御忌共奉之

凡來年御忌者寮頭令陰陽師等勘録十

二月十日進内侍司 中宮東宮准此

凡獻荷前日者預擇定太神祭後立春以前

（2紙）

十二月五日申省

凡土牛童子等像 諸司 百寮 大寒之日前夜半

時立於諸門 陽明待賢二門各青色美福朱雀二門赤色郁 芳皇嘉殷富達智四門黄色談天藻壁二門白色

安嘉偉鑒 二門黒色 立春之日前夜半時乃撤

（3紙）

起大雪十三日至冬至十五日 日出辰一刻二分 日入申四刻六分

卯四刻六分開諸門鼓 辰三刻七分開大門鼓

午一刻六分退朝鼓 酉一刻二分閉門鼓

起小寒一日至十二日 日出辰一刻一分 日入申四刻七分

卯四刻五分開諸門鼓 辰二刻六分開大門鼓

午一刻五分 退朝鼓 酉一刻三分閉門鼓

起小寒十三日至大寒七日 日出卯四刻 日入酉一刻一分

卯四刻開諸門鼓 辰二刻六分開大門鼓

午一刻五分退朝鼓 酉一刻六分閉門鼓

起大寒八日至十五日 日出卯四刻七分 日入酉一刻二分

卯四刻二分開諸門鼓 辰二刻五分開大門鼓

午一刻二分退朝鼓 酉一刻八分閉門鼓

起立春一日至八日 日出卯四刻五分 日入酉一刻五分

卯三刻九分開諸門鼓 辰二刻五分開大門鼓

午一刻一分退朝鼓 酉二刻一分閉門鼓

起立春九日至雨水一日 日出卯四刻二分 日入酉一刻七分

卯三刻九分開諸門鼓 辰二刻五分開大門鼓

午一刻一分退朝鼓 酉二刻一分閉門鼓

起雨水二日至九日 日出卯四刻 日入酉二刻八

卯三刻四分開諸門鼓 辰一刻五分開大門鼓

巳四刻六分退朝鼓 酉二刻六分閉門鼓

起雨水十日至驚蟄二日 日出卯三刻七分 日入酉二刻八分

卯三刻一分開諸門鼓 辰一刻二分開大門鼓

巳四刻四分退朝鼓 酉二刻八分閉門鼓

起驚蟄三日至十日 日出卯三刻五分 日入酉二刻五分

卯二刻九分開諸門鼓 辰一刻一分開大門鼓

巳四刻二分退朝鼓 酉三刻一分閉門鼓

起驚蟄十一日至春分二日 日出卯三刻二分 日入酉二刻七分

卯二刻六分開諸門鼓 辰四刻七分開大門鼓

巳四刻退朝鼓 酉三刻三分閉門鼓

起春分三日至九日 日出卯三刻 日入酉三刻

卯二刻四分開諸門鼓 卯四刻五分開大門鼓

（4紙）

巳三刻八分退朝鼓　酉三刻六分閉門鼓
起春分十日至清明二日　日出卯二刻七分　日入酉三刻二分
辰二刻一分開諸門鼓　卯四刻二分開大門鼓
巳三刻六分退朝鼓　酉三刻八分閉門鼓
起清明三日至十日　日出卯二刻五分　日入酉三刻五分
卯一刻九分開諸門鼓　卯四刻開大門鼓
巳三刻四分退朝鼓　酉四刻一分閉門鼓
起清明十一日至穀雨三日　日出卯二刻二分　日入酉三刻七分
卯一刻六分開諸門鼓　卯三刻七分開大門鼓
巳三刻二分退朝鼓　酉四刻三分閉門鼓
起穀雨四日至十一日　日出卯二刻一分　日入酉四刻
卯一刻四分開諸門鼓　卯三刻五分開大門鼓
巳三刻退朝鼓　酉四刻六分閉門鼓
起穀雨十二日至立夏四日　日出卯一刻七分　日入酉四刻二分
卯一刻一分開諸門鼓　卯三刻二分開大門鼓
巳二刻八分退朝鼓　酉四刻八分閉門鼓
起立夏五日至十二日　日出卯一刻五分　日入酉四刻五分
寅四刻九分開諸門鼓　卯三刻開大門鼓

（5紙）

巳二刻六分退朝鼓　戌一刻一分閉門鼓
起立夏十三日至小滿五日　日出卯一刻二分　日入酉四刻七分
寅四刻六分開諸門鼓　卯二刻七分開大門鼓
巳二刻四分退朝鼓　戌一刻三分閉門鼓
起小滿六日至十五日　日出卯一刻一分　日入酉四刻終
寅四刻四分開諸門鼓　卯二刻五分開大門鼓
巳二刻二分退朝鼓　戌一刻五分閉門鼓
起芒種一日至十二日　日出寅四刻七分　日入戌一刻一分
寅四刻二分開諸門鼓　卯二刻二分開大門鼓
巳二刻退朝鼓　戌一刻七分閉門鼓
起芒種十三日至夏至十五日　日出寅四刻六分　日入戌一刻二分
寅四刻開諸門鼓　卯二刻開大門鼓
巳一刻八分退朝鼓　戌一刻九分閉門鼓
起小暑一日至十二日　日出寅四刻七分　日入戌一刻一分
寅刻二分開諸門鼓　卯二刻二分開大門鼓
巳二刻退朝鼓　戌一刻七分閉門鼓
起小暑十三日至大暑七日　日出卯一刻一分　日入酉四刻終
寅四刻四分開諸門鼓　卯二刻五分開大門鼓

（6紙）

巳二刻一分退朝鼓　戌一刻五分閉門鼓
起大暑八日至十五日　日出卯一刻二分　日入酉四刻七分
寅四刻六分開諸門鼓　卯二刻七分開大門鼓
巳二刻四分退朝鼓　戌一刻三分閉門鼓
起立秋一日至八日　日出卯一刻五分　日入酉四刻五分
寅四刻九分開諸門鼓　卯三刻開大門鼓
巳二刻六分退朝鼓　戌一刻一分閉門鼓
起立秋九日至処暑一日　日出卯一刻七分　日入酉四刻二分
卯一刻一分開諸門鼓　卯三刻二分開大門鼓
巳二刻八分退朝鼓　酉四刻八分閉門鼓
起処暑二日至九日　日出卯二刻一分　日入酉四刻
卯一刻四分開諸門鼓　卯三刻五分開大門鼓
巳三刻退朝鼓　酉四刻六分閉門鼓
起処暑十日至白露二日　日出卯二刻二分　日入酉三刻七分
卯一刻六分開諸門鼓　卯三刻七分開大門鼓
巳三刻二分退朝鼓　酉四刻三分閉門鼓
起白露三日至十日　日出卯二刻五分　日入酉三刻五分
卯一刻九分開諸門鼓　卯四刻開大門鼓

巳三刻四分退朝鼓　酉四刻一分閉門鼓

起白露十一日至秋分二日　日出卯二刻七分 日入酉三刻二分

卯二刻一分開諸門鼓　卯四刻二分開大門鼓

巳三刻六分退朝鼓　酉三刻八分閉門鼓

起秋分三日至九日　日出卯二刻 日入酉三刻

卯二刻四分開諸門鼓　卯四刻五分開大門鼓

巳三刻八分退朝鼓　酉三刻六分閉門鼓

起秋分十日至寒露二日　日出卯三刻二分 日入酉二刻七分

卯二刻六分開諸門鼓　卯四刻七分開大門鼓

巳四刻退朝鼓　酉三刻二分閉門鼓

起寒露三日至十日　日出卯三刻五分 日入酉三刻五分

卯二刻九分開諸門鼓　辰一刻一分開大門鼓

巳四刻一分退朝鼓　酉三刻一分閉門鼓

起寒露十一日至霜降三日　日出卯三刻七分 日入酉二刻二分

卯三刻一分開諸門鼓　辰一刻二分開大門鼓

巳四刻四分退朝鼓　酉二刻八分閉門鼓

起霜降至十一日　日出卯四刻 日入酉二刻一分

卯三刻四分開諸門鼓　辰一刻五分開大門鼓

（7紙）

巳四刻六分退朝鼓　酉二刻六分閇門鼓

起霜降十二日至立冬四日　日出卯四刻二分　日入酉一刻七分

卯三刻六分開諸門鼓　辰一刻七分開大門鼓

巳四刻八分退朝鼓　酉二刻三分閇門鼓

起立冬五日至十二日　日出卯四刻五分　日入酉一刻五分

卯三刻九分開諸門鼓　辰二刻開大門鼓

午一刻一分退朝鼓　酉二刻一分閇門鼓

起立冬十三日至小雪五日　日出卯四刻七分　日入酉一刻二分

卯四刻二分開諸門鼓　辰二刻二分開大門鼓

午一刻二分退朝鼓　酉一刻八分閇門鼓

起小雪六日至十五日　日出卯四刻終　日入酉一刻一分

卯四刻四分開諸門鼓　辰二刻五分開大門鼓

午一刻四分退朝鼓　酉一刻六分閇門鼓

起大雪一日至十二日　日出辰一刻一分　日入申四刻七分

卯四刻五分開諸門鼓　辰二刻六分開大門鼓

午一刻五分退朝鼓　酉一刻三分閇門鼓

右依前件撃鼓各二度、別十二下従細聲

至大聲

（8紙）

諸時撃皷
子午各九下　丑未八下　寅申七下　卯酉六下　辰戌
五下　巳亥四下　並平聲　種依尅数
儺祭料
五色薄絁各一尺寸　飯一斗　酒一斗　脯　醢　堅魚　鰒
乾魚各一斤　海藻五斤　塩五升　柏廿把　食薦五
把　匏二柄　盆一口　陶鉢六口　松明五把　祝料當色
袍一領　袴一腰
右晦前申省請受依件辨備十二月晦日昏
時官人率齋郎等候承明門外郎依時
尅共入禁中齋郎持食薦安庭中陳祭
物訖陰陽師進讀祭文其詞曰今年今月今
今時時上直符時上直事時下直符時下直
事及山川禁氣江河谿谷二十四君千二百官
兵馬九千万人已上音讀位置衆諸前後左右各
随其方諦定位可候大宮司尓神祇官宮
主能伊波比奉里敬奉留天地能諸御神
等波平久於太比尓伊麻佐布倍志登申

（9紙）

事別弖詔久穢悪伎疫鬼能所々村々尓蔵
隠布留乎波千里之外四方之堺東方陸奥
西方遠値嘉南方土佐北方佐渡与里乎知
能所乎奈牟多知疫鬼之住加登定賜比
行賜弖五色宝物海山能種種味物乎
給弖罷賜移賜布所々方々尓急尓罷
往登追給登詔尓挟奸心弖留里加久
良波大儺公小儺公持五兵弖追走刑殺物
登聞食登詔
凡追儺料桃弓杖葦矢令守辰丁造備其矢
料蒲葦各二荷摂津国毎年十二月上旬採送
庭火并平野竈神祭 坐内膳司
神座十二前 各六前
名香二両紙六十張布一丈六尺黍稷飯各一斗二升
酒二斗鰒魚四斤乾魚鮨各二斤東鰒二斤
堅魚六斤鼓塩各二升赤白餅各卅六枚棗栗各
二升糯米馬穀各二斗坩十二口坏卅口盤卅口折
櫃六合楉一口杪二柄匜一口中取一脚柏六把炭

（10紙）

坏六合 坏廿口 坏二口 匜一口 中取一脚 坏六口 炭
五斗 松明廿把 席四枚 食薦八枚 浄衣六具 料庸布十段
巾二條 稲酒料銭一貫文
右毎月本日之中擇其吉日祭 若當御忌避之 其料
物者前祭中省省移所司請受
御本命祭
神座廿五前
名香廿五兩 紙七百五十張 作銭形二万五千文 餘形二百五十疋 馬形五十疋料
筆一管 墨一廷 小刀一柄 布一端 敷布料 脯廿五朐 酒
醴各三斗 米三斗 筥七枚 食薦十三枚 椀二百口
盤五十口 叩瓮八合 擬二口 杓五柄 中取二脚 松
明卅把 炭五斗 瓫二口 瓮二口 銭二貫文 浄衣六具
巾二條 中宮准此
右祈物前祭請内蔵寮毎年六度祭之其
中取年中一度請木工寮通用
三元祭
神座九前
名香三両 紙三百張 銭形九千文料 菓子五升 脯九朐 油七合
燈盞七坏 高各 布一丈 燈炷 第二束 為蘂 酒醴

燈臺七基 高各三尺 布一尺 燈炷料 苐二束 料 苫薦 酒醴
各二斗 白米六斗 折櫃九合 杯五十口 盤卅口 薦七枚 食籍
薦九枚 叶取 三脚 槽一口 杓四柄 瓫二口 炭五斗 松明
十五把 錢二貫文 淨衣四具 巾十條
右料物前祭請内蔵寮 毎年三度祭之具
燈臺中取 二年卅一度請木工寮通用
幕二條 一條橡東絁 一條付調布 並随破壊請換
諱書料
凡諱書博士以下座料緋布二端 席四枚 長疊
三枚 並隔二年申省請受
觀學田十町 河内國五町 攝津國五町
右件田依當年估賃租以充諸生等食料
年料筆墨
年料墨貳廷
月料紙一百張 奏紙五十張 凡五十五張

延喜式巻第十六

延長五年十二月廿六日外従五位下行左大史臣阿刀宿祢忠行
従五位上行勘解由次官兼左大史臣伴宿祢久永
従四位上行神祇伯臣大中臣朝臣安則

（11紙）

（12紙）

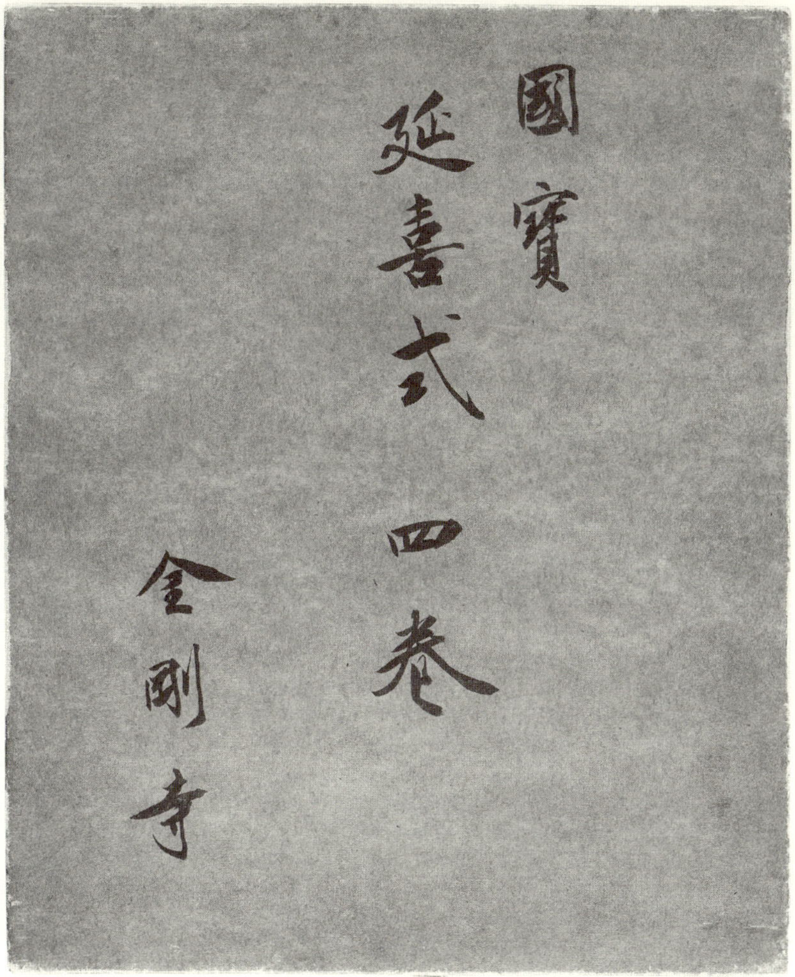

外函

内函

函内納入文書

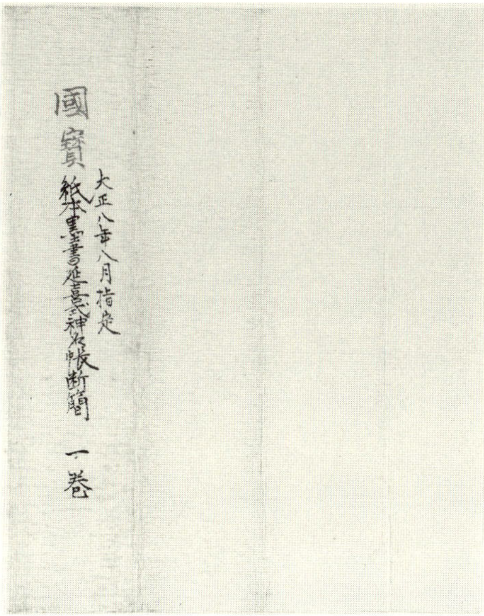

國寶 紙本墨書延喜式神名帳斷簡 一巻
大正八年八月指定

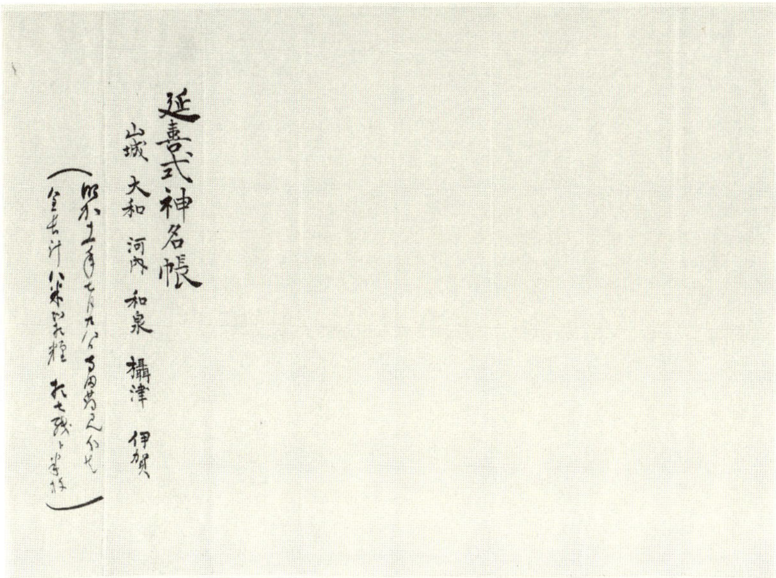

延喜式神名帳
山城 大和 河内 和泉 攝津 伊賀

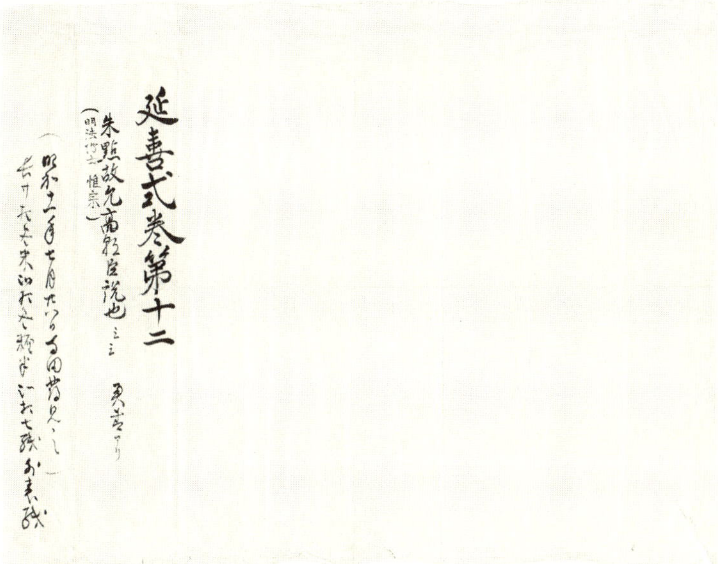

延喜式巻第十二
朱點故允亮朝臣説也 云々
（明法博士惟宗）

函内納入文書

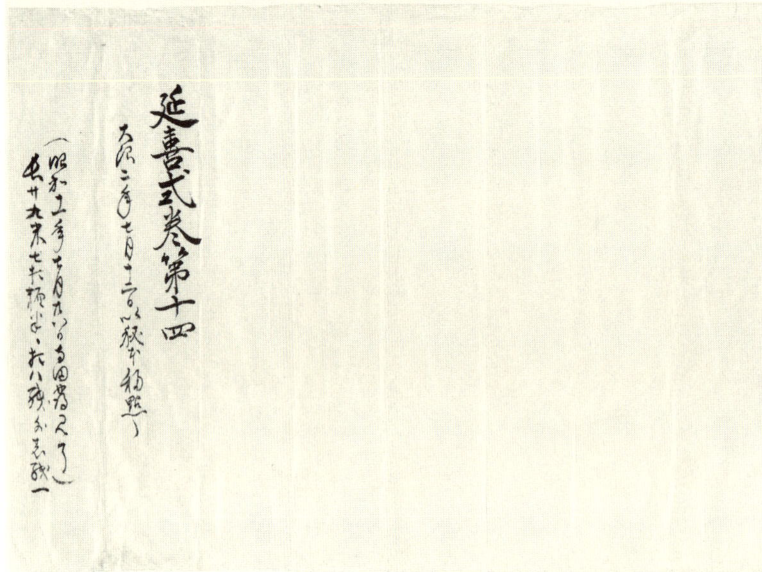
延喜式巻第十四
天保二年七月十二日以秘本移點了

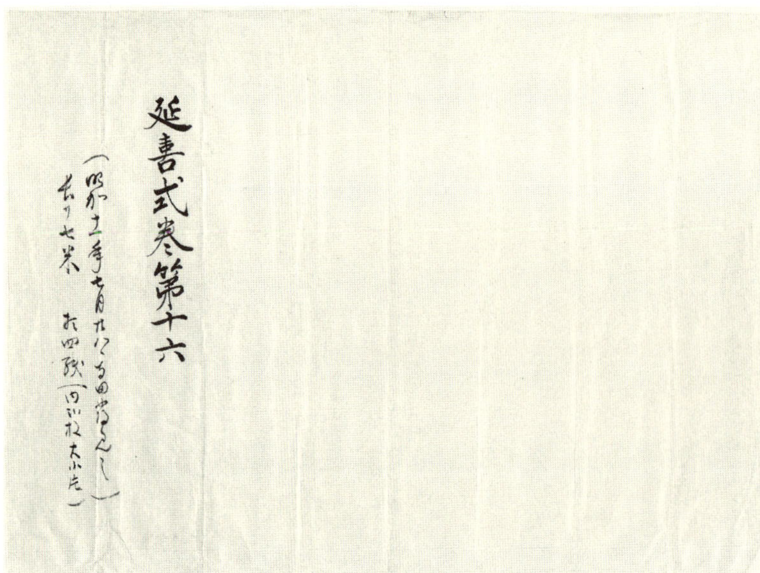
延喜式巻第十六

重要文化財　大般涅槃経　後村上天皇宸翰奥書

（平安時代後期～鎌倉時代前期写　正平十四年（一三五九）加筆）

婆塞是拘尸那城工巧之子
名曰純陀[illegible]類十五人倶為令世間得
善果故捨身威儀従座而起偏袒右肩右膝
着地合掌向佛悲感流涙頂礼佛足而白佛
言唯願世尊及比丘僧哀受我最後供養
為度無量諸衆生故世尊我等従今無主無
親無救無護無歸無趣貧窮飢困欲従如来
求将来食唯願哀愍受我等微供然後乃入般
涅槃世尊譬如刹利若婆羅門毗舎首陁以貧窮
尊譬如刹利若婆羅門毗舎首陁以貧窮故遠
至他国役力農作得好調牛良田平正無諸
砂鹵悪草蕪穢唯悕天雨言調牛者譬身
口七良田平正以譬於智慧除去砂鹵悪草
蕪穢譬除煩惱世尊我今身有調牛良田耘
除衆穢唯悕如来甘露法雨貧四姓者即我
身是貧於無上之財寶唯願哀愍除斷我
等貧窮困苦及無量苦惱衆生我今所供雖
復微少冀得充足如来大衆我今無主無親
無歸願垂哀愍如羅睺羅尒時世尊一切種
智無上調御告純陁曰善哉善哉我今為汝

重要文化財　大般涅槃経　後村上天皇宸翰奥書　巻第二　（巻首）

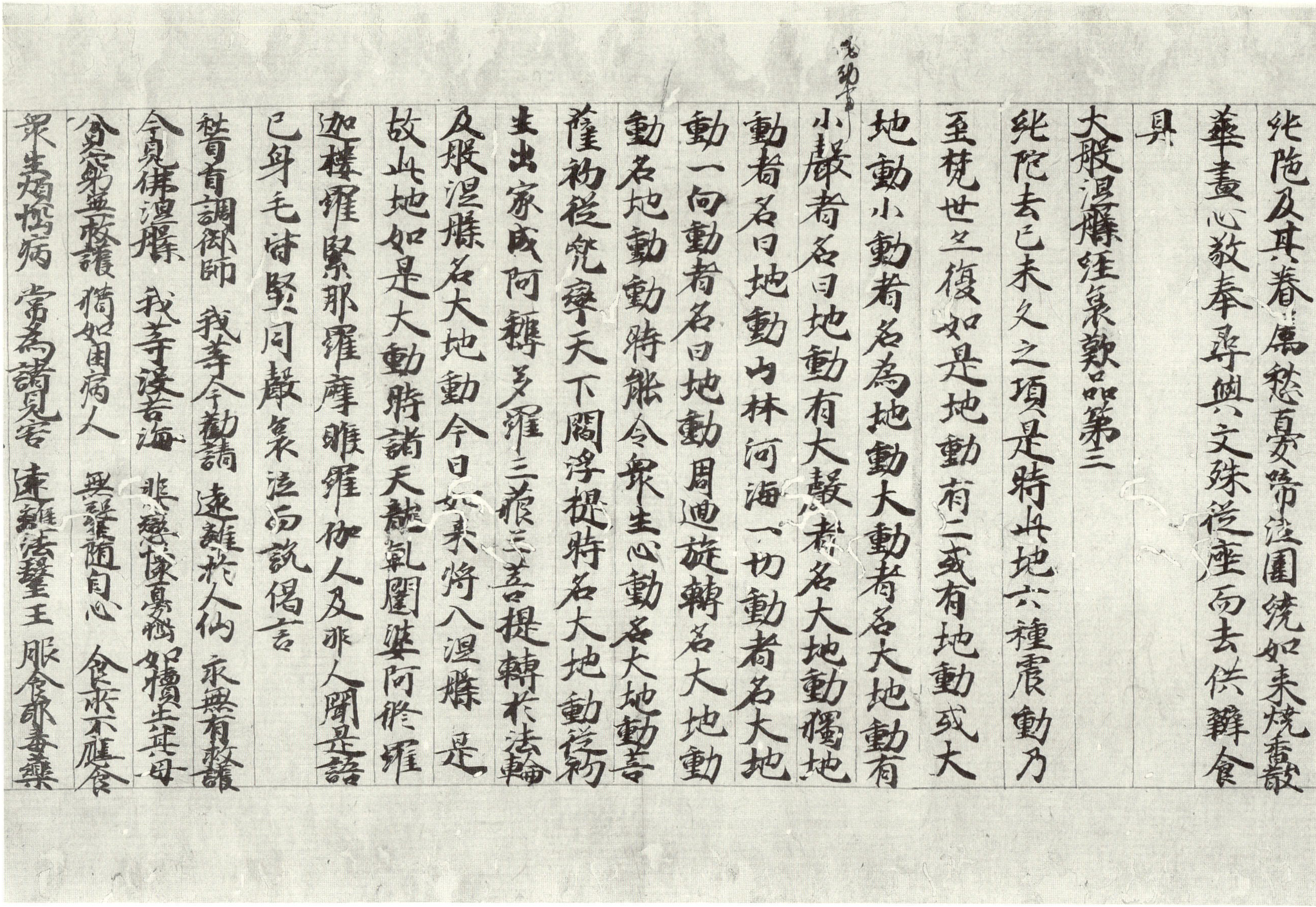
純陀及其眷屬愁憂啼泣圍繞如來燒香散
華盡心敬奉尋與文殊從座而去供辦食
具
大般涅槃經哀歎品第三
純陀去已未久之頃是時此地六種震動乃
至梵世亦復如是地動有二或有地動或大
地動小動者名為地動大動者名大地動有
小聲者名曰地動有大聲者名大地動獨地
動者名曰地動山林河海一切動者名大地
動一向動者名曰地動周迴旋轉名大地動
動名地動動時能令衆生心動名大地動菩
薩初從兜率天下閻浮提時名大地動從初
生出家成阿耨多羅三藐三菩提轉於法輪
及般涅槃名大地動今日如來將入涅槃是
故此地如是大動時諸天龍乾闥婆阿修羅
迦樓羅緊那羅摩睺羅伽人及非人聞是語
已身毛皆竪同聲涕泣而說偈言
稽首調御師　我等今勸請　遠離於人仙　永無有救護
今見佛涅槃　我等沒苦海　悲戀懷憂惱　如犢失其母
貧窮無救護　猶如困病人　無醫隨自心　食所不應食
衆生煩惱病　常為諸見害　遠離法醫王　服食邪毒藥

重要文化財　大般涅槃経　後村上天皇宸翰奥書　巻第二　（部分）

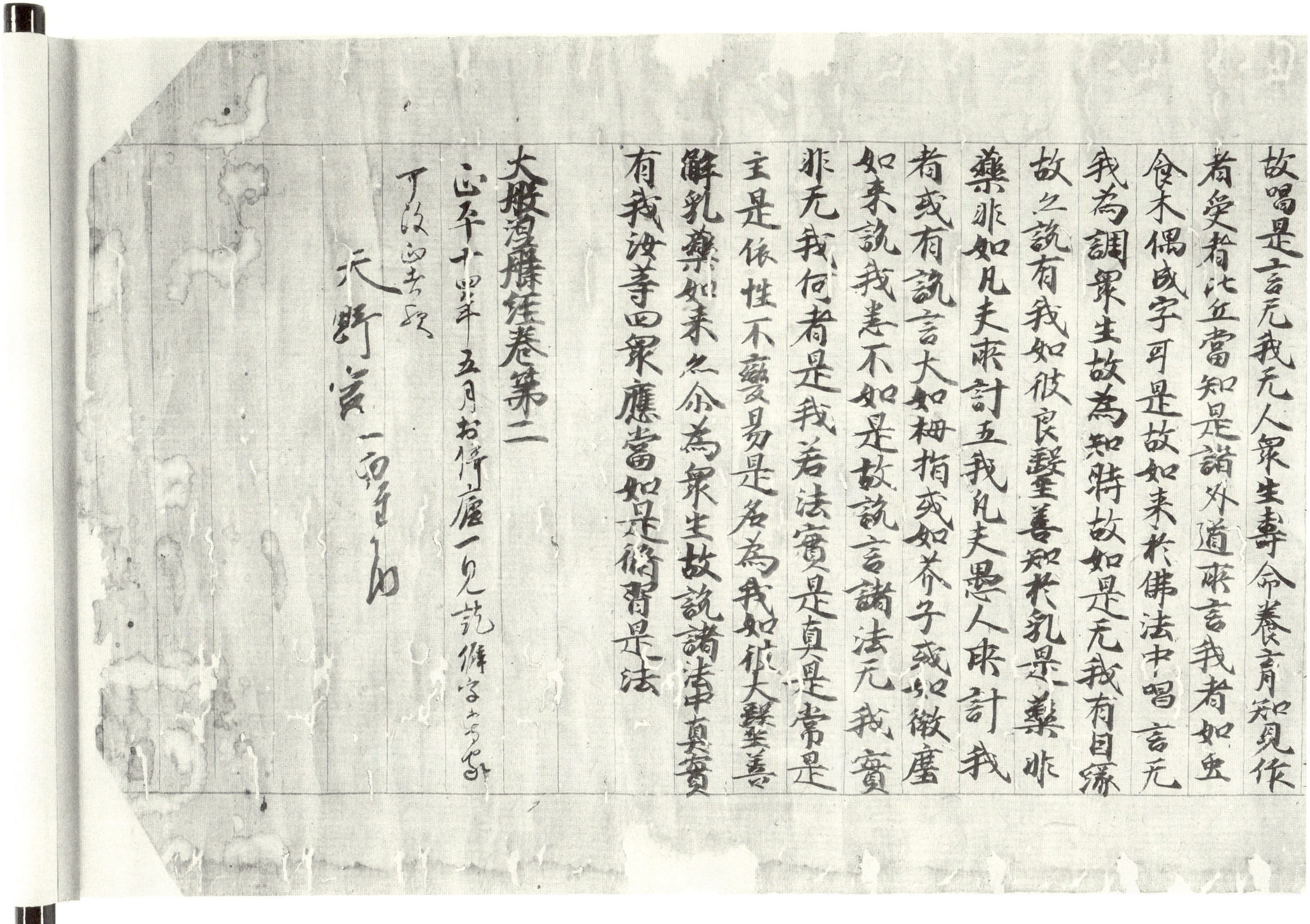

故唱是言无我无人衆生壽命養育知見作
者受者比丘當知是諸外道所言我者如虫
食木偶成字可是故如来於佛法中唱言无
我為調衆生故為知時故如是无我有因縁
故々說有我如彼良醫善知於乳是藥非
藥非如凡夫所計吾我凡夫愚人所計我
者或有說言大如拇指或如芥子或如微塵
如来說我悉不如是故說言諸法无我實
非无我何者是我若法是實是真是常是
主是依性不變易是名為我如彼大醫善
解乳藥如来亦尓為衆生故說諸法中真實
有我汝等四衆應當如是脩習是法
大般涅槃経巻第二
正平十四年五月於行宮一見訖併守西方之敎
可致西方勤
天野宮一切經也

四相事

大般涅槃經四相品上第七　　四

佛復告迦葉善男子菩薩摩訶薩分別開
示大般涅槃有四相義何等為四一者自正
二者正他三者能隨問答四者善解因緣義
迦葉云何自正若佛如来見諸因緣而有所
說譬如比丘見大火聚便作是言我寧抱是
熾然火聚終不敢於如来所說十二部經及祕
密藏謗言此經是魔所說若言如来法僧
無常如是說者為自侵欺亦欺於人寧以利刀
自斷其舌終不說言如来法僧是无常也若
聞他說亦不信受於此說者應生憐愍如来
法僧不可思議應如是持自觀己身猶如火
聚是名自正
迦葉云何正他佛說法時有一女人乳養嬰
兒来詣佛所稽首佛足有所顧念心自思惟
便坐一面尒時世尊知而故問汝以愛念多
與兒蘇不知籌量消與不消尒時女人即白
佛言甚奇世尊善能知我心中所念唯願如
来教我多少世尊我於今朝多與兒蘇恐
不能消將无夭壽唯願如来為我解說佛言
汝兒所食尋即消化增益壽命女人聞已心

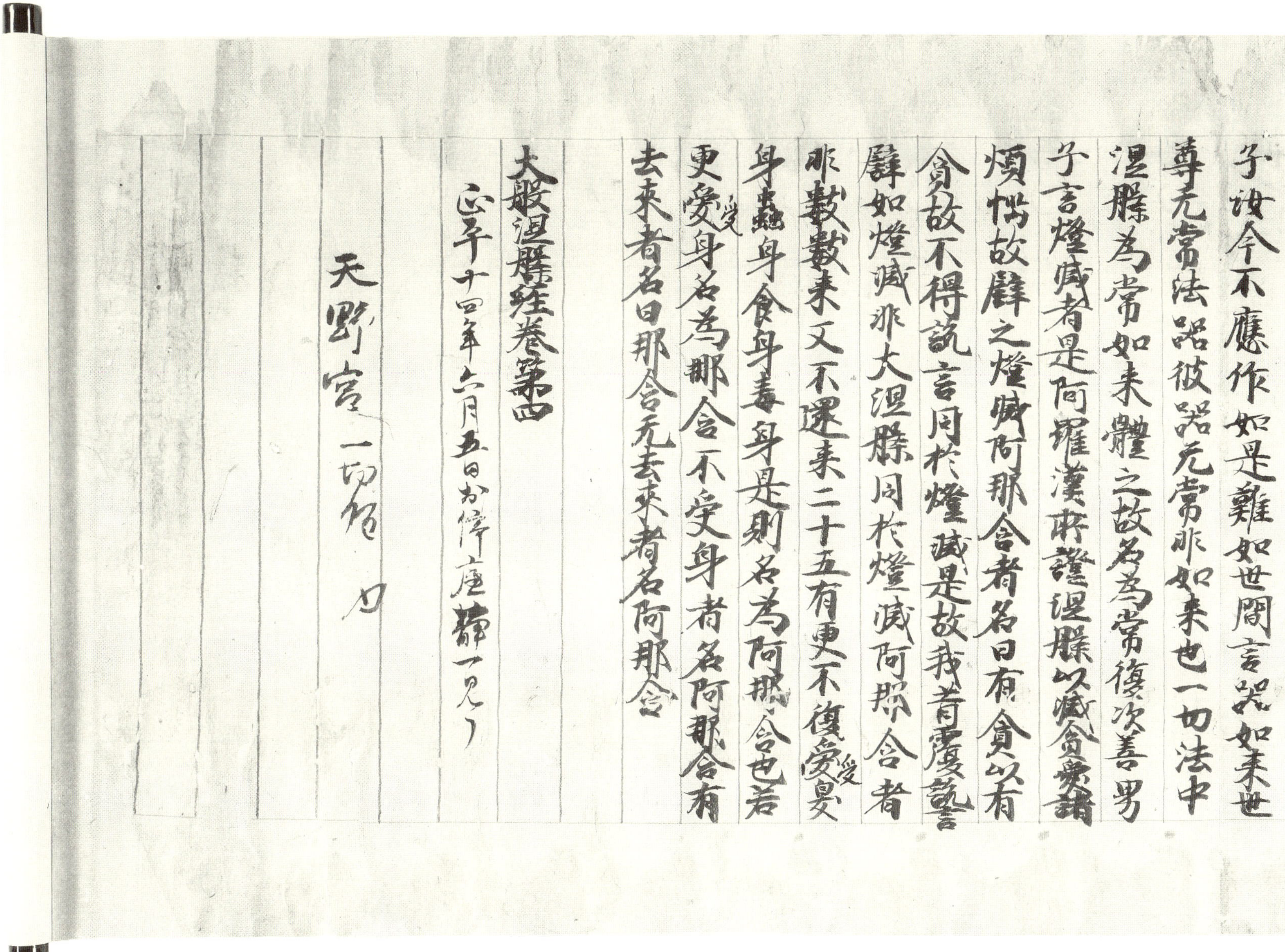

子汝今不應作如是難如世間言呪如來世
尊无常法器彼器无常非如來也一切法中
涅槃為常如來體之故名為常復次善男
子言燈滅者是阿羅漢所證涅槃以滅貪愛諸
煩惱故譬之燈滅阿那含者名曰有貪以有
貪故不得說言同於燈滅是故我昔覆說
譬如燈滅非大涅槃同於燈滅阿那含者
非數數來又不還來二十五有更不復受臭
身蟲身食身毒身是則名為阿那含也若
更愛(受)身名為那含不受身者名阿那含有
去來者名曰那含无去來者名阿那含

大般涅槃經巻第四

正平十四年六月五日於倚廬静一見了

天野宮　一切經

重要文化財　大般涅槃経　後村上天皇宸翰奥書　巻第四　（巻末）

不人 尒世
尊有秘密蔵 善男子
如汝所言如来實無秘密之蔵何以故如秋滿
月處空顯露清浄無翳人皆覩見如来之言
亦復如是開發顯露清浄無翳愚人不解謂
之秘蔵智者了達則不名蔵善男子譬如有
人 肯專施
摂 尒秘
無邊劫積聚珎異 无慳悋常以
恵施一切衆生云何當言如来秘蔵善男子
譬如有人身根不具或無一目一手一足以羞
恥故不令人見人不見故名為秘蔵如来
不尒所有 人觀見云何當
言 人所怖
畏債主 尒不負
一切衆生世法雖負衆生出世之法而亦不
蔵何以故恒於衆生生一子想而為演説无
上法故善男子譬如長者多有財寳唯有
一子心甚愛重情無捨離所有珎寳悉用示
之 男子如

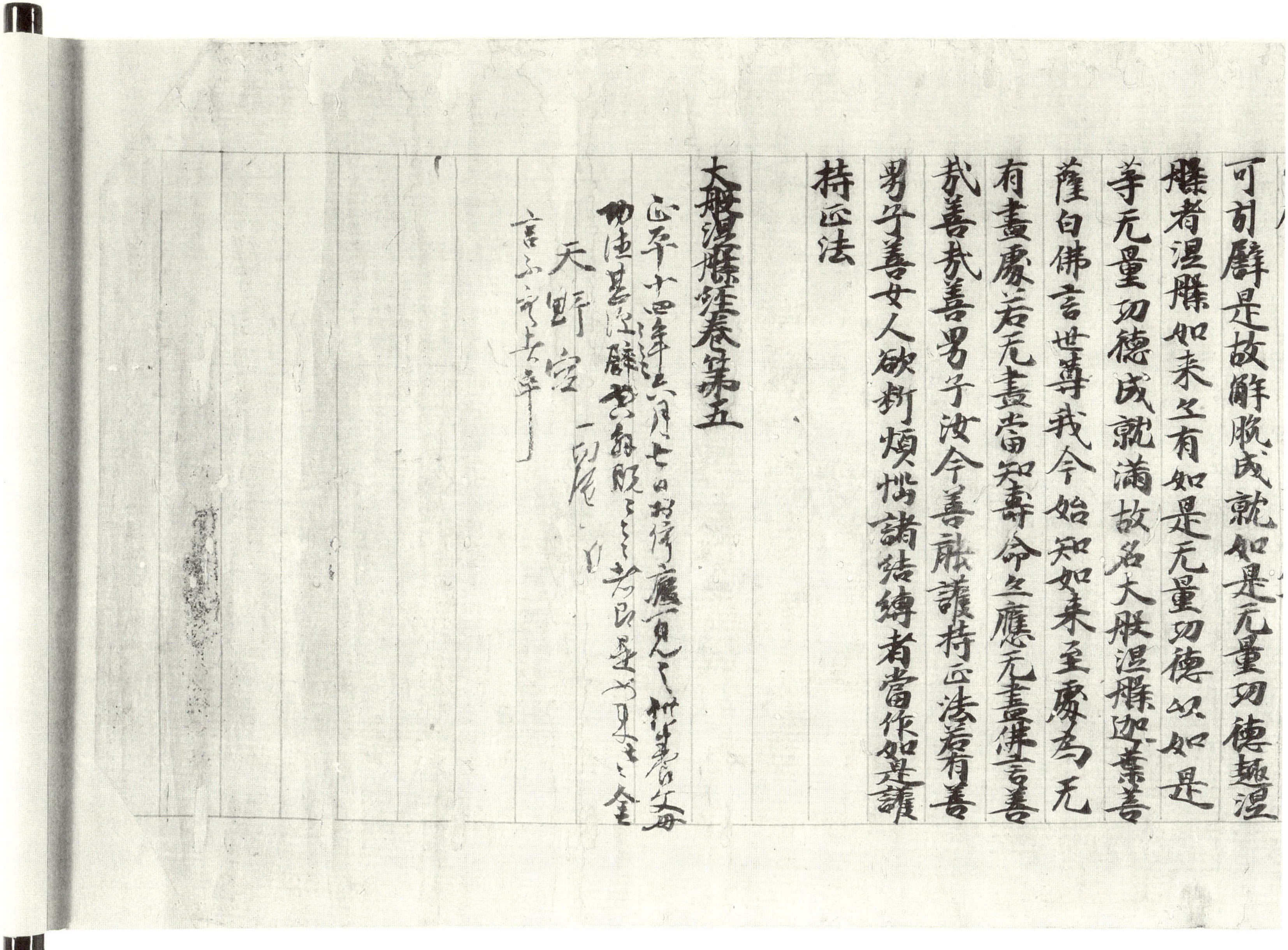

可剖譬是故解脱成就如是无量功徳趣涅
槃者涅槃如来々有如是无量功徳以如是
等无量功徳成就滿故名大般涅槃迦葉菩
薩白佛言世尊我今始知如来至處為无
有盡處若无盡當知壽命々應无盡佛言善
哉善哉善男子汝今善能護持正法若有善
男子善女人欲斷煩惱諸結縛者當作如是護
持正法

大般涅槃經巻第五

重要文化財　大般涅槃経　後村上天皇宸翰奥書　巻第五　（巻末）

大般涅槃經四依品第八　六
佛復告迦葉菩薩善男子是大般涅槃微妙經中
有四種人能護正法建立正法憶念正法能
多利益憐愍世間為世間依安樂人天何等
為四有人出世具煩惱性是名第一須陀洹
人斯陀含人是名第二阿那含人是名第
三阿羅漢人是名第四是四種人出現於世
能多利益憐愍世間為世間依安樂人天云
何名為具煩惱性若有人能奉持禁戒威儀
具足建立正法從佛所聞解其文義轉為他
人分別宣説所謂少欲多欲非道廣説如是
八大人覺有犯罪者教令發露懺悔滅除善
知菩薩方便所行秘密之法是名凡夫非第八
人第八人者不名凡夫名為菩薩不名為佛
第二人者名須陀洹斯陀含若得正法受持
正法從佛聞法如其所聞聞已書寫受持讀
誦轉為他説若聞法已不寫不受不持不説
而言奴婢不淨之物佛聽畜者無有是處是
名第二人如是之人未得第二第三住處名
為菩薩已得受記第三人者名阿那含阿那
含者誹謗正法若言聽畜奴婢僕使不淨之

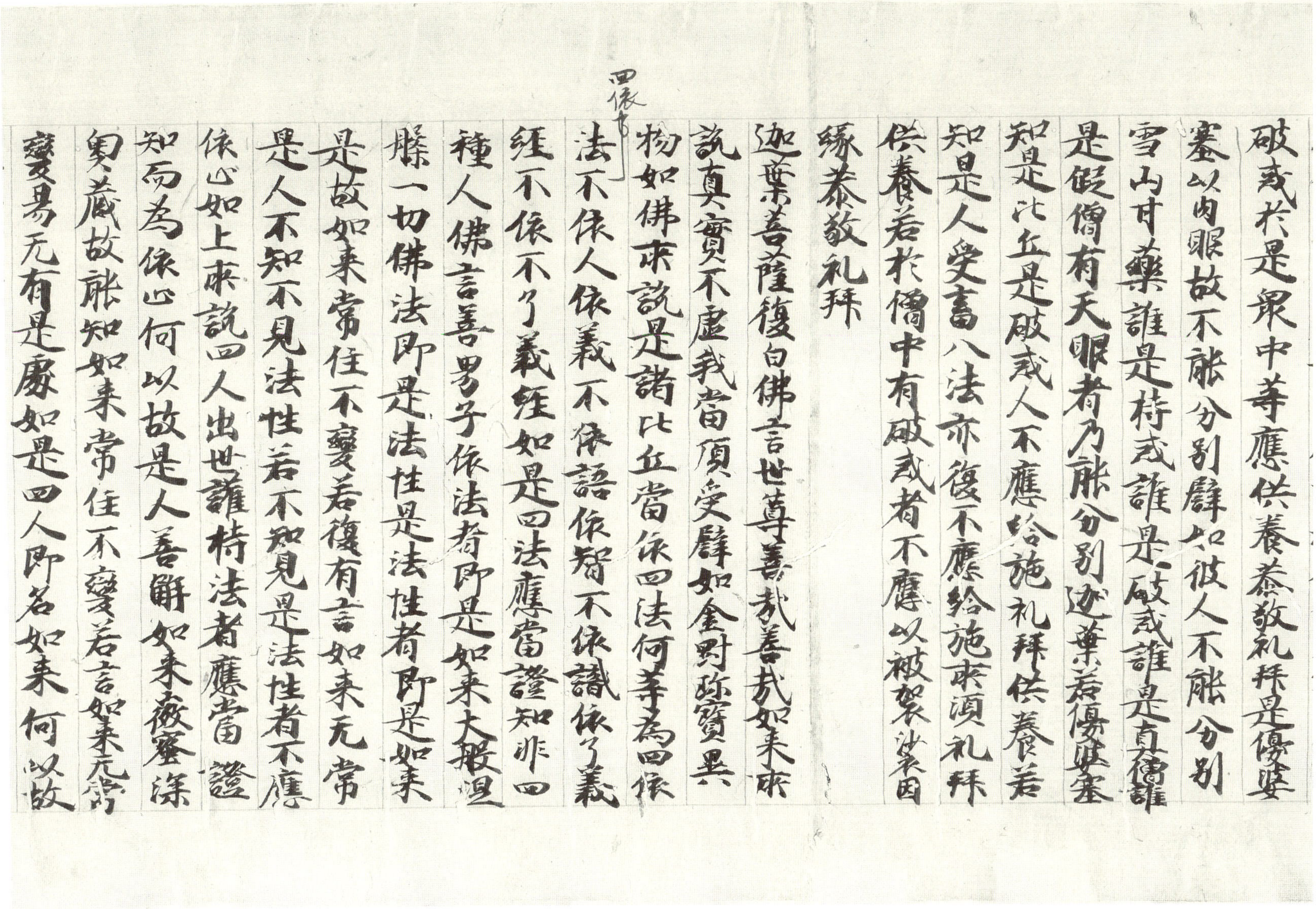

破戒於是衆中等應供養恭敬礼拜是優婆
塞以肉眼故不能分別譬如彼人不能分別
雪山甘藥誰是持戒誰是破戒誰是眞僧誰
是假僧有天眼者乃能分別迦葉若優婆塞
知是比丘是破戒人不應給施礼拜供養若
知是人受畜八法亦復不應給施所須礼拜
供養若於僧中有破戒者不應以被袈裟因
縁恭敬礼拜
迦葉菩薩復白佛言世尊善哉善哉如来所
說眞實不虛我當頂受譬如金剛珍寶異
物如佛所說是諸比丘當依四法何等為四依
（四依）法不依人依義不依語依智不依識依了義
經不依不了義經如是四法應當證知非四
種人佛言善男子依法者即是如来大般涅
槃一切佛法即是法性是法性者即是如来
是故如来常住不變若復有言如来无常
是人不知不見法性若不知見是法性者不應
依止如上所說四人出世護持法者應當證
知而為依止何以故是人善解如来微密深
奧藏故能知如来常住不變若言如来无常
變異无有是處如是四人即名如来何以故

重要文化財　大般涅槃経　後村上天皇宸翰奥書　巻第六　（部分）

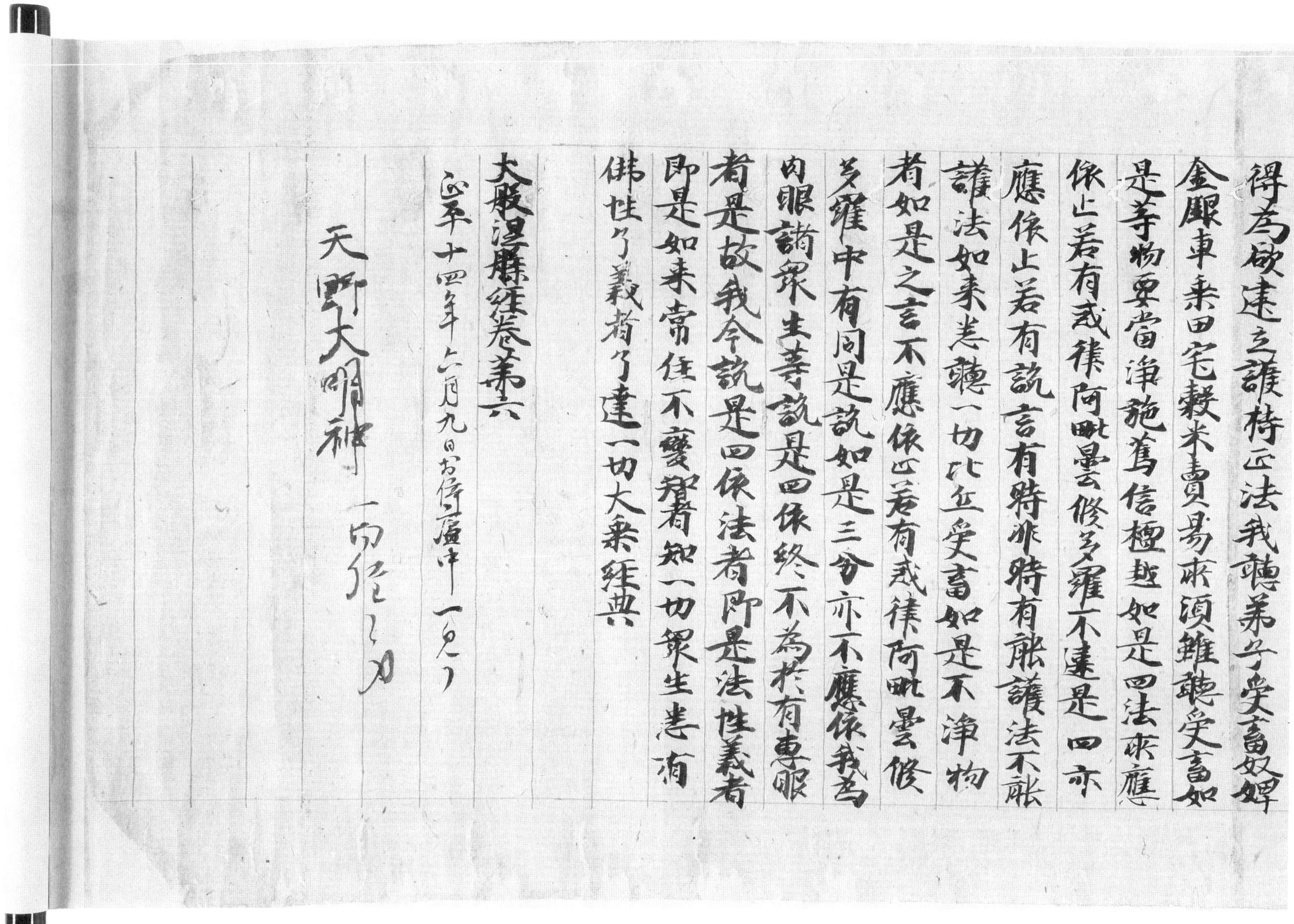

得為欲速之護持正法我聽弟子受畜奴婢
金銀車乘田宅穀米賣易所須雖聽受畜如
是等物要當淨施篤信檀越如是四法所應
依止若有戒律阿毗曇修多羅不違是四亦
應依止若有說言有時非時有能護法不能
護法如來悉聽一切比丘受畜如是不淨物
者如是之言不應依止若有戒律阿毗曇修
多羅中有同是說如是三分亦不應依我為
肉眼諸衆生等說是四依終不為於有慧眼
者是故我今說是四依法者即是法性義者
即是如來常住不變智者知一切衆生悉有
佛性了義者了達一切大乘經典

大般涅槃經巻第六

正平十四年六月九日於行宮中　一見了

天野大明神　一切經之内

重要文化財　大般涅槃経　後村上天皇宸翰奥書　巻第六（巻末）

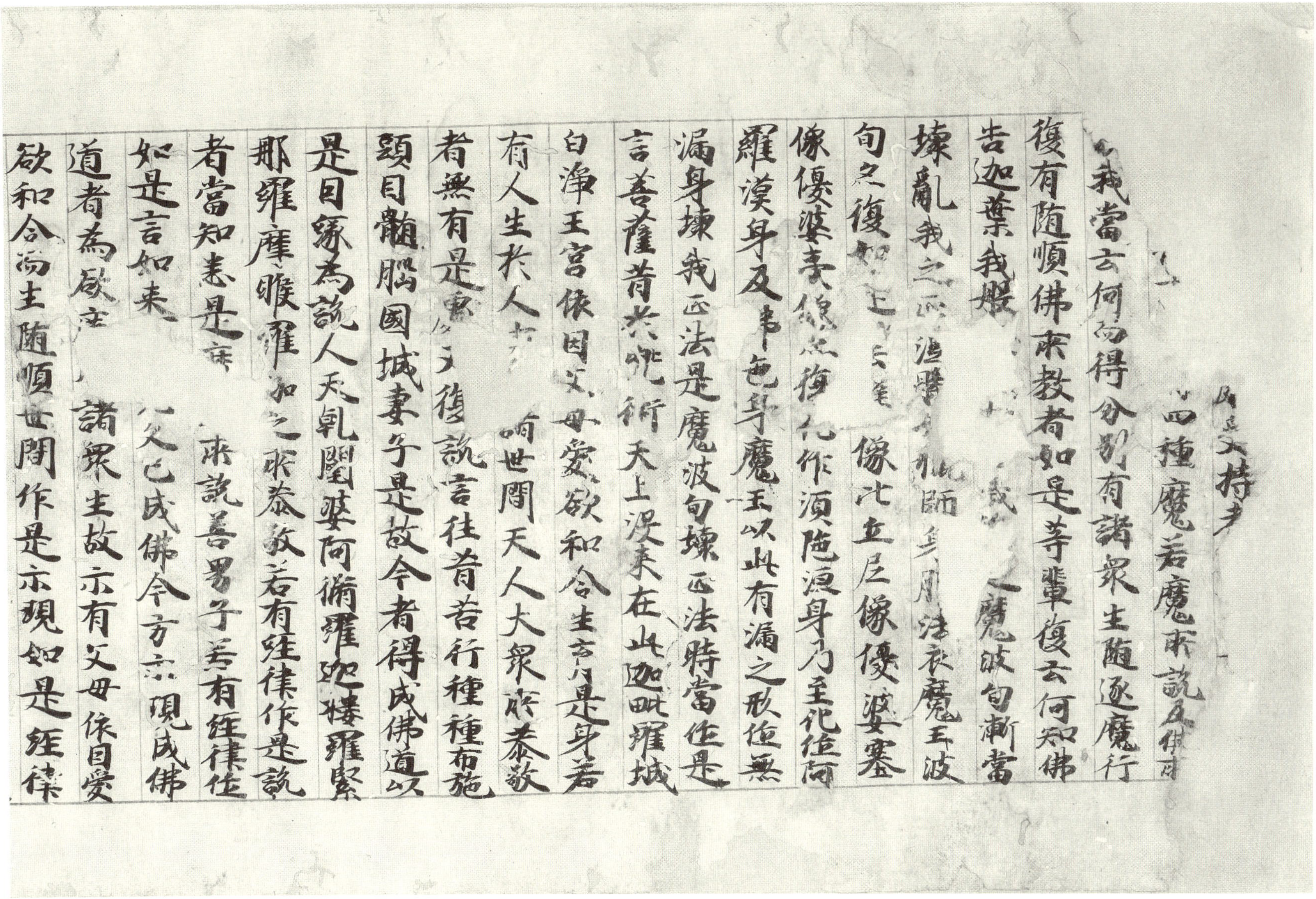
四種魔若魔所説及佛所
我當云何而得分別有諸衆生隨逐魔行
復有隨順佛所教者如是等輩復云何知佛
告迦葉我般涅槃七百歳後是魔波旬漸當
壞亂我之正法譬如獵師身服法衣魔王波
旬亦復如是作比丘像比丘尼像優婆塞
像優婆夷像亦復化作須陀洹身乃至化作阿
羅漢身及佛色身魔王以此有漏之形作無
漏身壞我正法是魔波旬壞正法時當作是
言菩薩昔於兜術天上沒來在此迦毘羅城
白淨王宮依因父母愛欲和合生育是身若
有人生於人中而世間天人大衆所恭敬
者無有是處又復説言往昔苦行種種布施
頭目髓腦國城妻子是故今者得成佛道以
是因縁為諸人天乾闥婆阿脩羅迦樓羅緊
那羅摩睺羅伽之所恭敬若有經律作是説
者當知悉是魔所説善男子若有經律作
如是言如來已成佛今方示現成佛
道者為欲度諸衆生故亦有父母依因愛
欲和合而生隨順世間作是示現如是經律

重要文化財 大般涅槃経 後村上天皇宸翰奥書 巻第七（巻首）

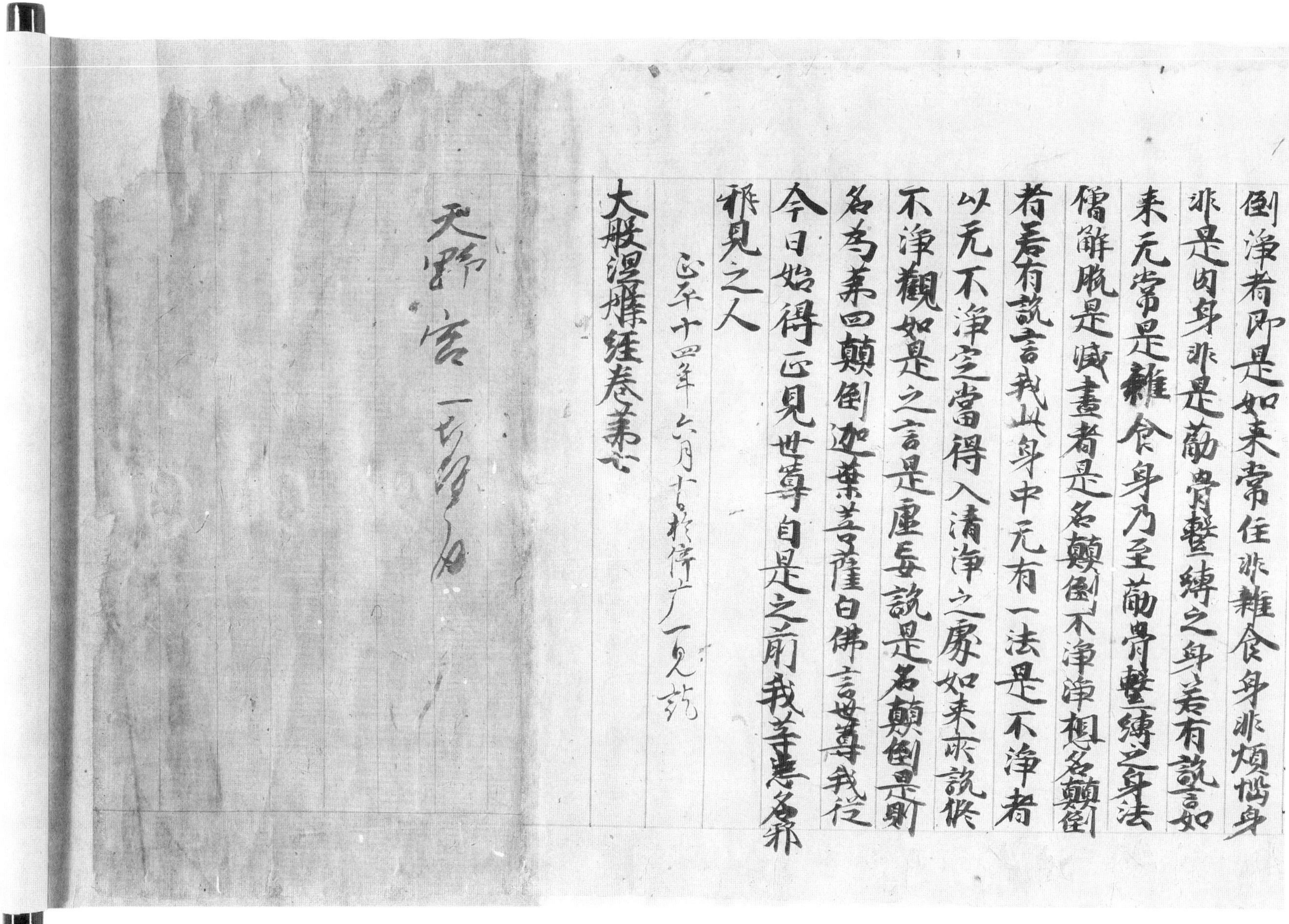
倒淨者即是如来常住非雜食身非煩惱身
非是肉身非是筋骨繋縛之身若有説言如
来无常是雜食身乃至筋骨繋縛之身法
僧解脱是滅盡者是名顛倒不淨淨想名顛倒
者若有説言我此身中无有一法是不淨者
以无不淨定當得入清淨之處如来示説修
不淨觀如是之言是虚妄説是名顛倒是則
名為第四顛倒迦葉菩薩白佛言世尊我從
今日始得正見世尊自是之前我等悉名邪
邪見之人

正平十四年六月十七於住吉一見訖

大般涅槃経巻第七

天野宮　一切経

金之藏家人大小無
方便語貧女言我今
我今不能汝
後乃當速為汝作是人
示汝子女人復言我家大
知是人答言我今審能
并可示我是人即於其
心生歡喜生奇特想
生佛性亦復如是一切衆
藏貧人不知善男子我
佛性為諸煩惱之所
金藏不能得見如來今
覺藏所謂佛性一切衆生
歸仰如來善男子知方
者即是一切无量衆生
也復次善男子譬如女人
是女愁惱求覓良醫
穌乳石蜜與之令服因告
乳須藥消已尒乃與
周塗其乳語其兒言
其兒渴乏欲得母乳聞

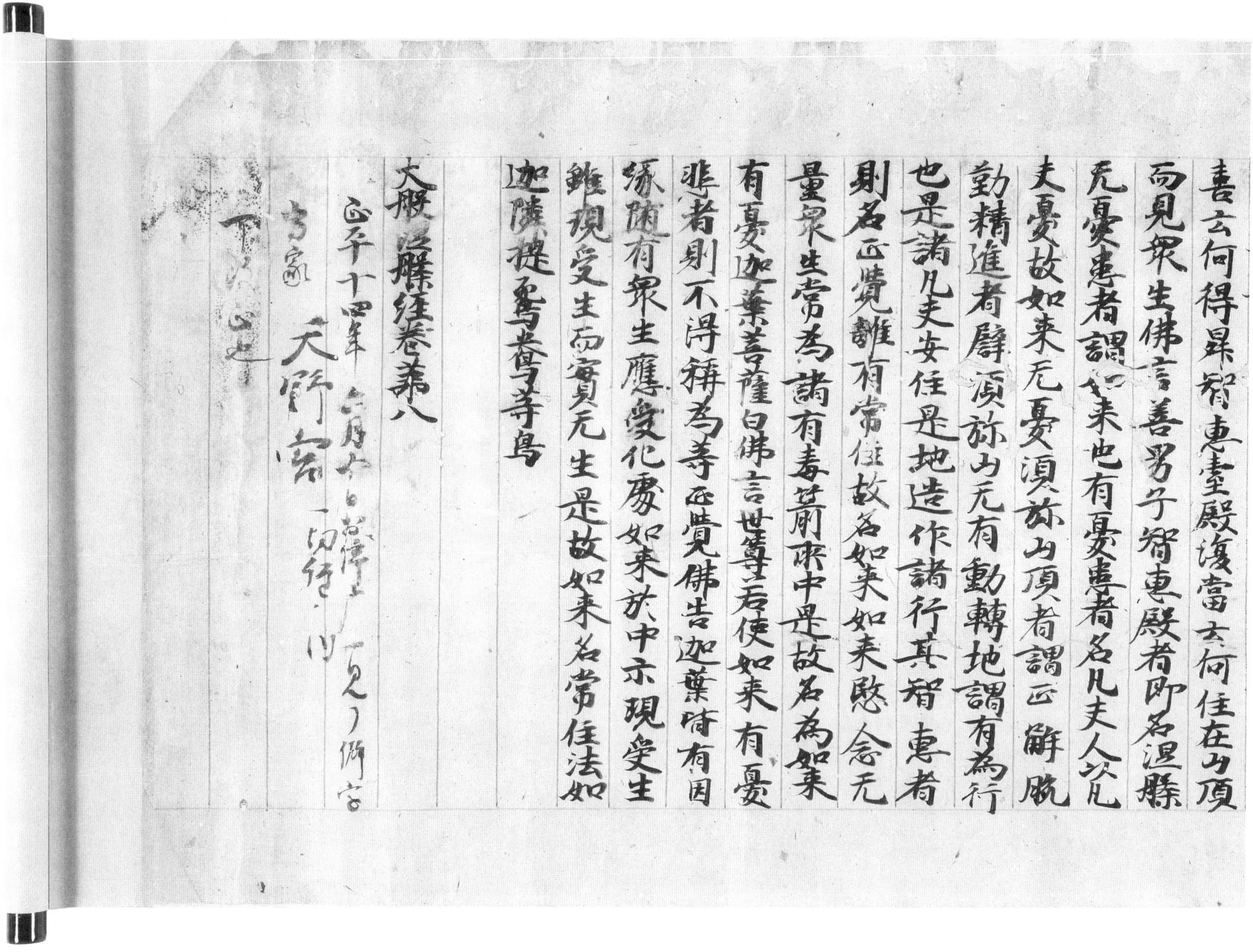
善云何得見智恵臺殿復當云何住在山頂
而見衆生佛言善男子智恵殿者即名涅槃
无憂悪者謂如来也有憂悪者名凡夫人以凡
夫憂故如来无憂須弥山頂者謂正解脱
勤精進者譬須弥山无有動轉地謂有為行
也是諸凡夫安住是地造作諸行其智恵者
則名正覺離有常住故名如来如来愍念无
量衆生常為諸有毒箭所中是故名為如来
有憂迦葉菩薩白佛言世尊若使如来有憂
悲者則不得稱為尊正覺佛告迦葉汝有因
緣隨有衆生應受化處如来於中亦現受生
雖現受生而實无生是故如来名常住法如
迦隣提鳥鴛鴦等鳥

大般涅槃経巻第八

正平十四年六月廿日於行宮一見了
當家天野寺一切經

重要文化財　大般涅槃経　後村上天皇宸翰奥書　巻第二十四　（巻首）

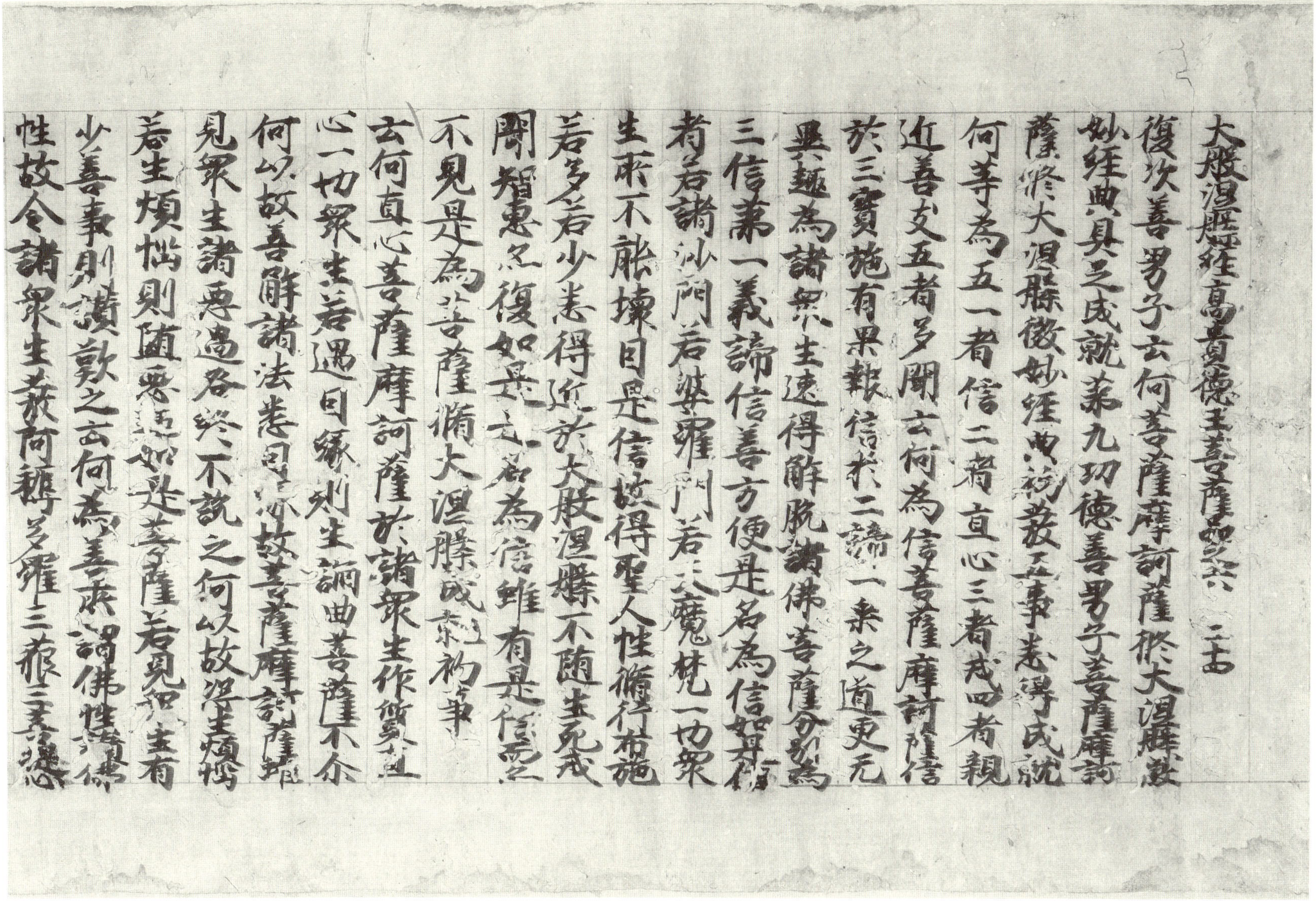
大般涅槃経高貴徳王菩薩品之六　二十四
復次善男子云何菩薩摩訶薩於大涅槃微
妙経典具足成就第九功徳善男子菩薩摩訶
薩修大涅槃微妙経典初發五事悉得成就
何等為五一者信二者直心三者戒四者親
近善友五者多聞云何為信菩薩摩訶薩信
於三寶施有果報信於二諦一乘之道更无
異趣為諸衆生速得解脱諸佛菩薩分別為
三信第一義諦信善方便是名為信如是信
者若諸沙門若婆羅門若天魔梵一切衆
生亦不能壊因是信故得聖人性修行布施
若多若少悉得近於大般涅槃不墮生死戒
聞智慧亦復如是是名為信雖有是信而亦
不見是為菩薩修大涅槃成就初事
云何直心菩薩摩訶薩於諸衆生作質直心
一切衆生若遇因縁則生諂曲菩薩不尒
何以故善解諸法悉因縁故菩薩摩訶薩雖
見衆生諸悪過咎終不説之何以故恐生煩惱
若生煩惱則墮悪趣如是菩薩若見衆生有
少善事則讃歎之云何為善所謂佛性讃佛
性故令諸衆生發阿耨多羅三藐三菩提心

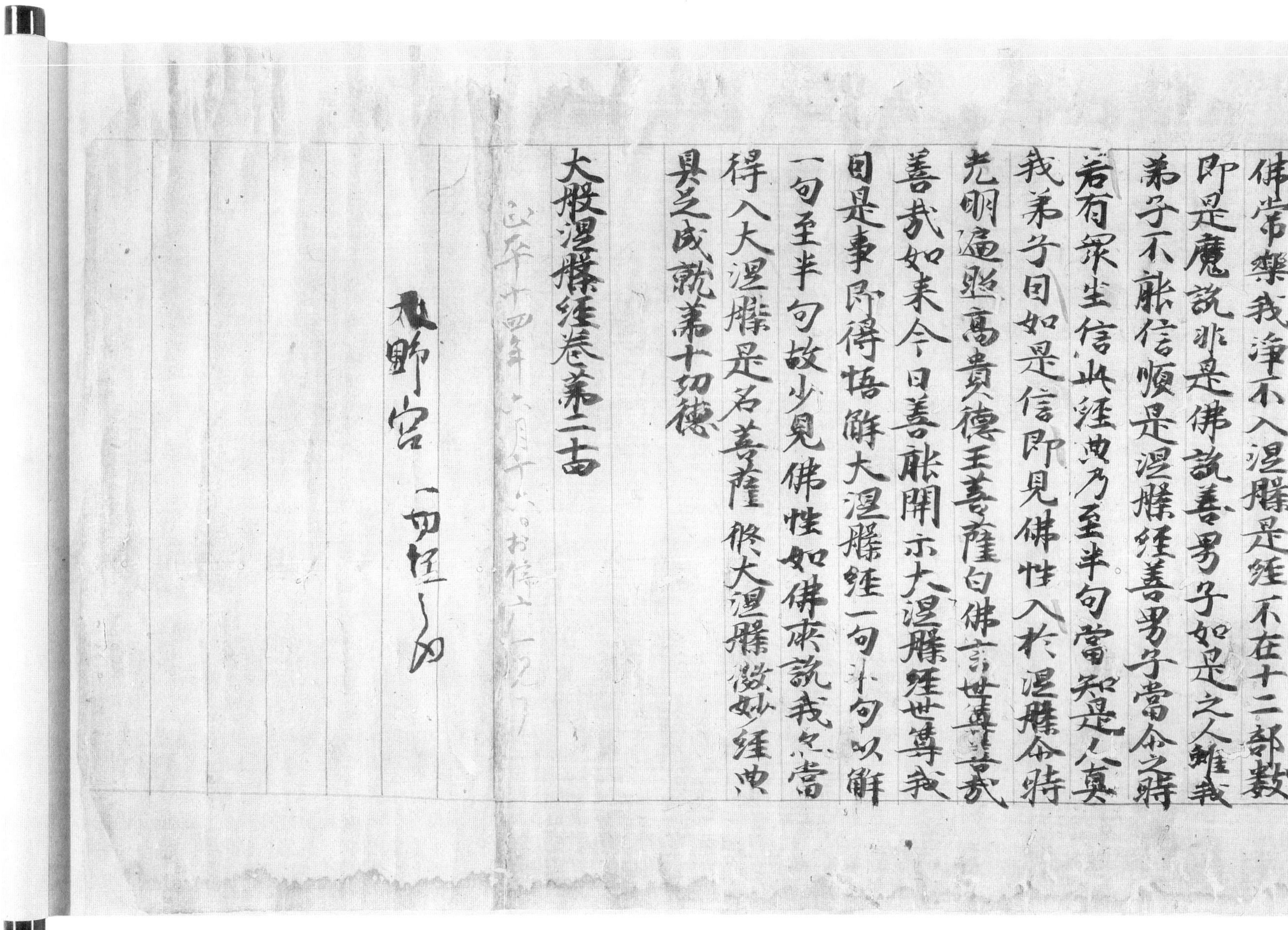
佛常樂我淨不入涅槃是經不在十二部數
即是魔說非是佛說善男子如是之人雖我
弟子不能信順是涅槃經善男子當尒之時
若有衆生信此經典乃至半句當知是人真
我弟子因如是信即見佛性入於涅槃尒時
光明遍照高貴德王菩薩白佛言世尊善哉
善哉如來今日善能開示大涅槃經世尊我
因是事即得悟解大涅槃經一句半句以解
一句至半句故少見佛性如佛所說我亦當
得入大涅槃是名菩薩修大涅槃微妙經典
具足成就第十功德
大般涅槃經卷第廿四
正平十四年六月[illegible]日於[illegible]一交了
太野宮　一切經之内

大般涅槃經迦葉菩薩品之三　三十三

善男子智不具足凡有五事是人知已求近
善友如是善友當觀是人貪欲瞋恚愚癡
思覺何者偏多若知是人貪欲多者即應為說
不淨觀法瞋恚多者為說慈悲思覺多者教令
數息著我多者當為分析十八界等是人聞
已至心受持心受持已如法脩行如法行已
次第復得四念處觀身受心法得是觀已
次第復觀十二因緣如是觀已次得煖法迦
葉菩薩白佛言世尊一切眾生悉有煖法何
以故如佛所說三法和合名為眾生一壽二
煖三識若從是義一切眾生應先有煖云何
如來說言煖法因善友生佛言善男子如汝
所問有煖法者一切眾生至一闡提皆悉有
之如我今者所說煖法要因方便然後乃得
本無今有以是義故非諸眾生一切先有是
故汝今不應難言一切眾生皆有煖法善男
子如是煖法是色界法非欲界有若言一切
眾生有者欲界眾生亦皆應有欲界無有當
知一切不必悉有善男子色界雖有非一切
有何以故我弟子有外道則無以是義故一
切眾生不必悉有善男子一切外道唯觀六

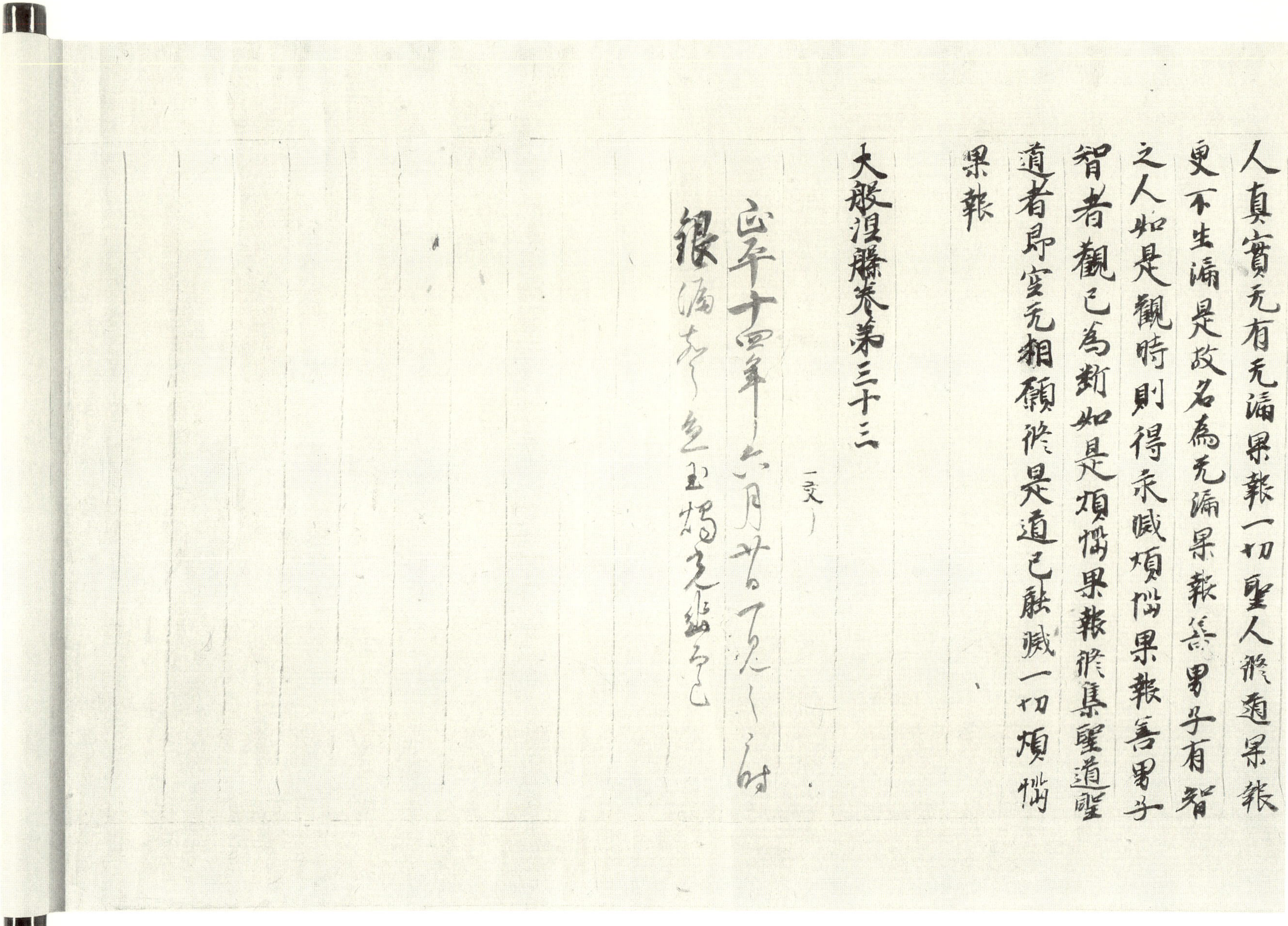

人真實无有无漏果報一切聖人從道果報
更不生漏是故名為无漏果報善男子有智
之人如是觀時則得永斷煩惱果報善男子
智者觀已為斷如是煩惱果報修集聖道聖
道者即空无相願修是道已能滅一切煩惱
果報

大般涅槃經卷第三十三

一交了

正平十四年六月廿四夏之之時
銀漏声之色玉燭光紹寫之

頭鈴風因緣故便出音聲風大聲大風小聲
小无有作者善男子譬如熱鐵投之水中
出種種聲是中眞實无有作者善男子凡
夫不能思惟分別如是事故說言有我及有
我所我作我受。
先尼言如瞿曇說无我我所何緣復說常樂我淨
佛言善男子我亦不說內外六入及六識意常
樂我淨我乃宣說滅內外入所生六識名之為
常以是常故名之為我有常我故名之為樂常
我樂故名之為淨善男子衆生厭苦斷是苦
因自在遠離是名為我以是因緣我今宣說
常我樂淨先尼言世尊唯願大慈為我宣說
我當云何獲得如是常樂我淨佛言善男
子一切世間從本已來具足大慢能增長慢
亦復造作慢因慢業是故今者受慢果報
不能遠離一切煩惱得常我樂淨若諸衆生
欲得遠離一切煩惱先當離慢先尼言世尊
如是如是誠如聖教我先有慢因慢因緣故
稱如來瞿曇姓我今已離如是大慢是故
誠心啓請求法云何當得常樂我淨佛言善
男子諦聽諦聽今當為汝分別解說善男
子若能非自非他非衆生者遠離是法先尼言
世尊我已知解得正法眼佛言善男子汝云何
言知已解已得正法眼世尊所言色者非自非他

重要文化財　大般涅槃経　後村上天皇宸翰奥書　巻第三十五　（巻首）

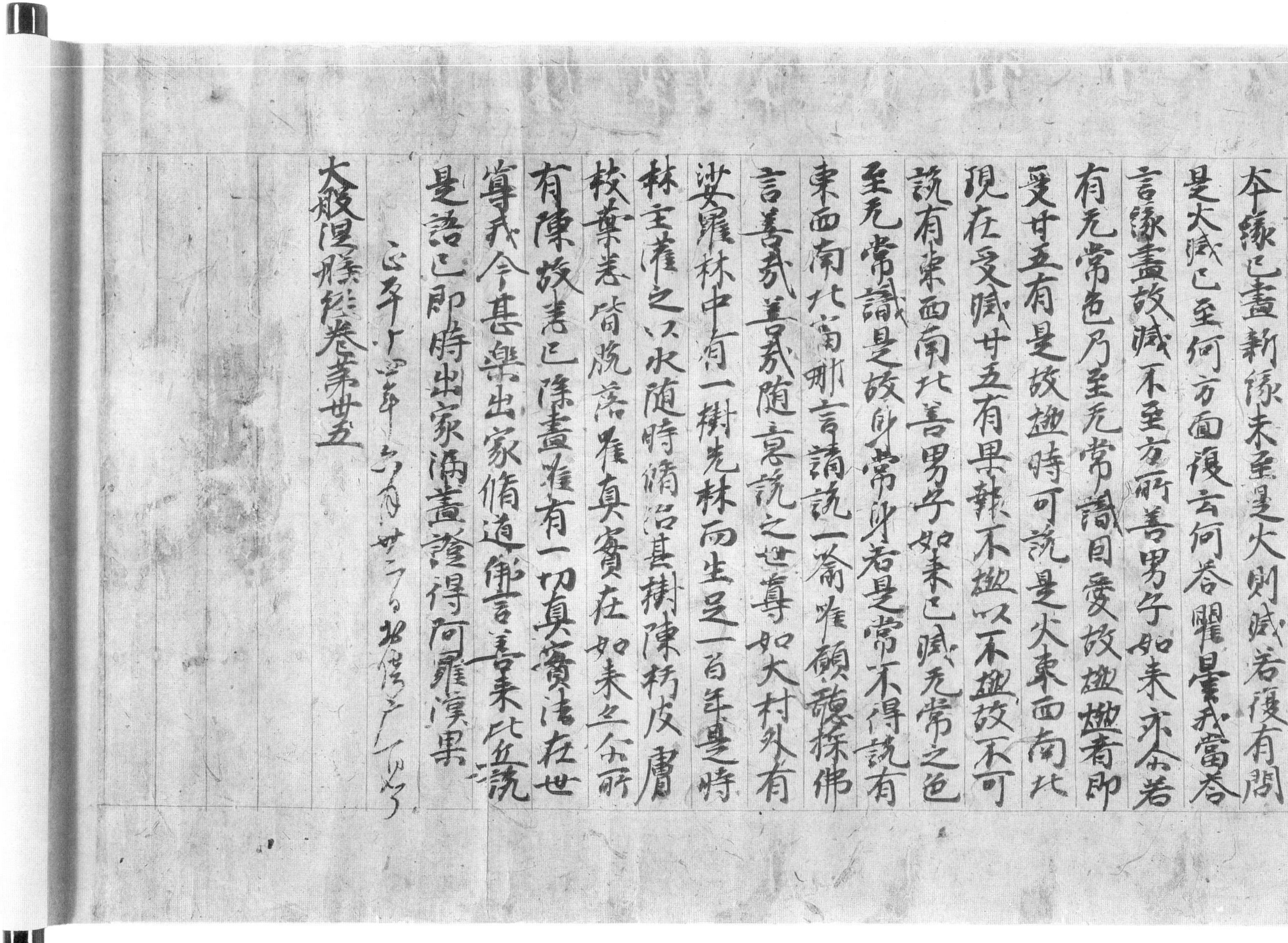

本緣已盡新緣未至是火則滅若復有問
是火滅已至何方面復云何答瞿曇我當答
言緣盡故滅不至方所善男子如來亦尒若
有无常色乃至无常識因愛故熾熾者即
受廿五有是故熾時可說是火東西南北
現在受滅廿五有果報不熾以不熾故不可
說有東西南北善男子如來已滅无常之色
至无常識是故身常身若是常不得說有
東西南北富那言請說一喩唯願聽採佛
言善哉善哉隨意說之世尊如大村外有
娑羅林中有一樹先林而生足一百年是時
林主灌之以水隨時脩治其樹陳朽皮膚
枝葉悉皆脫落唯真實在如來亦尒所
有陳故悉已除盡唯有一切真實法在世
尊我今甚樂出家脩道佛言善來比丘說
是語已即時出家漏盡證得阿羅漢果

正平十四年二月廿二日 [illegible]

大般涅槃經卷第卅五

重要文化財　大般涅槃経　後村上天皇宸翰奥書　巻第三十五　（巻末）

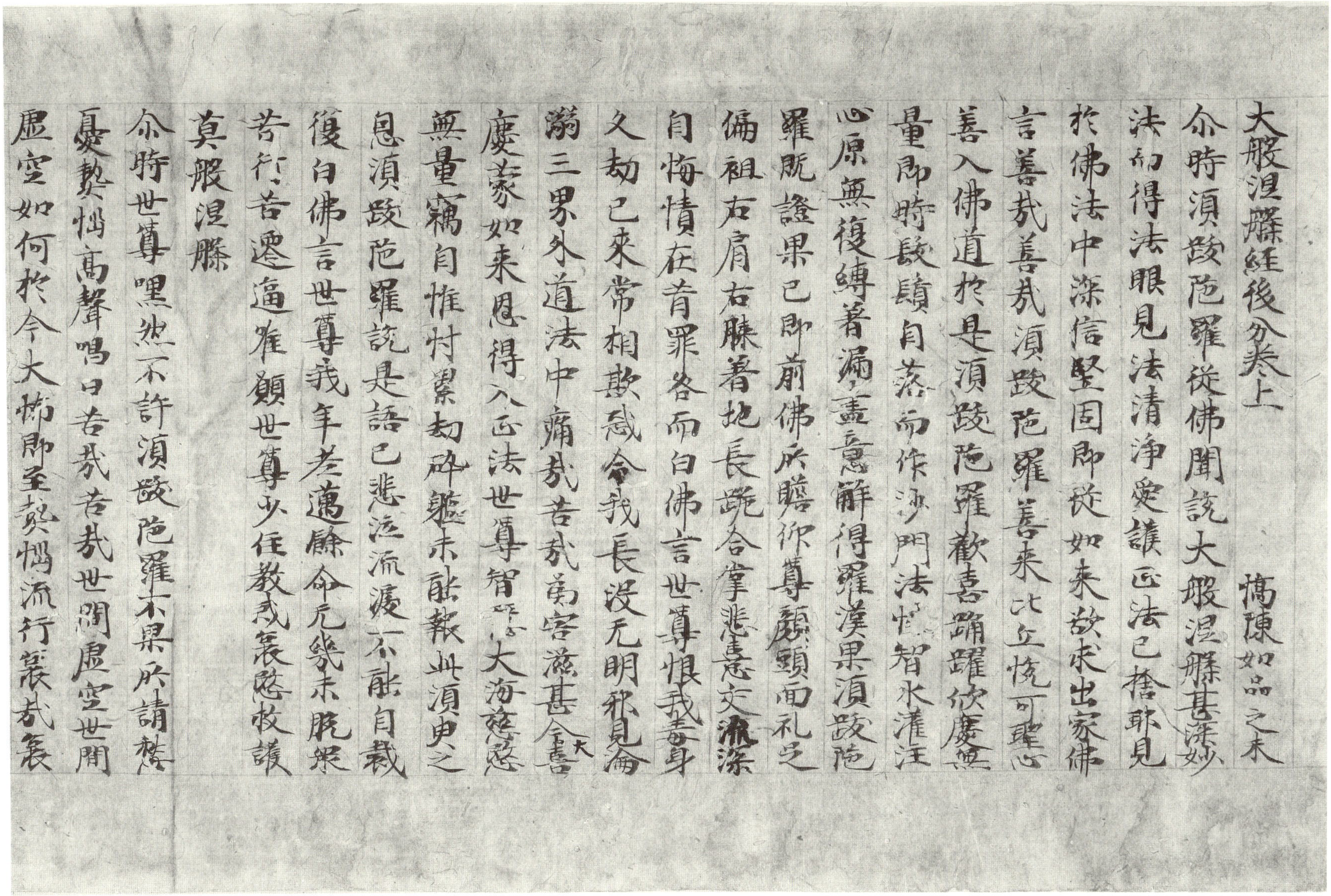
大般涅槃經後分卷上
憍陳如品之末
爾時須跋陀羅從佛聞說大般涅槃甚深妙
法即得法眼見法清淨愛護正法已捨邪見
於佛法中深信堅固即從如來啟求出家佛
言善哉善哉須跋陀羅善來比丘悅可聖心
善入佛道於是須跋陀羅歡喜踊躍欣慶無
量即時鬚髮自落而作沙門法性智水灌注
心原無復縛著漏盡意解得羅漢果須跋陀
羅既證果已即前佛所瞻仰尊顏頭面禮足
偏袒右肩右膝著地長跪合掌悲啼交流深
自悔責在昔罪咎而白佛言世尊恨我毒身
久劫已來常相欺誑令我長沒无明邪見淪
溺三界外道法中痛哉苦哉萬害滋甚今大善
慶蒙如來恩得入正法世尊智大海慈悲
無量竊自惟忖累劫碎軀未能報此須臾之
恩須跋陀羅說是語已悲泣流漣不能自裁
復白佛言世尊我年老邁餘命无幾未脫眾
苦行普遷遍唯願世尊少住教戒哀愍救護
莫般涅槃
爾時世尊嘿然不許須跋陀羅不果所請慇
憂懊惱高聲唱曰苦哉苦哉世間虛空世間
虛空如何於今大師即至懊惱流行哀哉哀

重要文化財　大般涅槃経後分　後村上天皇宸翰奥書　巻上　（巻首）

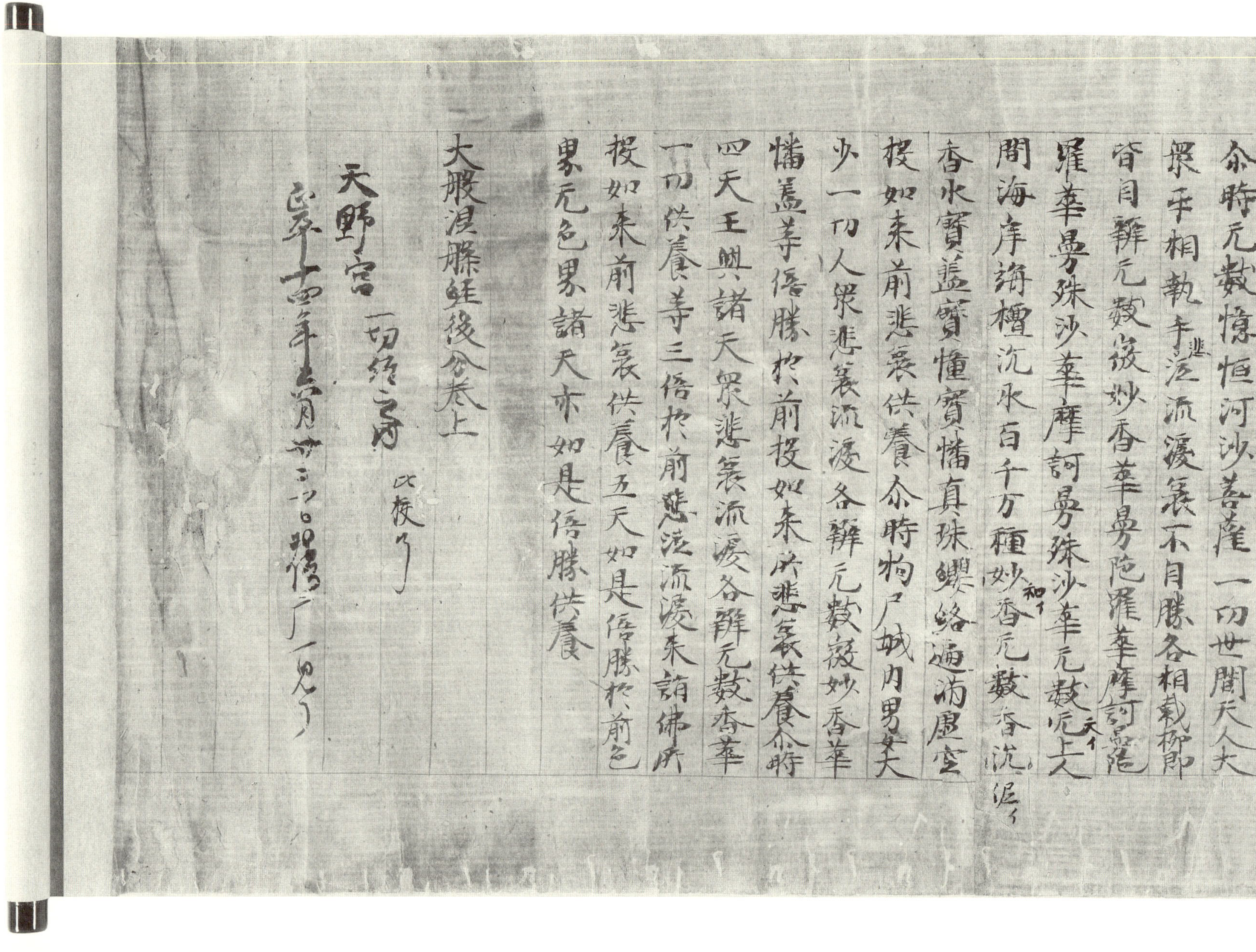
尒時无數恒河沙菩薩一切世間天人大
衆手相執手(悲)泣流淚哀不自勝各相裁抑即
皆自辦无數微妙香華曼陀羅華摩訶曼陀
羅華曼殊沙華摩訶曼殊沙華无數泥(天イ)上人
間海岸栴檀沈水百千万種妙(和イ)香无數香沈(泥イ)
香水寶蓋寶幢寶幡真珠瓔珞遍滿虚空
投如来前悲哀供養尒時拘尸城内男女大
少一切人衆悲哀流淚各辦无數微妙香華
幡蓋等倍勝於前投如来所悲哀供養尒時
四天王與諸天衆悲哀流淚各辦无數香華
一切供養等三倍於前悲泣流淚来詣佛所
投如来前悲哀供養五天如是倍勝於前色
界无色界諸天亦如是倍勝供養

大般涅槃經後分卷上

天野宮　一切經之内

比校了

正平十四年七月廿三日[illegible]一見了

重要文化財　大般涅槃経後分　後村上天皇宸翰奥書　巻上　（巻末）

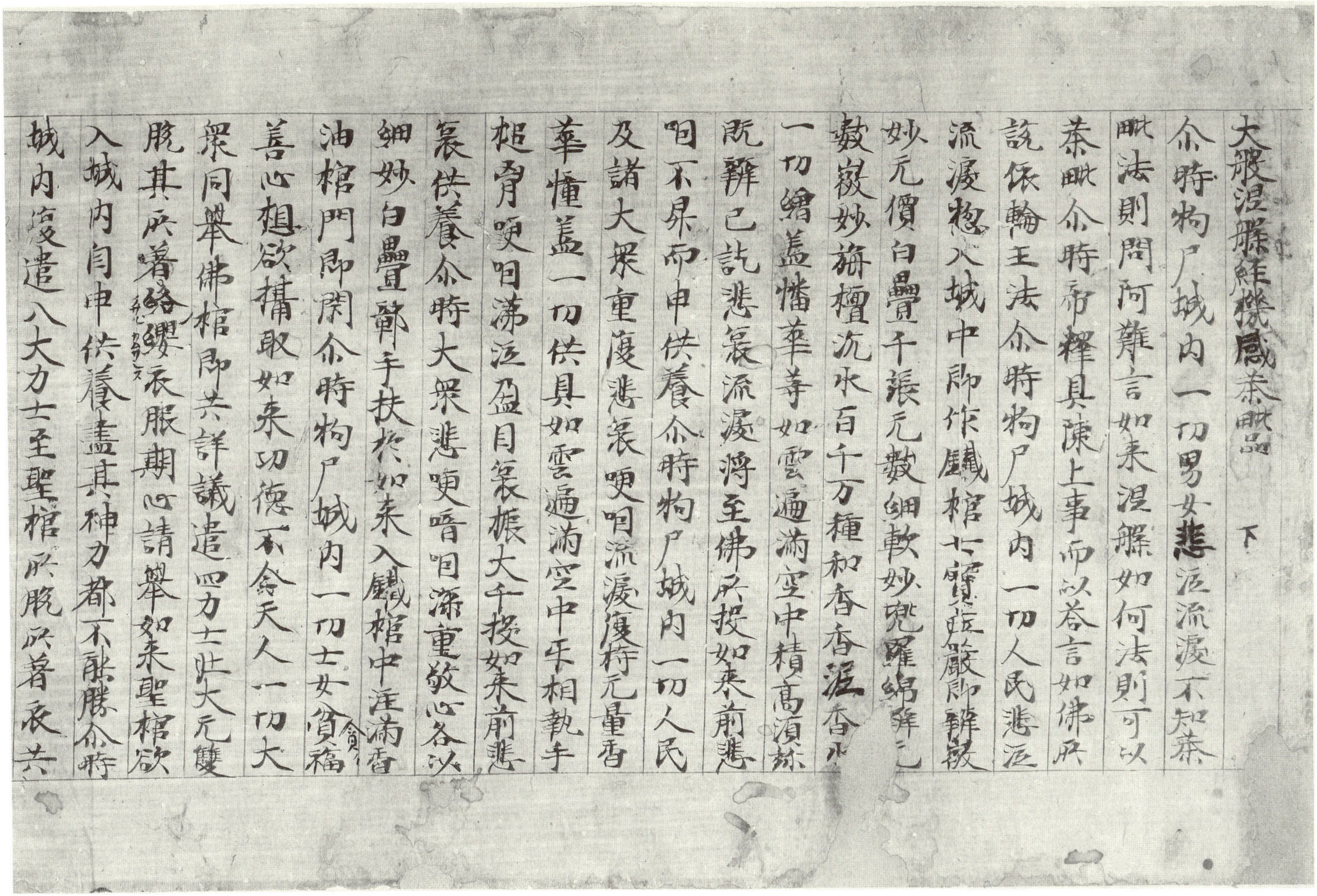
大般涅槃経機感荼毗品　下
尒時拘尸城内一切男女悲哀流涙不知荼
毗法則問阿難言如来涅槃如何法則可以
荼毗尒時帝釋具陳上事而以荅言如佛所
説依輪王法尒時拘尸城内一切人民悲哀
流涙總入城中即作鐵棺七寶莊嚴即辨微
妙无價白疊千張无數細軟妙兜羅綿并
數微妙旃檀沉水百千萬種和香香泥香油
一切繒蓋幡華等如雲遍滿空中積高須弥
既辨已訖悲哀流涙將至佛所授如来前悲
咽不昇而申供養尒時拘尸城内一切人民
及諸大衆重復悲哀哽咽流涙復持无量香
華幢蓋一切供具如雲遍滿空中手相執手
椎胷哽咽涕泣盈目哀振大千授如来前悲
哀供養尒時大衆悲哽瘖咽深重敬心各以
細妙白疊鄭重扶於如来入鐵棺中注滿香
油棺門即閉尒時拘尸城内一切士女貪福
善心想欲捧取如来功德不舍天人一切大
衆同舉佛棺即共詳議遣四力士壯大雙
腕其所著瓔珞衣服期心請舉如来聖棺欲
入城内自申供養盡其神力都不能勝尒時
城内復遣八大力士至聖棺所脫所著衣共

重要文化財　大般涅槃経後分　後村上天皇宸翰奥書　巻下　（巻首）

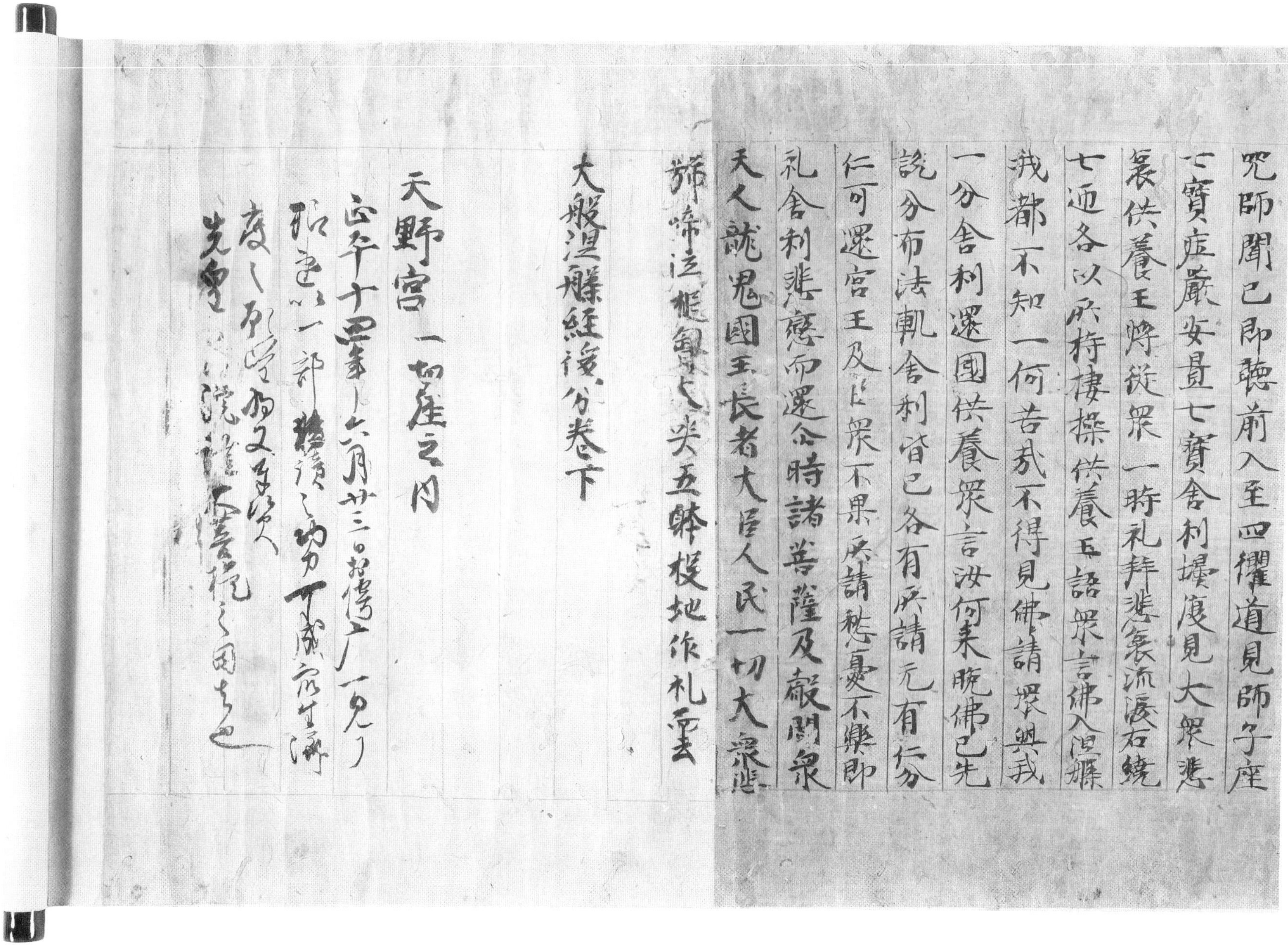

重要文化財 大般涅槃経後分 後村上天皇宸翰奥書 巻下 （巻末）

大般涅槃經月喻品第十五　九

佛告迦葉譬如有人見月不現皆言月沒而
作沒想而此月性實无沒也轉現他方彼處
衆生復謂月出而此月性實无出也何以故須
彌山障故不現其月常生性无出沒如來應
供正遍知亦復如是出現三千大千世界或
閻浮提示有父母衆生皆謂生閻浮提或
閻浮提示現涅槃如來之性實无涅槃而諸
衆生皆謂如來實般涅槃譬如月沒善男
子如來之性實无生滅爲化衆生示有生滅
善男子如此滿月餘方見半此方半月餘方
見滿閻浮提人若見月初皆謂一日起初月想
見月盛滿謂十五日生盛滿想而此月性實无
虧盈因須彌山而有增減善男子如來亦
尒於閻浮提或現初生或示涅槃現始生時猶
如初月一切皆謂童子初生現行七步如二
日月或復示現入於書堂如三日月示現出家
如八日月放大智慧微妙光明能破无量衆
生魔衆如十五日盛滿之月或復示現三
十二相八十種好以自莊嚴而現涅槃譬如

復次善男子如来常為一切衆生而作父母
所以者何一切衆生種種形類二足四足多
足无足佛以一音而為說法彼彼異類各各
得解悉皆歎言如来今日為我說法以是義故
名為父母復次善男子如人生子始十六月
雖復語言未可解了而彼父母欲教其語先
同其音漸漸教之是父母語可不正耶不也
世尊善男子諸佛如来亦復如是随諸衆
生種種音聲而為說法為令安住佛正法故
随所應見而為示現種種形像如来如是同
彼語言可不正耶不也世尊何以故如来所說
說如師子吼随順世間種種音聲而為衆生
歎說妙法

大般涅槃経巻第九

正平十四年六月於[illegible]一見訖

天野家　一切経[illegible]

重要文化財　宝篋印陀羅尼経（金字本）（平安時代後期写）

重要文化財　宝篋印陀羅尼経（金字本）　（巻姿）

重要文化財 宝篋印陀羅尼経（金字本） （表紙）

重要文化財　宝篋印陀羅尼経（金字本）　（表紙見返）

16 15 14 13 12 11 10 9 8 7 6 5 4 3 2 1

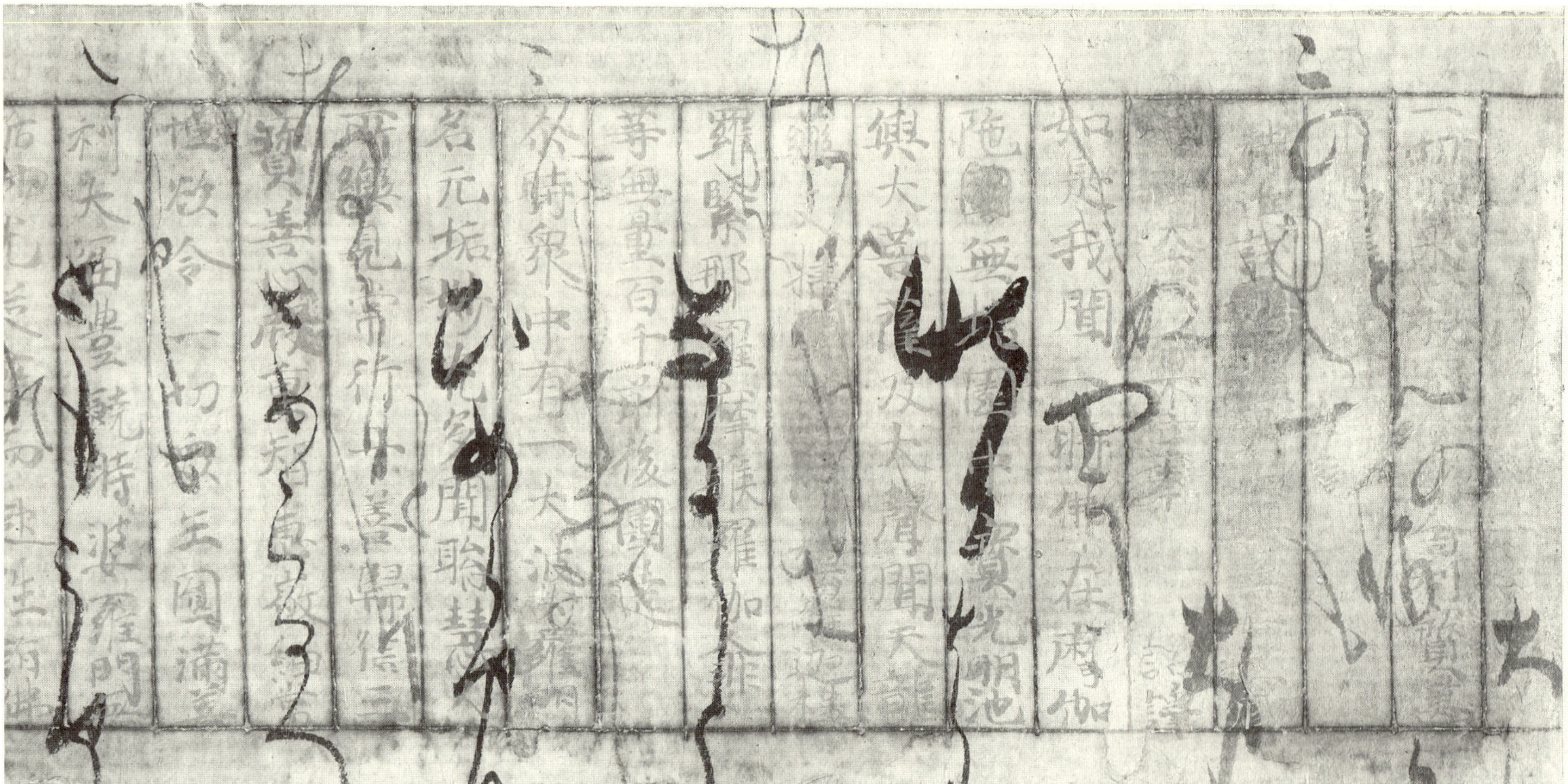

32 31 30 29 28 27 26 25 24 23 22 21 20 19 18 17

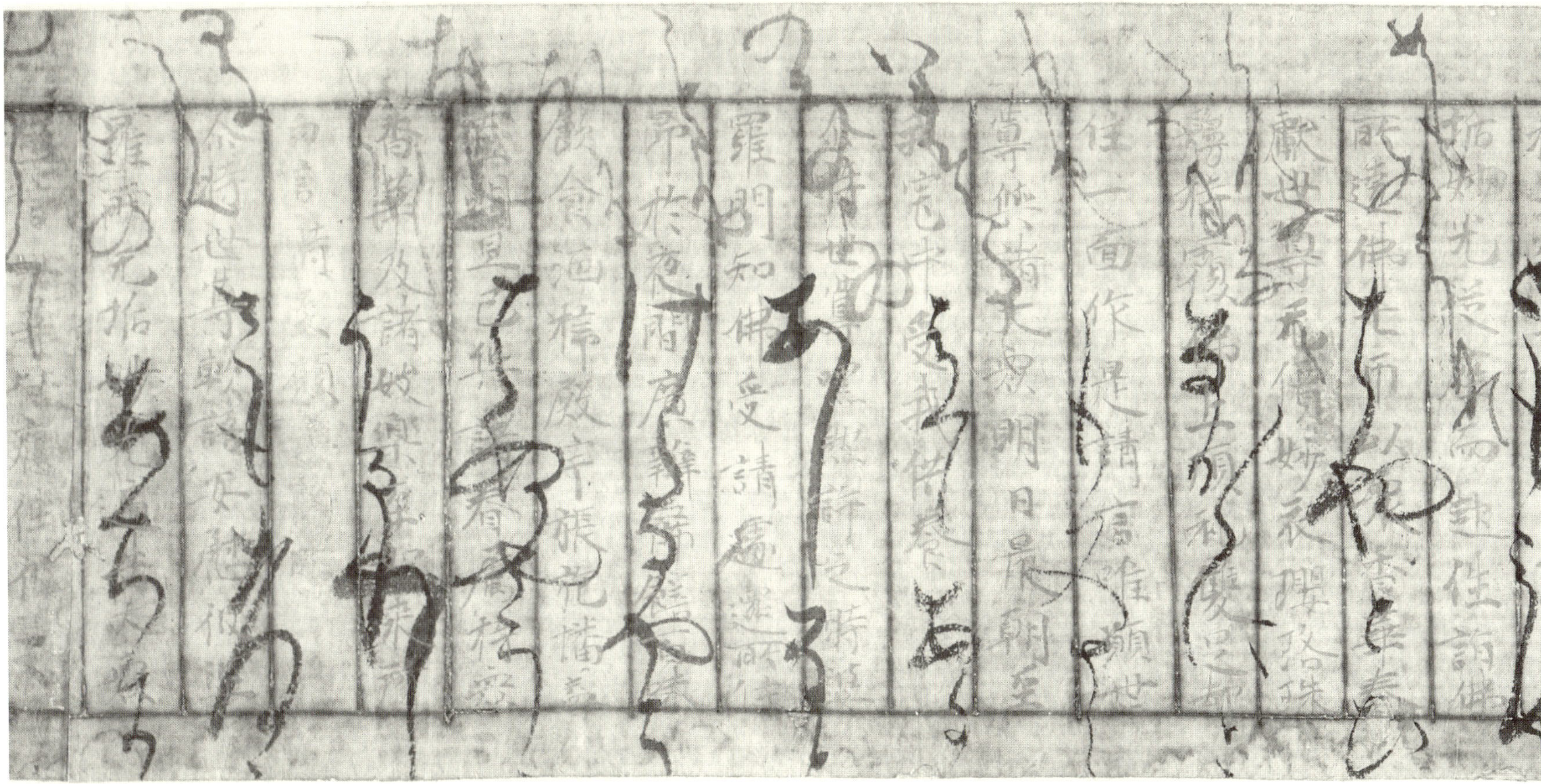

（1紙）

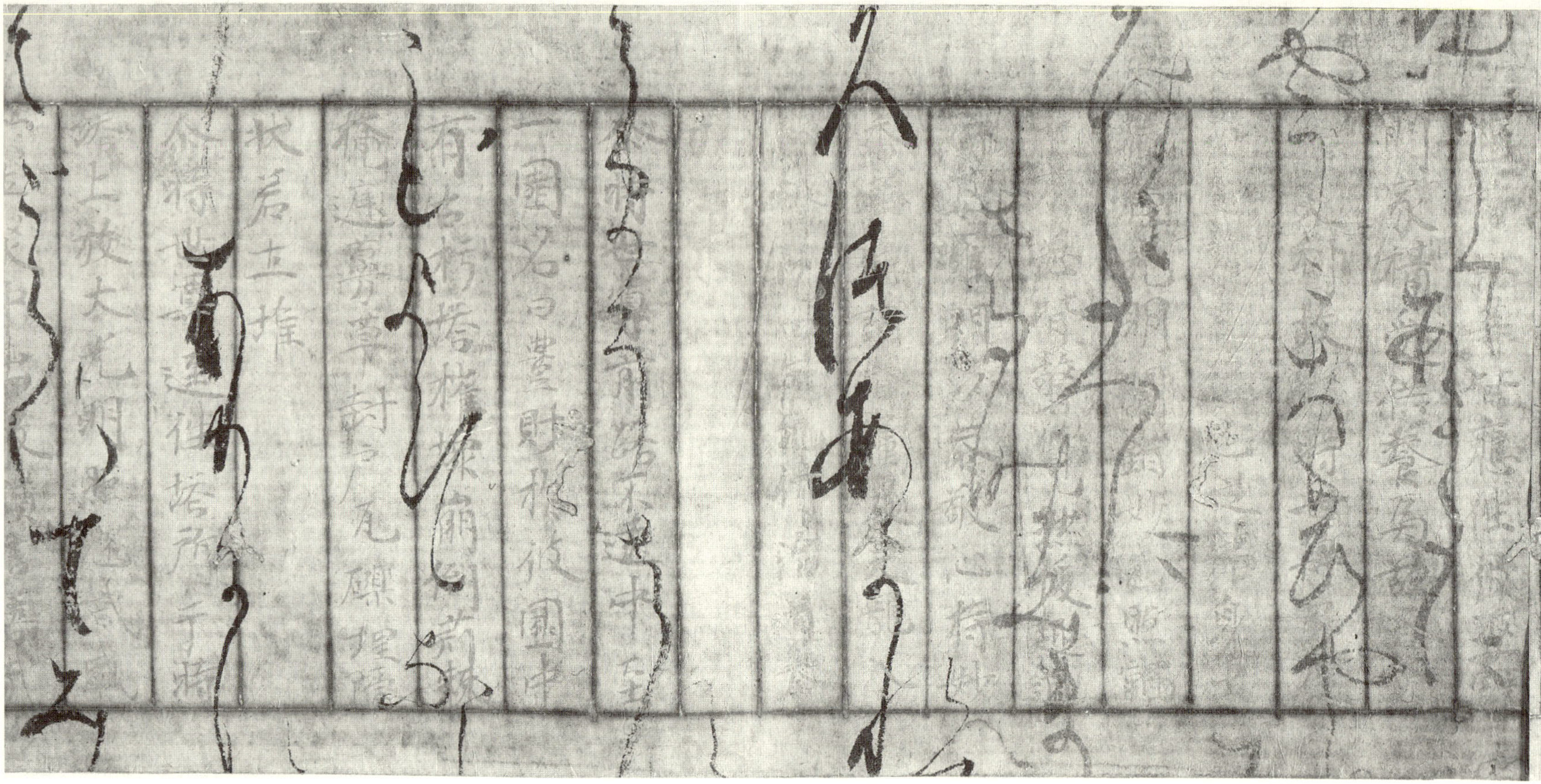

66 65 64 63 62 61 60 59 58 57 56 55 54 53 52 51 50

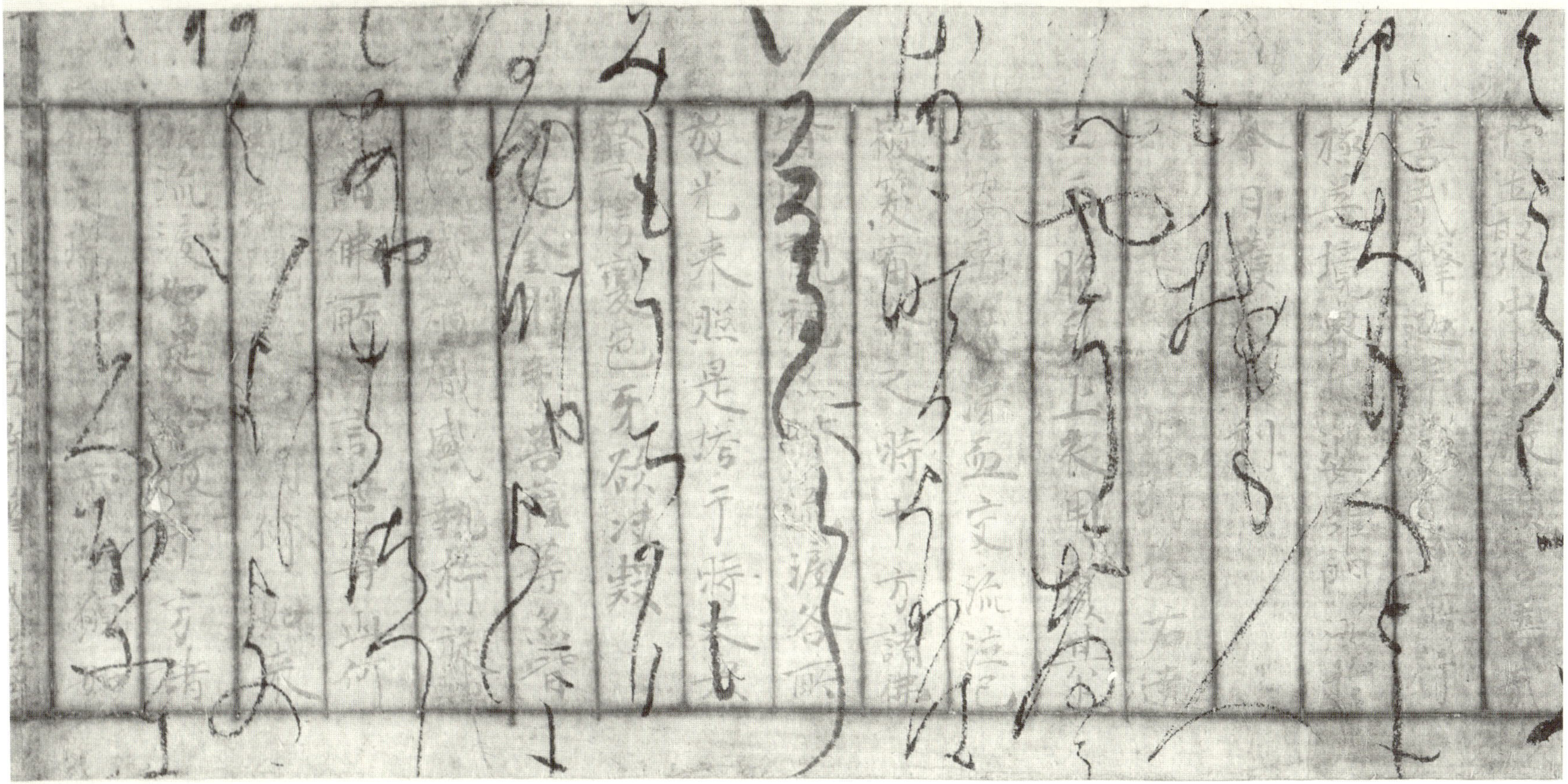

（2紙）

83　82　81　80　79　78　77　76　75　74　73　72　71　70　69　68　67

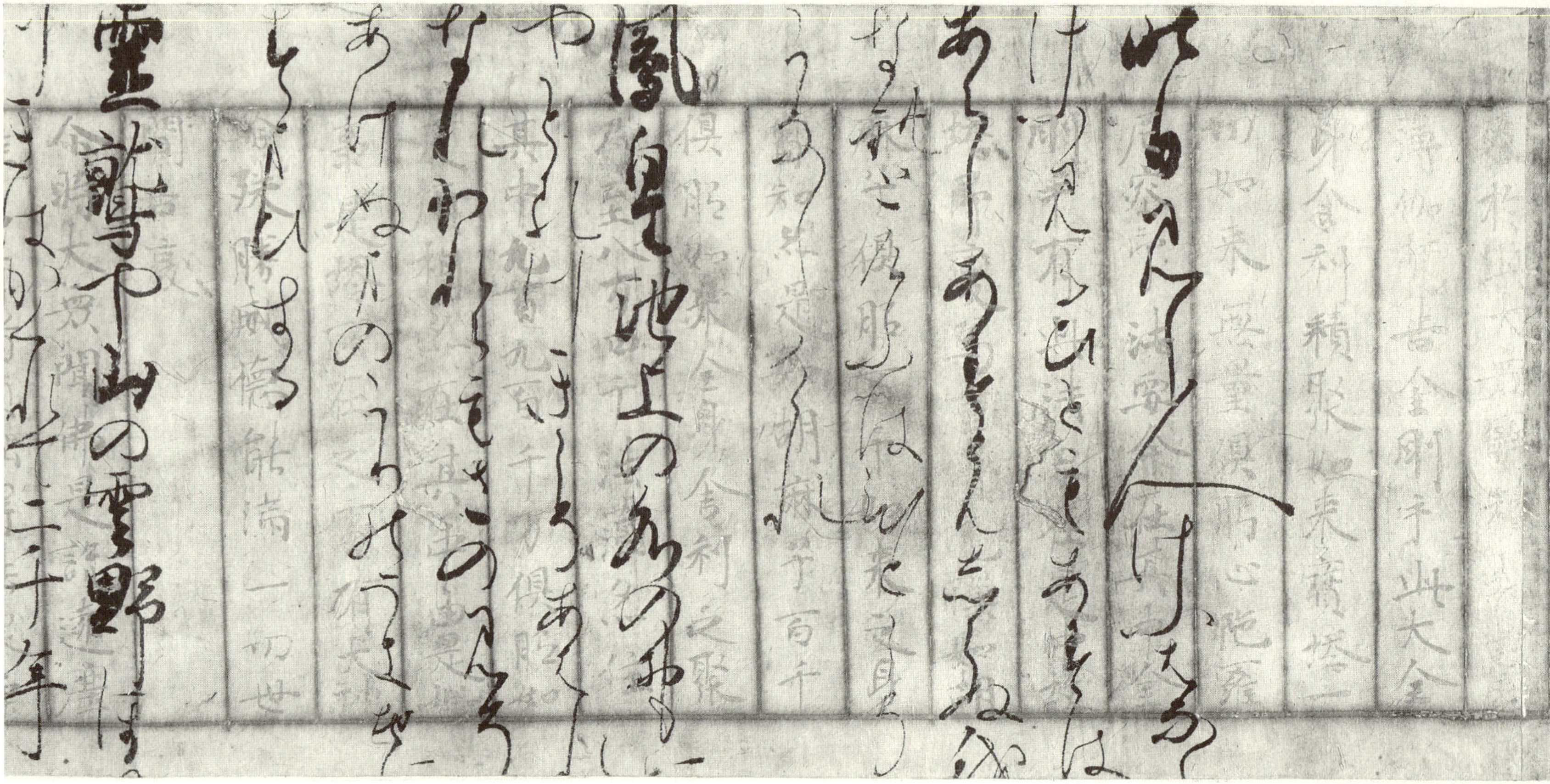

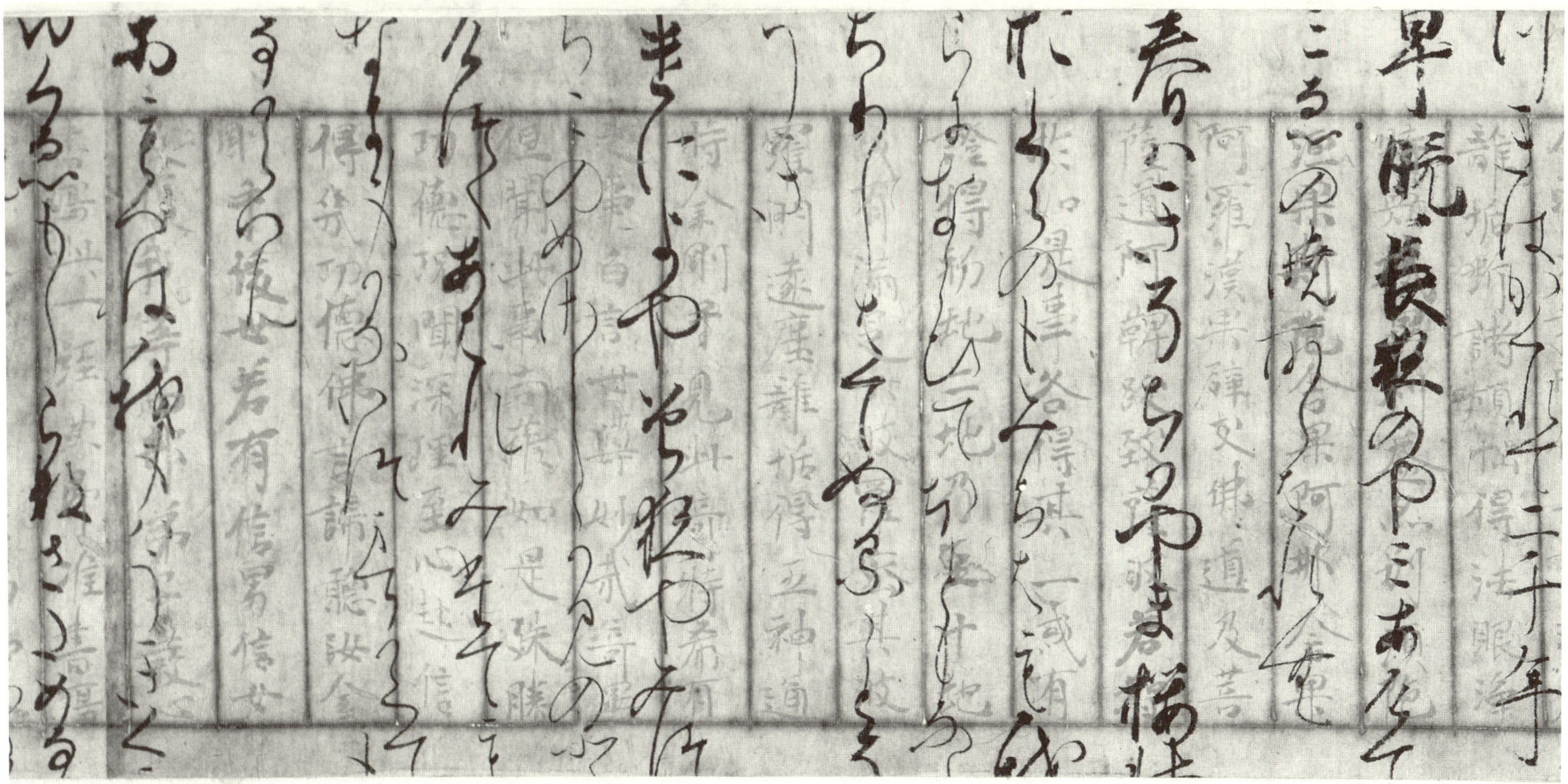

（3紙）

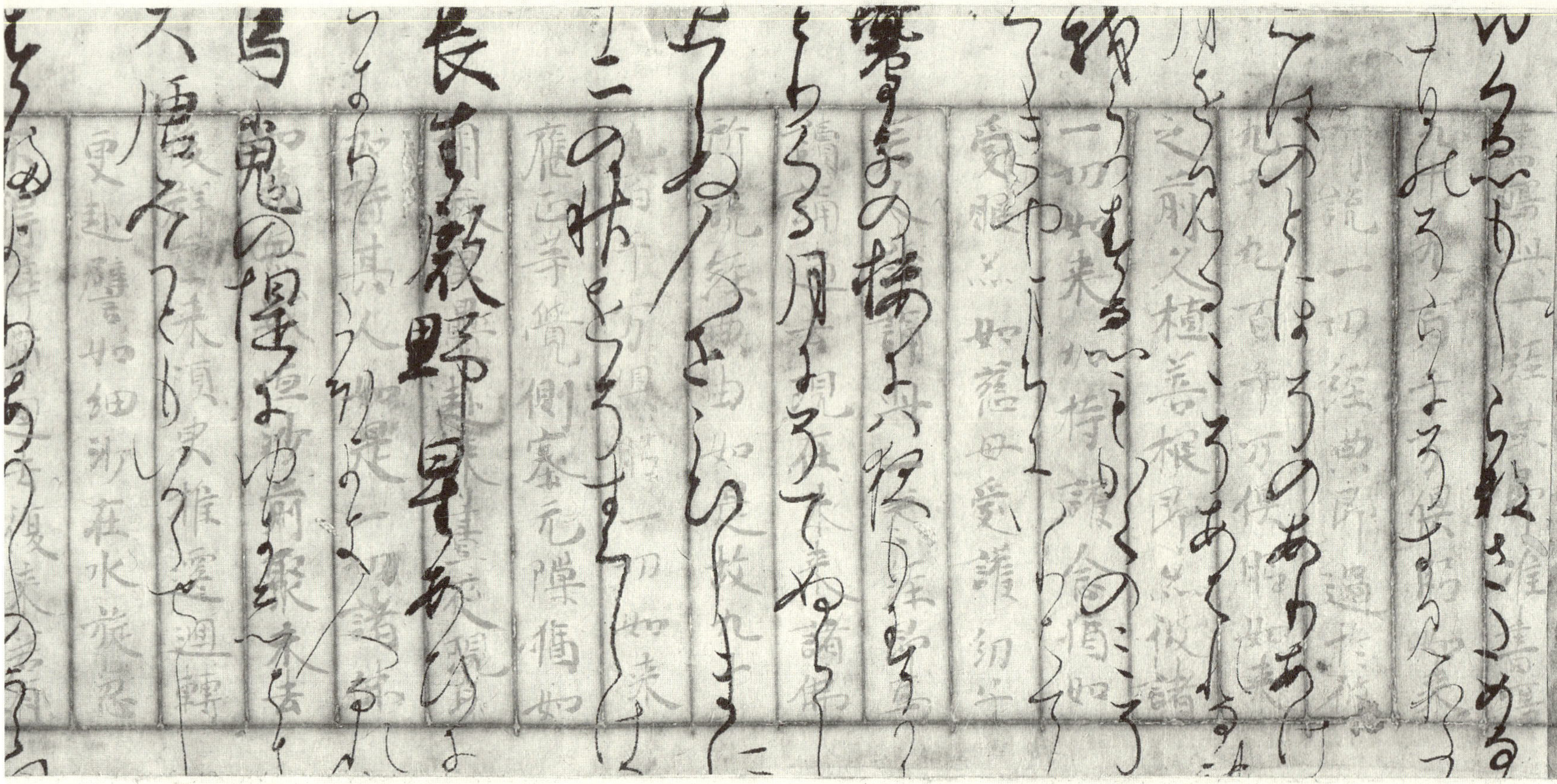

117 118 119 120 121 122 123 124 125 126 127 128 129 130 131 132 133

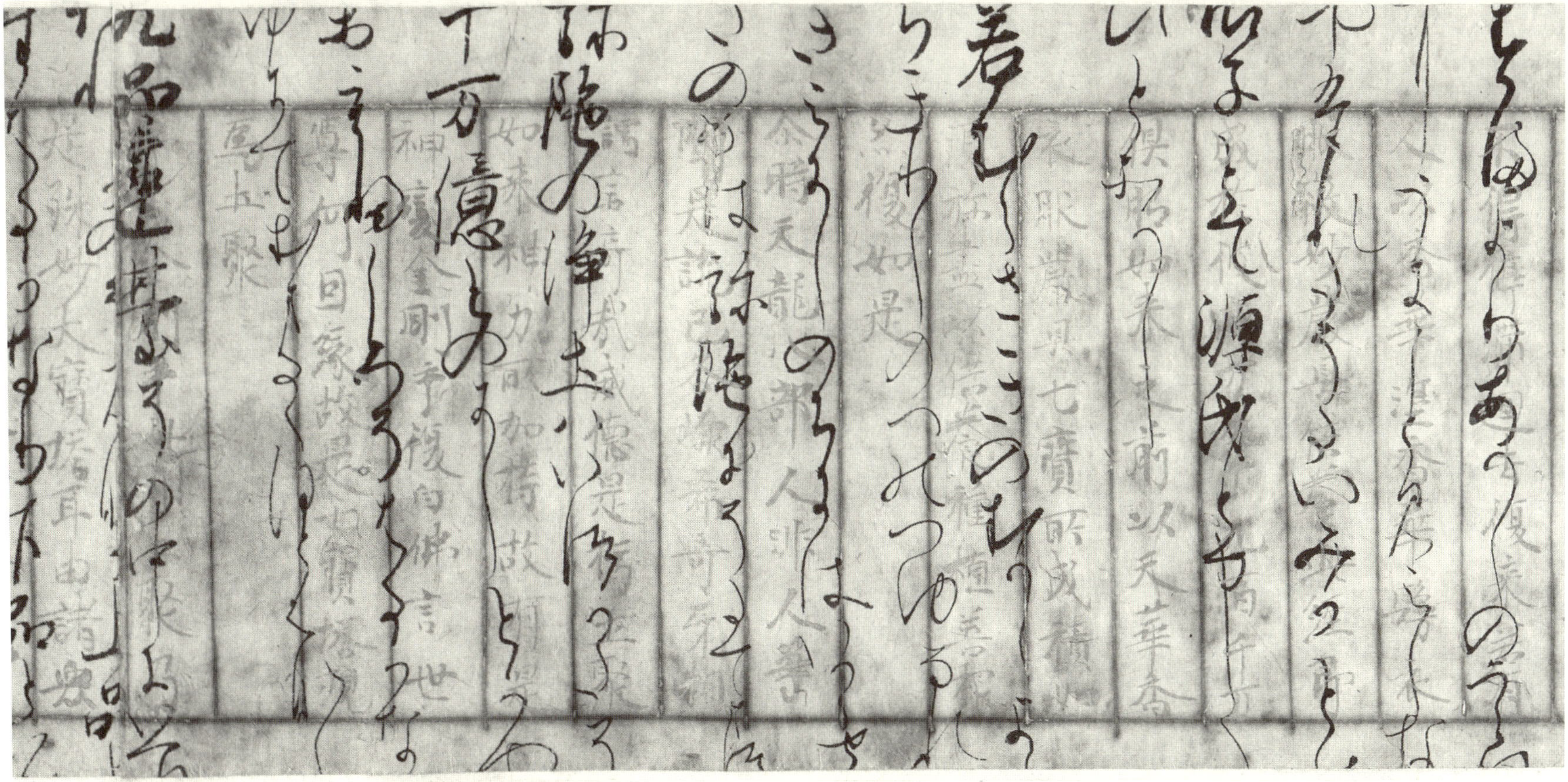

（4紙）

150 149 148 147 146 145 144 143 142 141 140 139 138 137 136 135 134

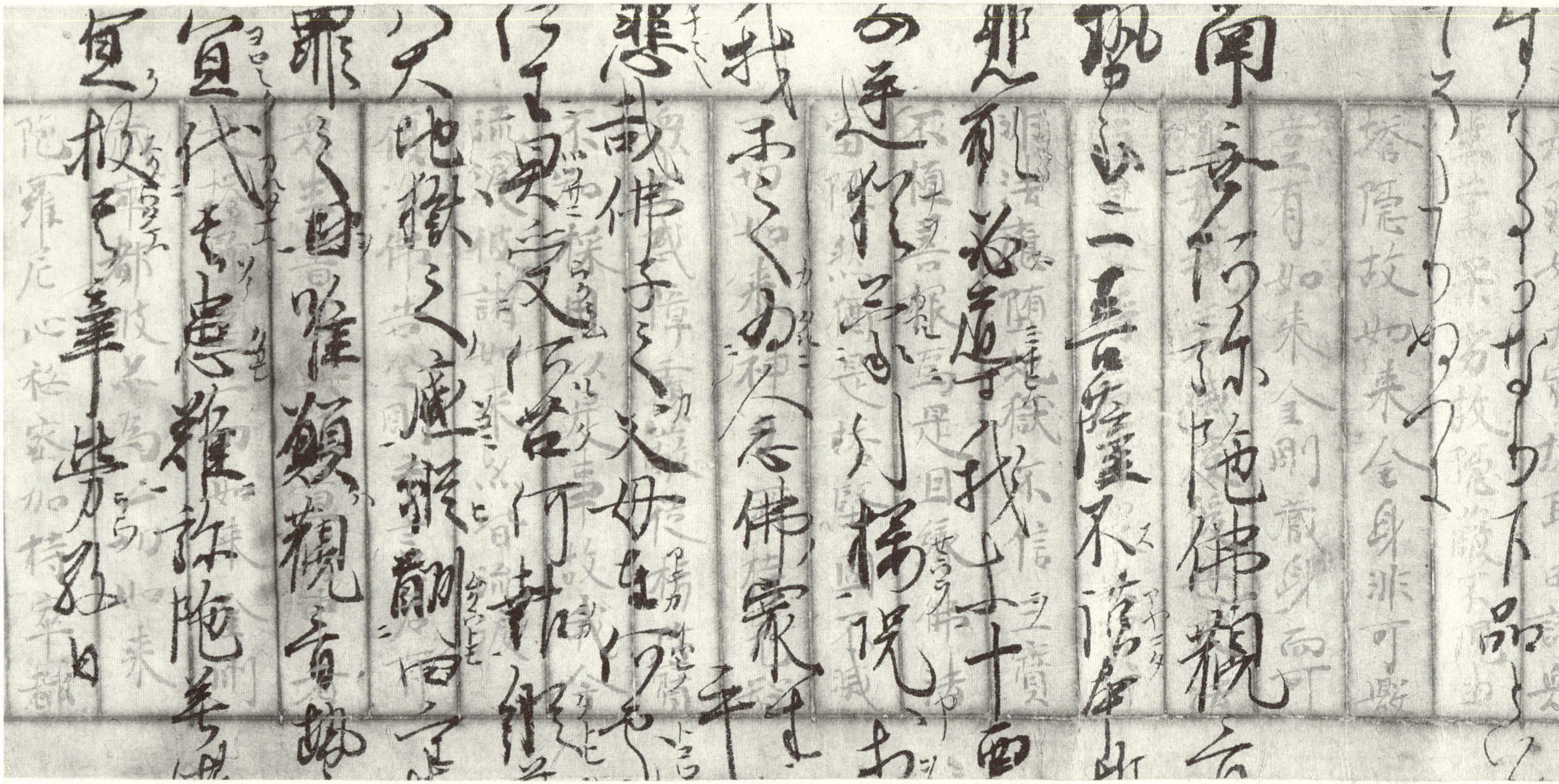

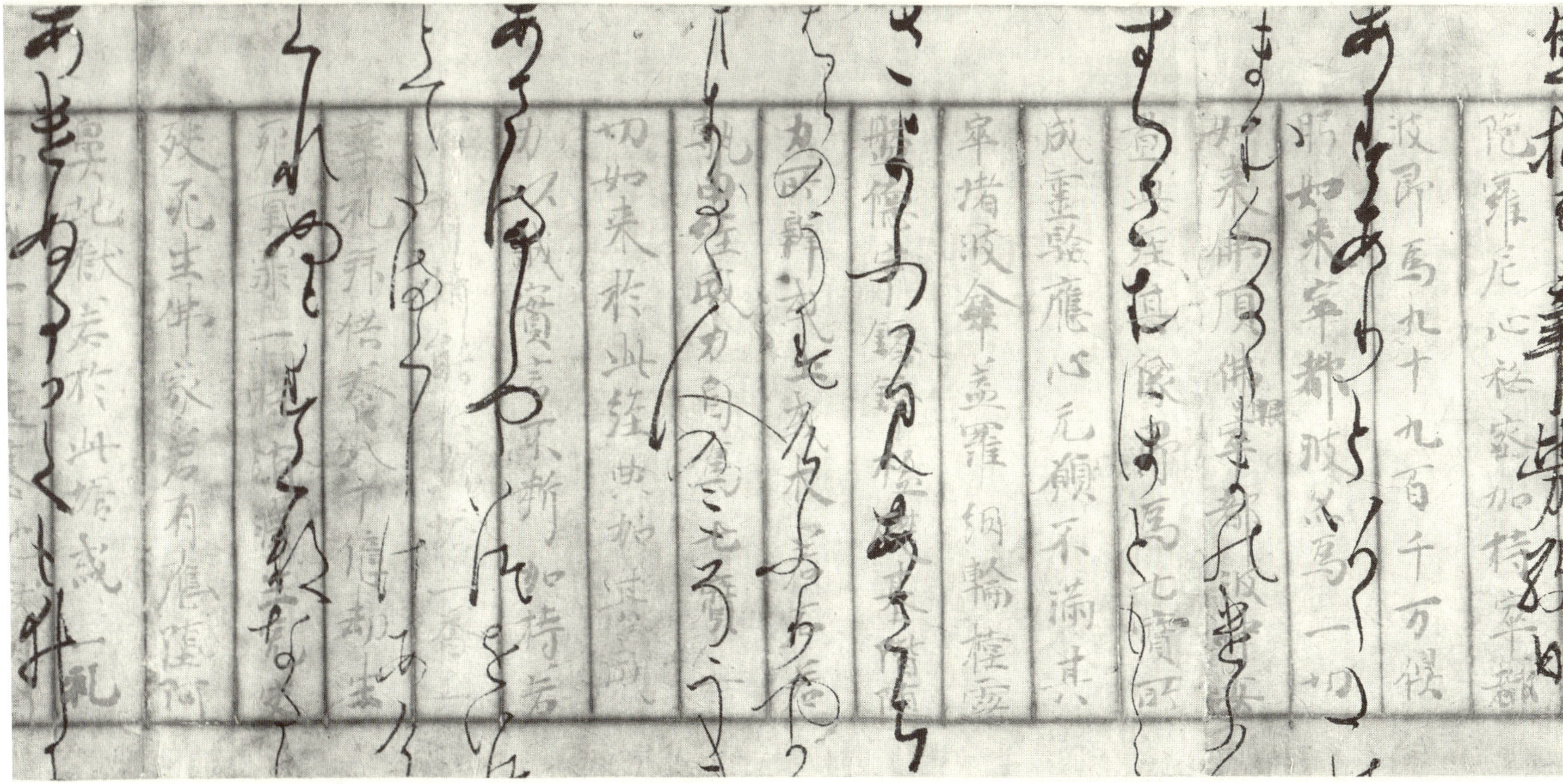

（6紙）　（5紙）

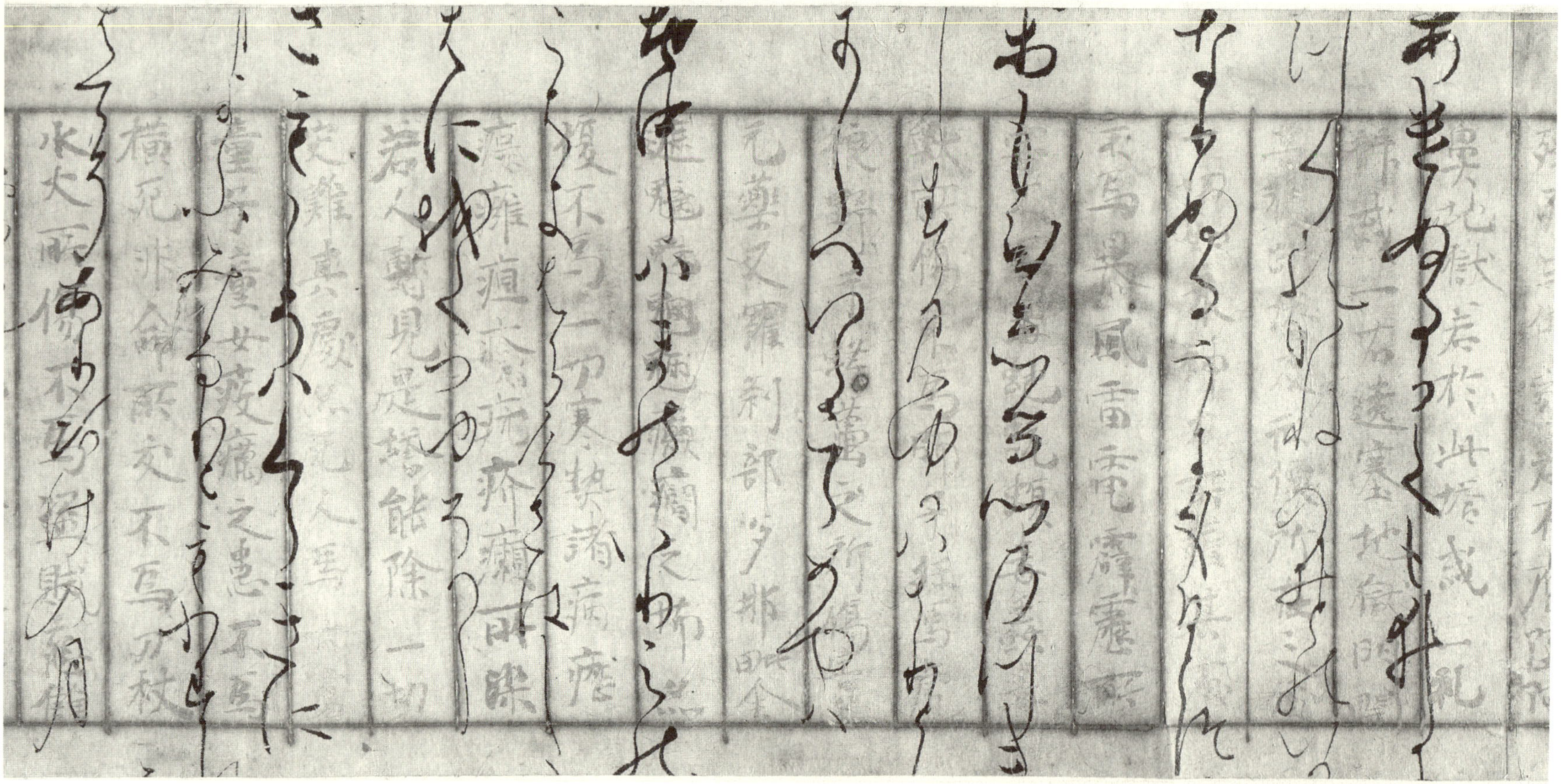

199 198 197 196 195 194 193 192 191 190 189 188 187 186 185 184 183

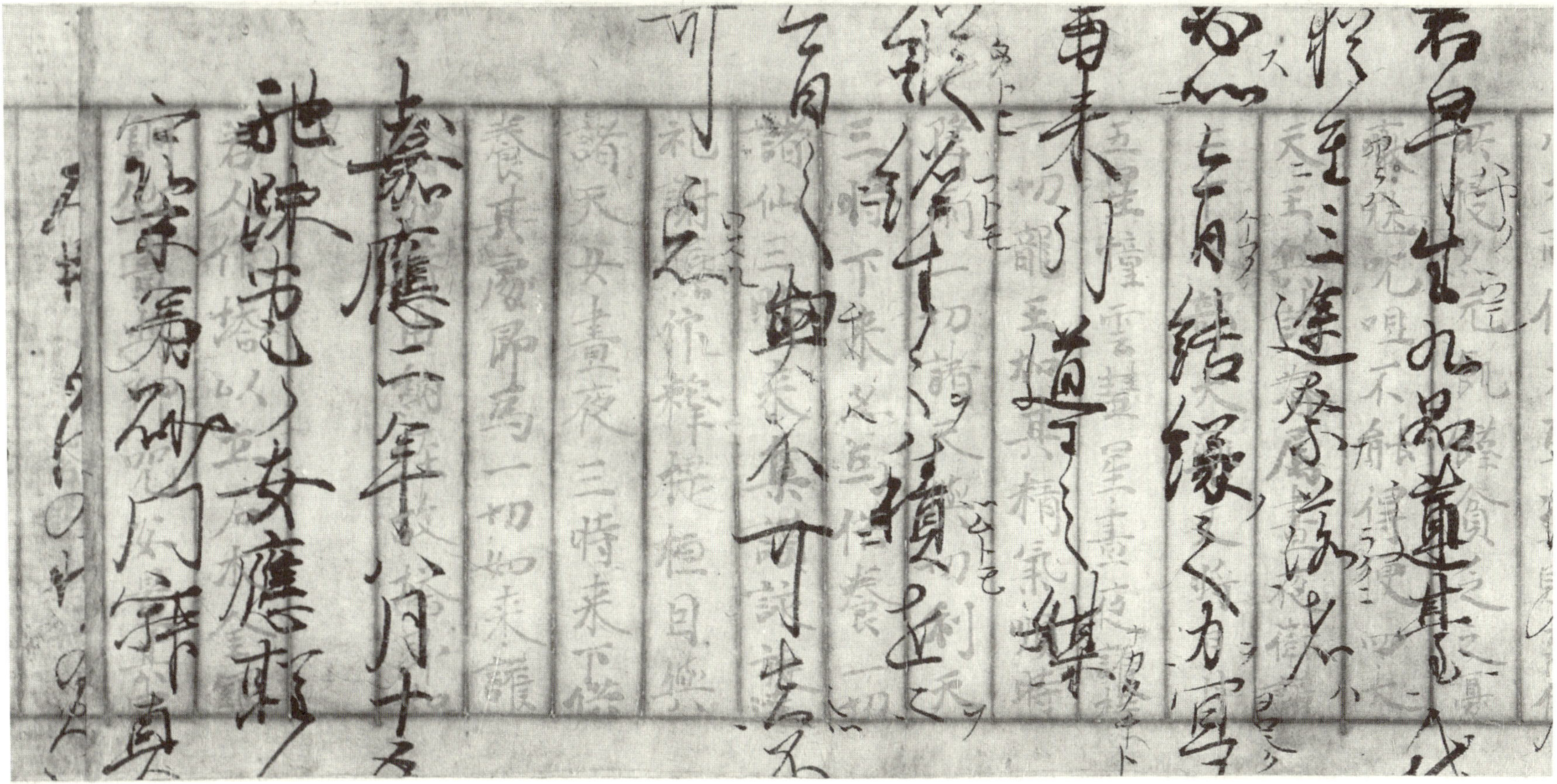

（7紙）

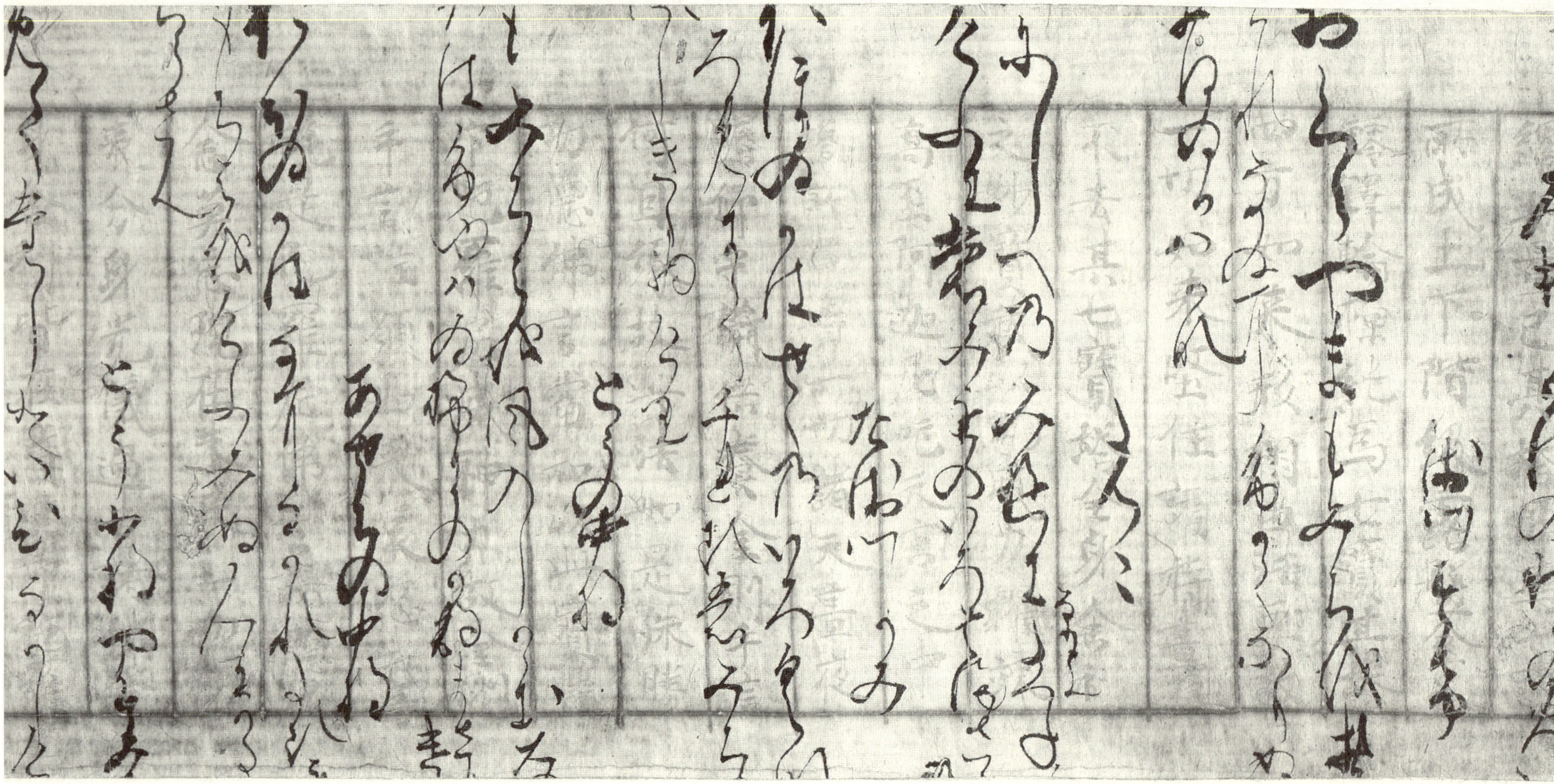

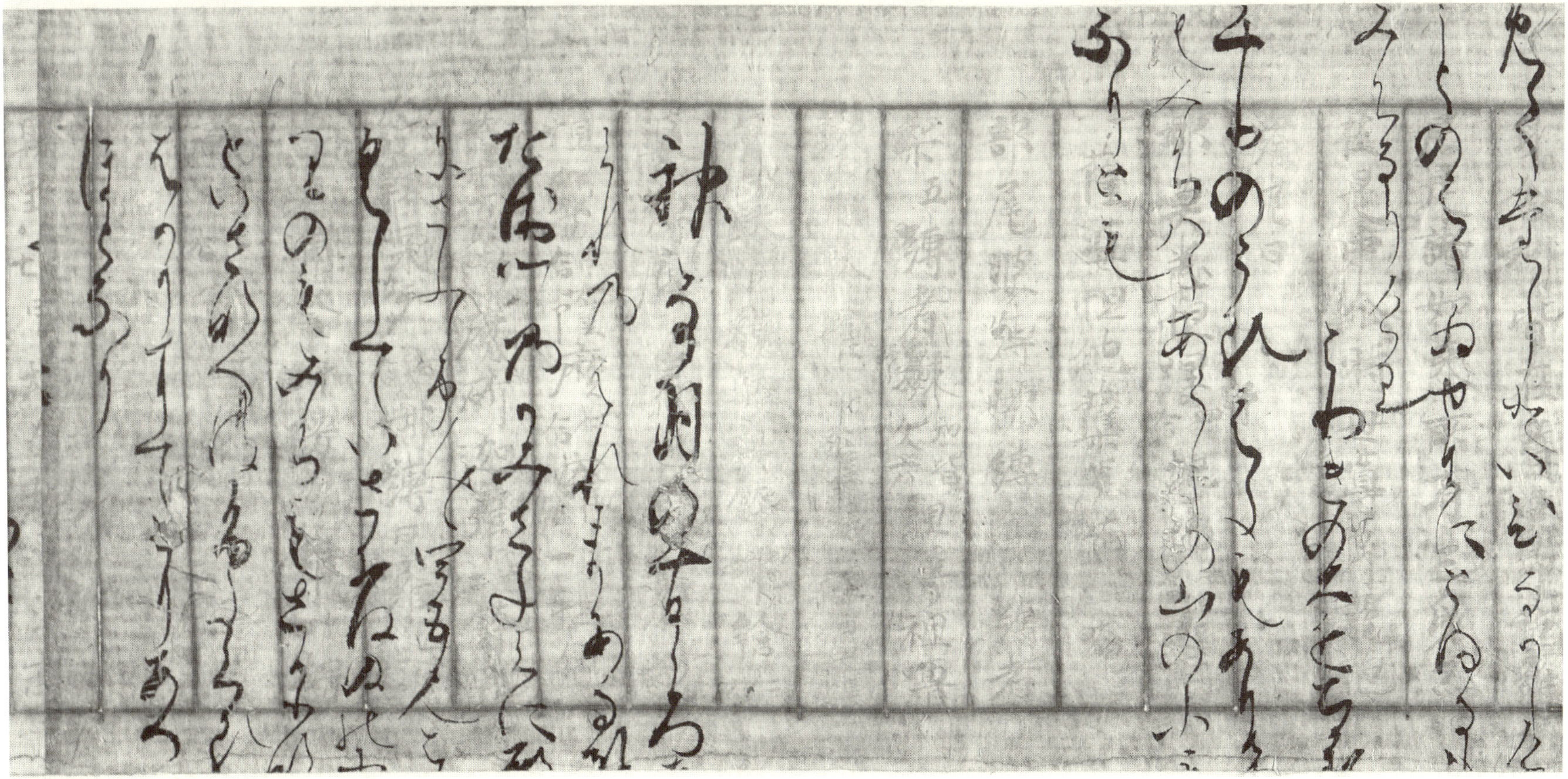

（8紙）

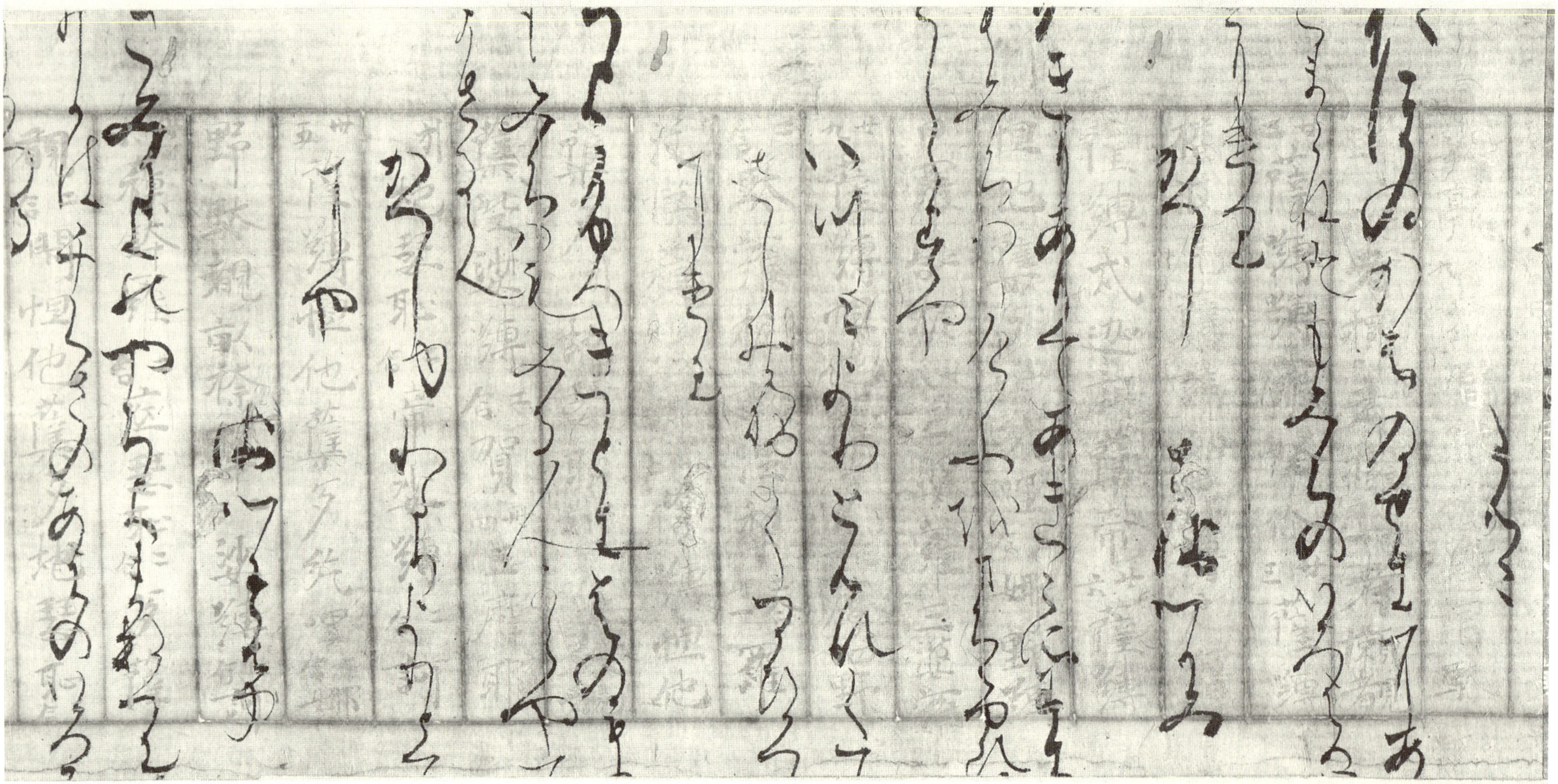

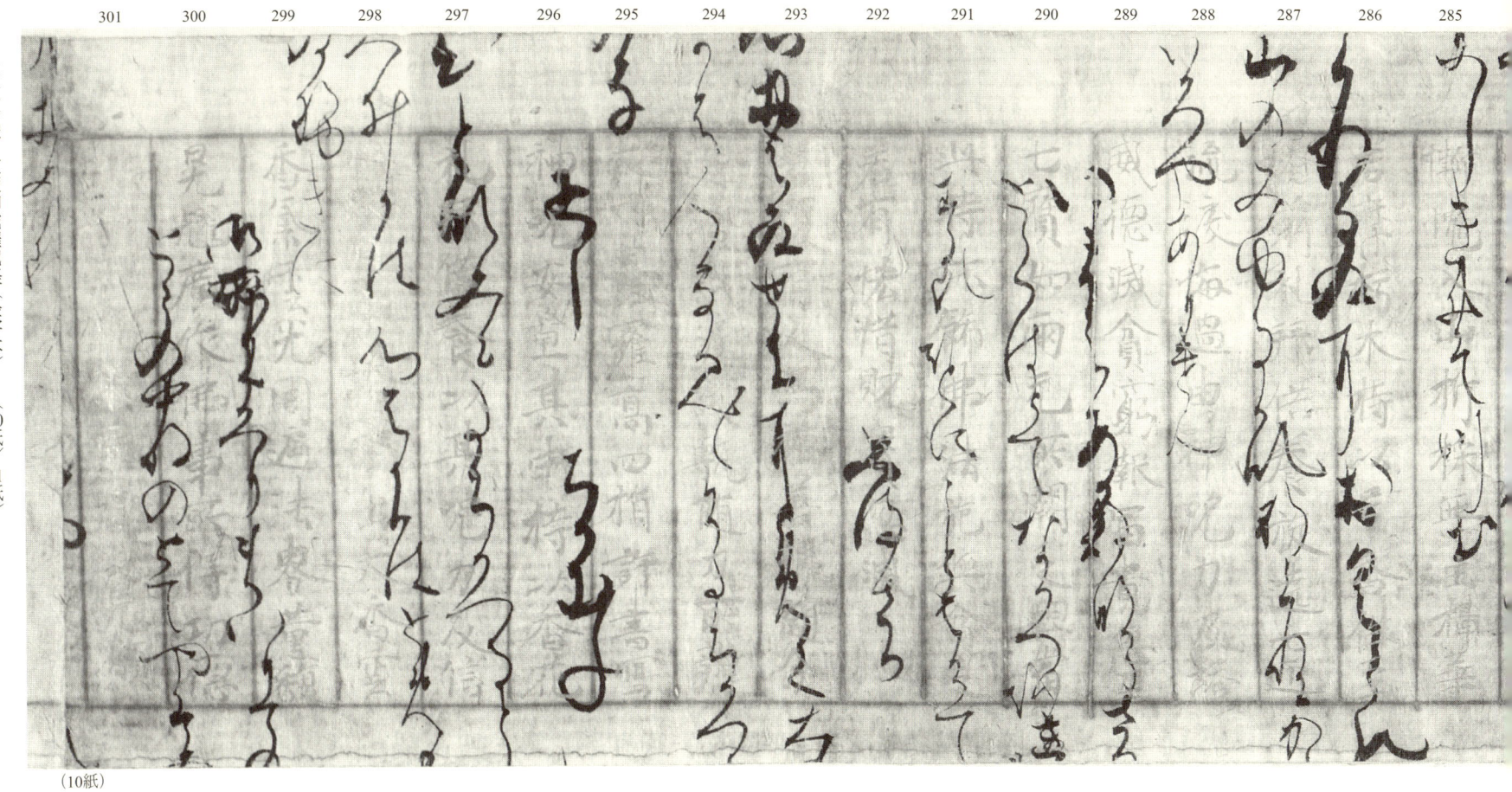

重要文化財　宝篋印陀羅尼経（金字本）　（9紙）

267 266 265 264 263 262 261 260 259 258 257 256 255 254 253 252 251

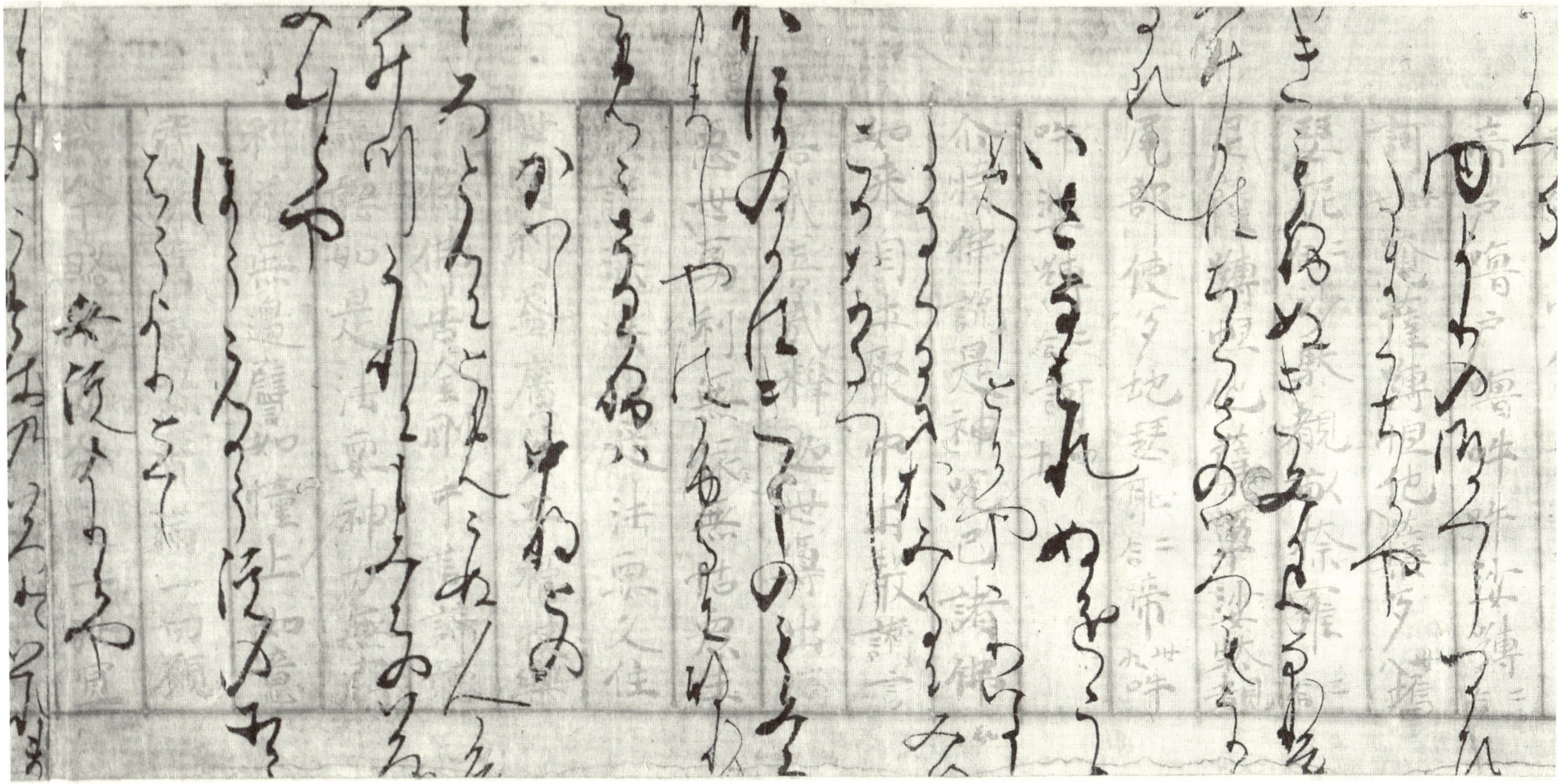

（9紙）

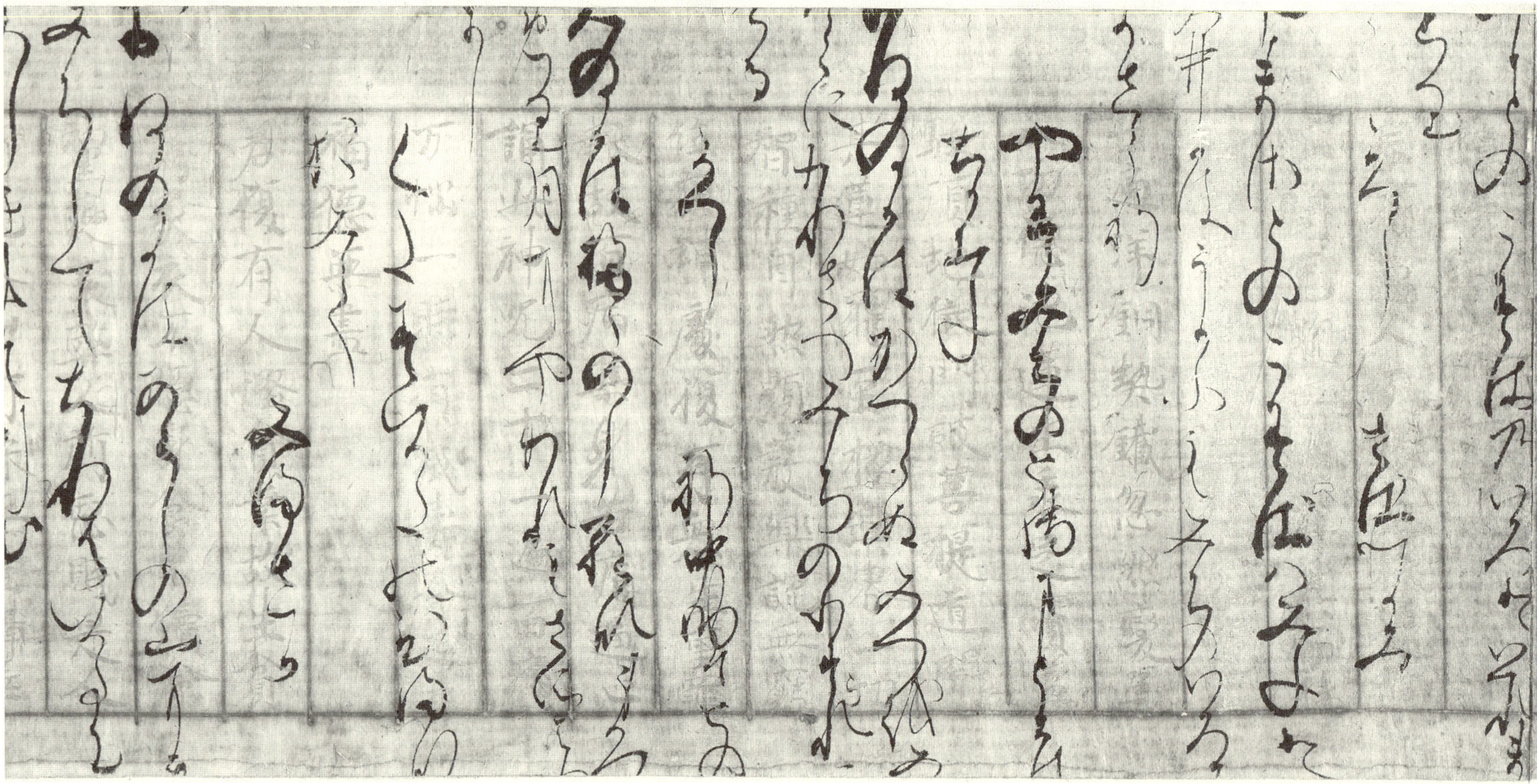

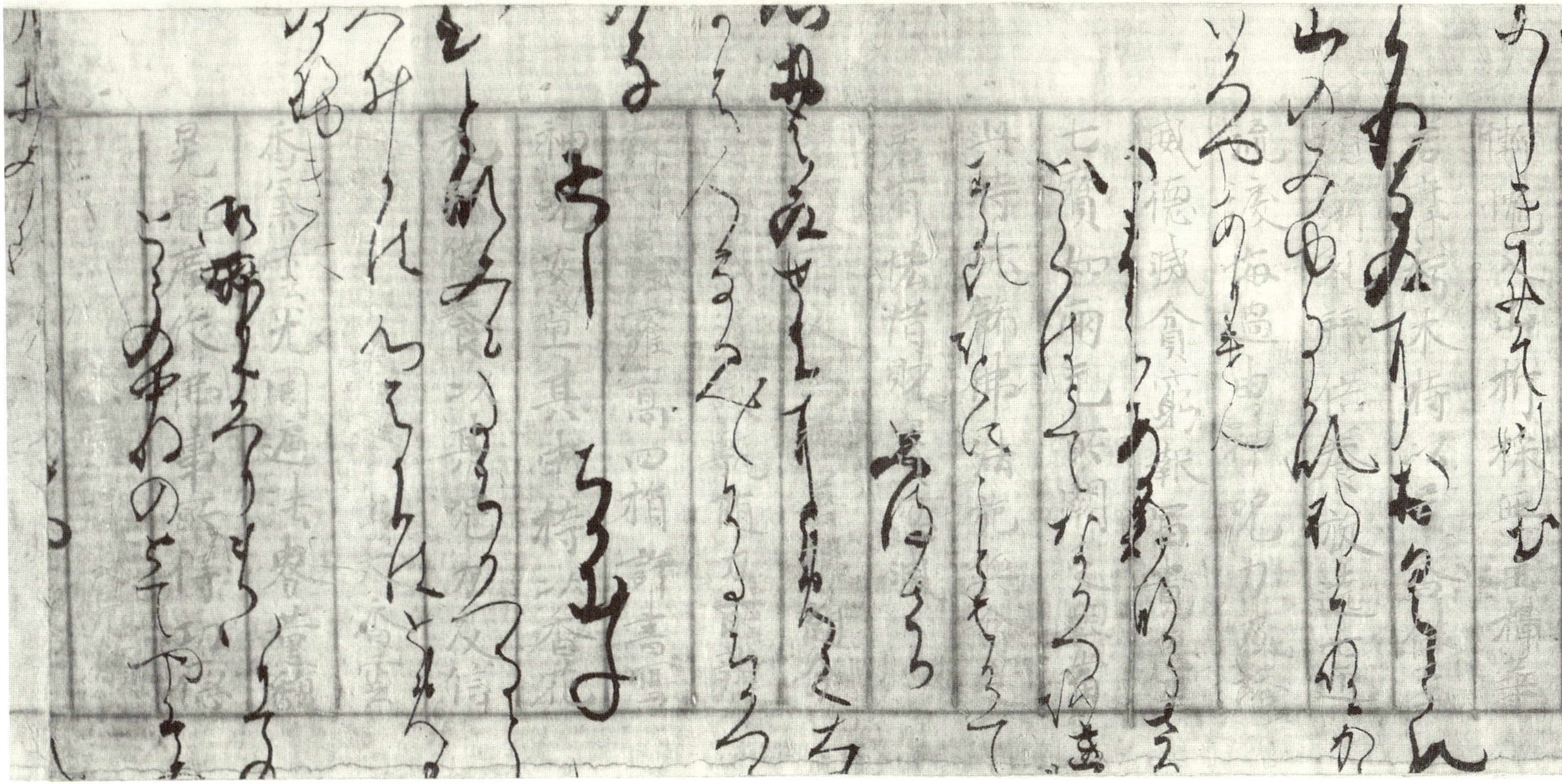

（10紙）

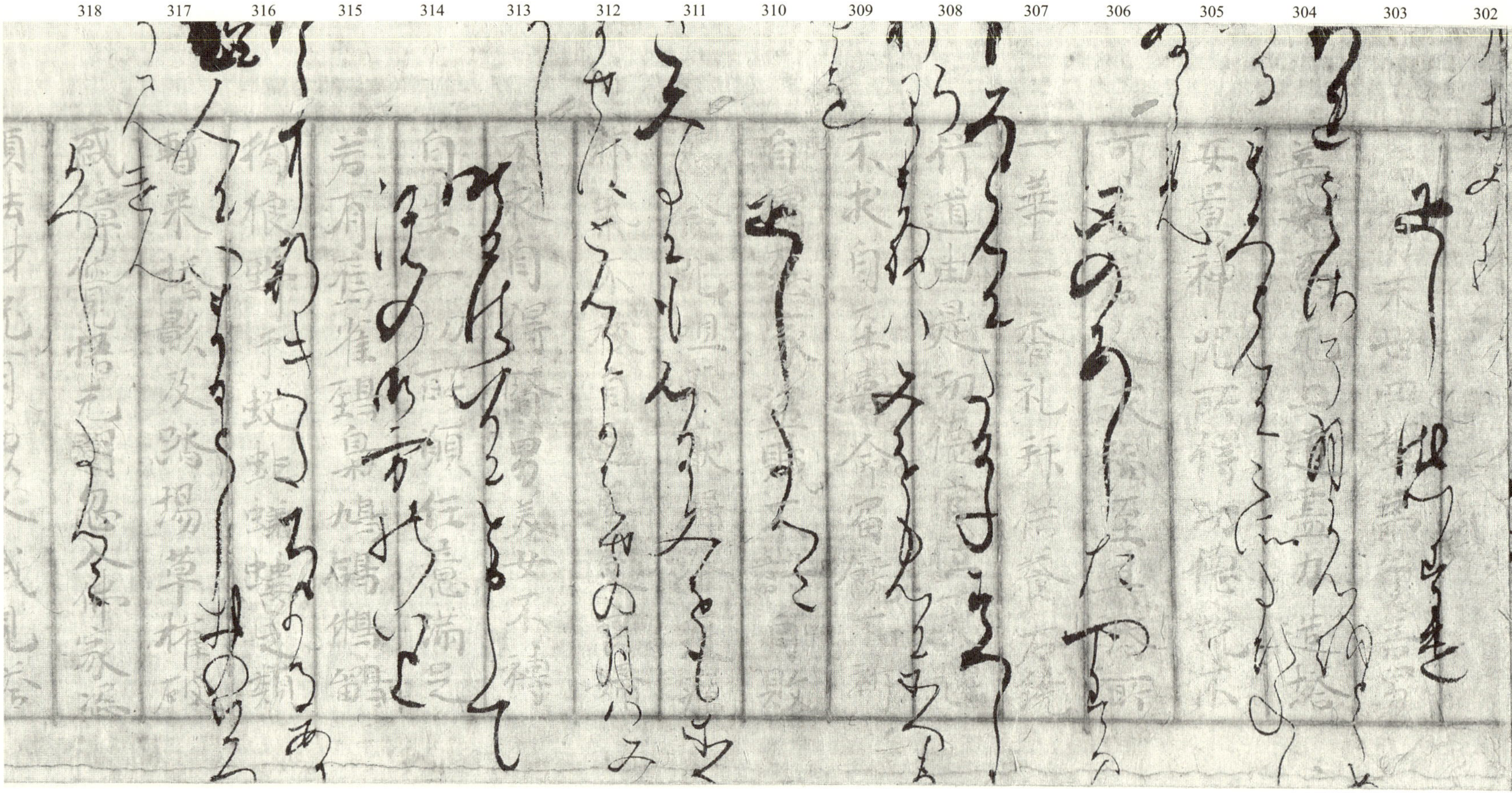
318 317 316 315 314 313 312 311 310 309 308 307 306 305 304 303 302

335　334　333　332　331　330　329　328　327　326　325　324　323　322　321　320　319

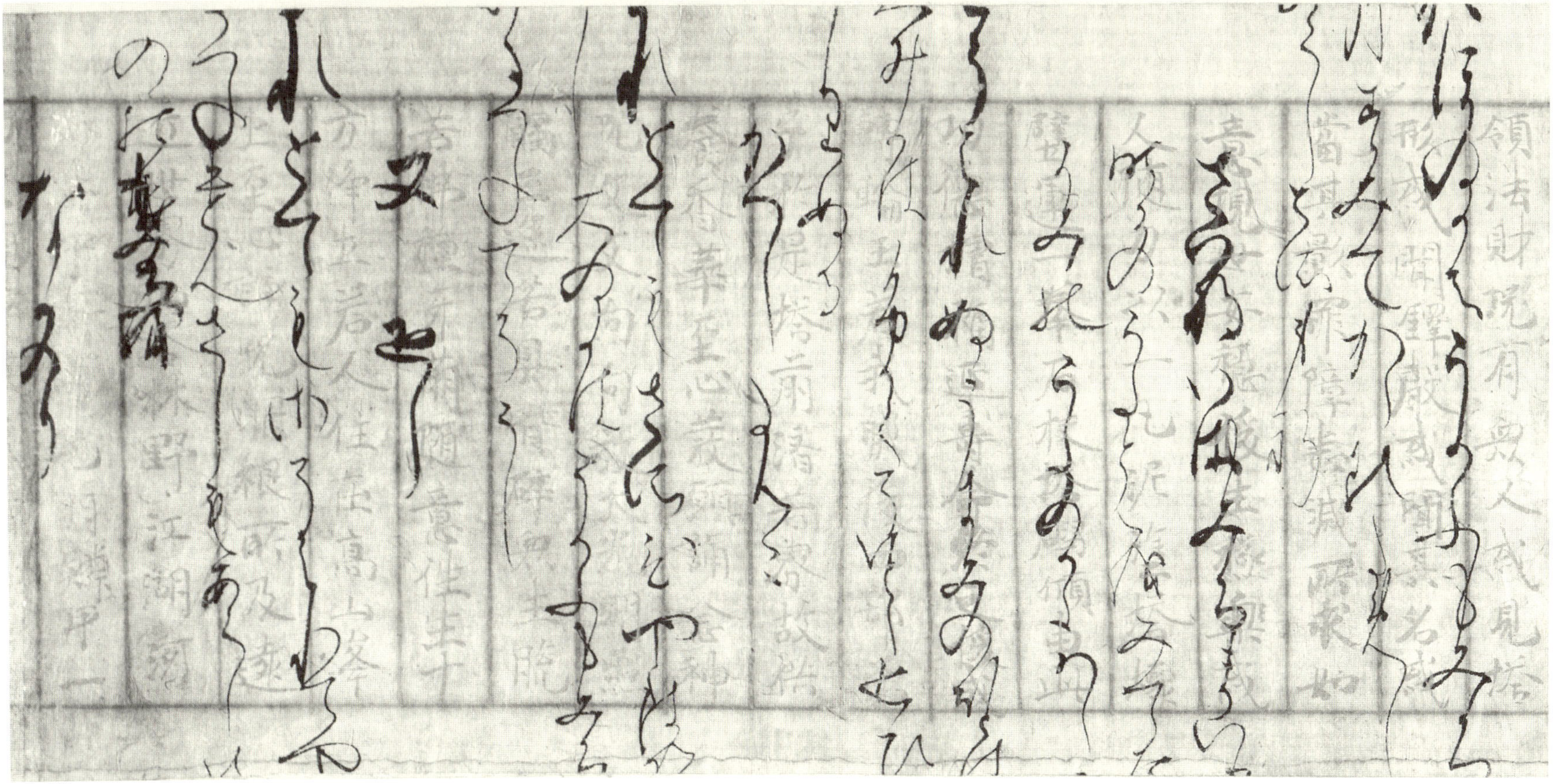

（11紙）

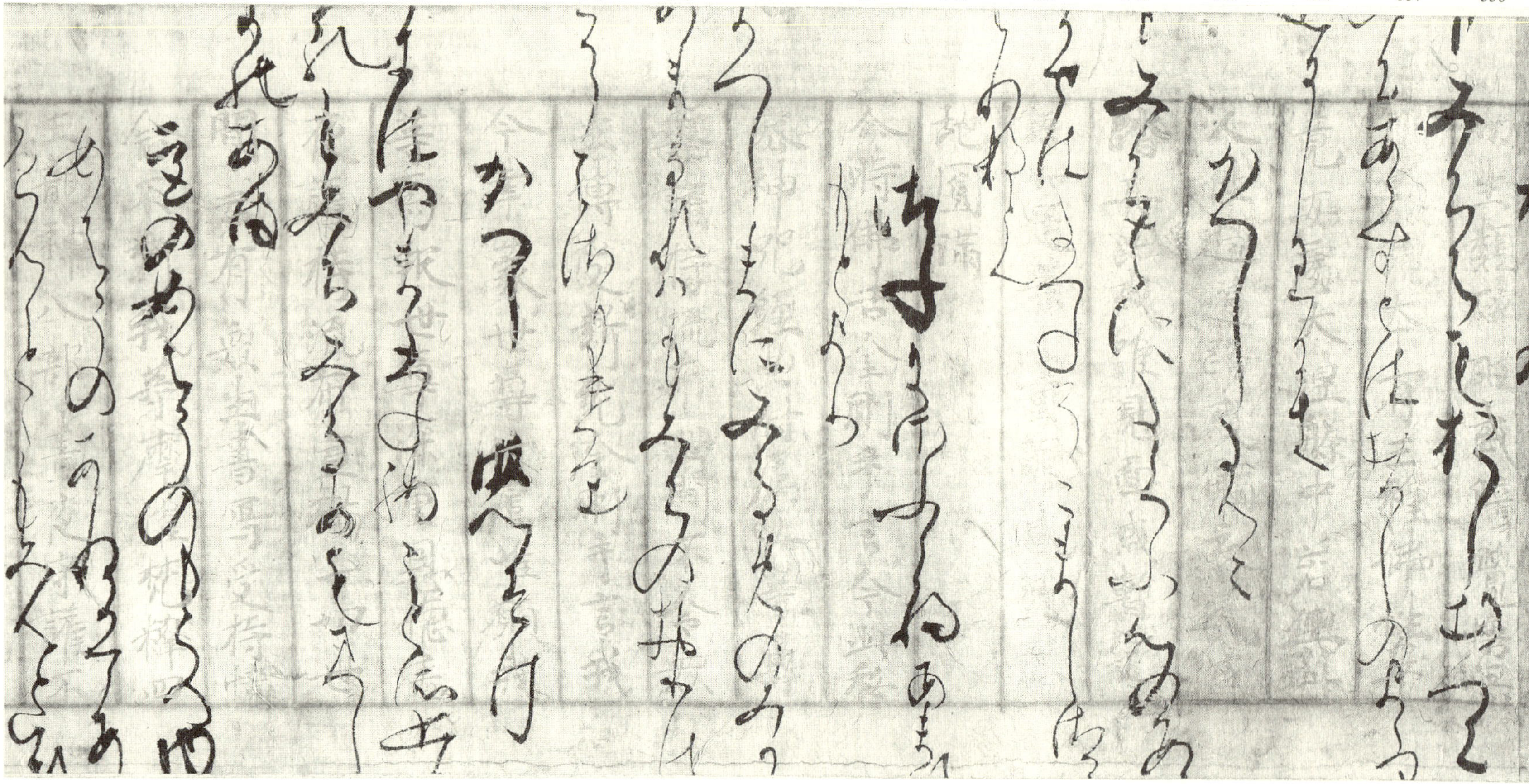

369 368 367 366 365 364 363 362 361 360 359 358 357 356 355 354 353

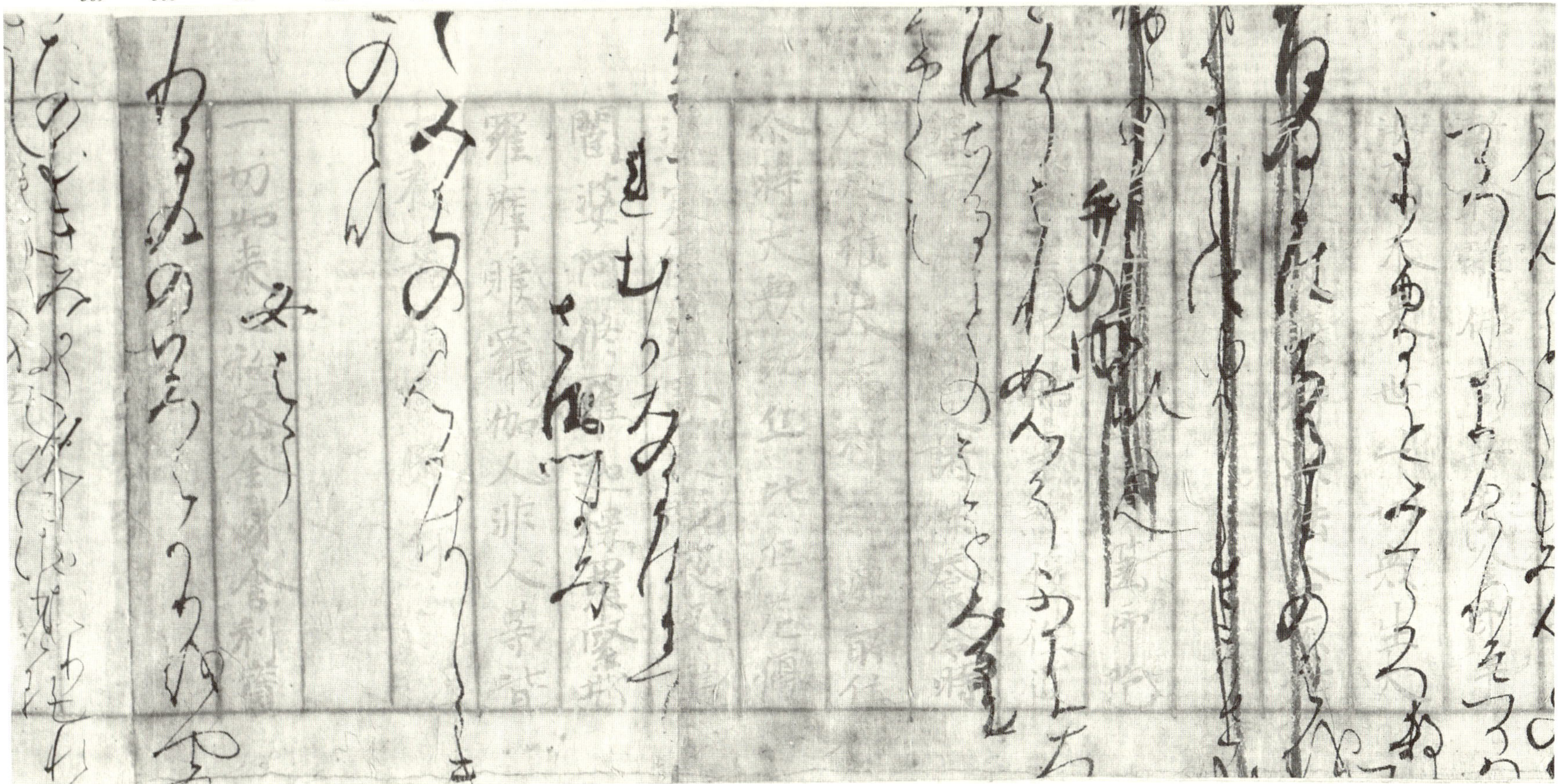

（13紙）　（12紙）

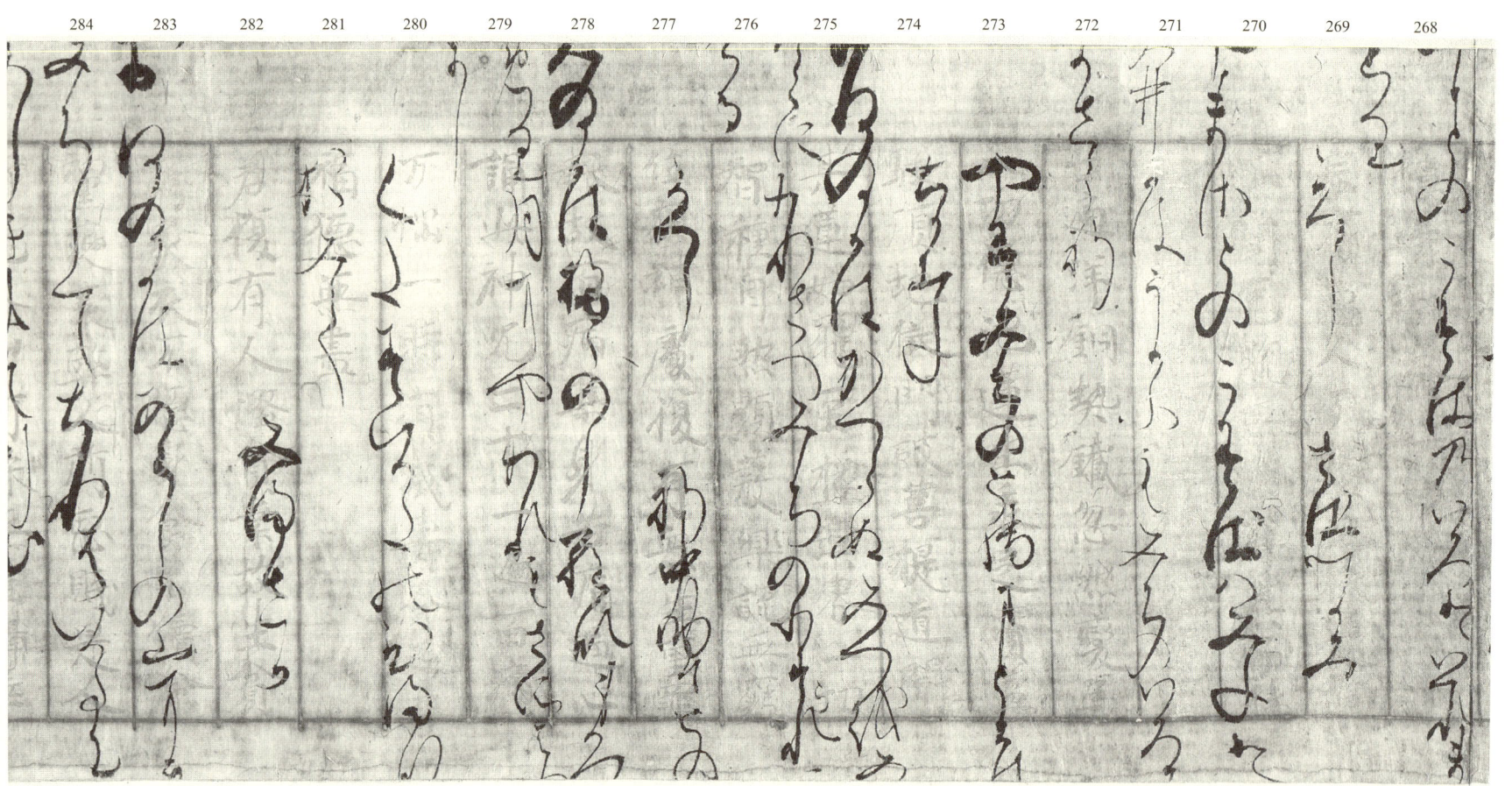

重要文化財 宝篋印陀羅尼経（金字本）（12紙／13紙／14紙）

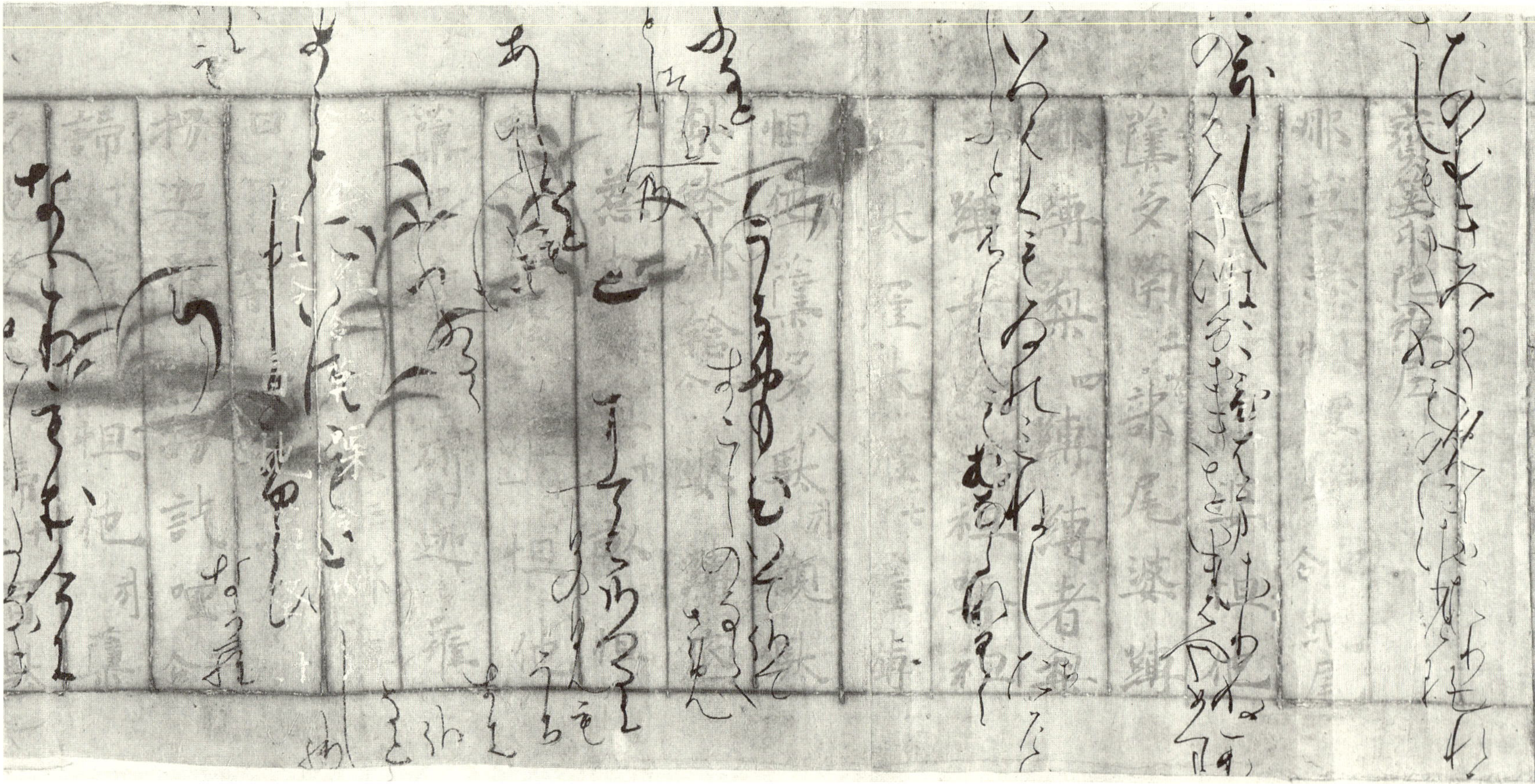

（14紙）

402 401 400 399 398 397 396 395 394 393 392 391 390 389 388 387 386

（15紙）

419 418 417 416 415 414 413 412 411 410 409 408 407 406 405 404 403

（16紙）

436 435 434 433 432 431 430 429 428 427 426 425 424 423 422 421 420

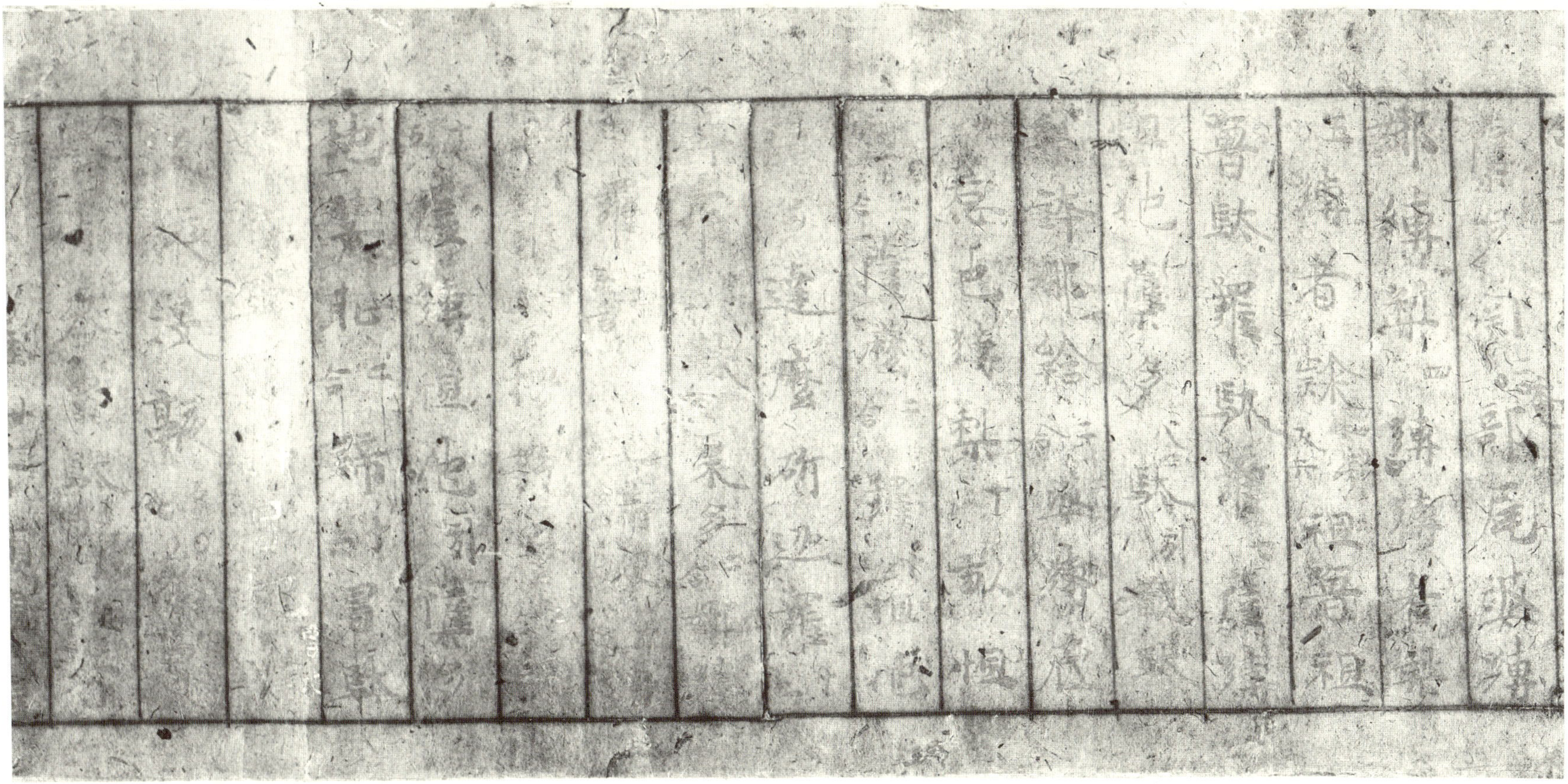

452 451 450 449 448 447 446 445 444 443 442 441 440 439 438 437

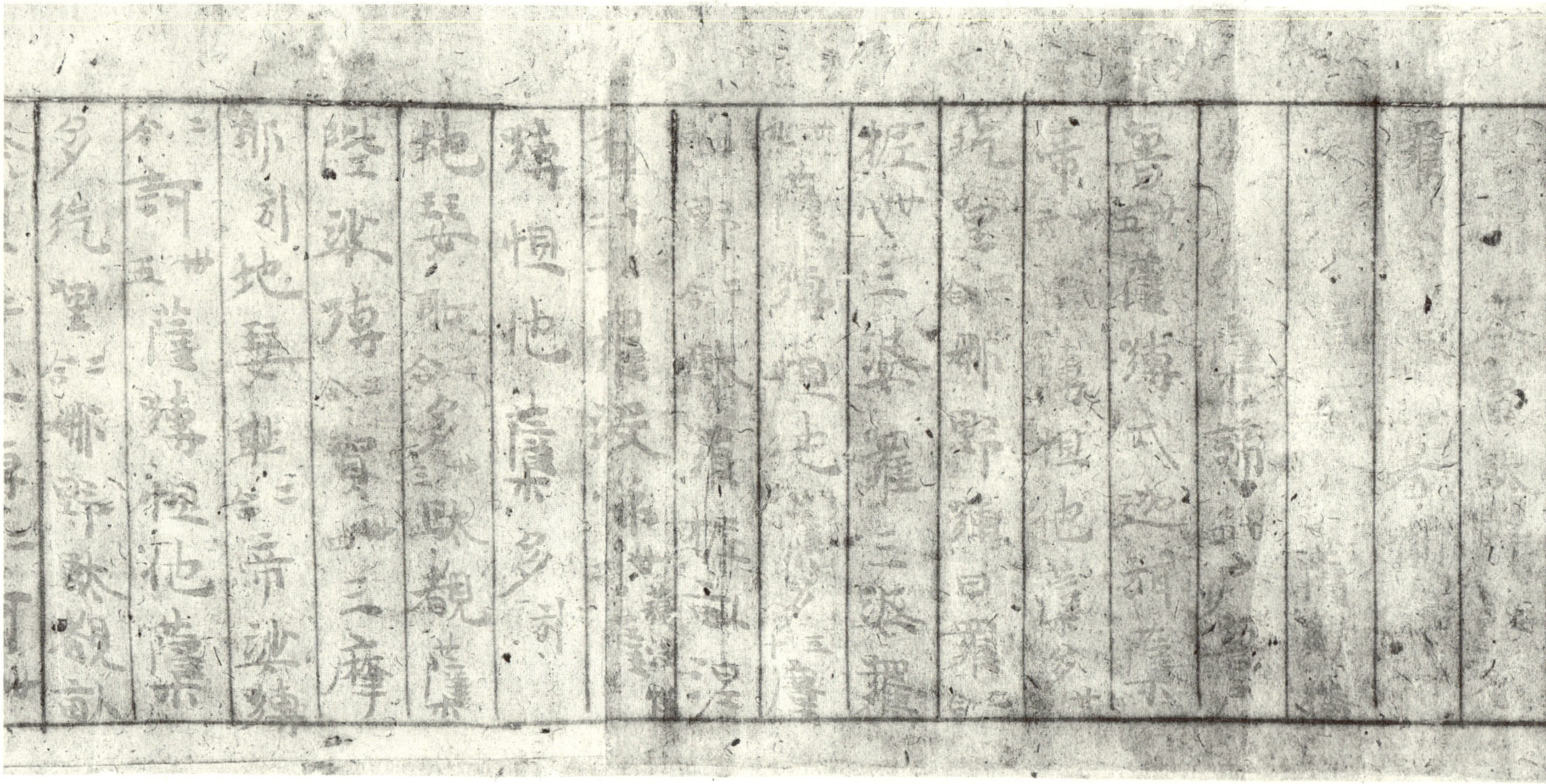

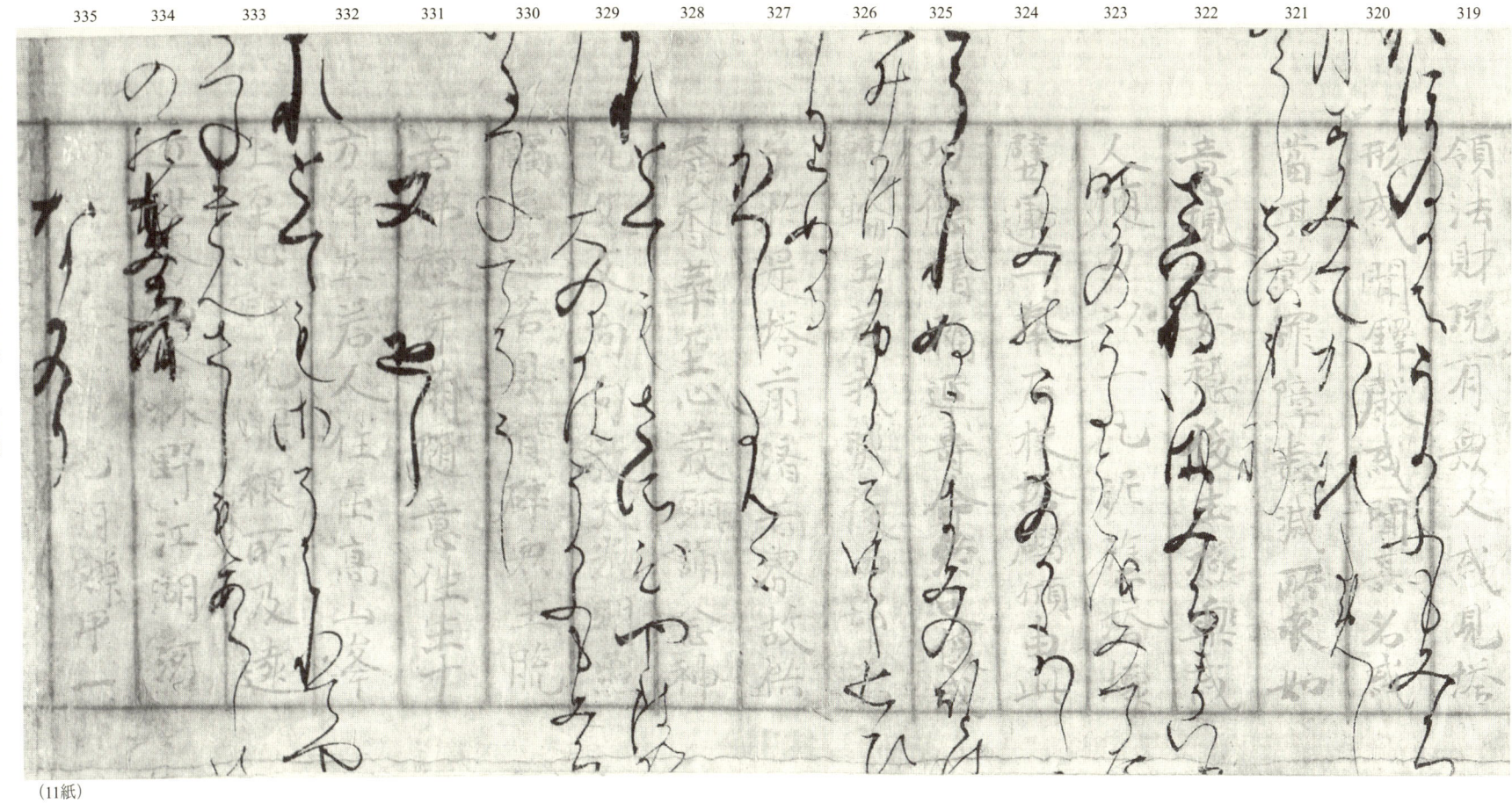

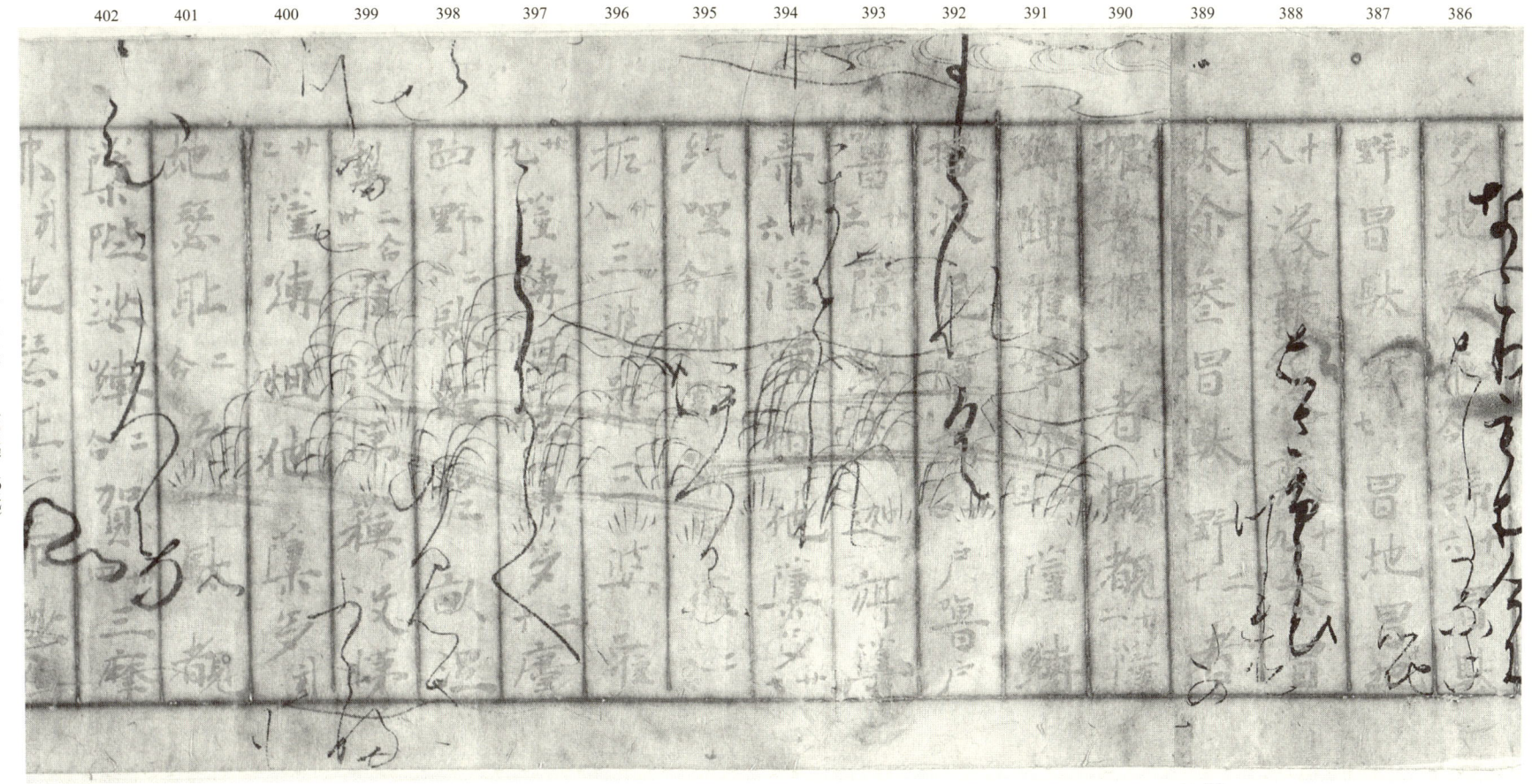

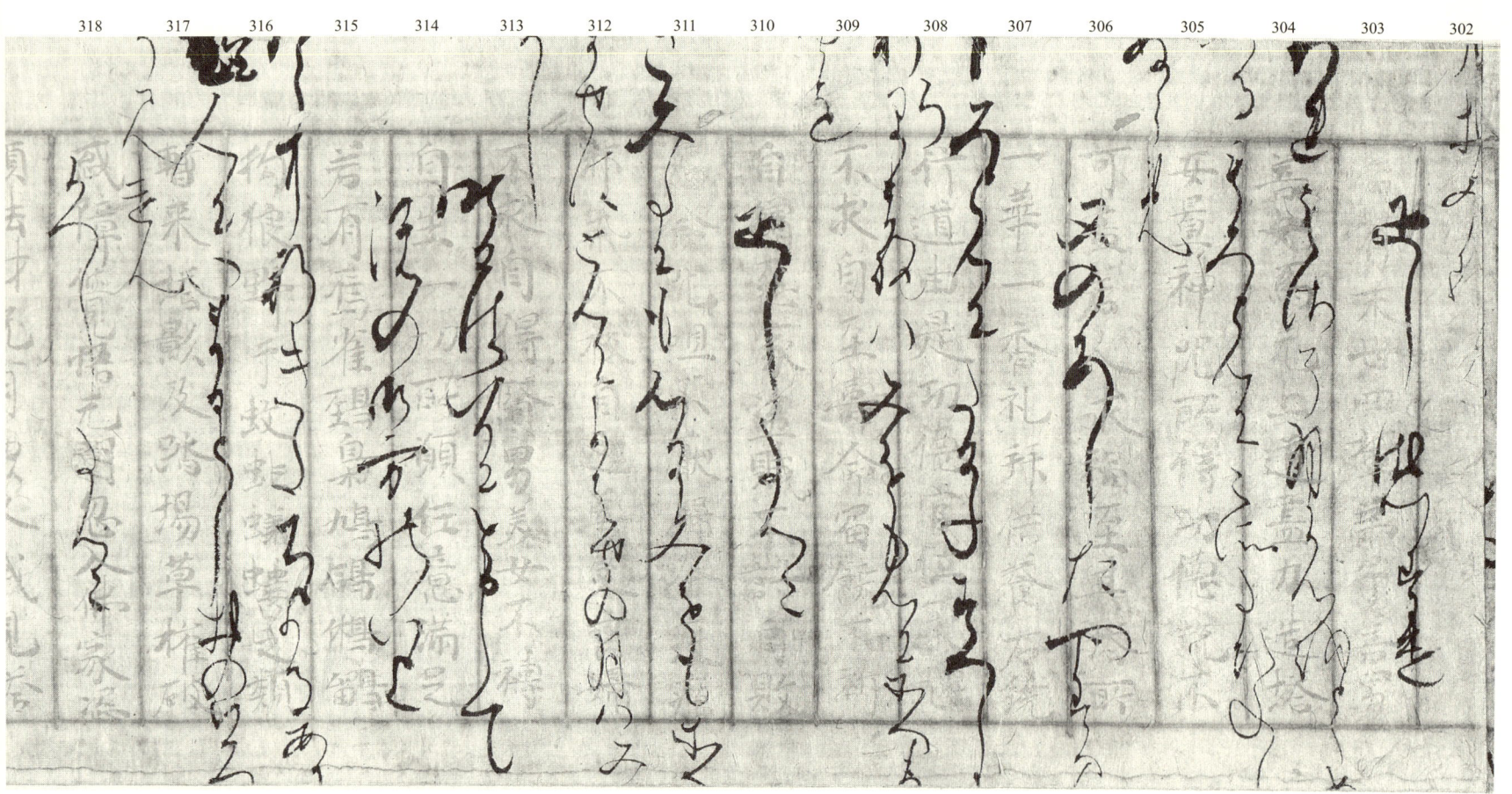

（17紙）

468 467 466 465 464 463 462 461 460 459 458 457 456 455 454 453

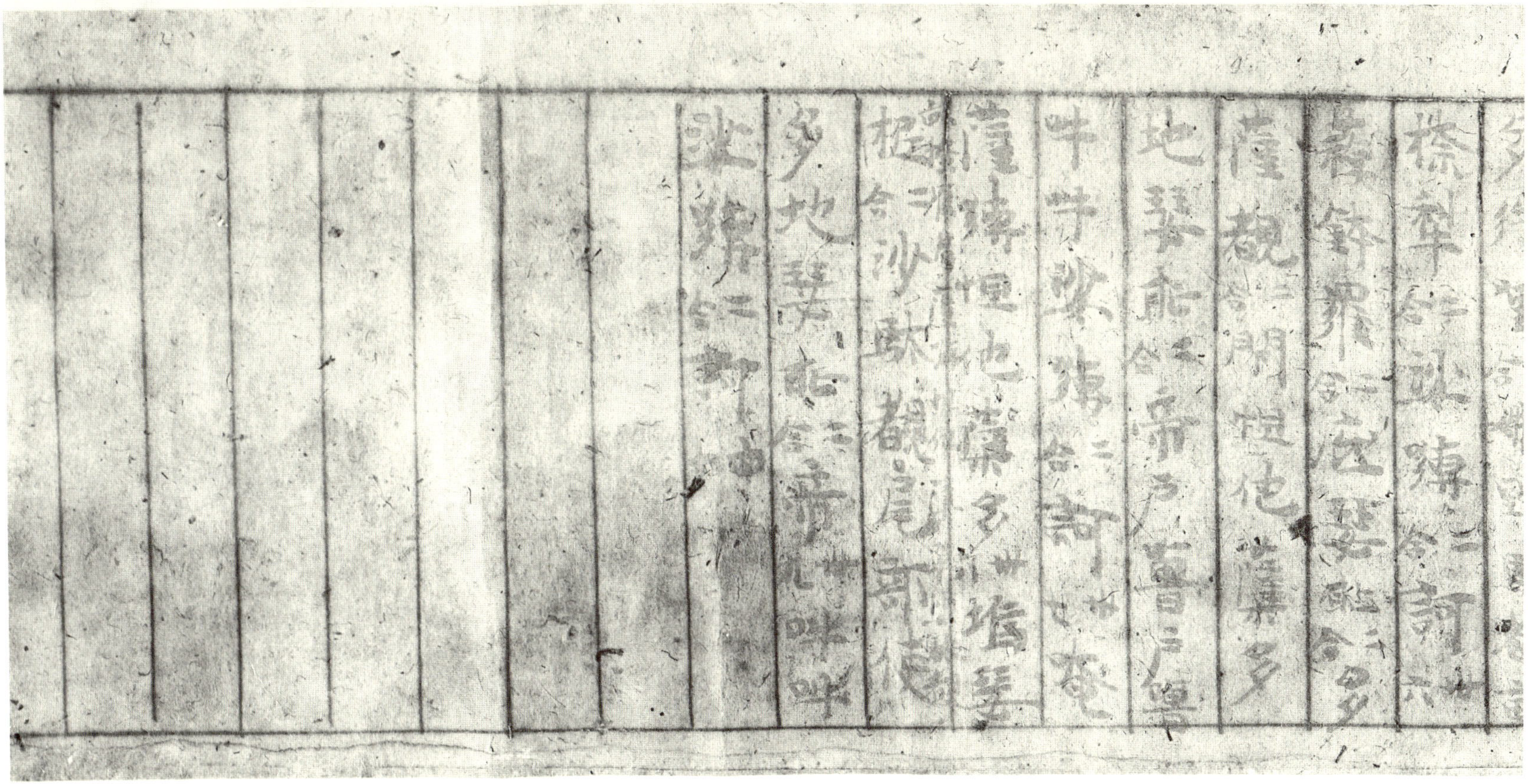

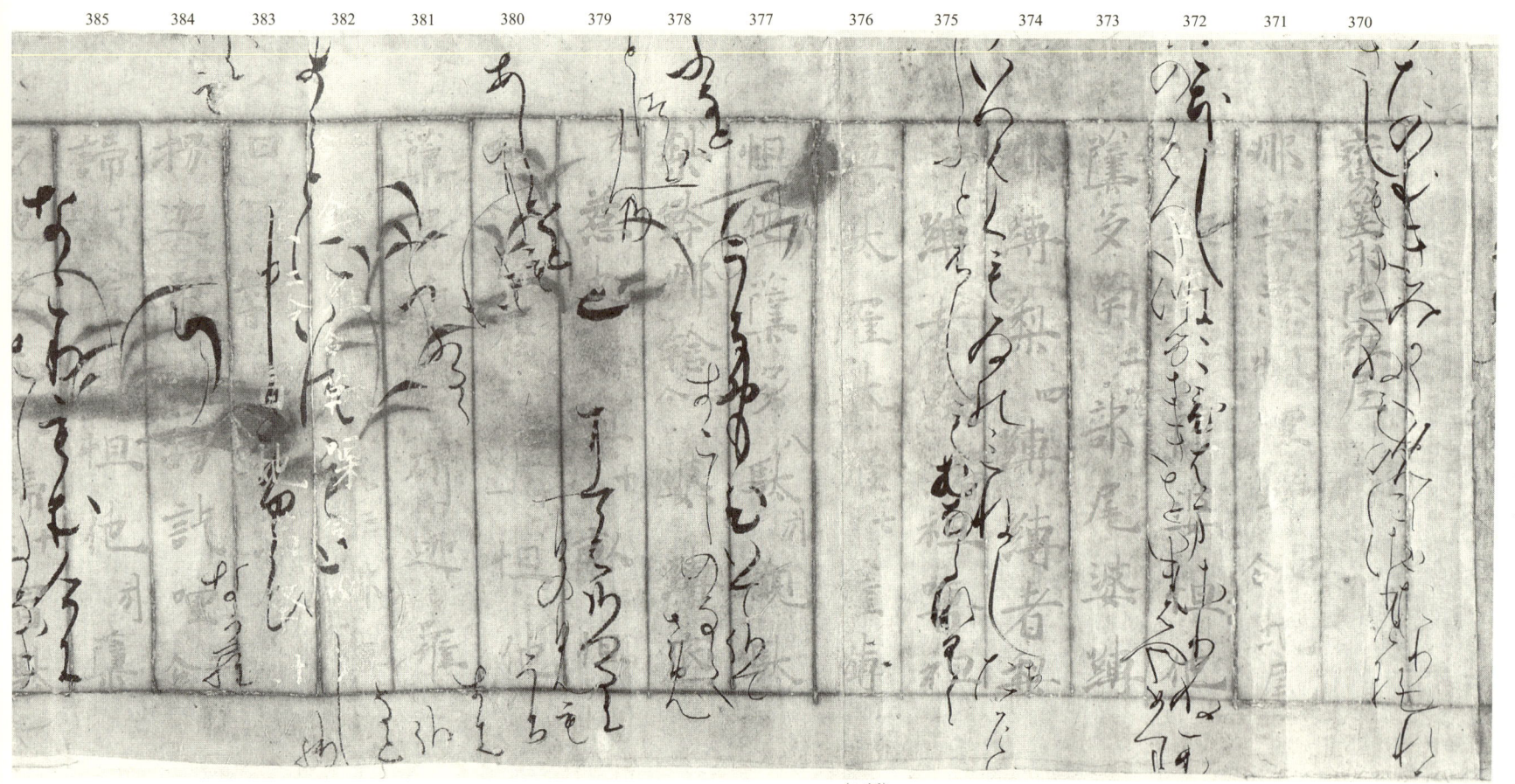

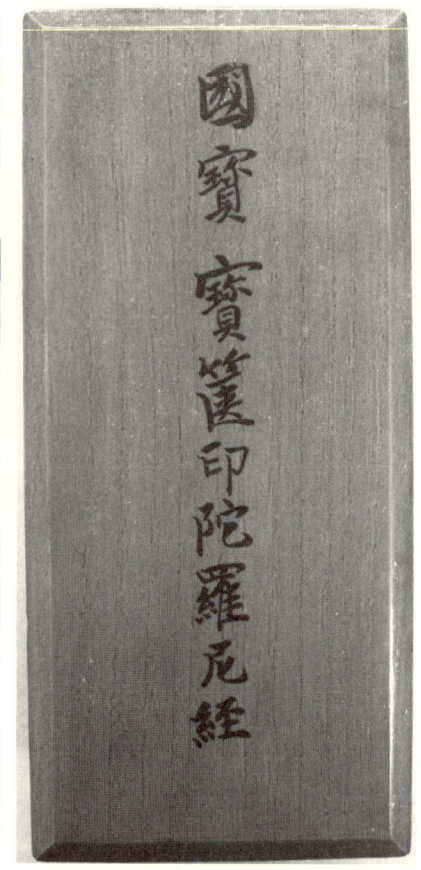

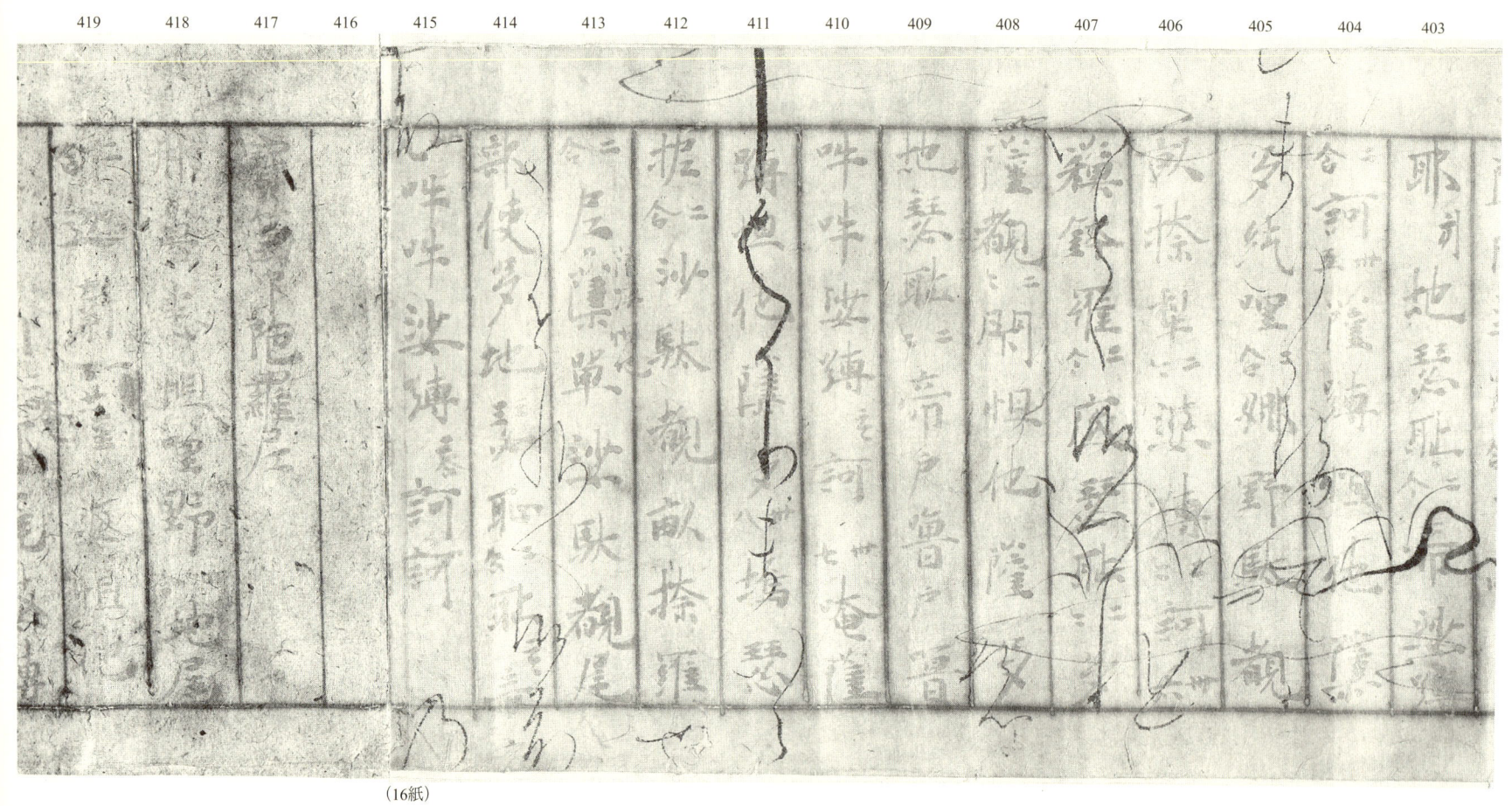

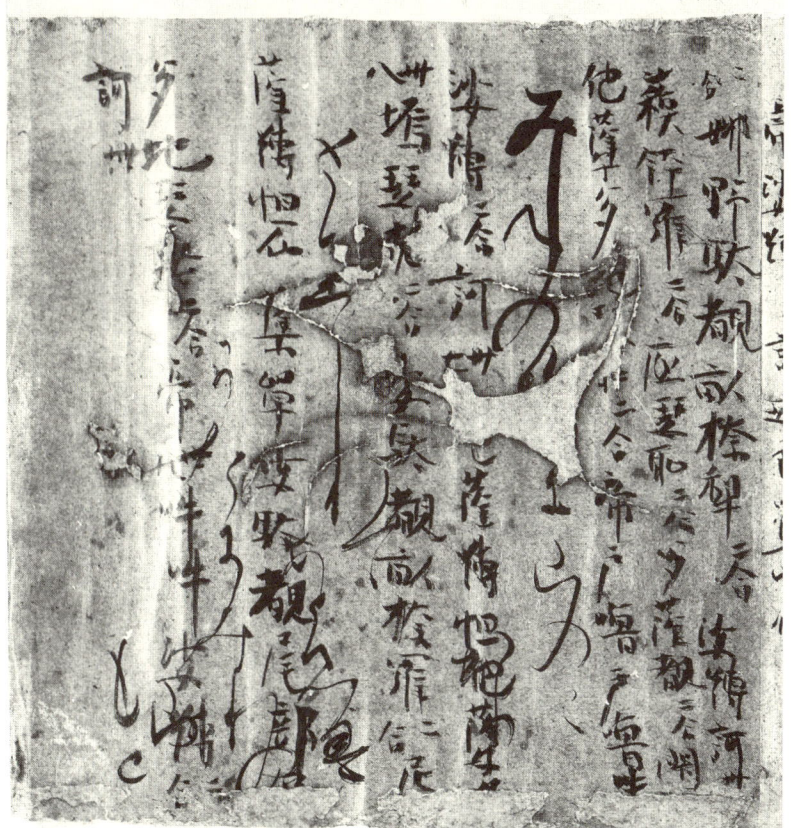

（18紙／19紙）

469 470 471 472 473 474 475 476 477 478 479 480 481 482 483 484 485 486 487 488 489 490 491

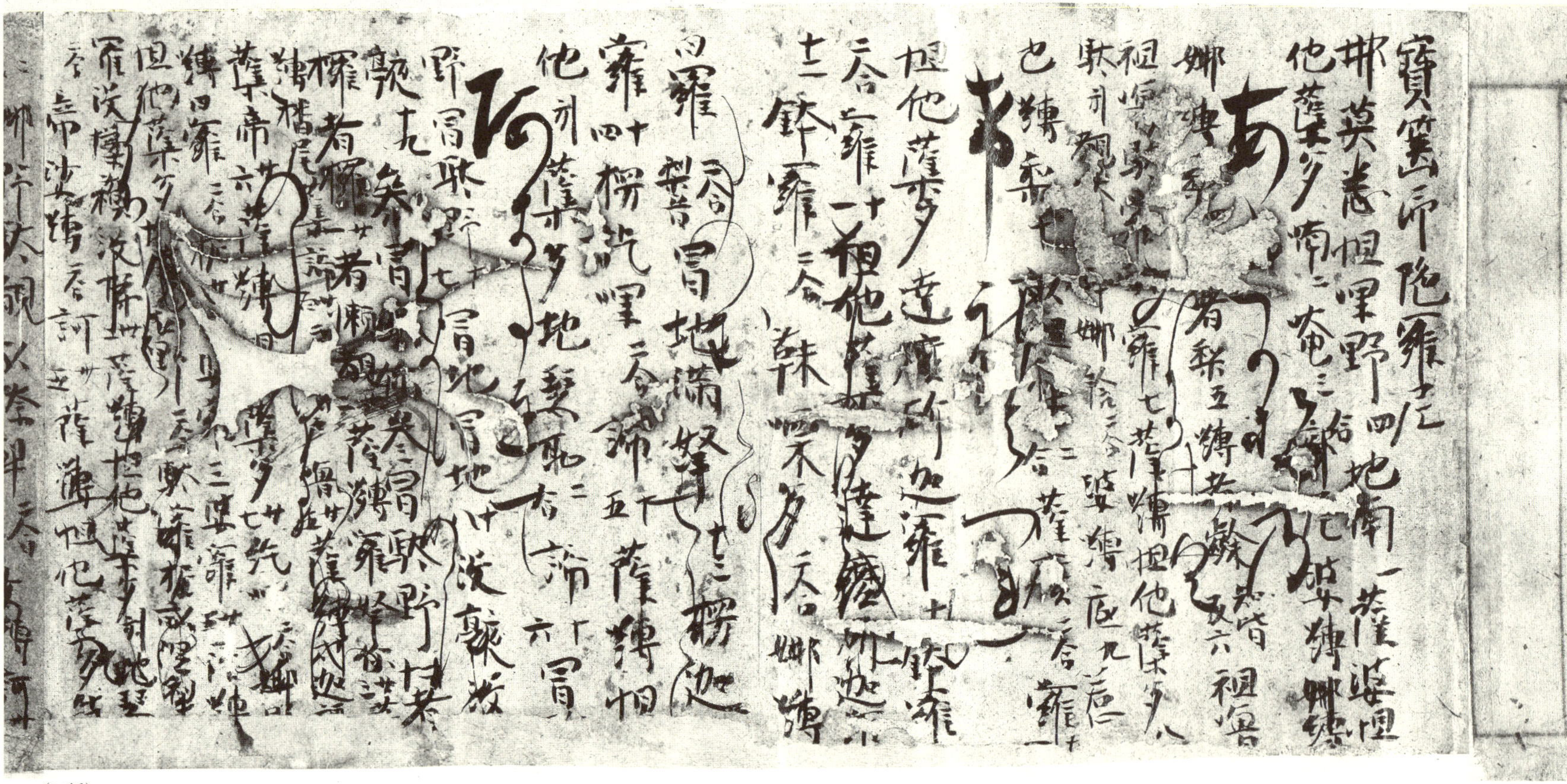

（18紙）（19紙）

499 498 497 496 495 494 493 492

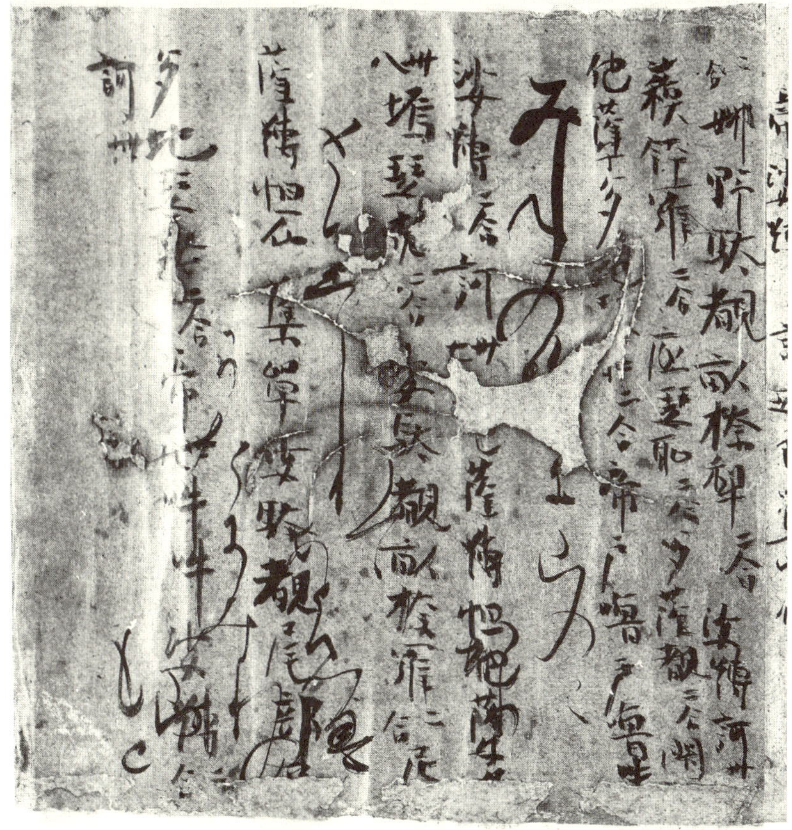

（20紙）

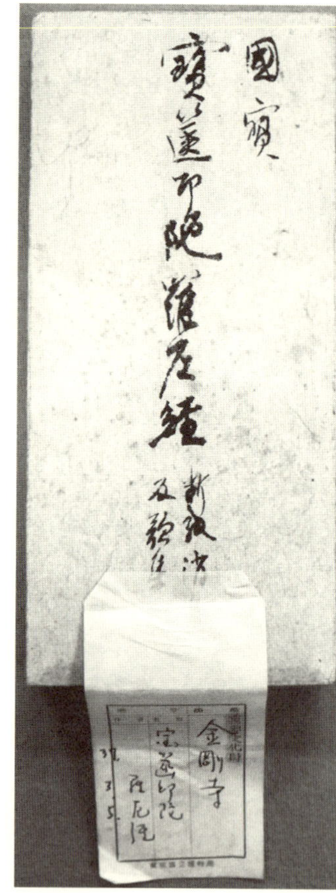

外函掛紙

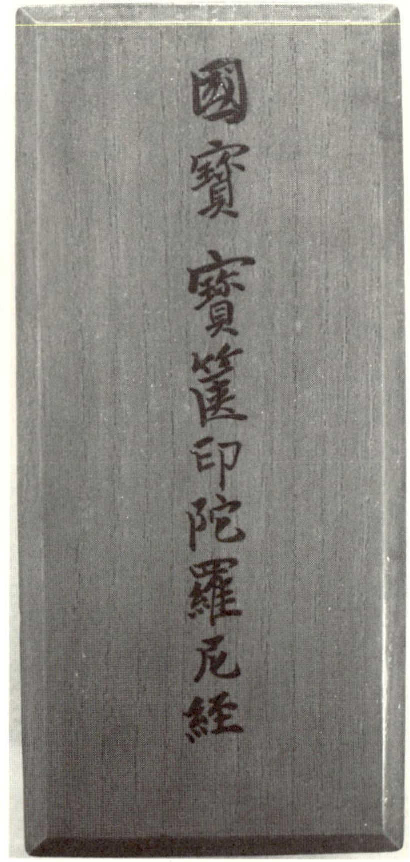

外函

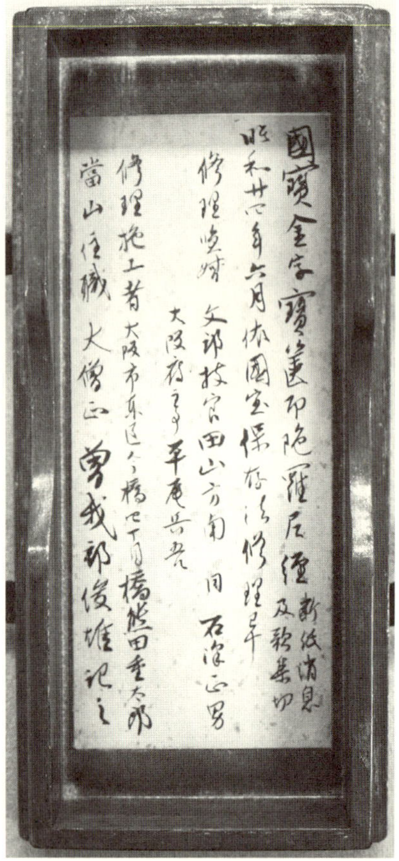

内函

重要文化財　宝篋印陀羅尼経（墨書本）（鎌倉時代前期写）

重要文化財　宝篋印陀羅尼経（墨書本）　（巻姿）

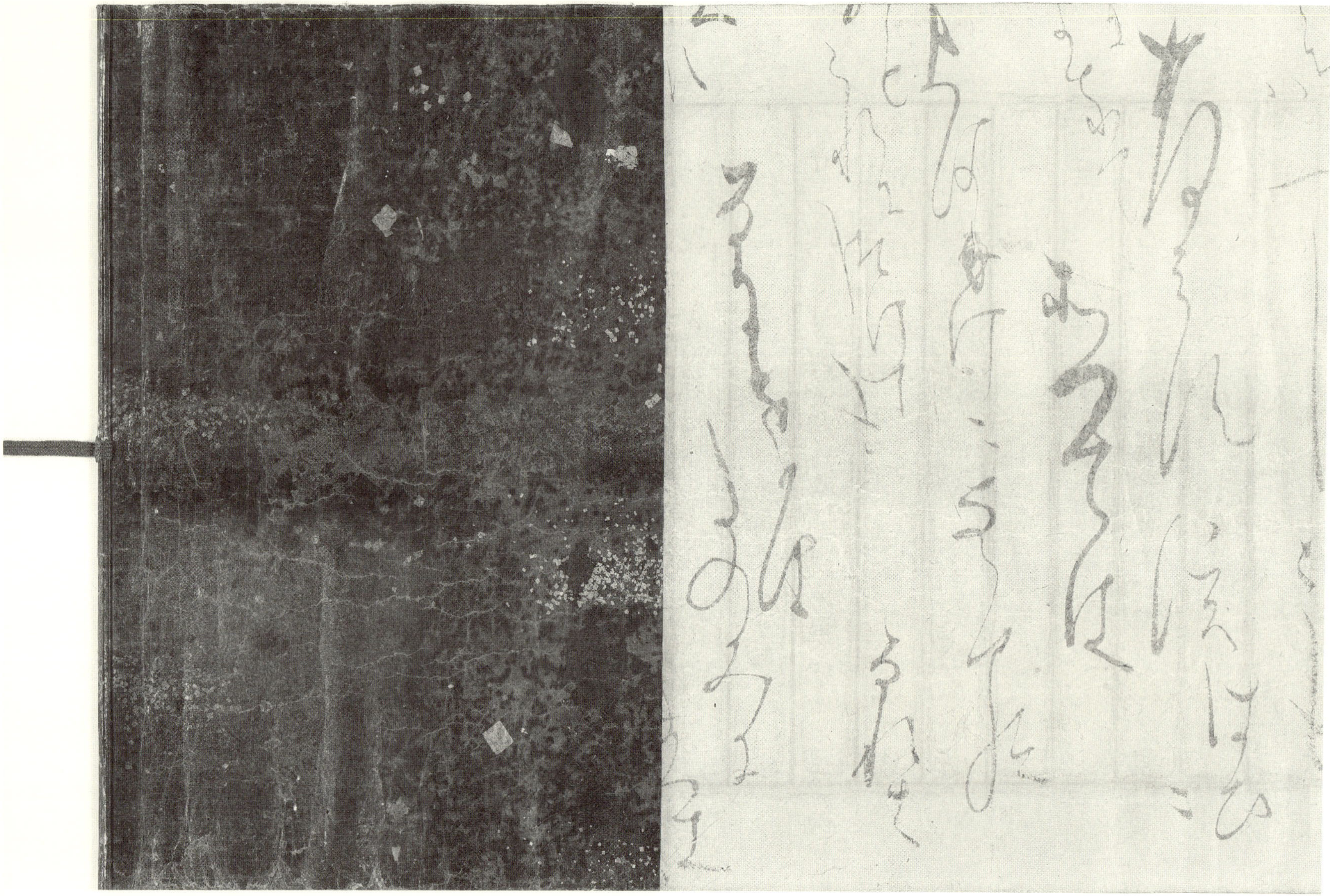

重要文化財　宝篋印陀羅尼経（墨書本）　（表紙）

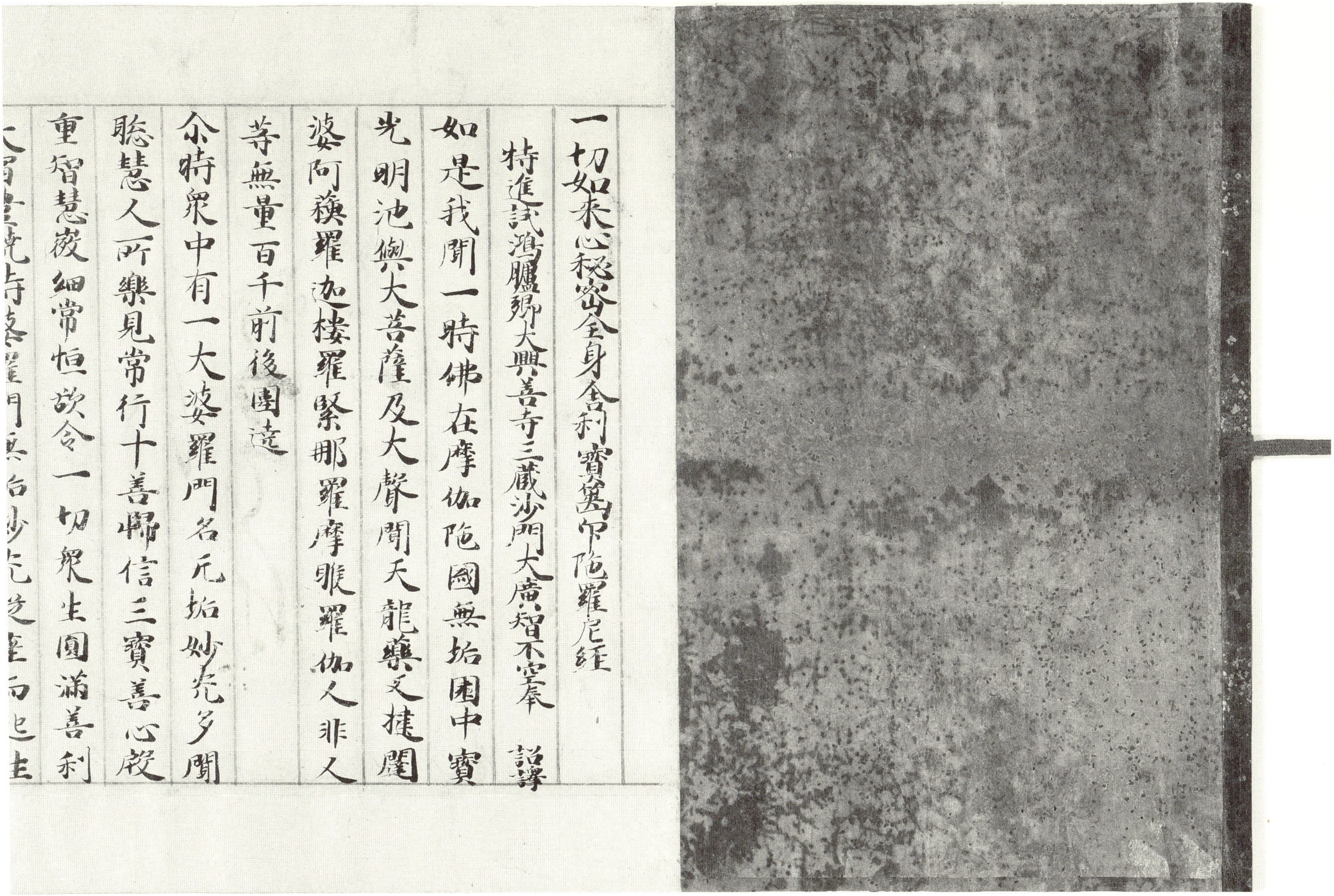
一切如来心秘密全身舎利寶篋印陀羅尼經
特進試鴻臚卿大興善寺三藏沙門大廣智不空奉　詔譯
如是我聞一時佛在摩伽陀國無垢園中寶
光明池與大菩薩及大聲聞天龍藥叉揵闥
婆阿蘇羅迦樓羅緊那羅摩睺羅伽人非人
等無量百千前後圍遶
尒時衆中有一大婆羅門名无垢妙光多聞
聰慧人所樂見常行十善歸信三寶善心殷
重智慧微細常恒欲令一切衆生圓滿善利
大富豊饒時婆羅門無垢妙光從座而起往

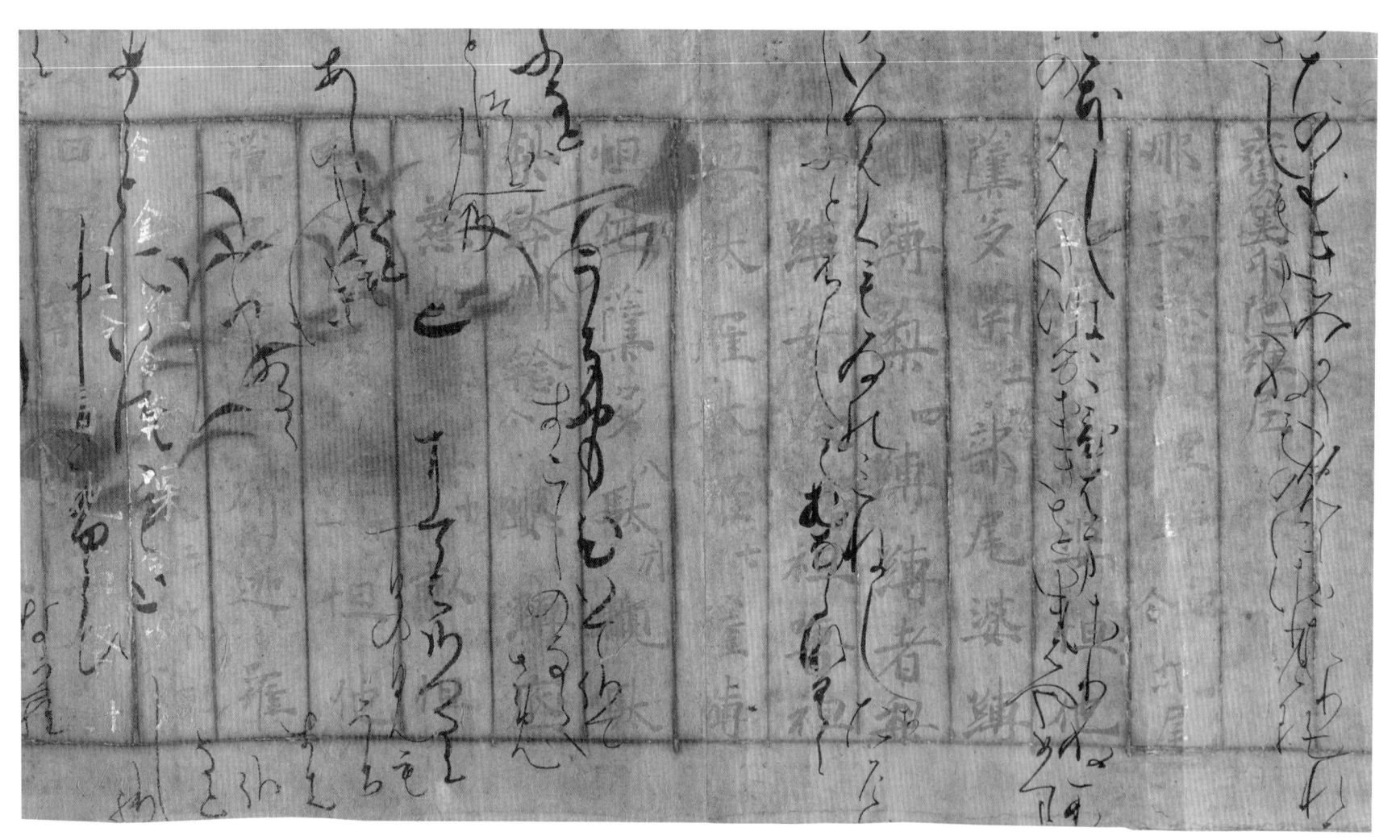

重要文化財　宝篋印陀羅尼経（墨書本）（表紙見返）

一切如来心秘密全身舍利寶篋印陀羅尼經
特進試鴻臚卿大興善寺三藏沙門大廣智不空奉　詔譯
如是我聞一時佛在摩伽陀國無垢園中寶
光明池與大菩薩及大聲聞天龍藥叉揵闥
婆阿蘇羅迦樓羅緊那羅摩睺羅伽人非人
等無量百千前後圍遶
尒時衆中有一大婆羅門名无垢妙光多聞
聰慧人所樂見常行十善歸信三寶善心殷
重智慧微細常恒欲令一切衆生圓滿善利
大冨豊饒時婆羅門無垢妙光從座而起往
詣佛所遶佛七帀以衆香華奉獻世尊无價
妙衣瓔珞珠鬘持覆佛上頂礼雙足却住一
面作是請言唯願世尊與諸大衆明日晨朝
至我宅中受我供養
尒時世尊黙然許之時婆羅門知佛受請遽
還所住即於夜間廣辦餚饍百味飲食洒掃
殿宇張施幡蓋至明旦已與諸眷屬持衆香
華及諸妓樂至如來所白言時至願垂降臨
尒時世尊欲語安慰彼婆羅門无垢妙光遍

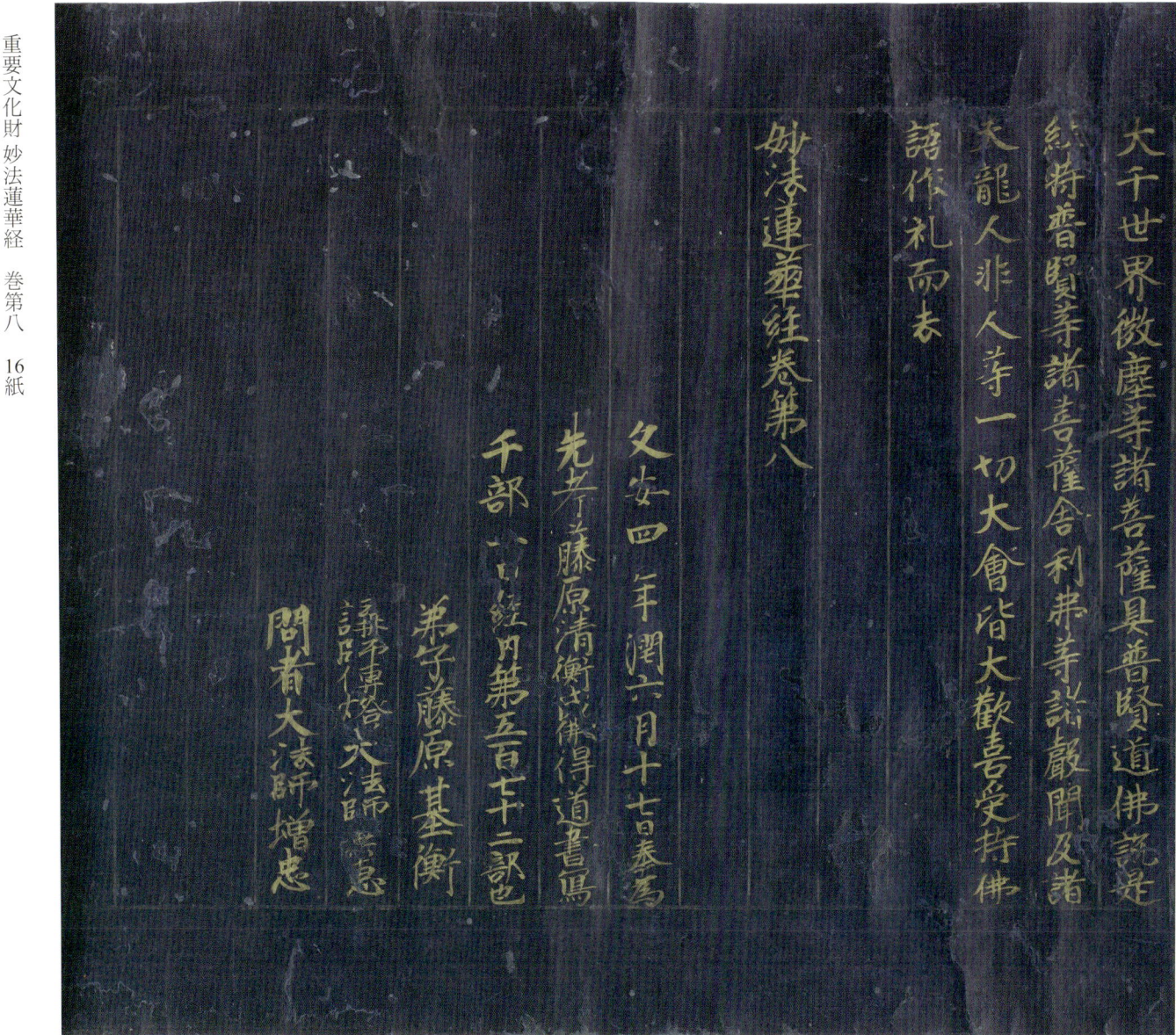

尒時世尊軟語安慰彼婆羅門无始妙光遍
告大衆宣言汝等皆應往彼婆羅門家攝受
供養為欲令彼獲大利故於時世尊即従座
起纔起座已從佛身出種種光明間錯妙色
照觸十方悉皆驚覺然後趣道時婆羅門以
恭敬心持妙香華與諸眷属及天龍八部释
梵四王先行治道奉引如来
尒時世尊前路不遠中至一園名曰豊財於
彼園中有古朽塔摧壞崩倒荊棘掩遂蔓草
封户瓦礫埋隠状若土堆
尒時世尊逕往塔所于時塔上放大光明照
耀熾盛於土聚中出聲讃言善哉善哉释迦
牟尼今日所行極善境界又婆羅門汝於今
日獲大善利
尒時世尊礼彼朽塔右遶三帀脫身上衣用
覆其上泫然垂淚涕血交流泣已微笑當尒
之時十方諸佛皆同觀視亦皆流淚各所放
光来照是塔于時大衆驚愕變色互欲决疑
尒時金剛手菩薩等亦皆流淚威焰熾盛執
杵旋轉往詣佛所白言世尊此何因緣現是

（1紙）

光相何如來眼流淚如是然彼十方諸佛大
瑞光相現前唯願如來於此大衆解釋我疑
時薄伽梵告金剛手此大全身舍利積聚如
來寶塔一切如來無量倶胝心陀羅尼密印
法要今在其中金對手有此法要在是中故
塔即變為重疊无隙如胡麻子倶胝百千如
來之身當知然是如胡麻子百千倶胝如來
全身舍利之聚乃至八万四千法蘊然住其
中九十九百千万倶胝如來頂相然在其中
由是妙事是塔所在之處有大神驗殊勝威
德能滿一切世間吉慶
尒時大衆聞佛是說遠塵離垢斷諸煩惱得
法眼淨時衆撥異利益然別須陀洹果斯陀
含果阿那含果阿羅漢果辟支佛道及菩薩
道阿鞞跋致薩波若智於如是事各得其一
或有證得初地二地乃至十地或有滿足六
波羅蜜其波羅門遠塵離垢得五神通時金
對手見此奇特希有之事白言世尊妙哉奇
異但聞此事尚獲如是殊勝功德況聞深理
至心起信得幾功德佛言諦聽汝金對手後

（2紙）

世若有信男信女及復我等四部弟子發心
書寫此一經典即准書寫九十九百千万倶
胝如来所說一切經典即過於彼九十九百
千万倶胝如来之前久植善根即於彼諸一
切如来加持護念猶如愛眼亦如慈母愛護
幼子若人讀誦此一巻經即為讀誦過去現
在未来諸佛所說經典由如是故九十九百
千万倶胝一切如来應正等覺側塞无隙猶
如胡麻重疊赴来晝夜現身加持其人如是
一切諸佛如来無數恒沙前聚未去後群重
来須臾推遷迴轉更赴譬如細沙在水旋急
不得停滞迴去復来若有人以香華塗香華
鬘衣服微妙嚴具供養此經即成於彼十方
九十九百千万倶胝如来之前以天華香衣
服嚴具七寶所成積如須弥晝以供養種植
善根亦復如是
尒時天龍八部人非人等聞是說已各懐希
奇互相謂言奇哉威德是朽土聚如来神力
所加持故有是神變金剛手復白佛言世尊
何因緣故是七寶塔現為土聚

佛告金剛手此非土聚乃是殊妙大寶塔耳由諸衆生業果劣故隱蔽不現由塔隱故如來全身非可毀壞豈有如來金剛藏身而可壞哉我若滅度後世末法逼迫之時若有衆生習行非法應隨地獄不信三寶不植善根為是因緣佛法當隱然猶是塔堅固不滅一切如來神力所持无智衆生惑障覆蔽徒損珎寶不知採用以是事故我今流淚彼諸如來亦皆流淚

復次佛告金剛手言若有衆生書寫此經置塔中者是塔即為一切如來金剛藏窣都波亦為一切如來陀羅尼心秘密加持窣都波即為九十九百千万俱胝如來窣都波亦為一切如來佛頂佛眼窣都波即為一切如來神力所護若佛像中窣都波中安置此經其像即為七寶所成靈驗應心无願不滿其窣堵波傘蓋羅網輪橖露盤德宇鈴鐸楹礎基階隨力所辦或土或木若石若甎由經威力自為七寶一切如來於此經典加其威力以誠實言不斷加持若有有情能於此塔一香

(3紙)

一華礼拜供養八十億劫生死重罪一時消
滅生死灾殃死生佛家若有應随阿鼻地獄
若於此塔或一礼拜或一右遶塞地獄門開
菩提路塔及形像所在之處一切如来神力
所護其處不為暴風雷電霹靂所害不為毒
虵蚖蝮毒蟲毒獸所傷不為師子狂象虎狼
野干蜂蠆之所傷害亦无藥叉羅刹部多那
毗舍遮魑魅魍魎癲癇之怖亦復不為一切
寒熱諸病癧瘻癰疽瘡疣疥癩所染若人暫
見是塔能除一切灾難其處亦无人馬六畜
童子童女疫癘之患不為横死非命所夭不
為刀杖水火所傷不為盗賊怨讎所侵亦无
飢饉貧乏之憂厭魅咒咀不能得便四大天
王與諸眷属晝夜衛護二十八部大藥叉将
日月五星幢雲彗星晝夜護持一切龍王加
其精氣順時降雨一切諸天與忉利天三時
下来亦為供養一切諸仙三時来集讃詠旋
遶礼謝瞻仰釋提桓因與諸天女晝夜三時
来下供養其處即為一切如来護念加持由
納経故塔即如是

（4紙）

若人作塔以土石木金銀銅鉛書此神呪安
置其中纔安置已其塔即為七寶所成上下
階級露盤傘蓋鈴鐸輪橖純為七寶其塔四
方如來形相由法要故一切如來堅住護持
晝夜不去其七寶塔全身舎利之妙寶藏以
呪威力擢竦高至阿迦尼吒天宮之中塔所
串時一切諸天晝夜瞻仰守衛供養金剛手
言何因縁故此法如是殊勝功德佛言當知
以此寶篋印陀羅尼威神力故金剛手言唯
願如來哀愍我等説是陀羅尼佛言諦聽思
念真隱現在未來一切如來分身先儀過去
諸佛全身舎利皆在寶篋印陀羅尼是諸如
來所有三身亦在是中尒特世尊即説陀羅
尼曰
那莫悉怛哩野 四 台 地尾 二 台 迦南 一 薩婆怛他
蘖多喃 二 唵 三 部尾婆縛娜縛梨 四 縛者梨
五 縛者𪉊 知皆 叉六 祖嚕祖嚕駄羅駄羅 七 薩縛
怛他蘖多 八 駄 引 覩駄梨鉢娜鈴 二 台 婆縛底
九 惹也縛梨 十 畝怛梨 二 台 薩麼 二 台 羅 十一 怛他
蘖多達磨斫迦羅 十二 鉢羅 二 台 韈嘌多 二 台 娜縛

日羅二合梨音冐地滿𡚱十三㨿迦羅十四㨿訖里二合
諦十五薩嚩怛他引蘖多地瑟恥二合諦十六冐駄
野十七冐地冐地十八没䭾没䭾十九叅冐
駄你叅冐駄野二十者攞者攞廿一者懶覩廿二薩
嚩嚩羅𡚱你廿三薩嚩播波尾蘖諦廿四户嚕户
嚕廿五薩嚩式迦硐蘖帝廿六薩嚩怛他蘖多廿七
紇哩二合娜野嚩日羅二合抳廿八三婆羅三婆羅
廿九薩嚩怛他蘖多三十麌呬野二合駄羅抳畝涅
㘑二合卅一羅没悌穌没悌卅二薩嚩怛他薩多引
地瑟恥二合多卅三駄覩薩陛娑嚩二合賀卅四三摩
耶引地瑟恥二合帝娑嚩二合訶卅五薩嚩怛他蘖
多紇哩二合娜野駄覩畝捺㘑二合娑嚩二合訶卅六
穌鉢羅二合底瑟恥二合多薩覩閉怛他蘖多
地瑟恥二合帝户嚕户嚕吽吽娑嚩二合訶卅七唵
薩嚩怛他薩多卅八塢瑟抳二合沙駄覩畝捺羅
二合尼薩嚩怛他蘖單娑駄覩尾部使多地瑟
恥二合帝卅九吽吽娑嚩二合訶四十
尒時佛説是神咒已諸佛如來自上聚中出
聲讃言善哉善哉釋迦世尊出濁悪世為利
無依無怙衆生演説深法如是法要久住世

（5紙）

聞利益廣多安穩快樂
于時佛告金剛手言諦聽諦聽如是法要神
力無窮利益無邊譬如幢上如意寶珠常雨
珎寶滿一切願我今略説万分之一汝宜憶
持利益一切
若有惡人死墮地獄受苦無間免脫無期有
其子孫稱巨者名誦上神咒纔至七遍洋銅
熱鐵忽然變爲八功德池蓮生承足寶蓋駐
頂地獄門破菩提道開其蓮如飛至極樂界
一切智種自然顯發樂説無窮位在補處復
有衆生重罪報故百病集身苦痛逼心誦此
神咒二十一遍百病万惱一時消滅壽命延
長福德無盡
若復有人慳貪業故生貧窮家衣不隱身食
不續命黧瘦裏弊人所惡賤是人慚愧入山
折採無主播華若摩朽木持以另香往至塔
前礼拜供養旋遶七匝流淚悔過由神咒力
及塔威德滅貧窮報富貴忽至七寶如雨元
所闕乏但當此時莊飾佛法施與貧乏若有
慳惜財寶忽滅

(6紙)

悋惜財寶忽滅
若復有人為種善根随分造塔或泥或塼随
力所辦大如菴羅菓四指許書寫神呪安置
其中持以香花礼拜供養以其呪力及信心
故自少塔中出大香雲香氣雲光周遍法界
薫馥晃耀廣作佛事所得功徳如上所說取
要言之无願不満
若有末世四輩弟子善男善女為无上道盡
力造塔安置神呪所得功徳説不可盡若人
求福至其塔所一華一香礼拜供養右繞行
道由是功徳官位榮耀不求自至壽命富饒
不祈自增怨家盗賊不討自敗怨念呪咀不
能爲害疫癘邪氣不祓自避善夫良婦不求
自得賢男美女不禱自生一切所願任意満
足若有烏雀鵄鳥鳩鴿鵂鶹狗狼野干蚊虻
蟻螻之類暫来塔影及踏塲草摧破惑障覺
悟无明忽入佛家恣領法財況有衆人或見
塔形或聞鐸聲或聞其名或當其影罪障悉
滅所求如意現世安穏後生極楽或人随力
以一丸泥塗塔壊壁運一拳石扶塔傾由
此功徳增福延壽命終之後成轉輪王若我
滅後四部弟子於是塔前落苔東故供養香

滅後四部弟子於是塔前洛若東故供養香華至心發願誦念神咒文文句句放大光明照觸三途苦具皆碎衆生脫苦佛種牙萌隨意往生十方淨土若人住在高山峯上至心誦咒眼根所及遠近世界山谷林野江湖河海其中所有毛羽鱗甲一切生類碎破惑障覺悟無明顯現本有三種佛性畢竟安處大涅槃中若與此人往過道路或觸衣風或踏其跡或唯見面或暫交語如是等人重罪咸滅悉地圓滿

尒時佛告金剛手言令此秘密神咒經典付屬汝等尊重護持流布世間不令衆生傳受斷絶金剛手言我今幸蒙世尊付屬唯願我等為報世尊深重恩德晝夜護持流布宣揚一切世間若有衆生書寫受持憶念不斷我等魔催梵釋四王龍神八部晝夜守護不暫捨離佛言善哉金剛手汝為未來世一切衆生大利益故護持此法令不斷絶

尒時世尊說此寶篋印陀羅尼廣作佛事然後往彼婆羅門家受諸供養令時人天獲大

(7紙)

福利却還所住
尒時大衆比丘比丘尼優婆塞優婆夷天龍
夜叉揵闥婆阿修羅迦樓羅緊那羅摩睺羅
伽人非人等皆大歡喜信受奉行

一切如来心秘密全身舍利寶篋印陀羅尼経

定了

寶篋印経記
去應和元年春遊右杖風于時肥前國刺史稱
唐物出一基銅塔示我高九寸餘四面鑄鏤
佛菩薩像徳字四角上有龕〻形如馬耳
内然有佛菩薩像大如棗核捧持瞻視之
頂自塔中一嚢落開見有一経其端紙注云
天下都元帥呉越國王錢弘俶摺本寶篋
印経八万四千卷之内安寶塔之中供養廻向
已畢顯徳三年丙辰歳記也文字小細老眼
難見即雇一僧令寫大字一往視之文字落

（8紙）

難見即雇一僧令寫大字一往視之文字落
誤不足執讀然而粗見経趣所動睟奮涕
零涕逆随喜感慨向弘佛意於是刺史答曰
由无願文其意難知但當州沙門日遊天慶
年中入唐天暦之杪歸来即稱唐物付嘱是
塔之次談云大唐顕徳以往天下大飢黄巾
結黨杪劫邊州煙塵振天治及封鑑弘佛為
大將領天下兵征伐西黨及九年此与賊合
戰二十四度斬首五万餘級顕徳元年春介
飢荐為令蟻結蠶食乗邪弘佛魔甚師旅
麁卿皆改撃賊飢不戦立以大敗乗勝追北
至汶水邊洪水頓漲激浪皷怒凄愴無極
賊徒知其迫脱若投濼水累虎馮河之輩
追捕溺殺其数不知幾億万汶水為之不
流自尓以降天下清粛弘佛徒復命之日王
上大喜作九錫命封王昊与越弘佛不幾発
着千人罪得重病送数月常任語云刀劍
胸猛猛火纏身展轉反側挙手謝寃空
有一僧告云汝願造塔書寫宝篋印経安
其中供養香花弘佛咽中叢件願而三度

（9紙）

合掌礼謝即得本心随喜感歎云願力無極
重病忽差于時弘仞思阿育王昔年鑄八万
四千塔摺此經毎塔入之是其一本也云〻歎
大國之僧有此優識惜哉小塾之客無其精
勤爰我價募身命訪求正本京中郊外號
雁適同適於江郡禪寂寺得件經其本紙
多誤然而本相合采撿得尖終獲其真然
後日令轉經終日无勝夜至誦咒毎夜不眠
漸經三箇月于時空中有聲告曰汝於此經殷重
渇仰但此經有兩譯師所持者先譯多除梵咒
本其後譯者為之具足也其本在伊豆國
禪院天下无二本十我常与二十八部大藥叉
大將幸守護彼經我獨感汝精誠常迴
汝邊然告此事于時小僧就國司便訛觸
可書贈彼經之状遂以康保二年四月十三日
送件經彼閲其本切能絶妙耽弄其文深
理染肝十二分教為礫是經其中如意珠八万
法藏為砂是經其中紫磨金一句之味如醍
醐百病万惱一服消滅一字之光越日月
職園沙界俱持照明非可忽誠重罪速登

280 279 278

（10紙）

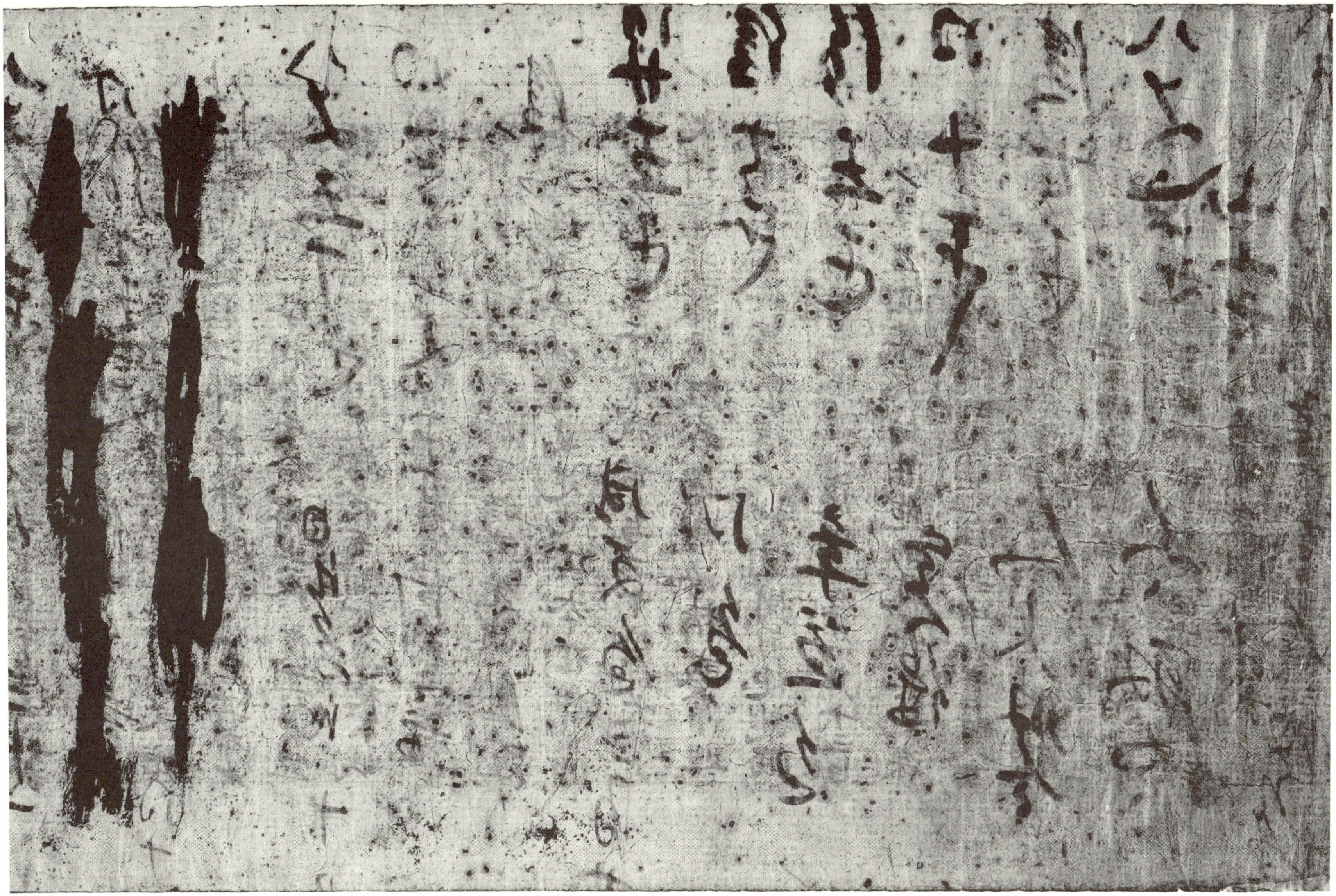

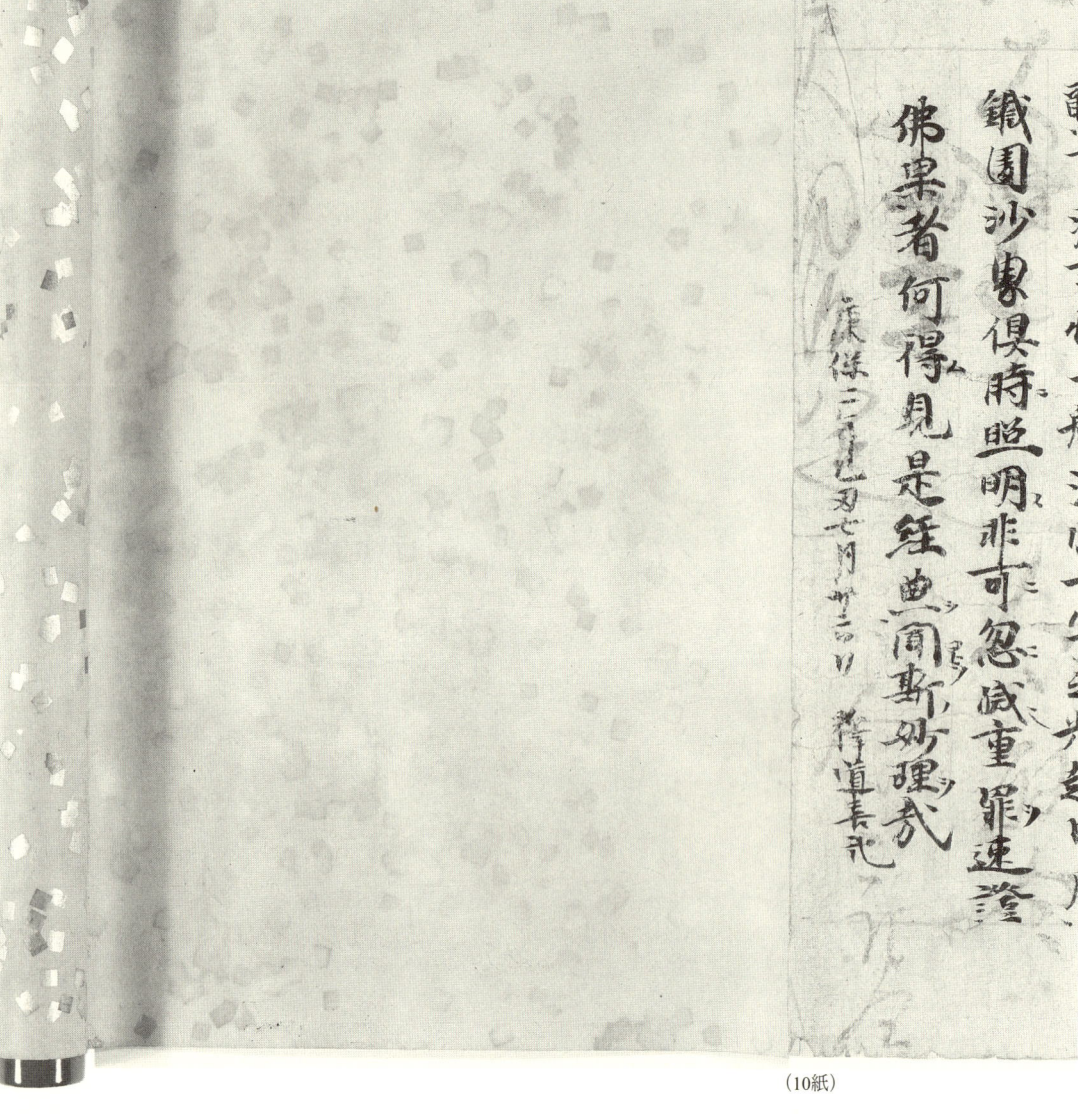

重要文化財 宝篋印陀羅尼経（墨書本）（10紙ウ）

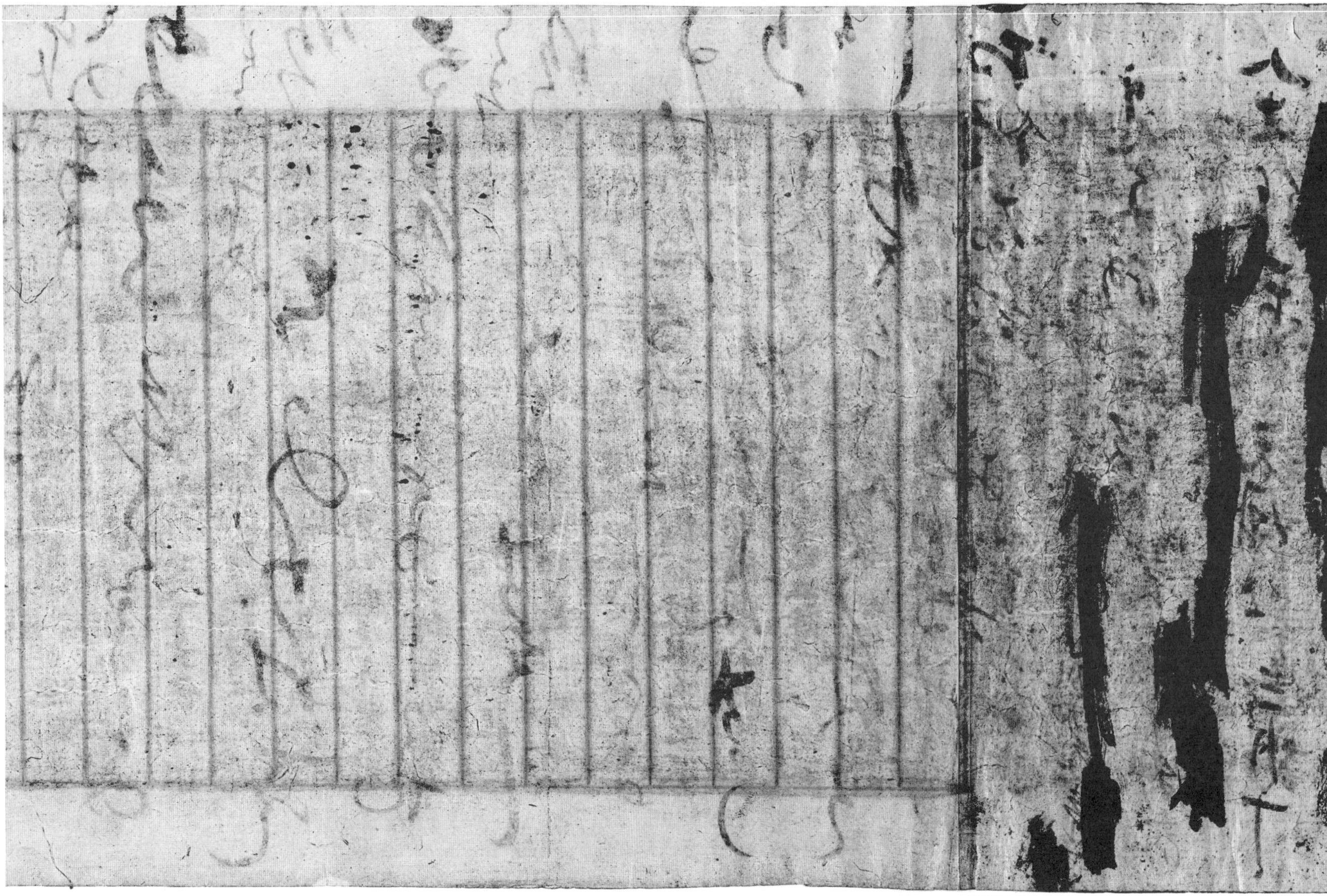

（10紙ウ）

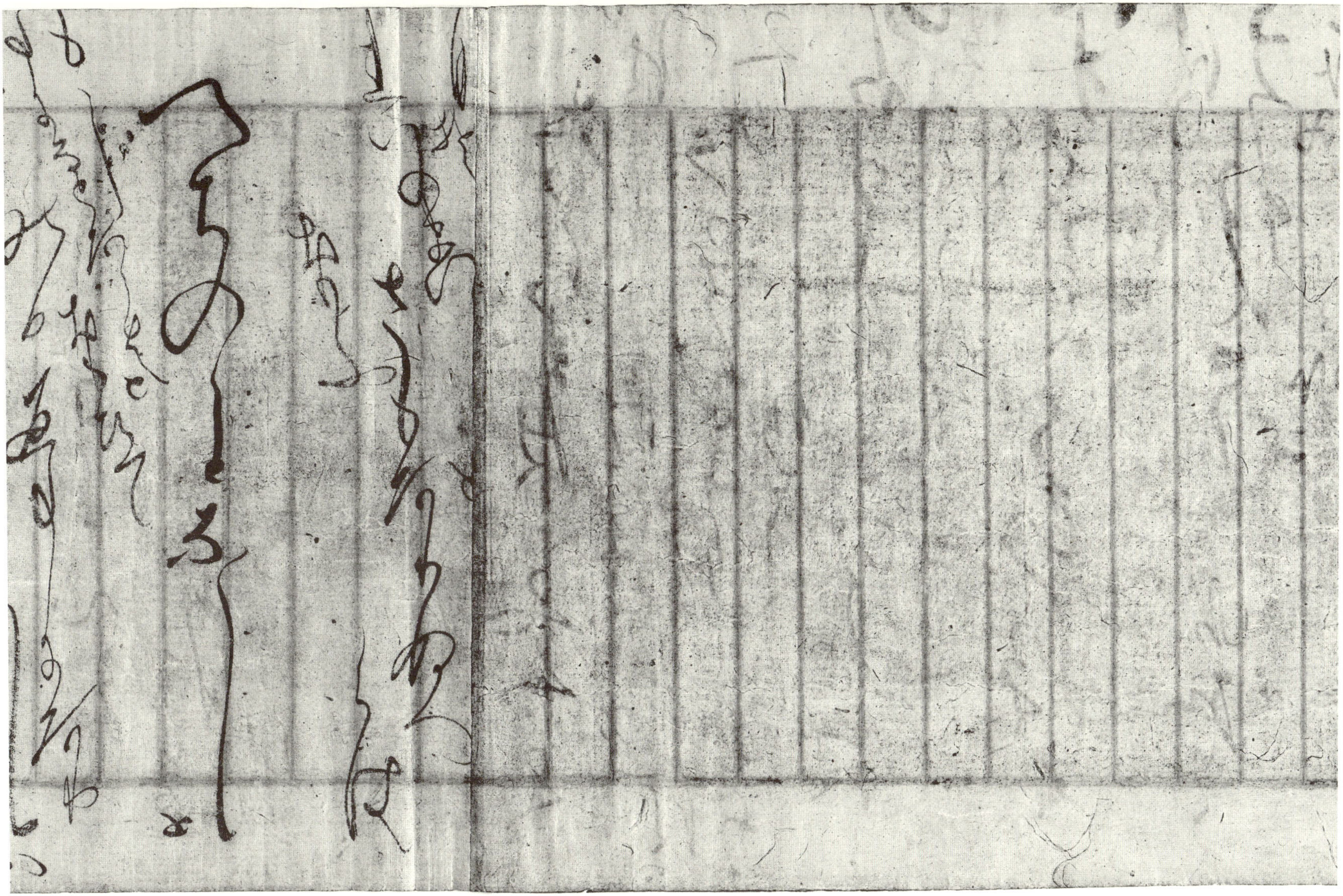

（9紙ウ）

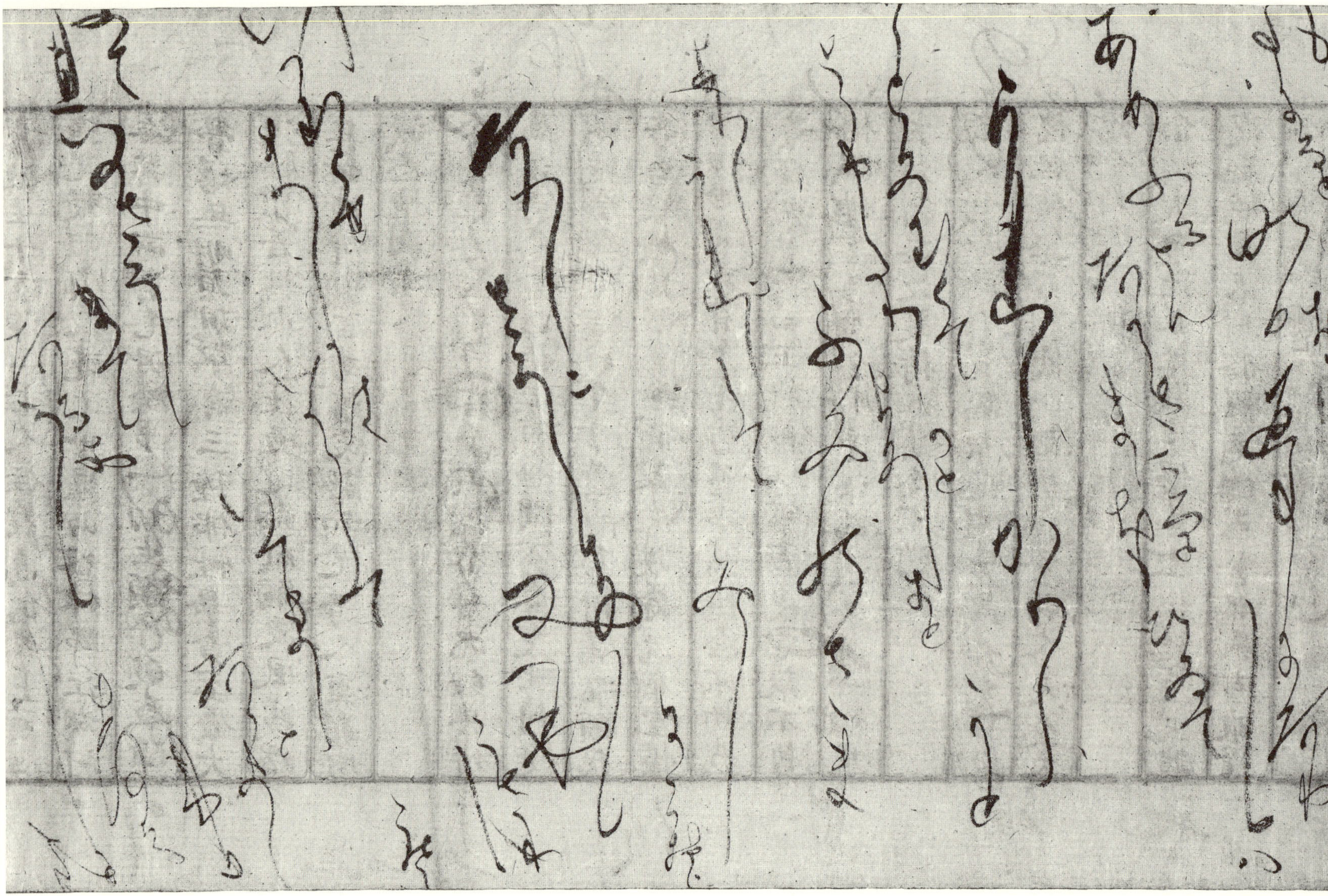

重要文化財 宝篋印陀羅尼経（墨書本）（8紙ウ）

（8紙ウ）

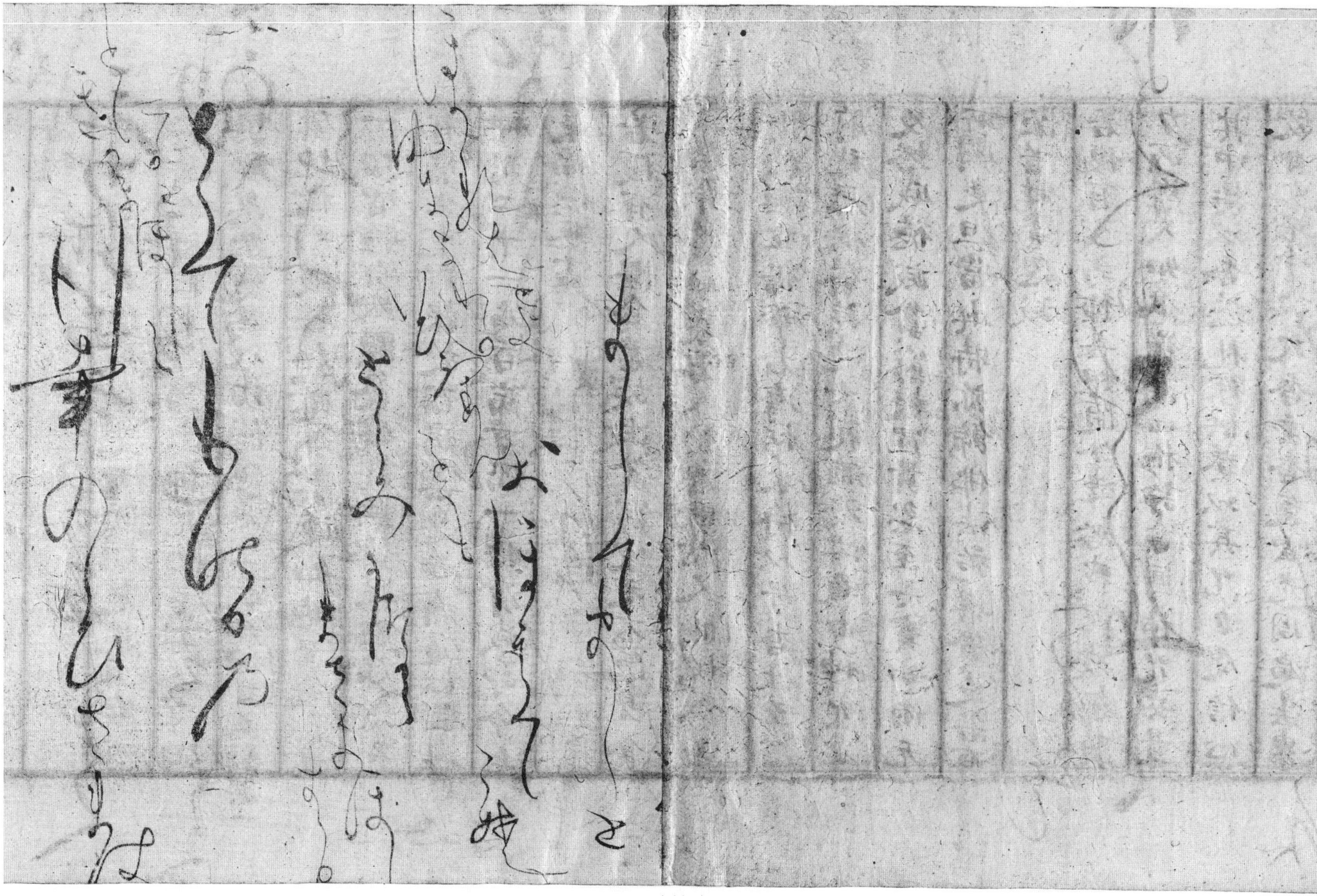

（7紙ウ）

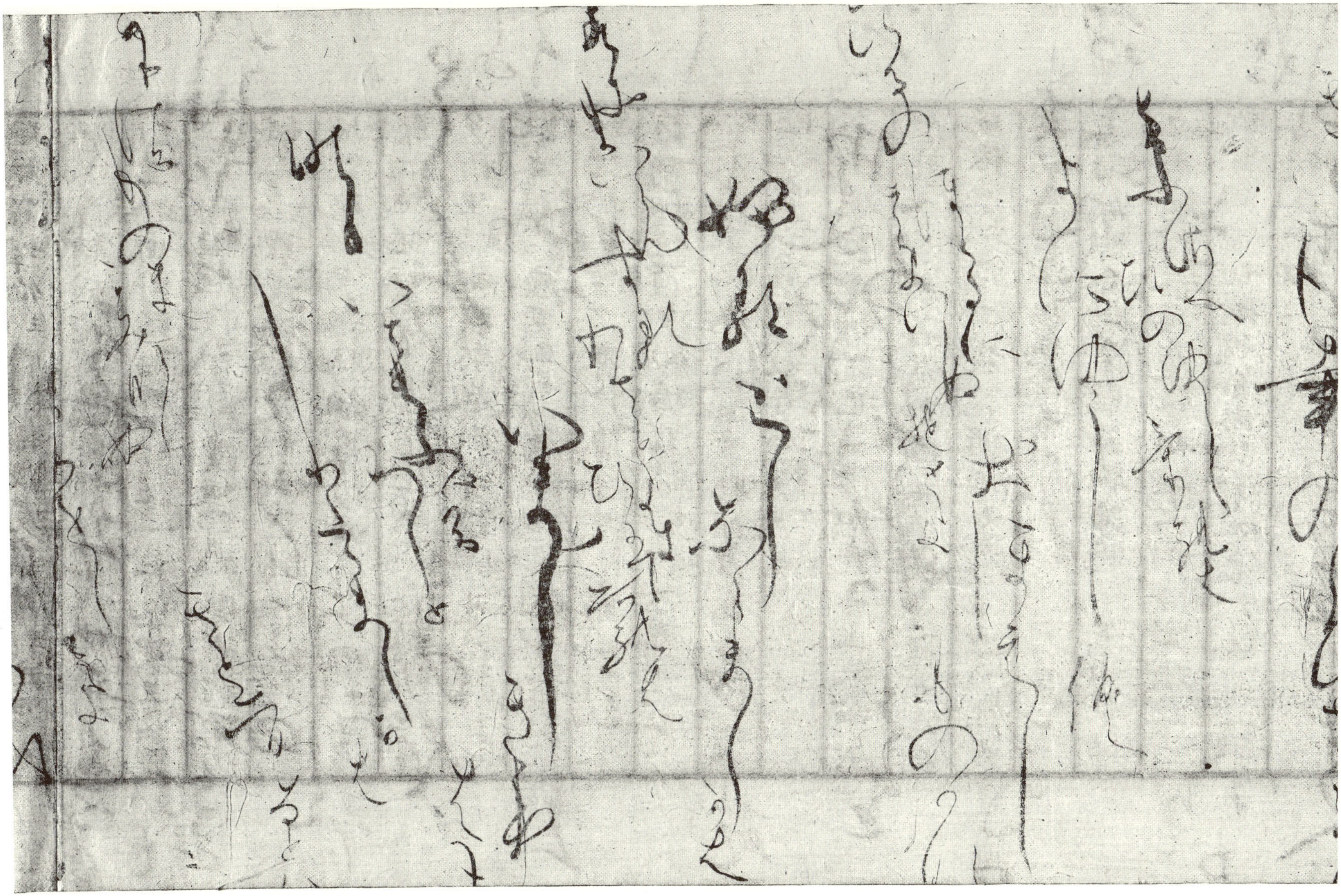

（6紙ウ）

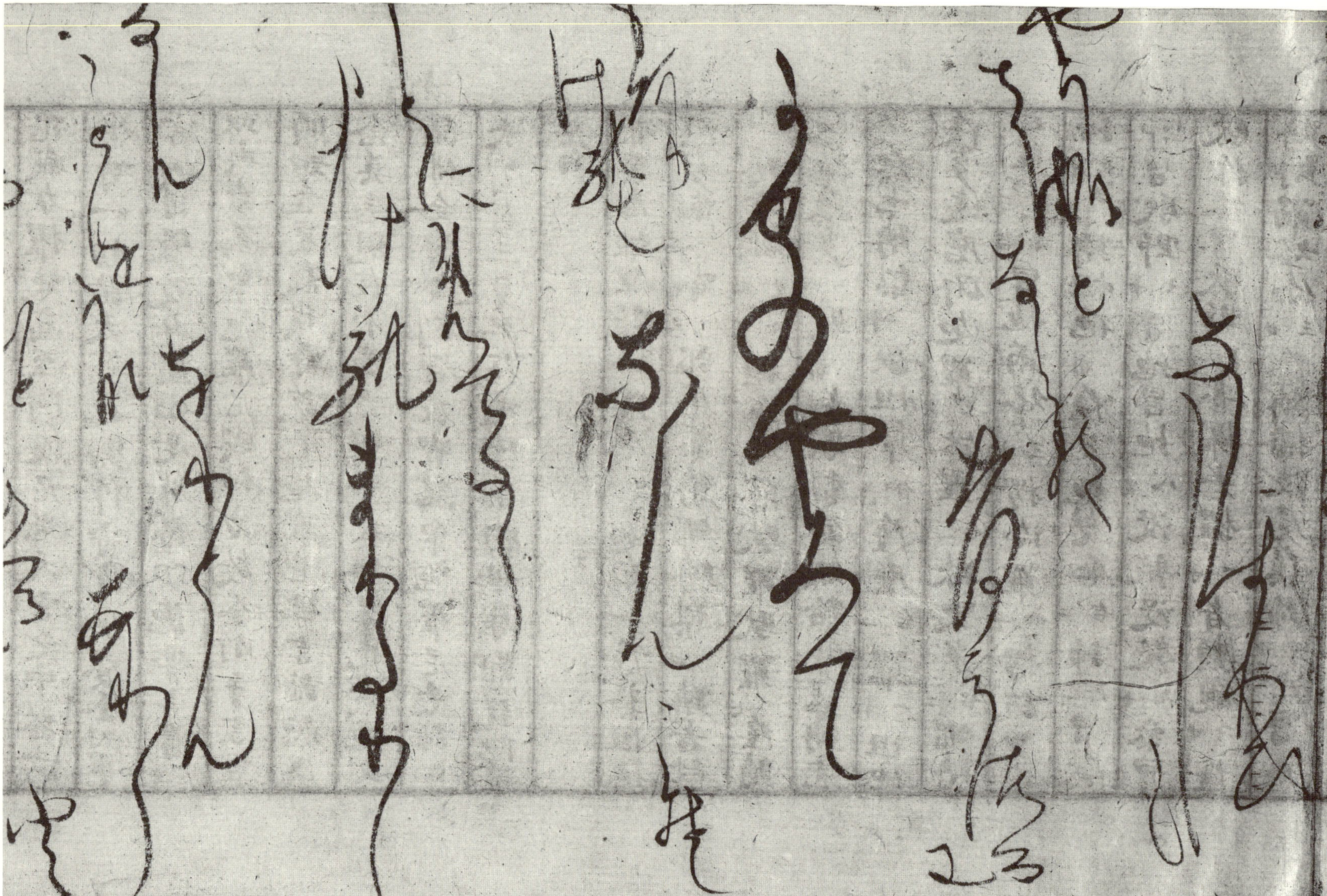

重要文化財　宝篋印陀羅尼経（墨書本）　（5紙ウ）

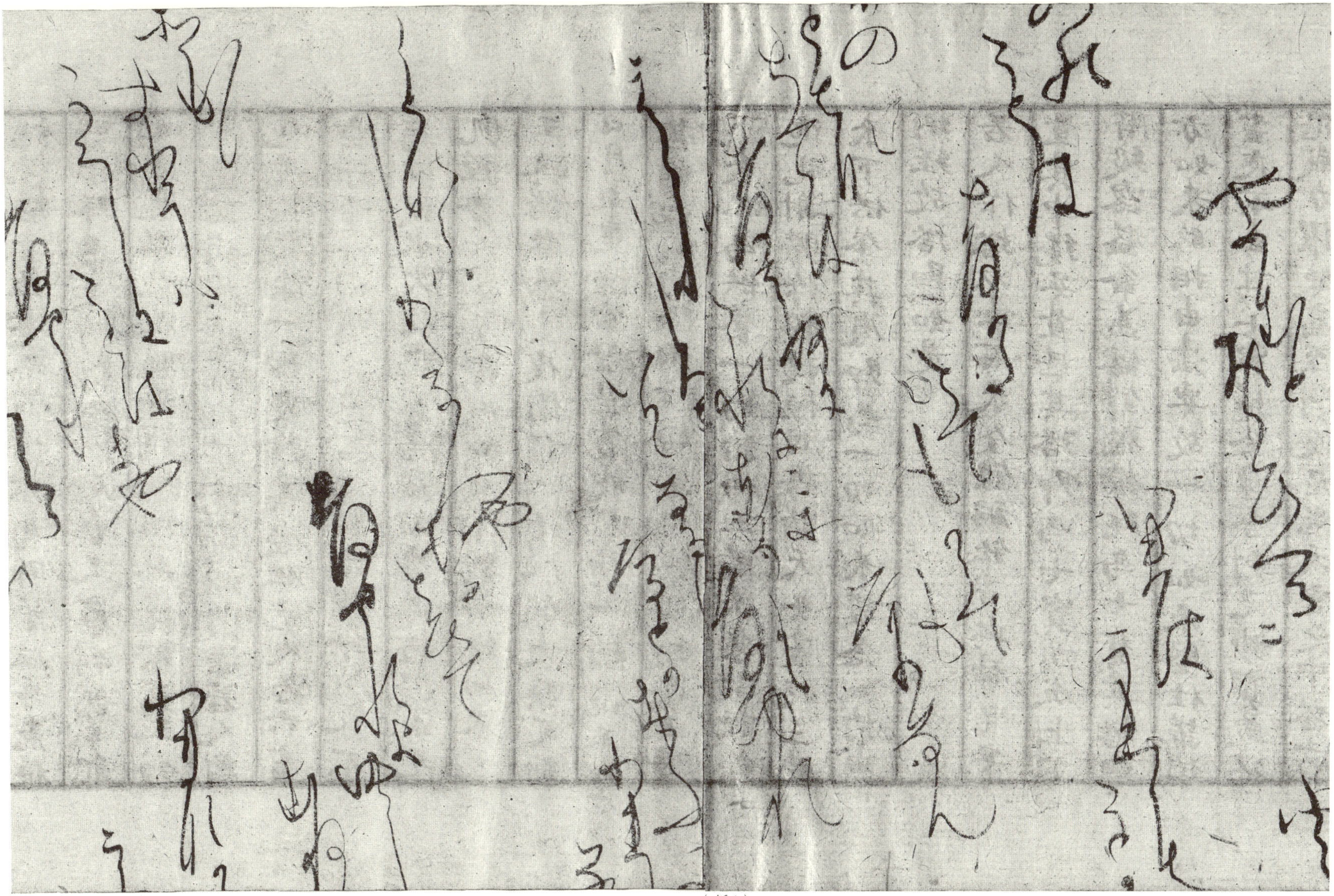

（5紙ウ）

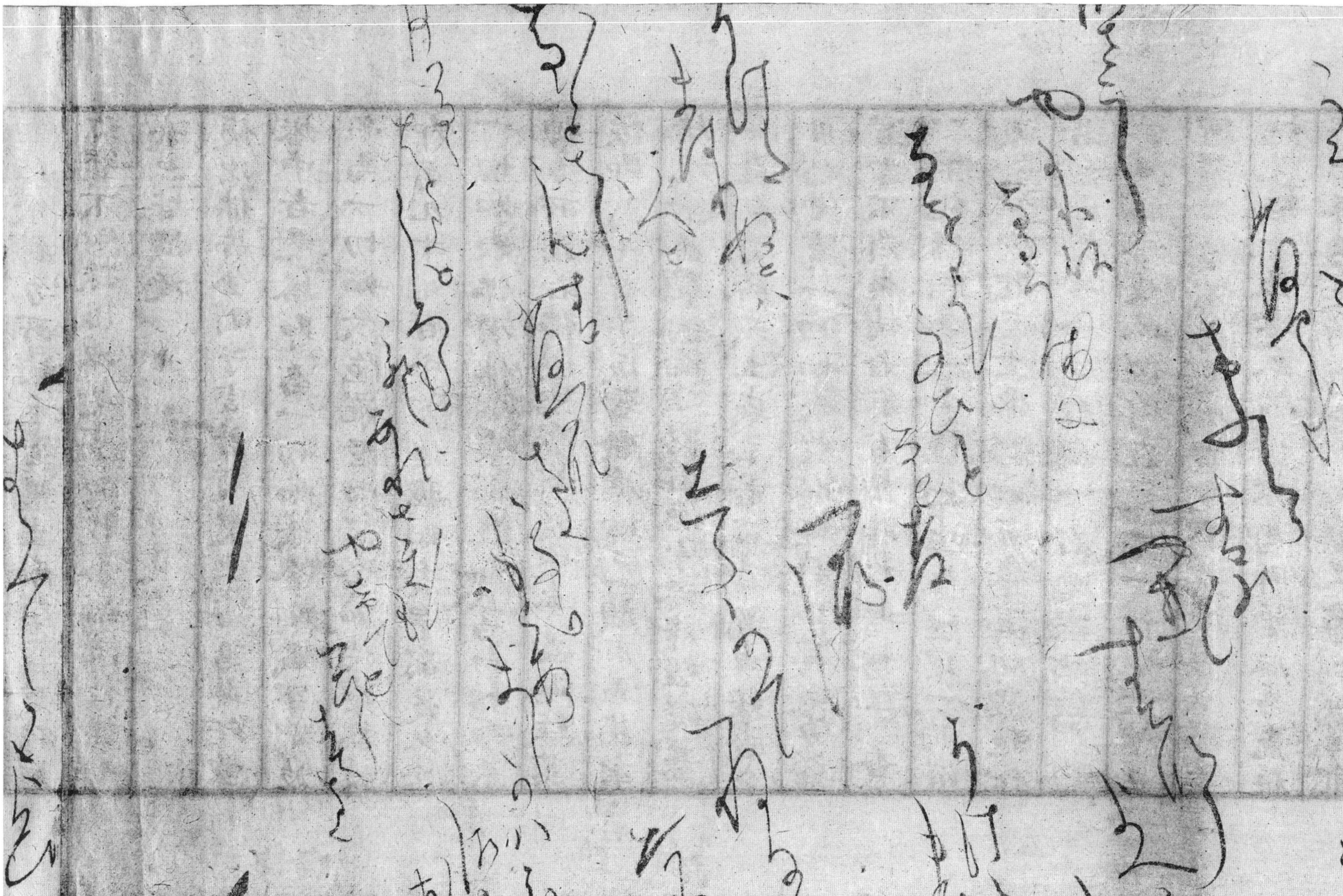

（4紙ウ）

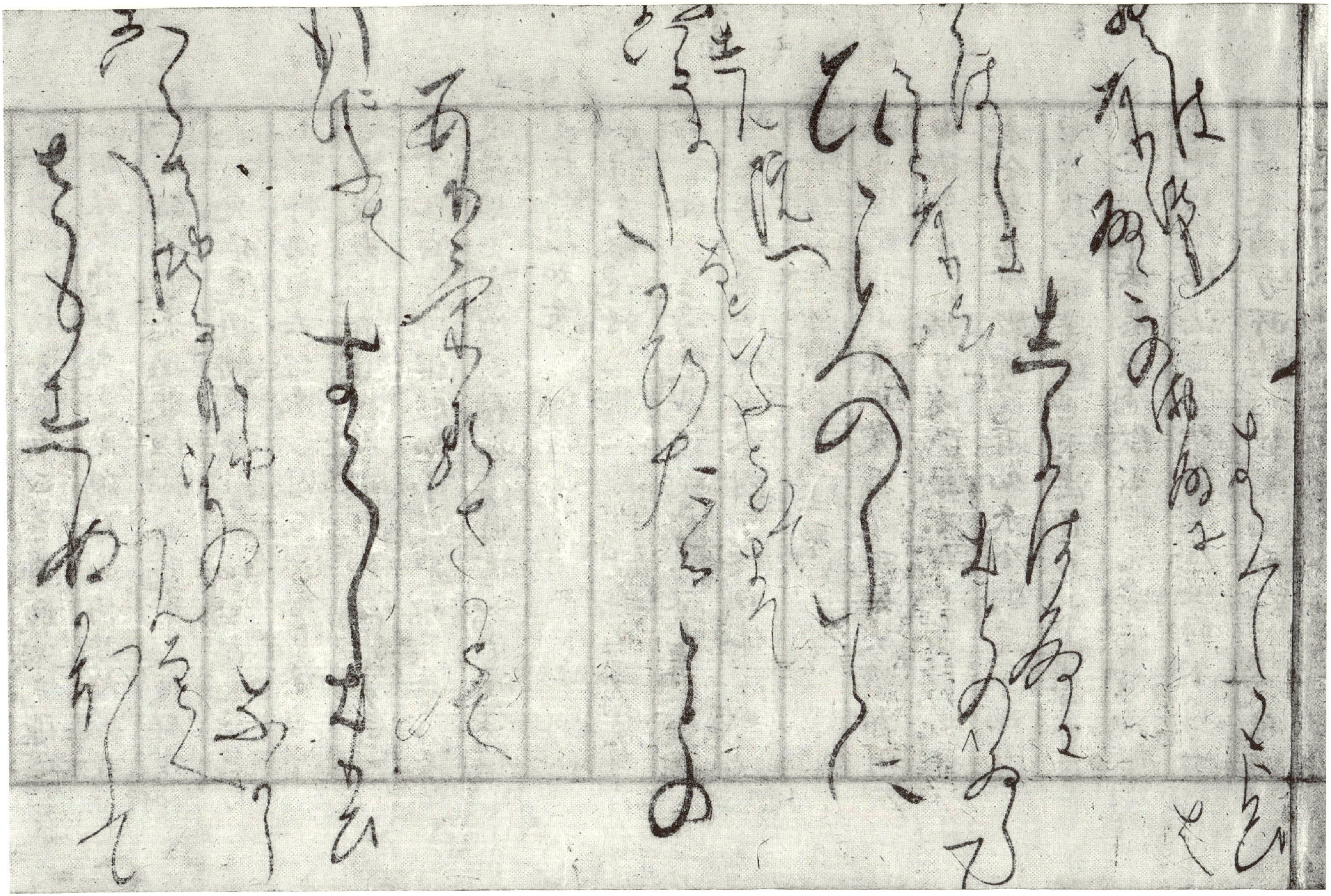

重要文化財　宝篋印陀羅尼経（墨書本）（3紙ウ）

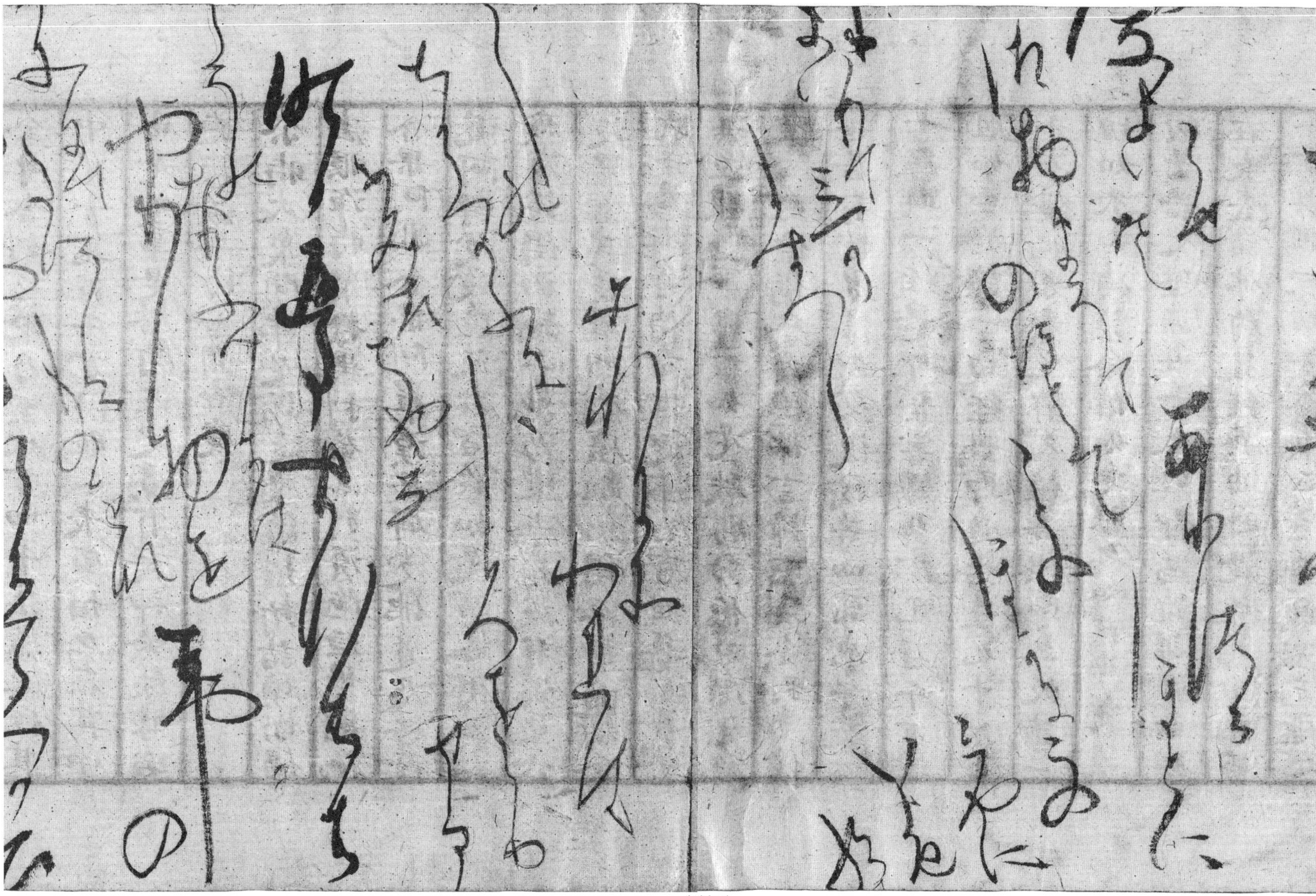

（3紙ウ）

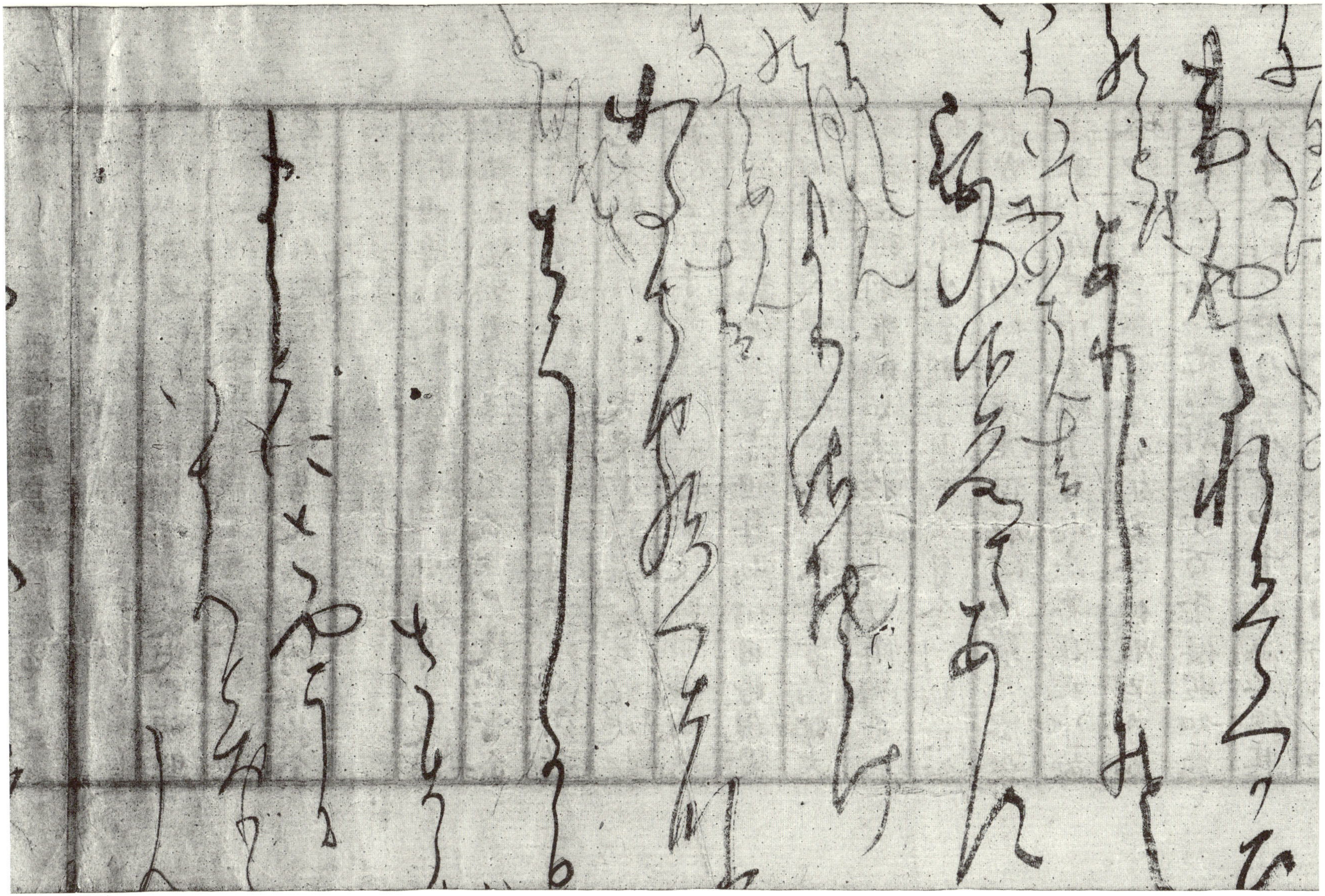

（2紙ウ）

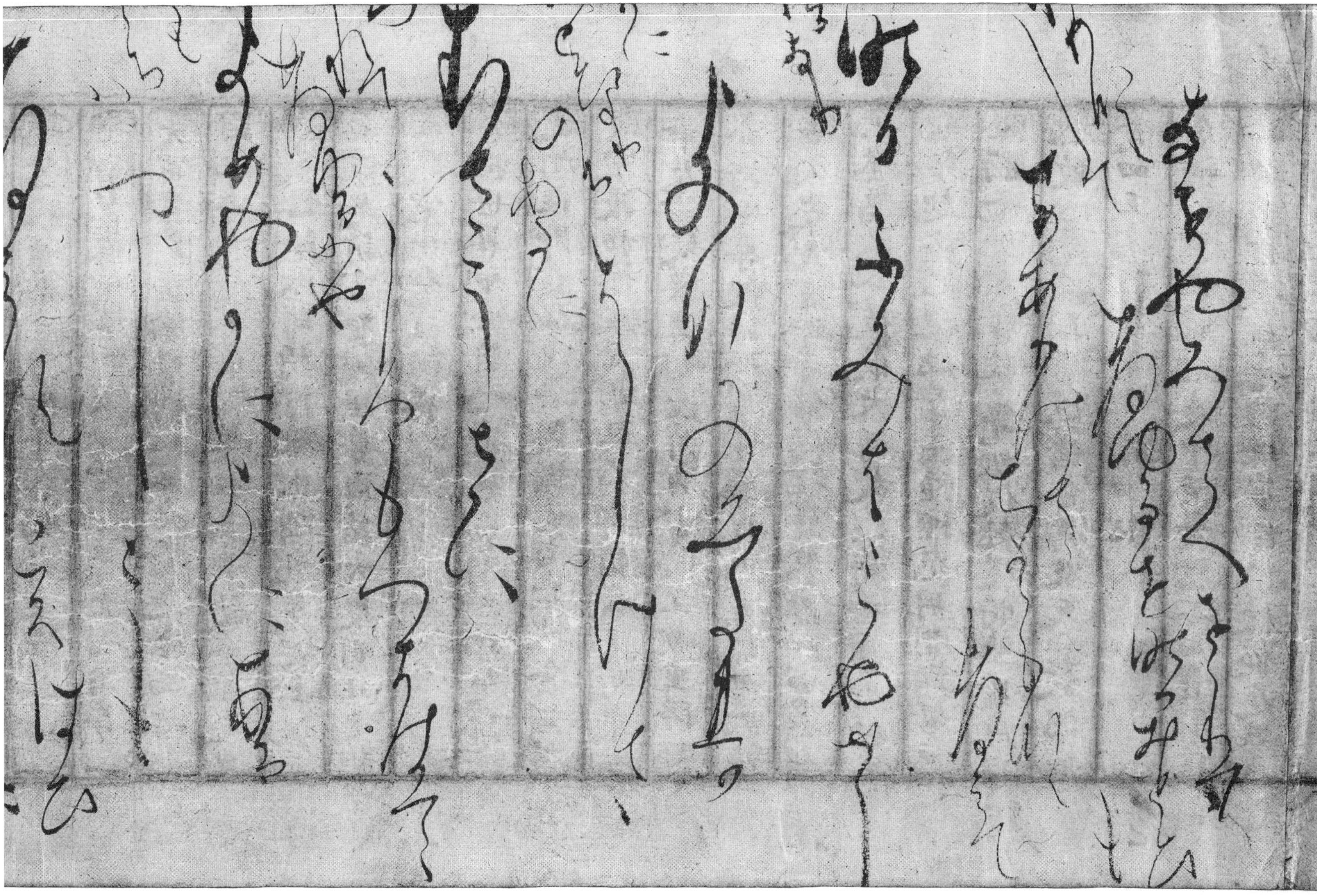

重要文化財 宝篋印陀羅尼経（墨書本）（1紙ウ）

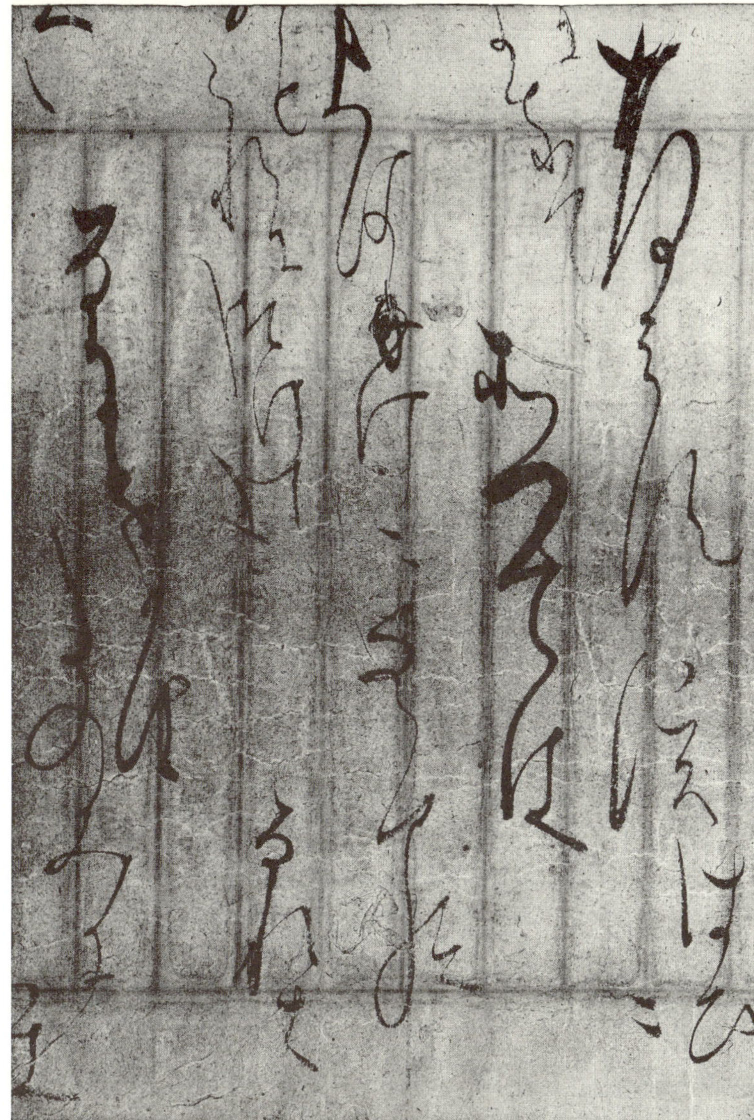

（1紙ウ）

重要文化財　宝篋印陀羅尼経（墨書本）

外函

内函

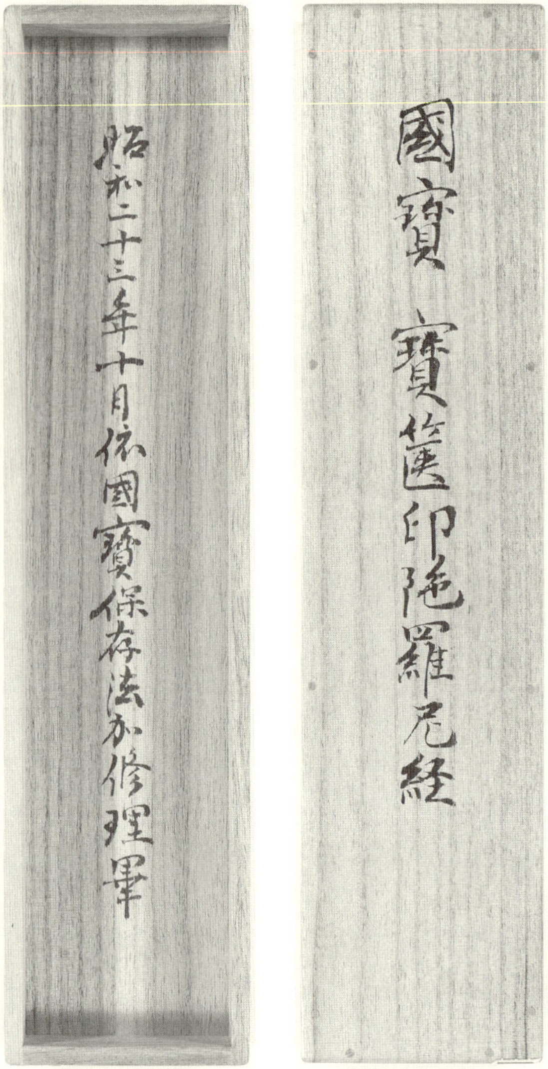

重要文化財　梵漢普賢行願讃

（唐時代または平安時代前期写）

重要文化財 梵漢普賢行願讃 (巻姿)

重要文化財 梵漢普賢行願讃　（表紙）

重要文化財　梵漢普賢行願讃　（表紙見返）

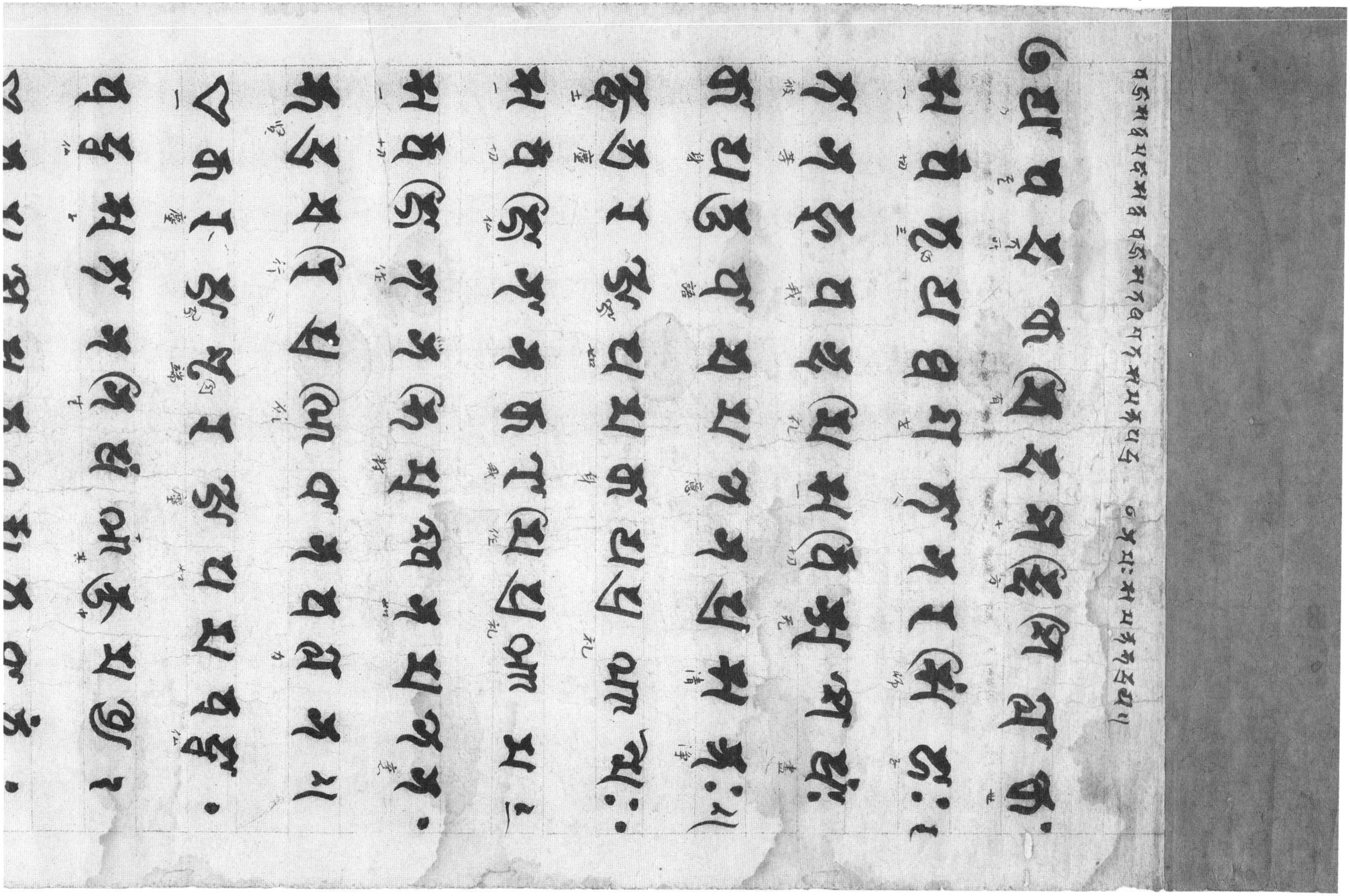

（補紙）

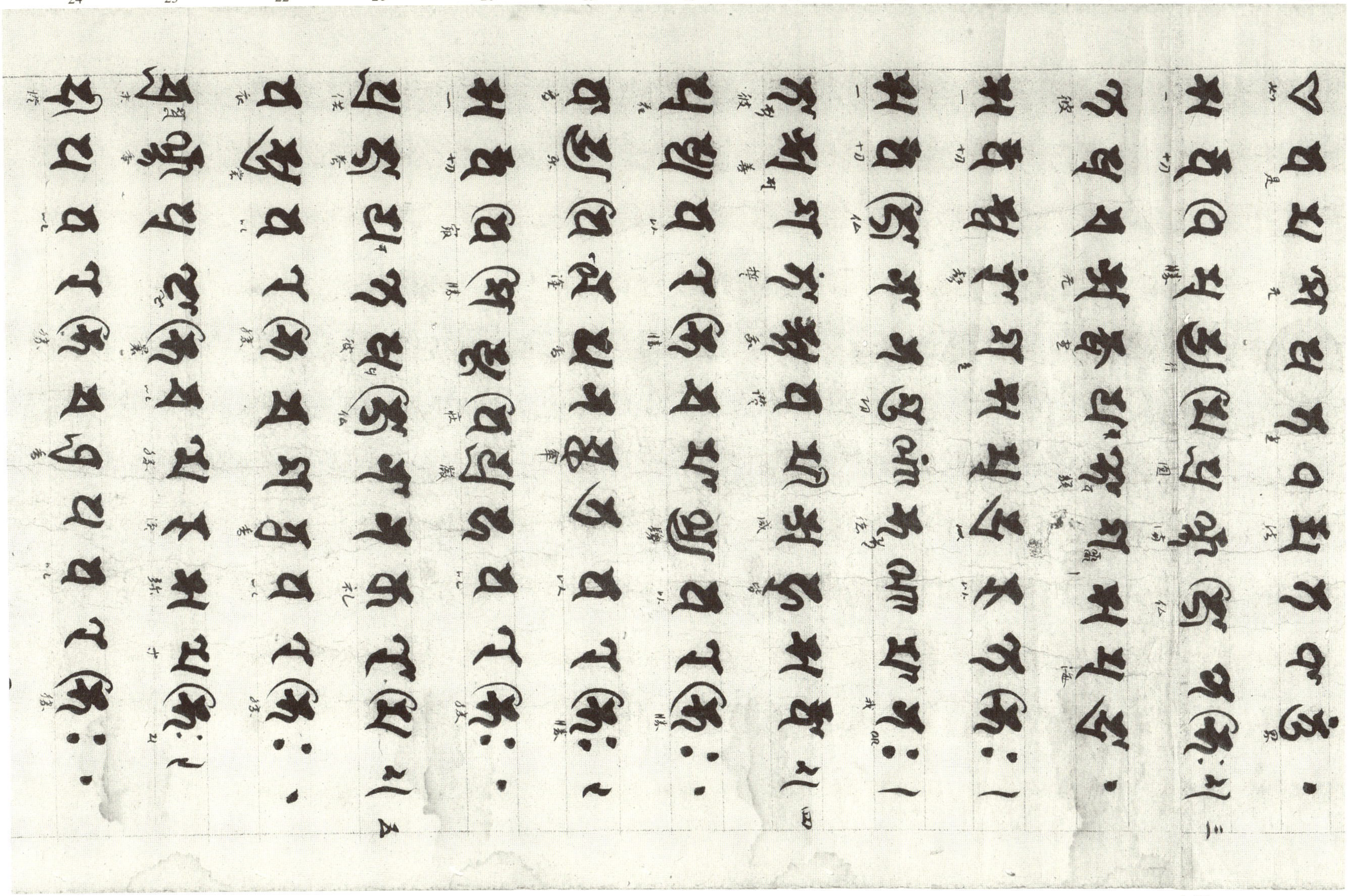

（1紙）

36 35 34 33 32 31 30 29 28 27 26 25

（2紙）

49 48 47 46 45 44 43 42 41 40 39 38 37

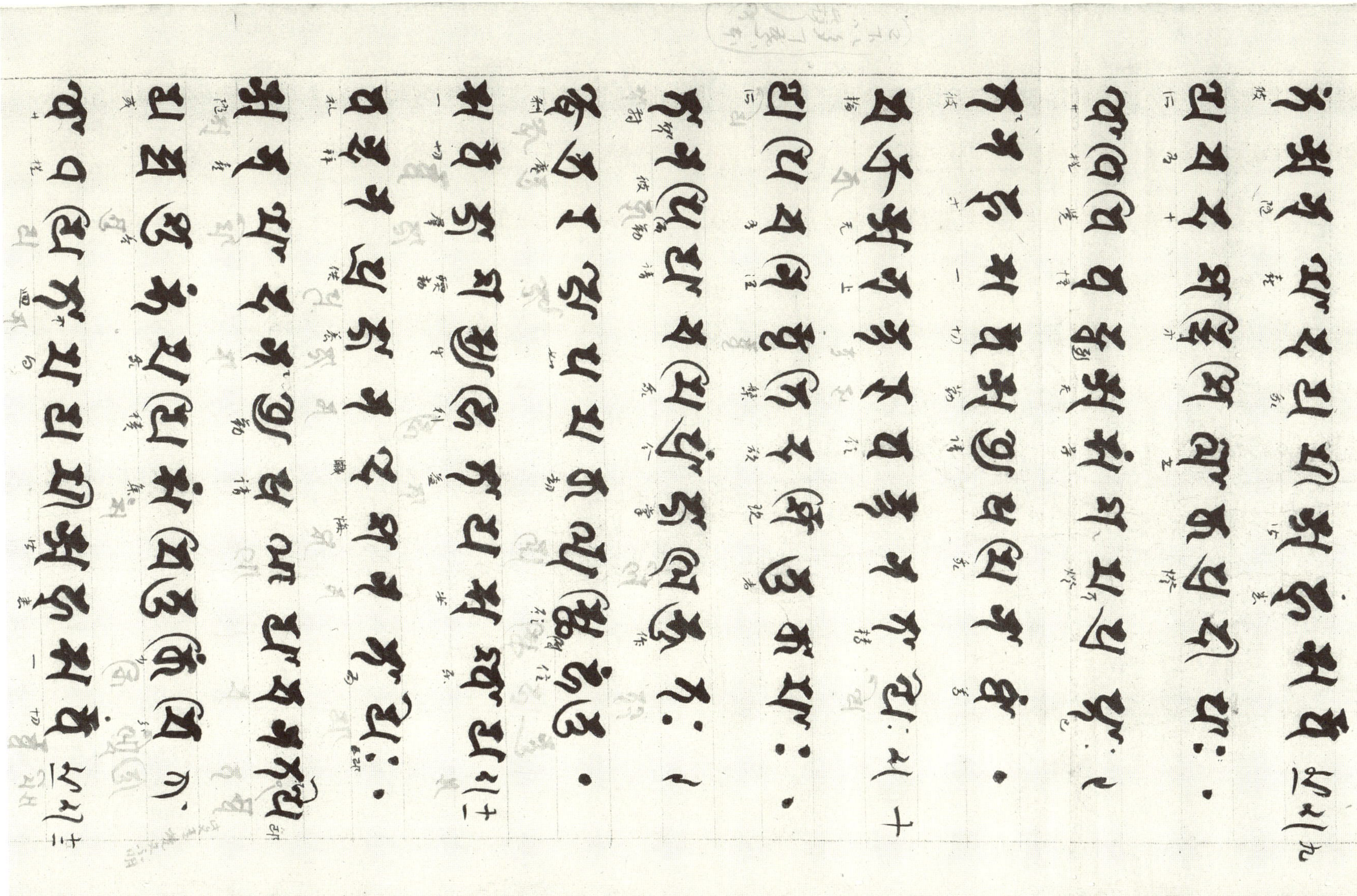

(3紙)

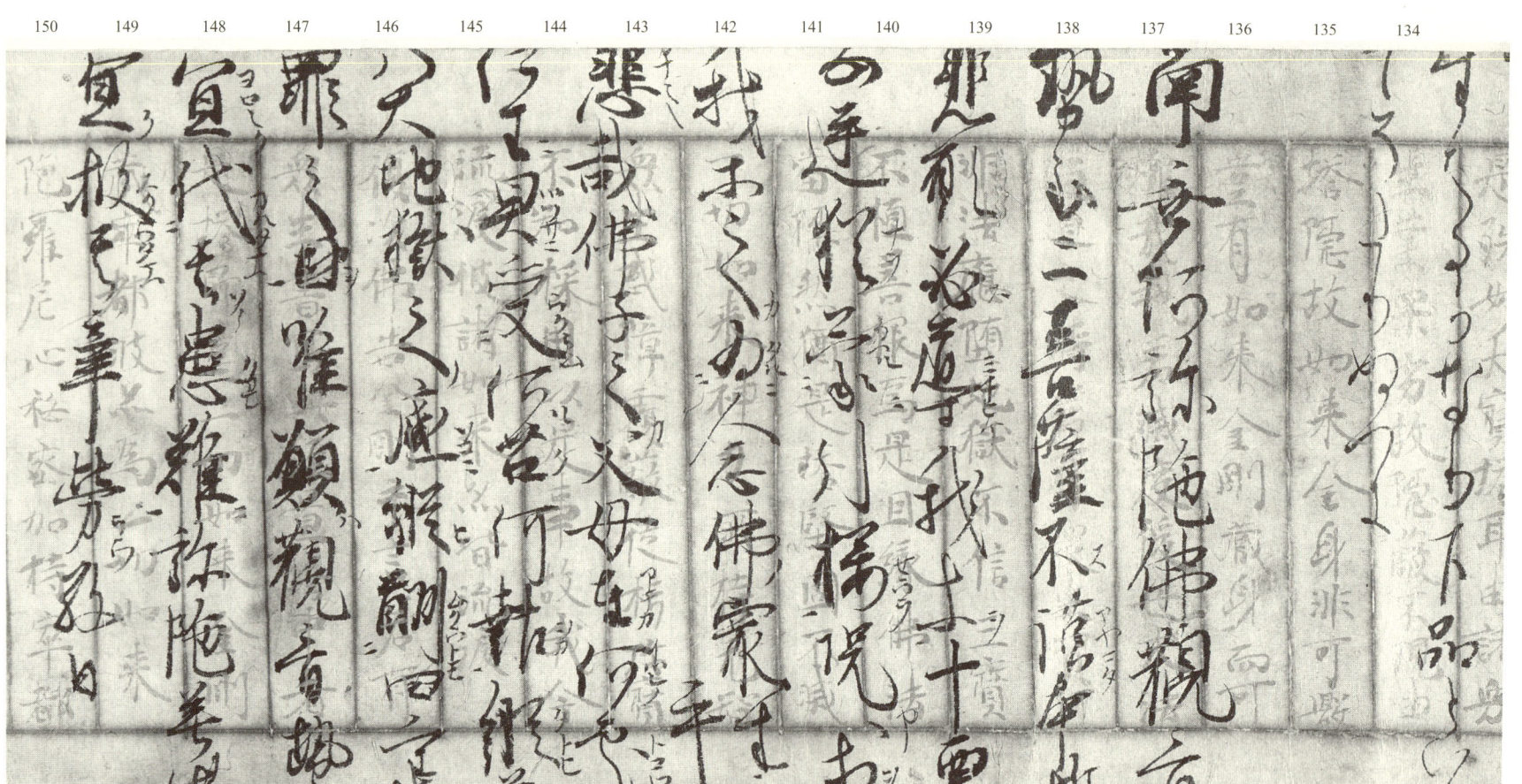

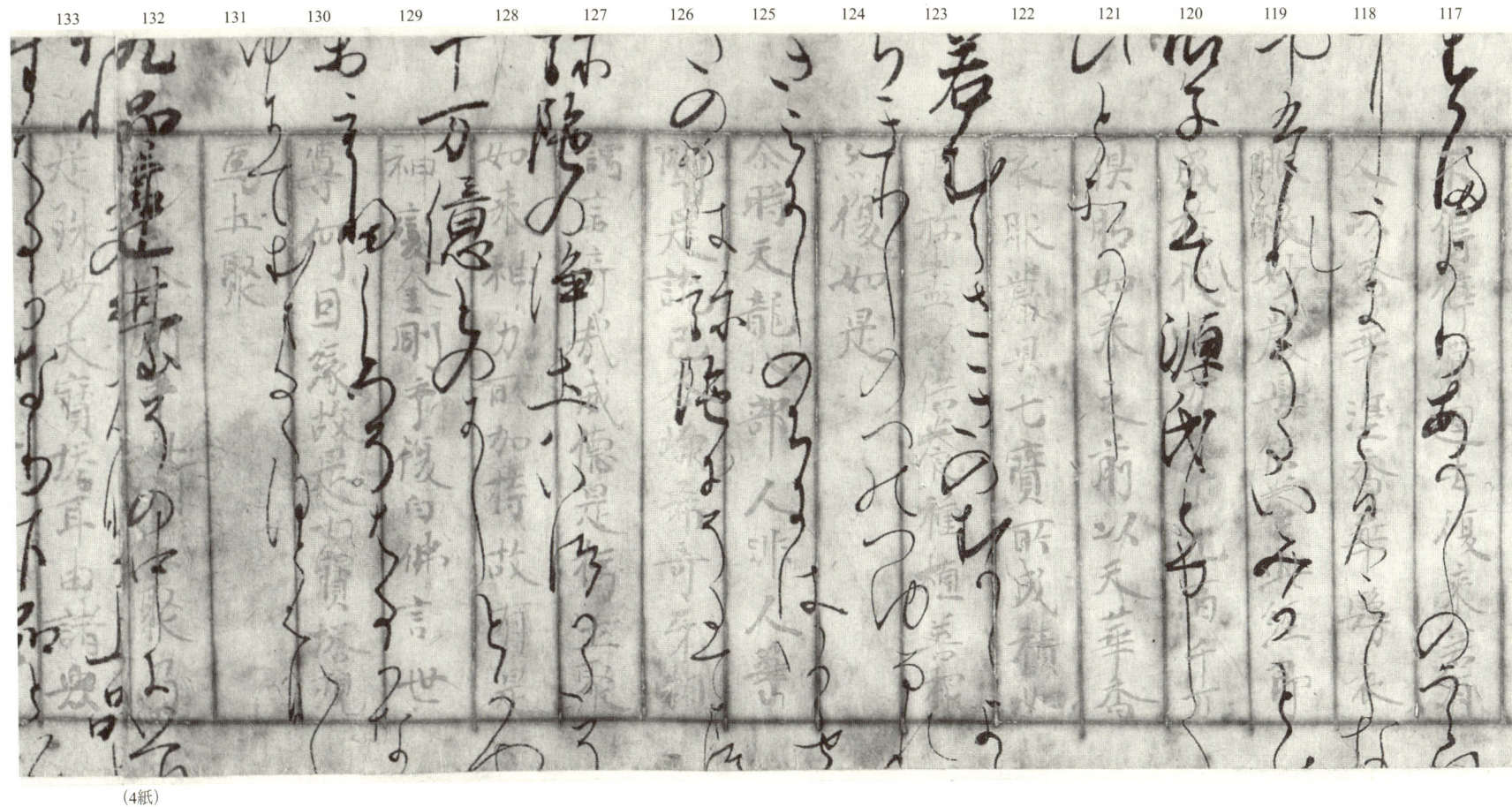

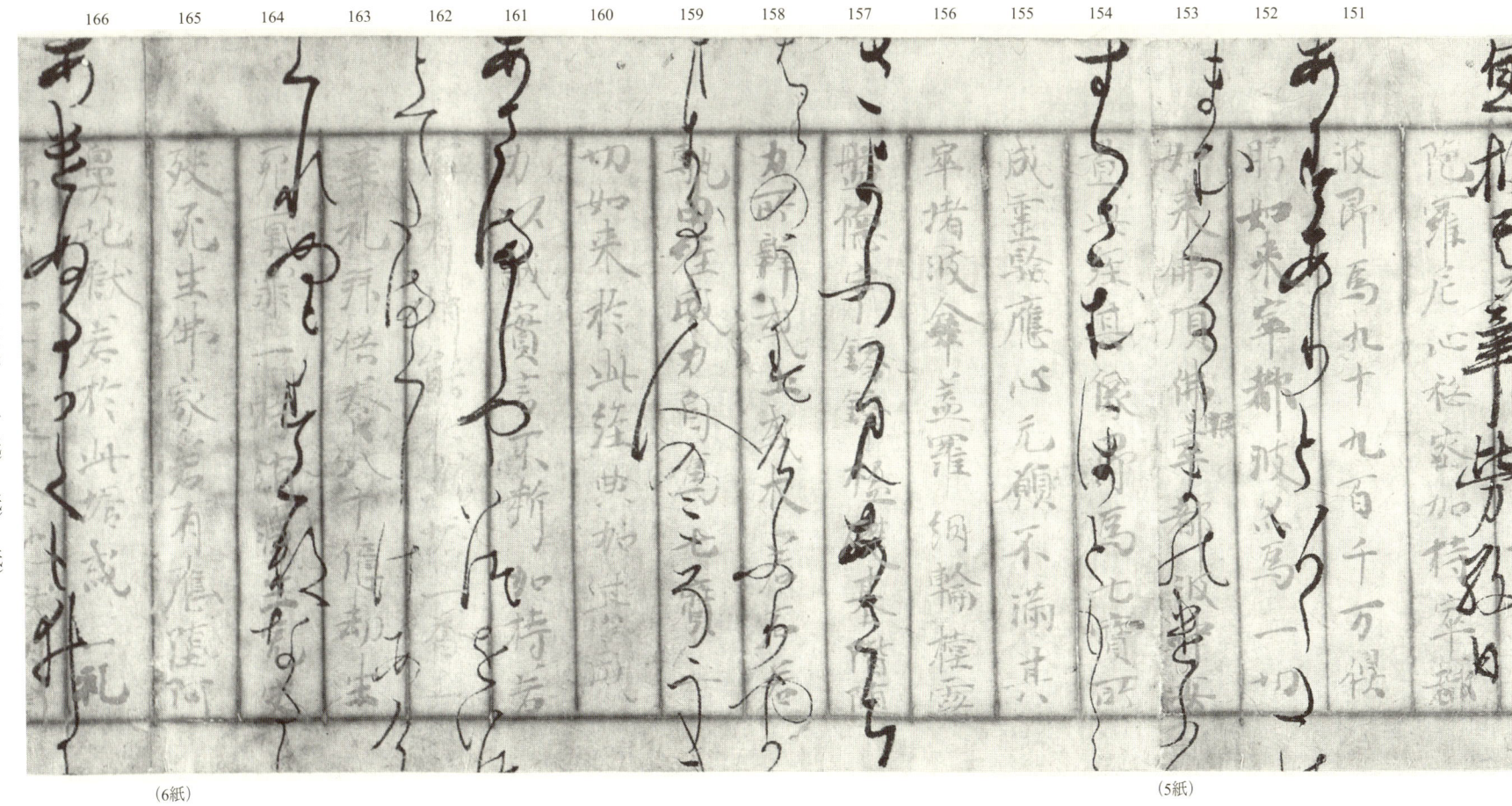

（4紙）

（5紙）

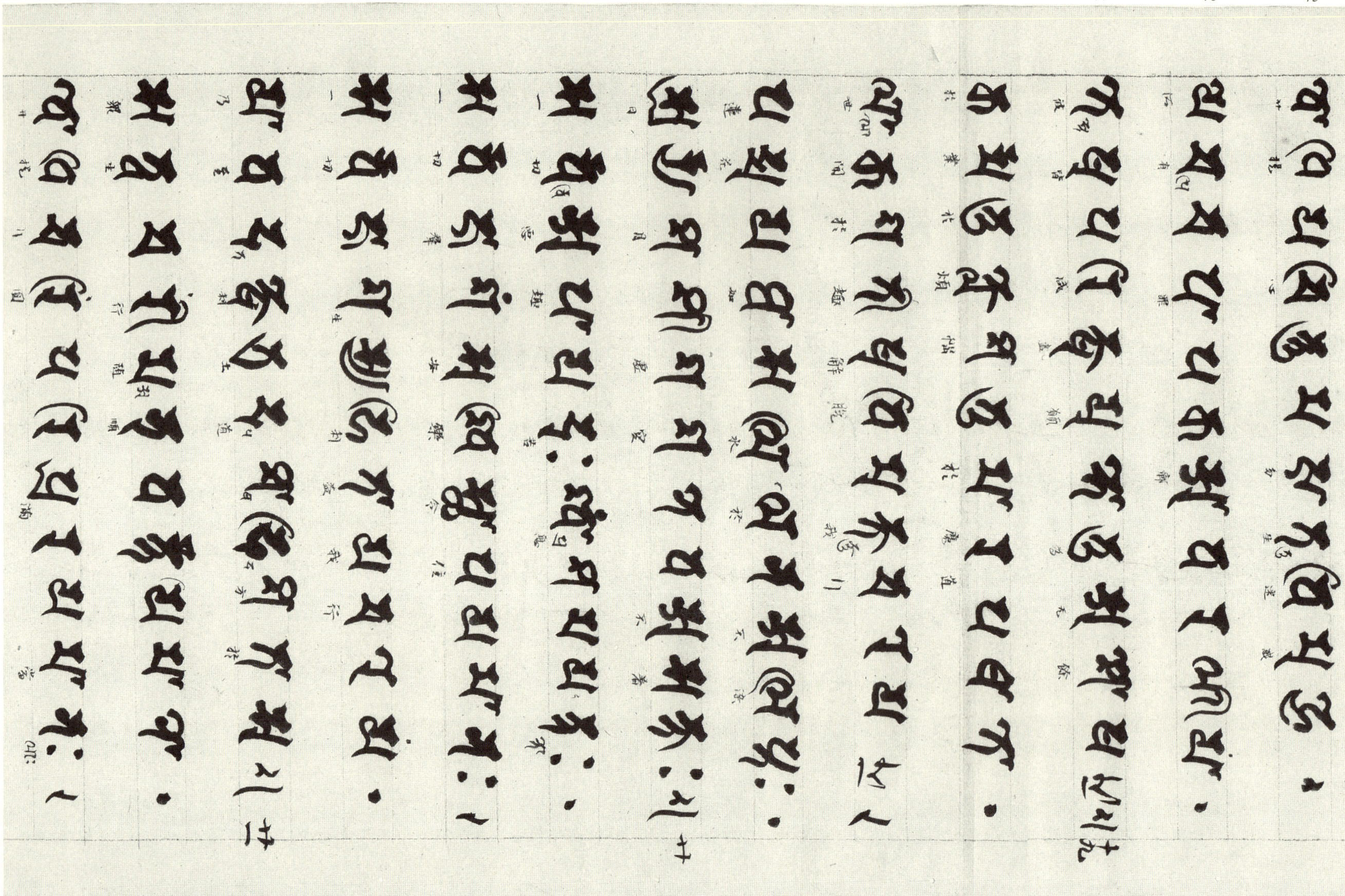

（6紙）

99 98 97 96 95 94 93 92 91 90 89 88

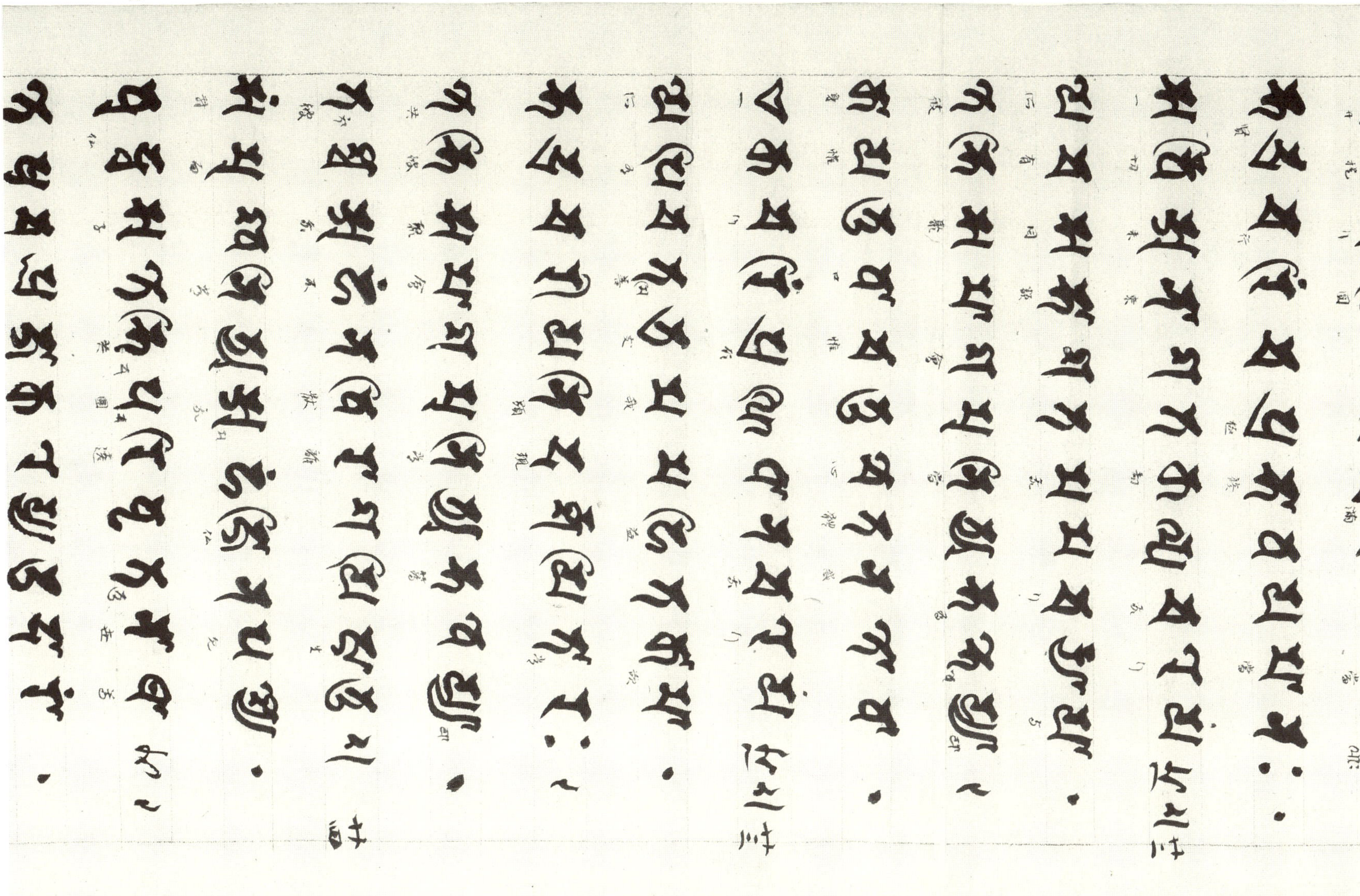

（7紙）

112 111 110 109 108 107 106 105 104 103 102 101 100

(8紙)

113 114 115 116 117 118 119 120 121 122 123 124

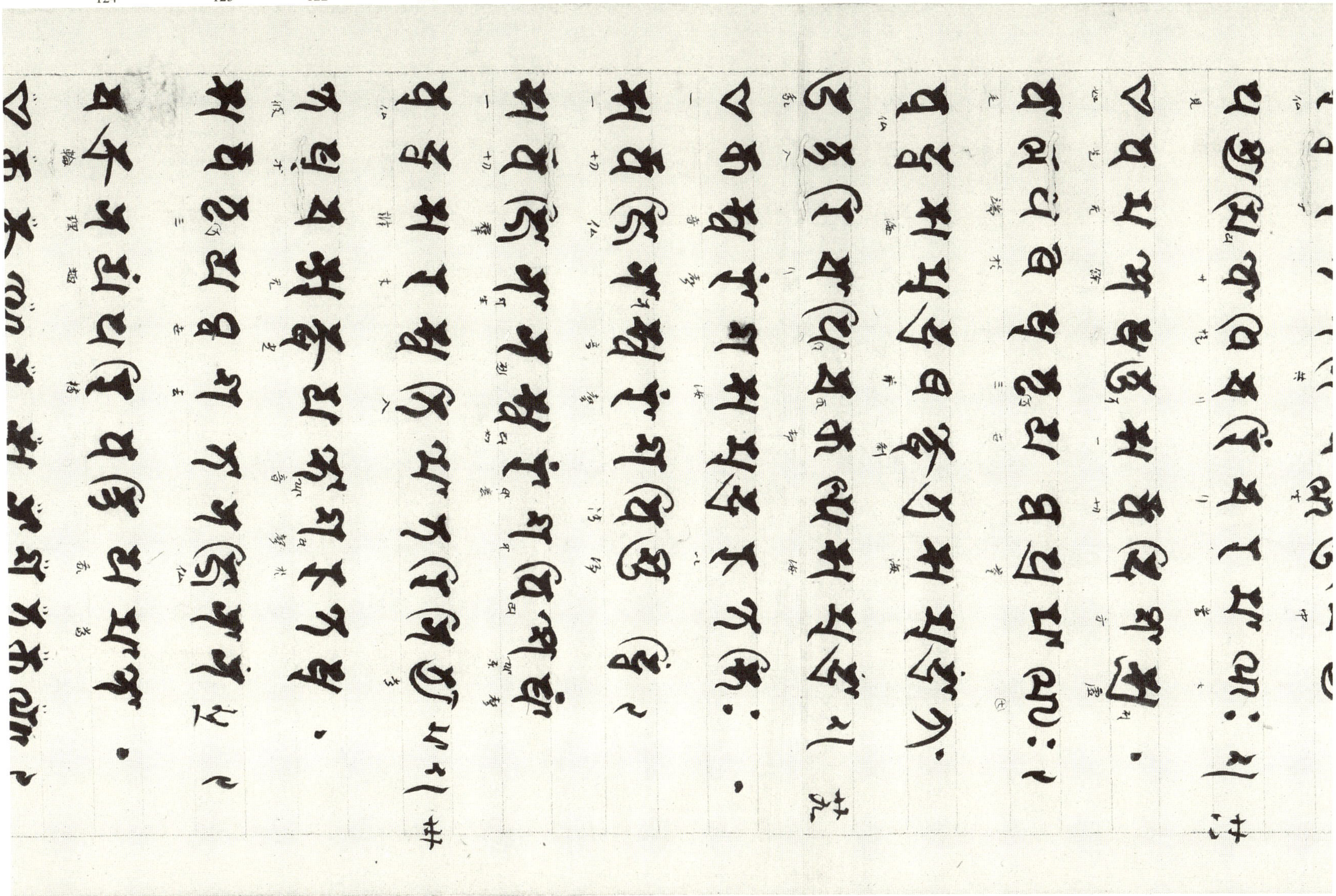

(9紙)

136 135 134 133 132 131 130 129 128 127 126 125

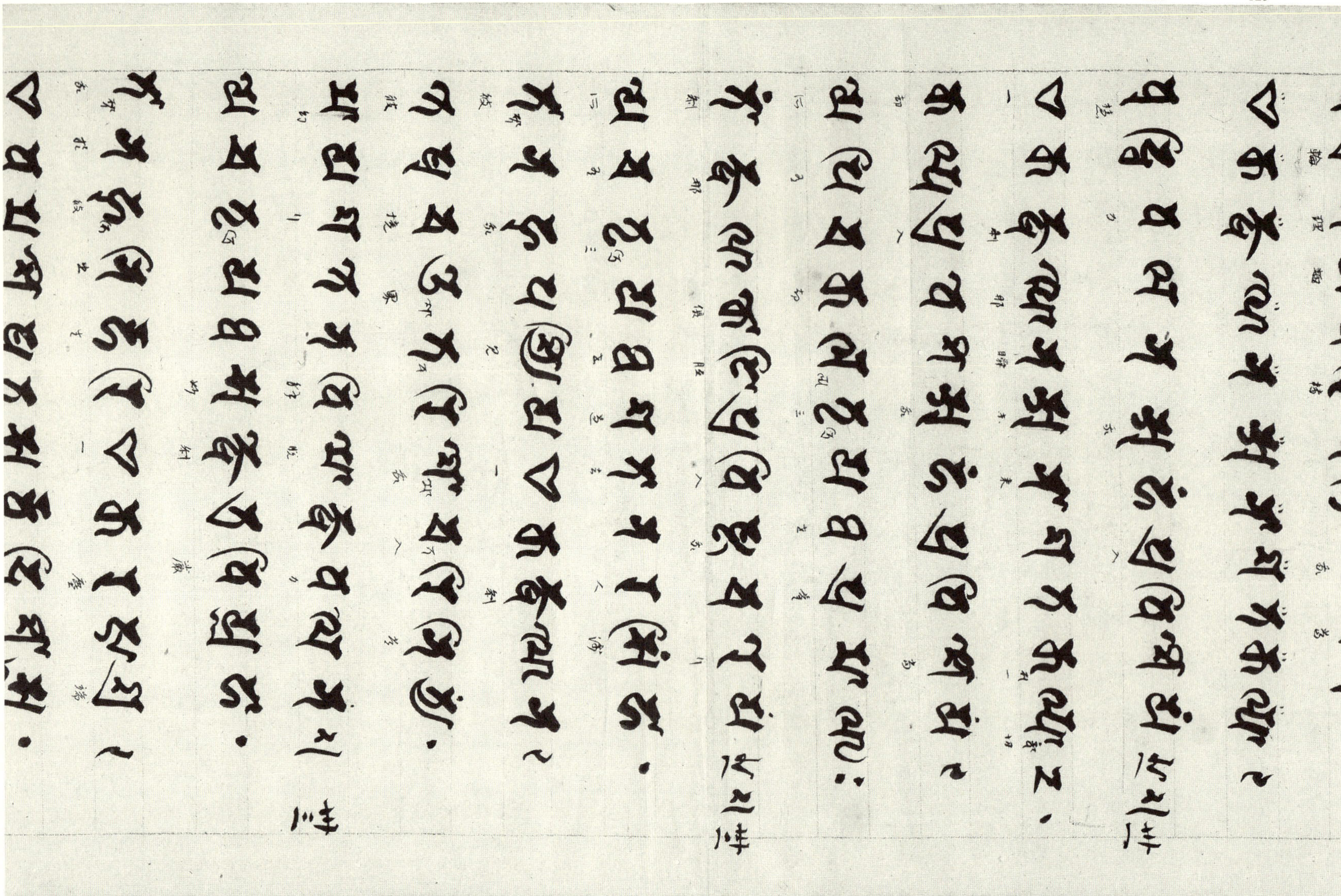

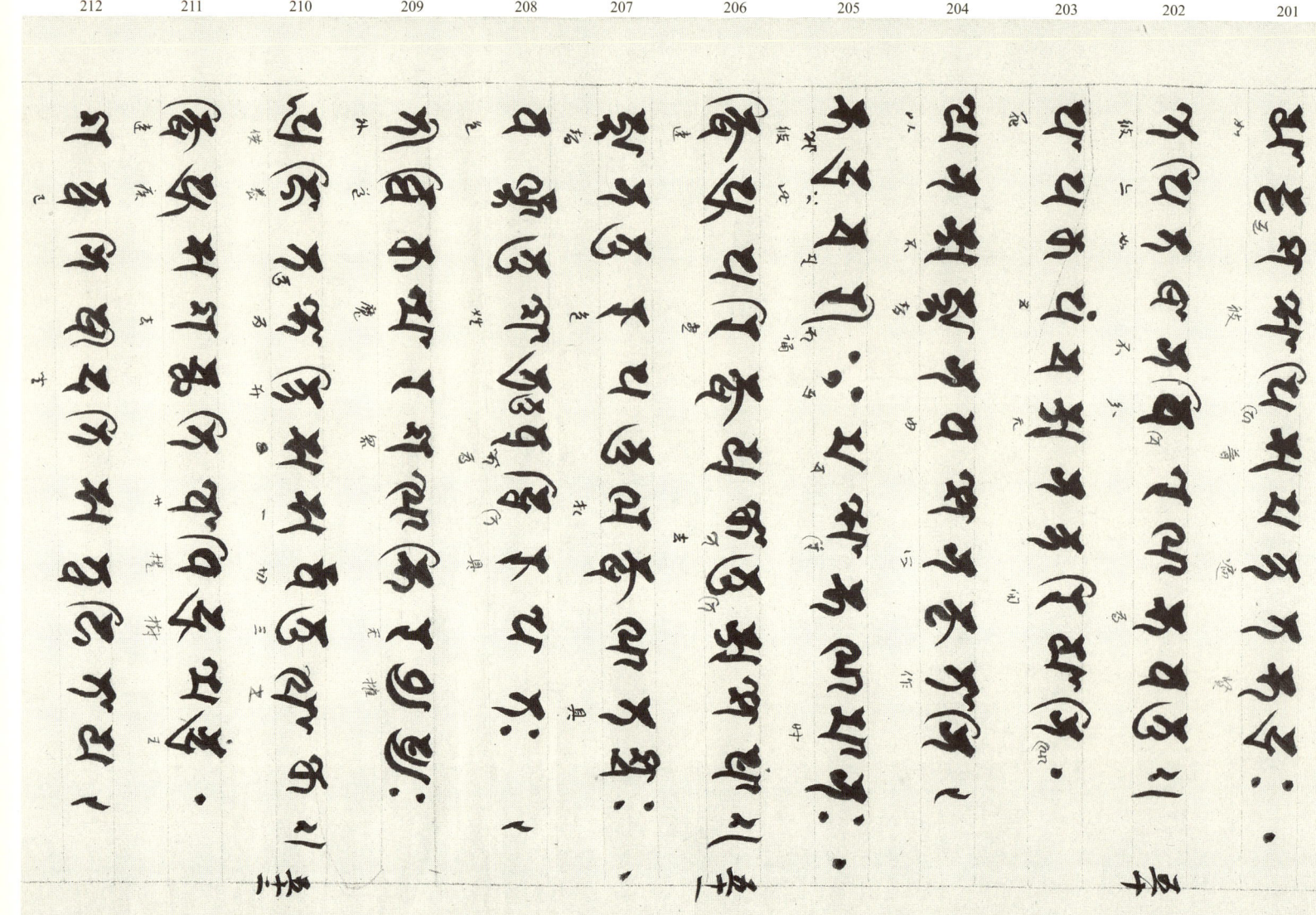

（10紙）

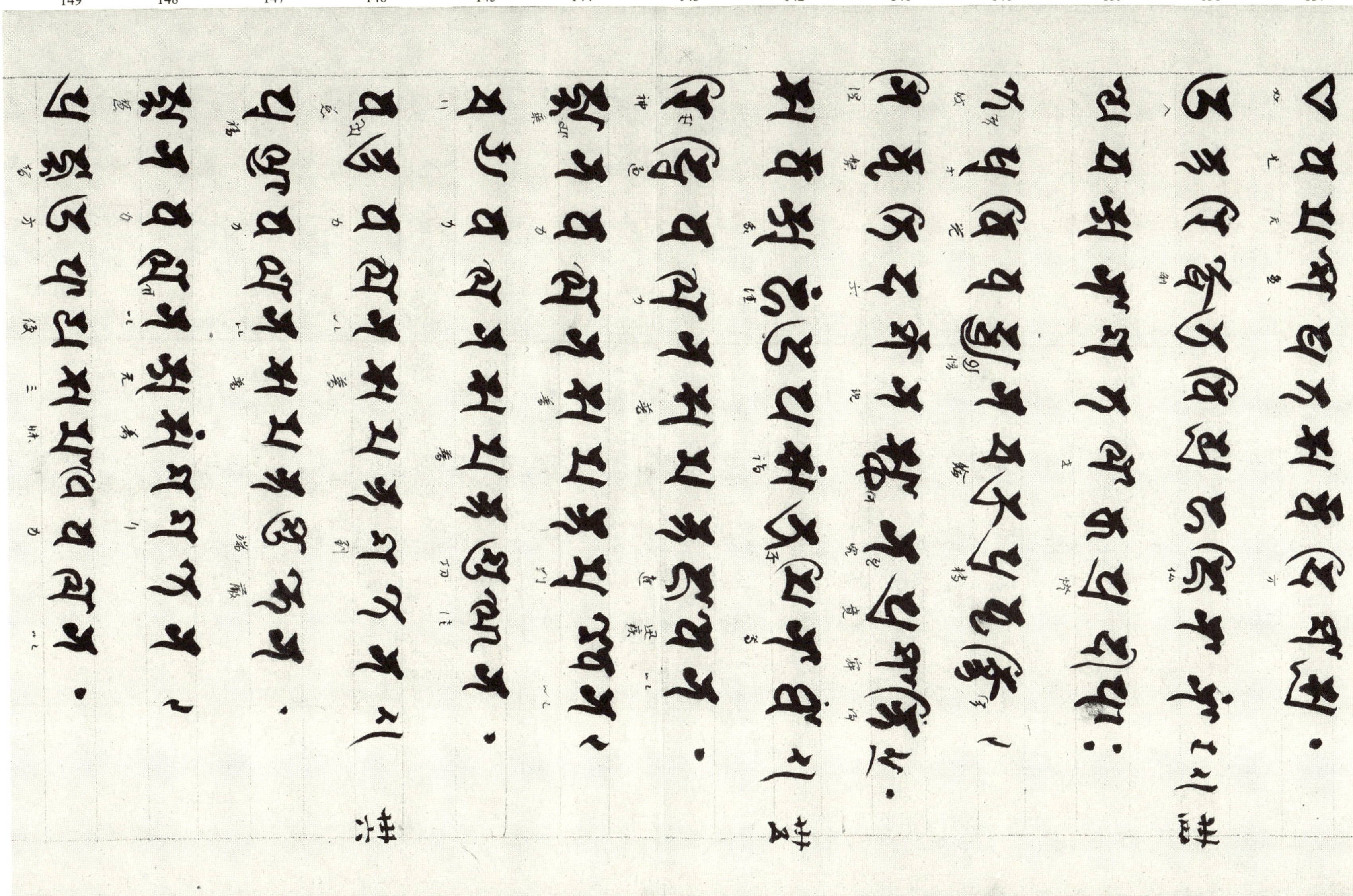

（11紙）

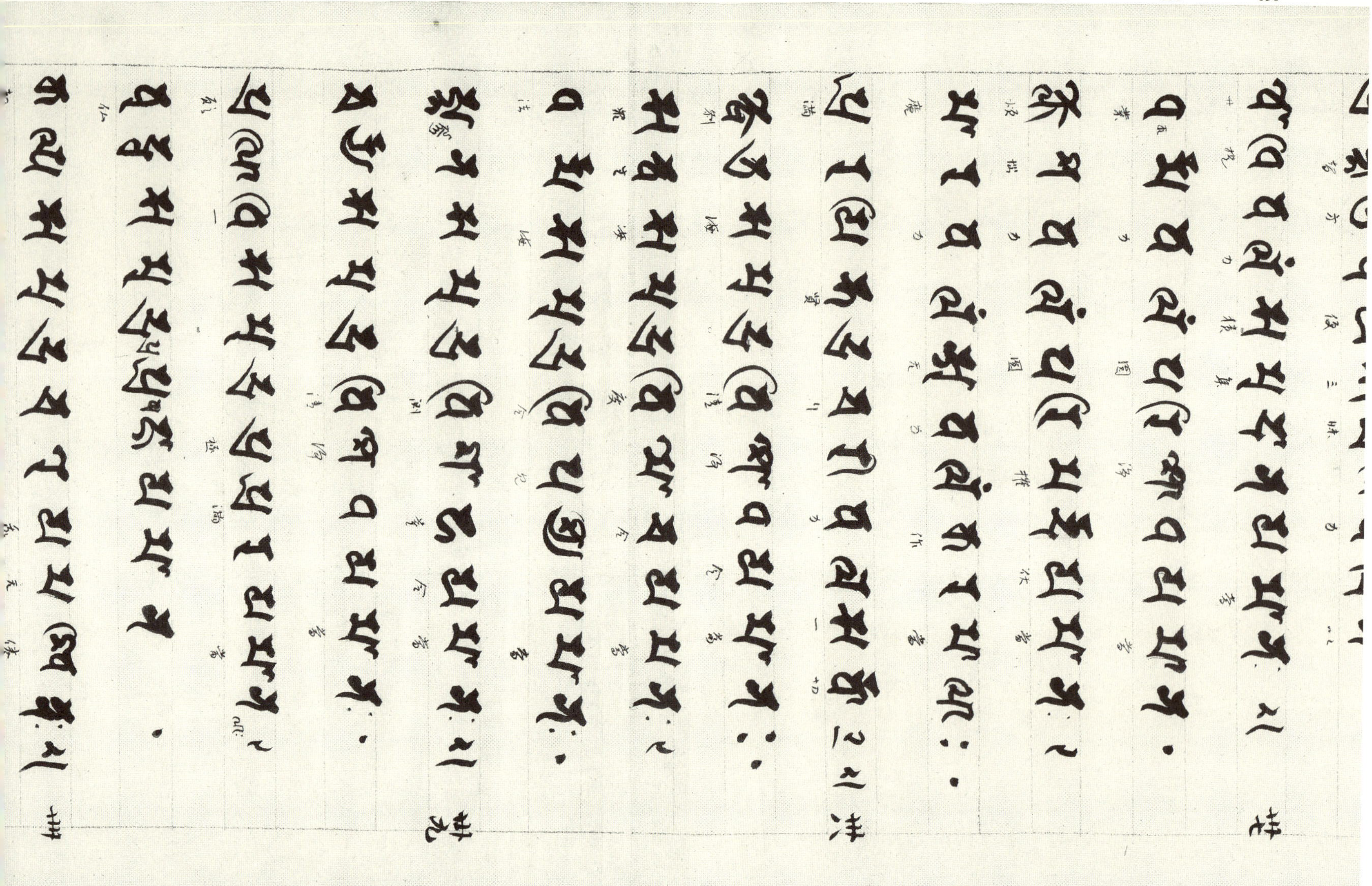

（12紙）

174 173 172 171 170 169 168 167 166 165 164 163

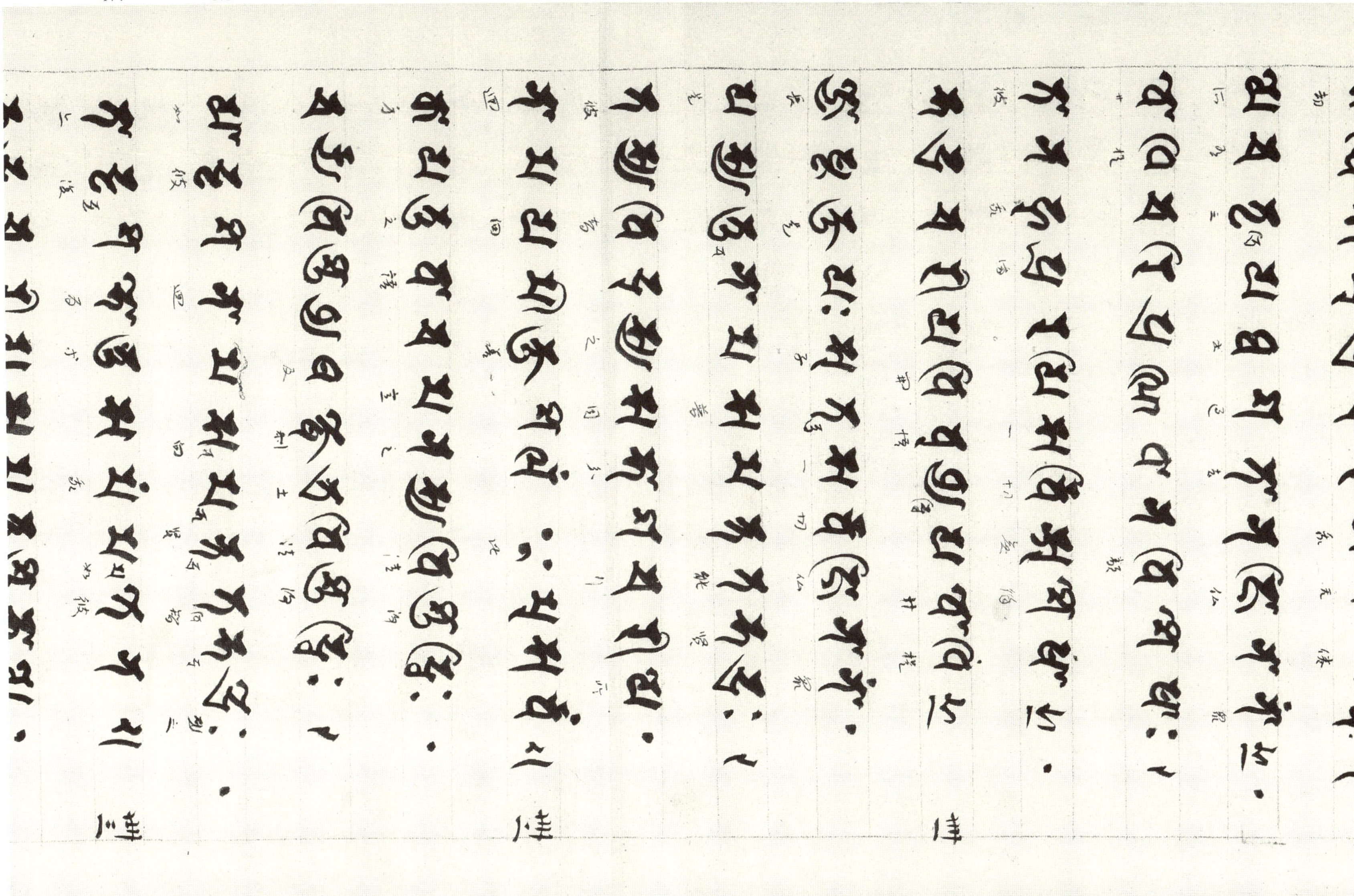

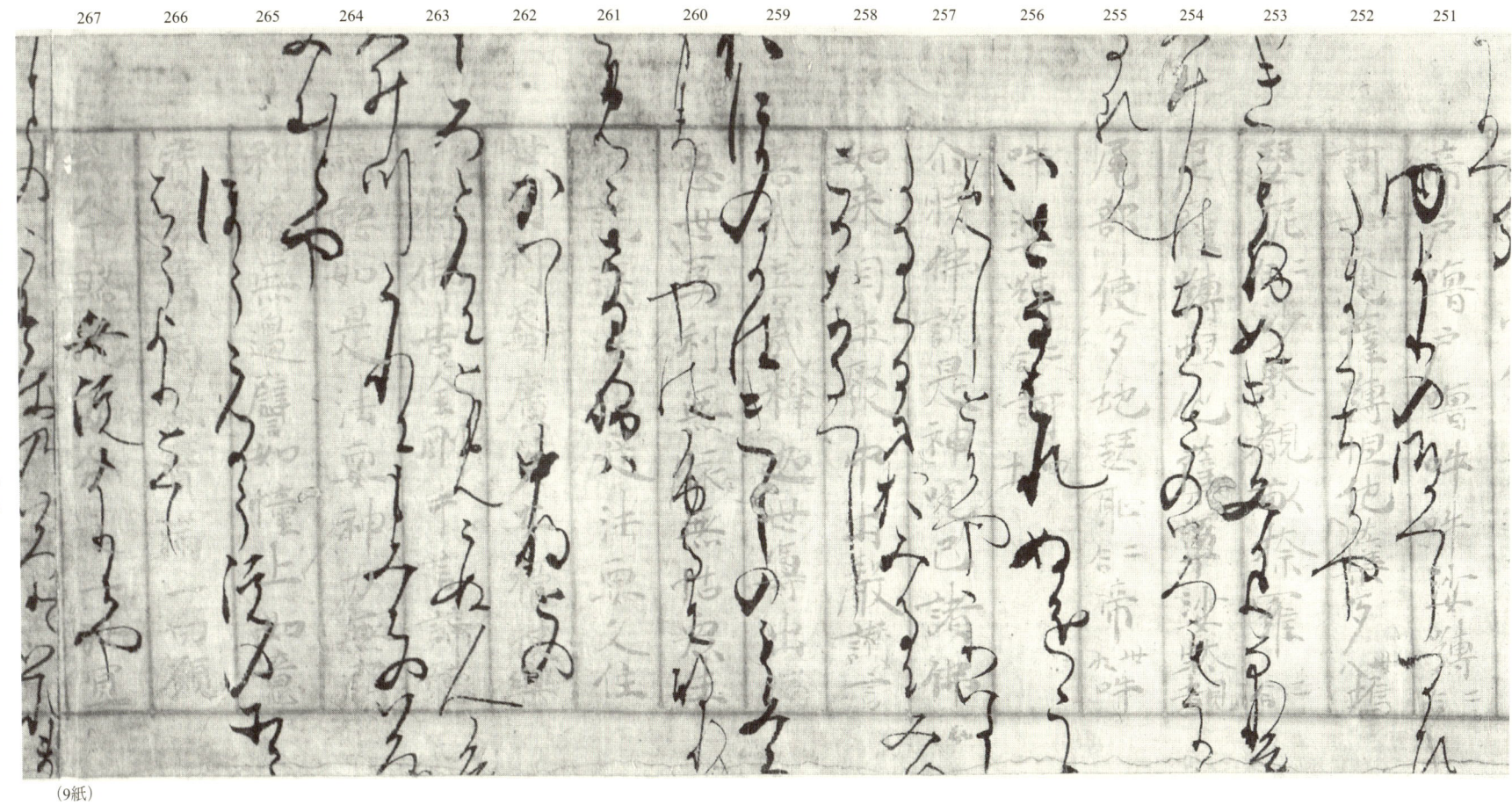

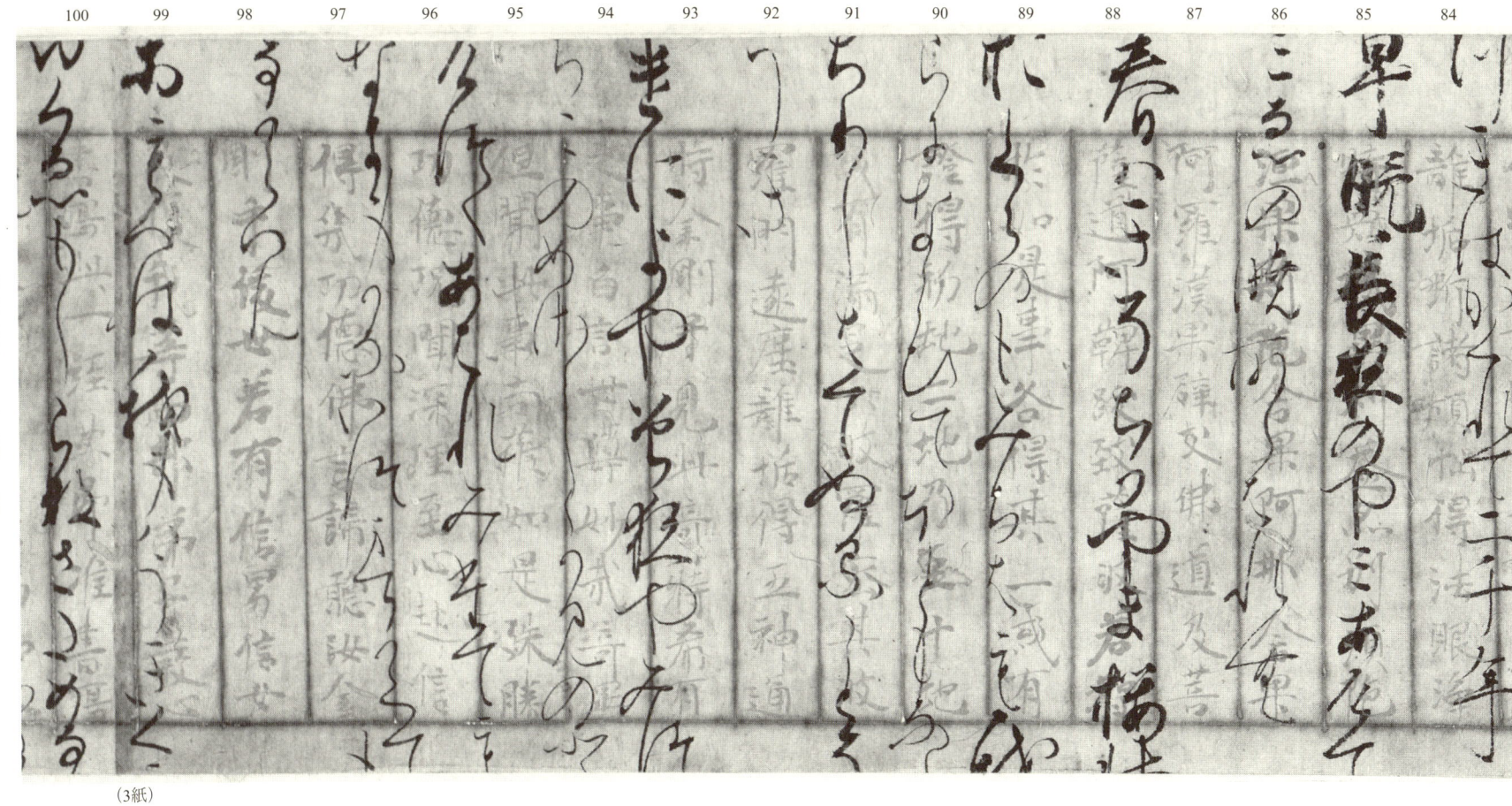

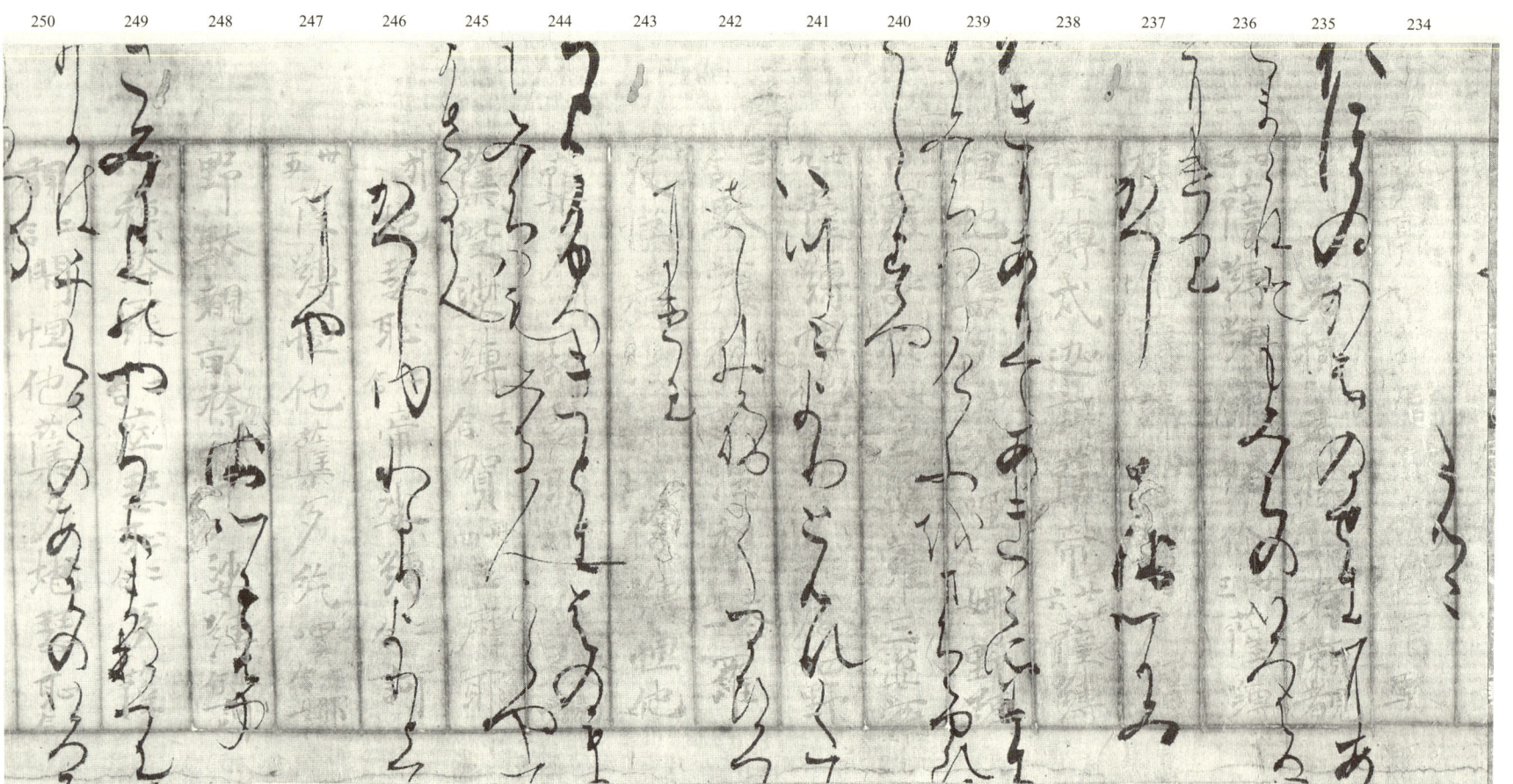

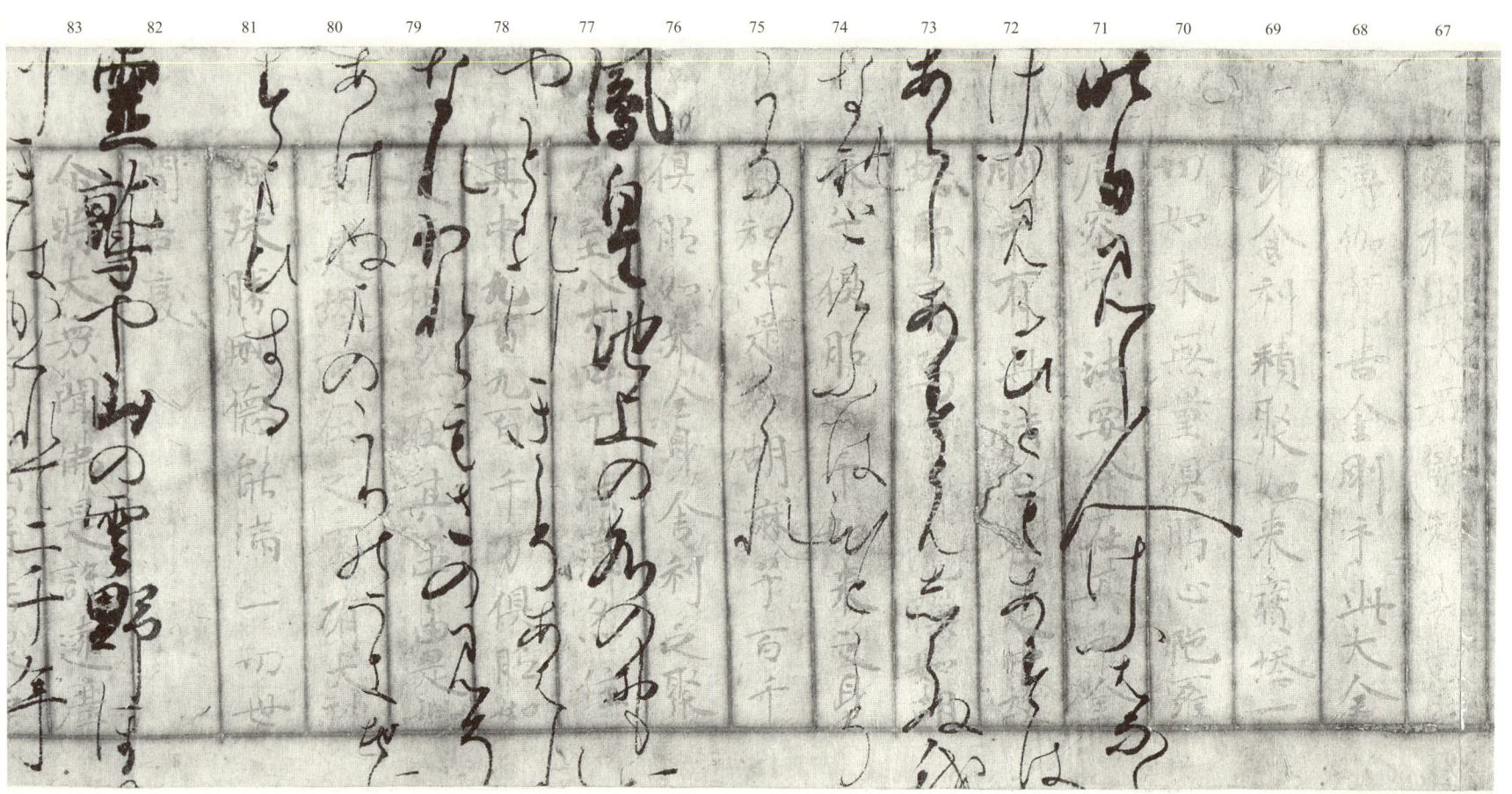

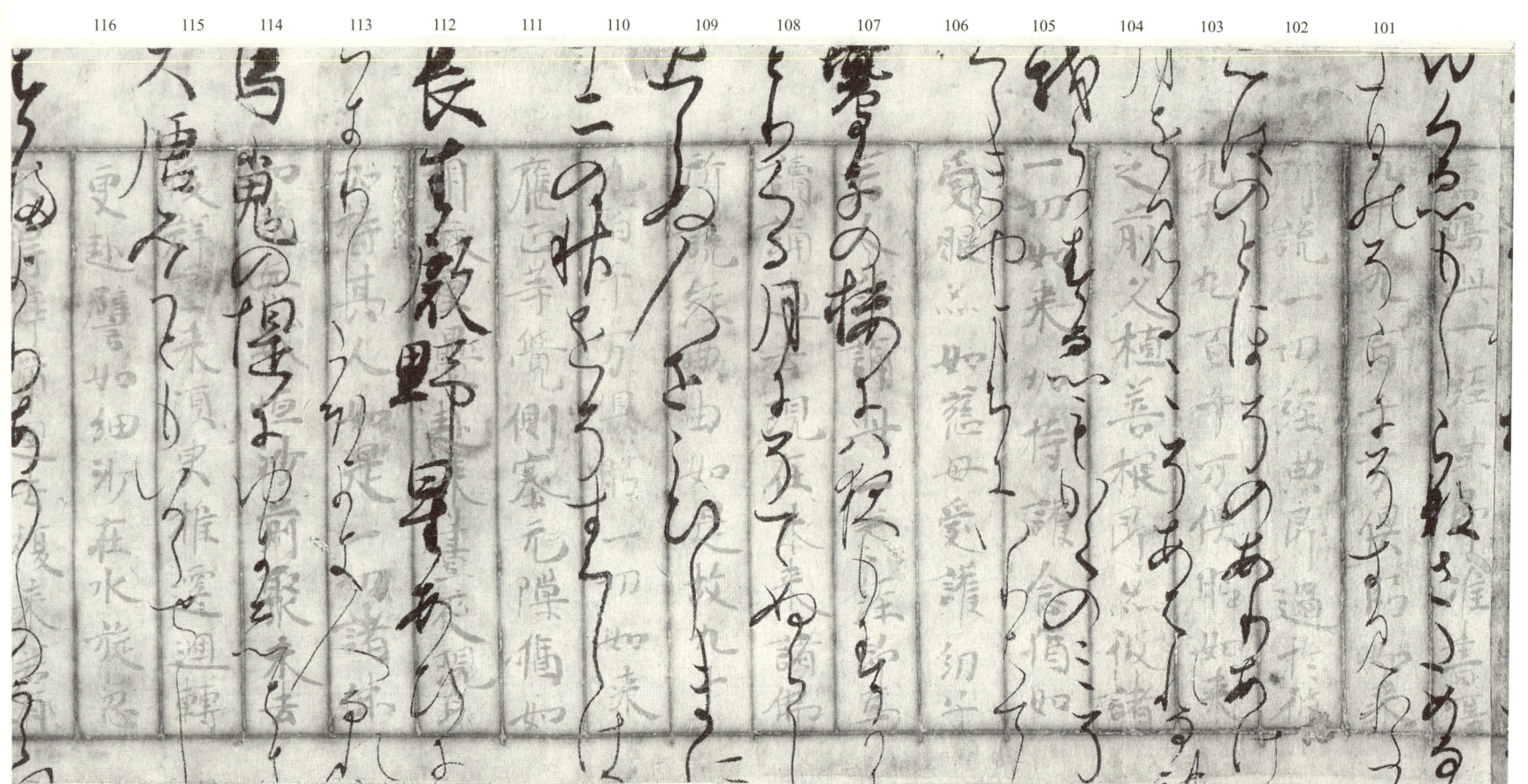

（13紙）

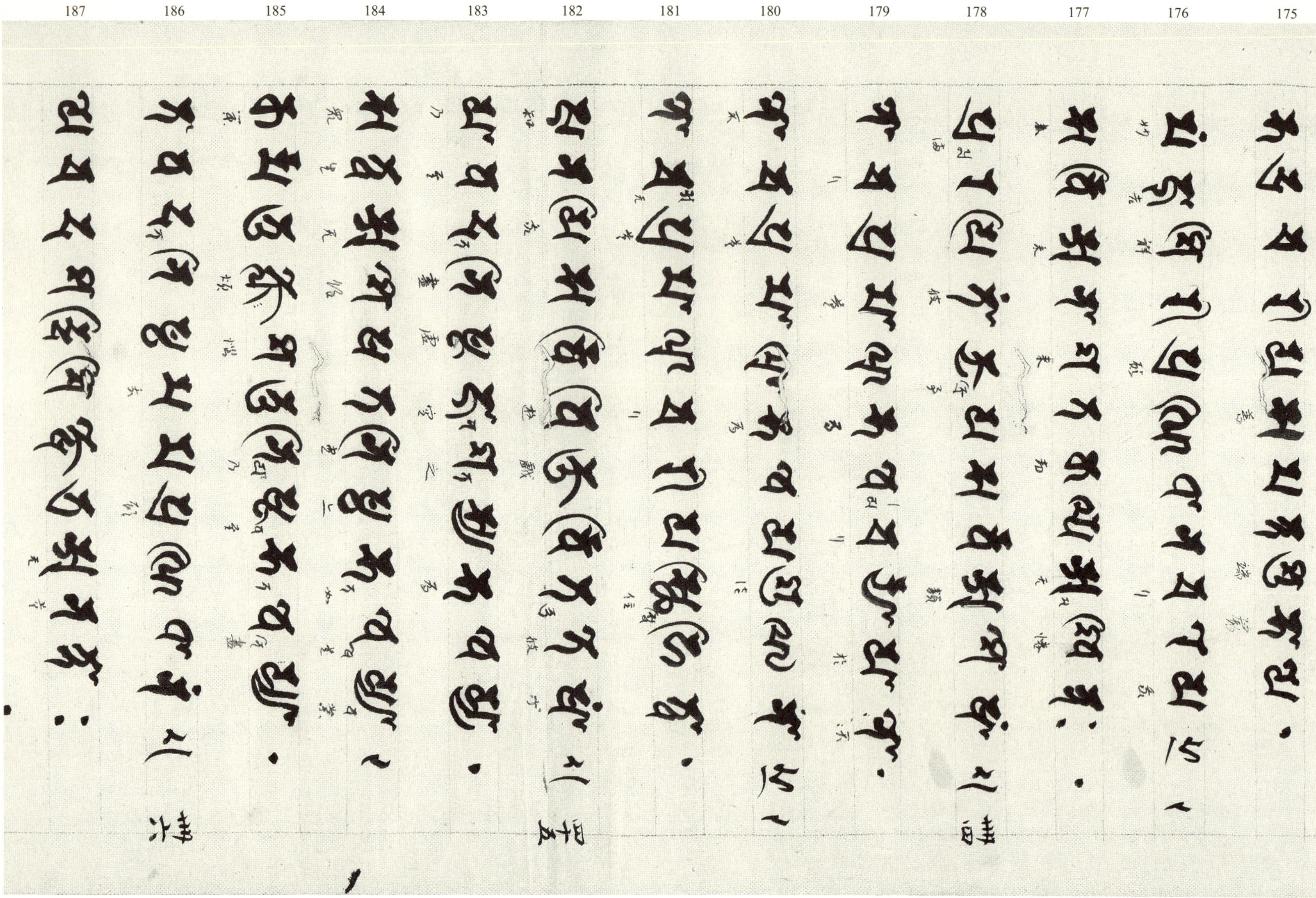

（14紙）

188 189 190 191 192 193 194 195 196 197 198 199

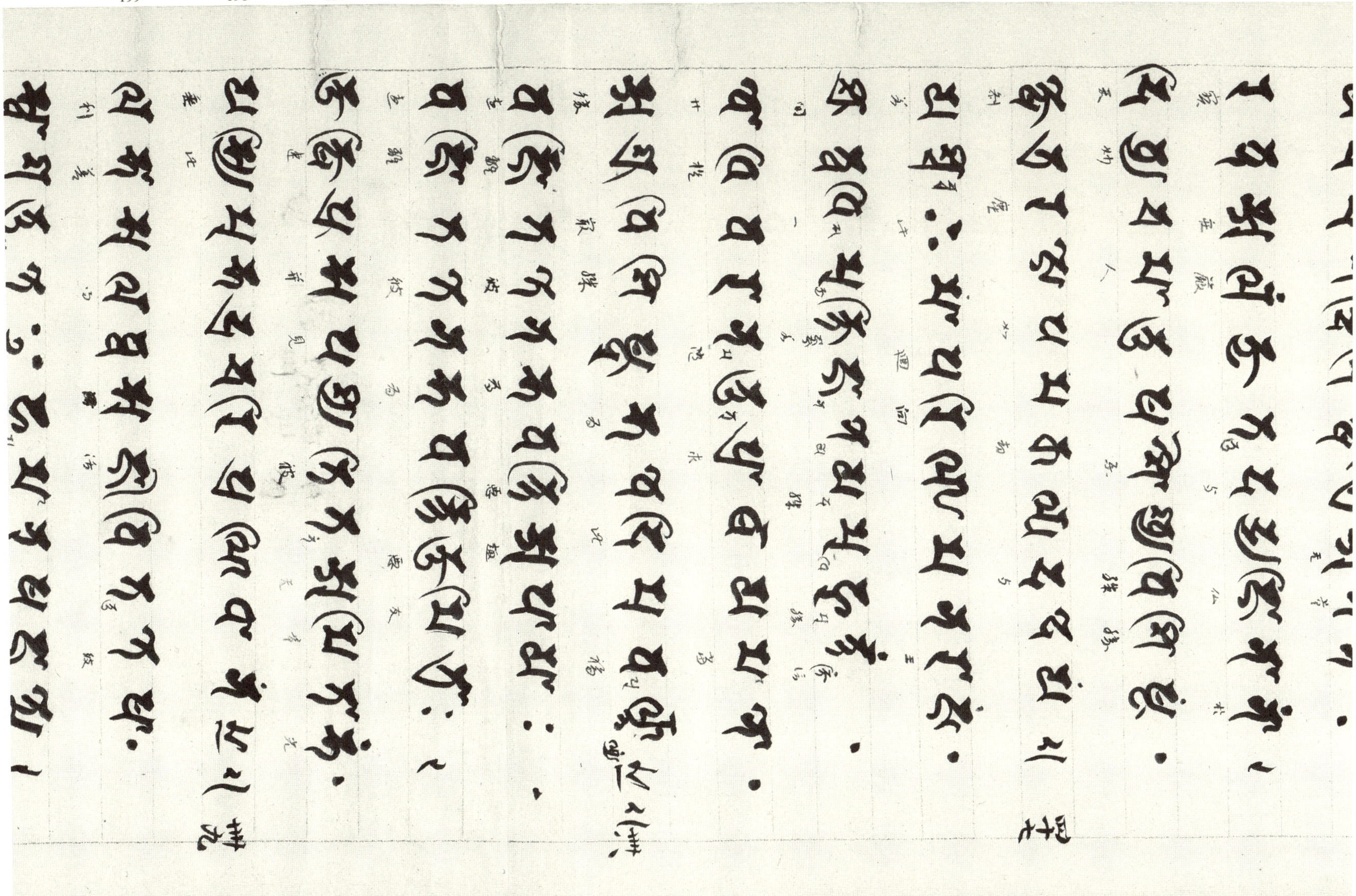

（15紙）

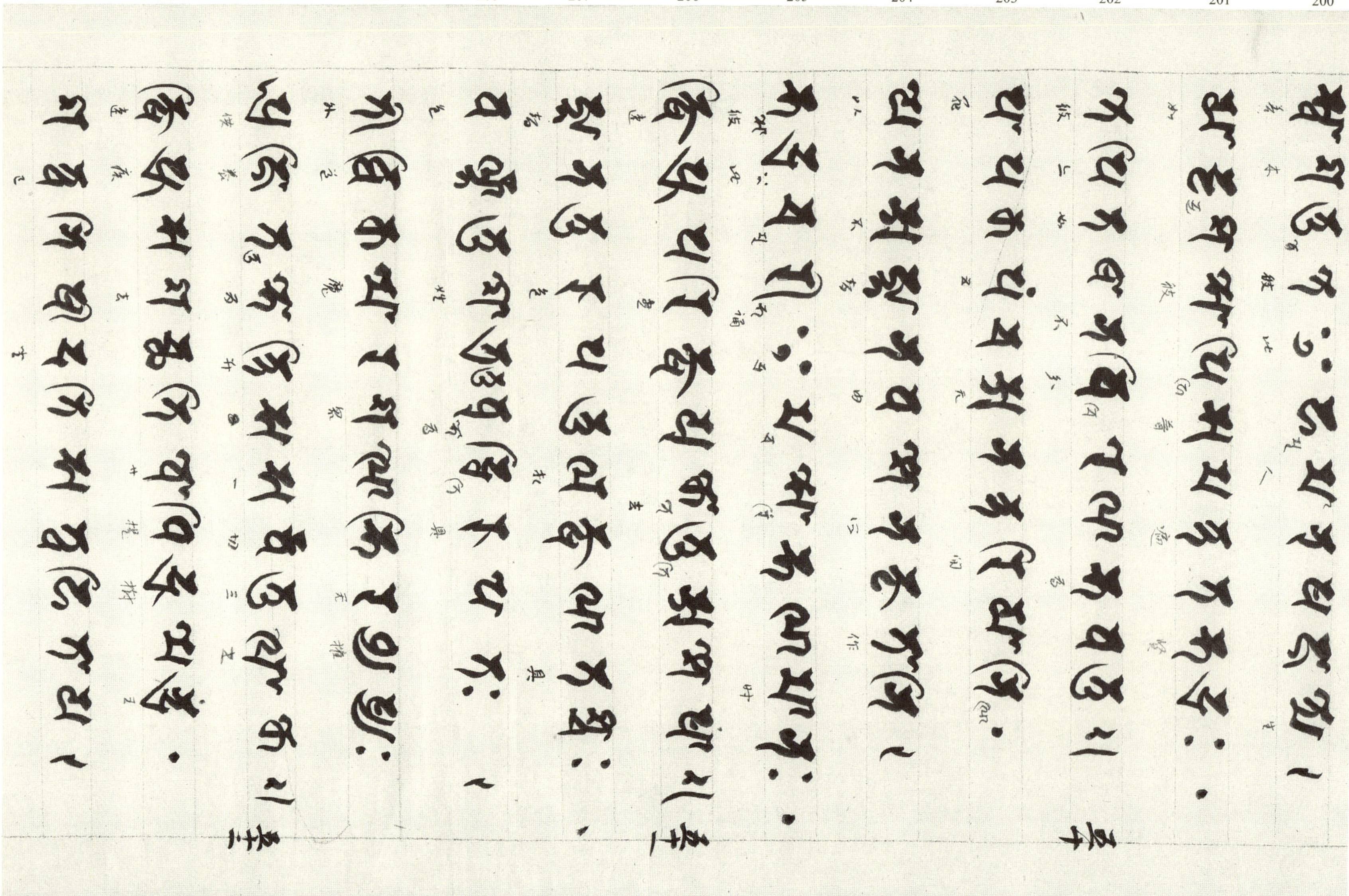

（16紙）

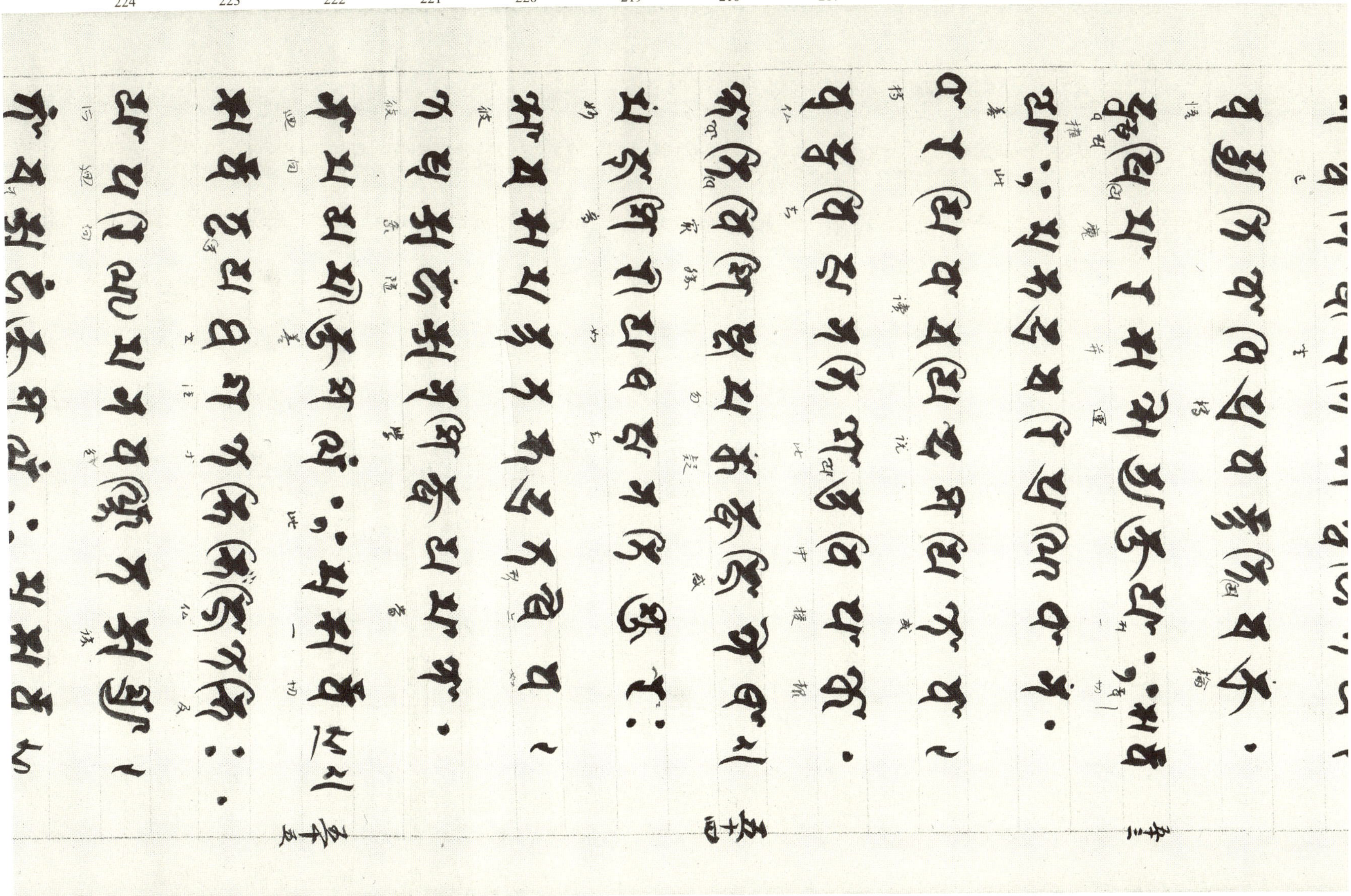

（17紙）

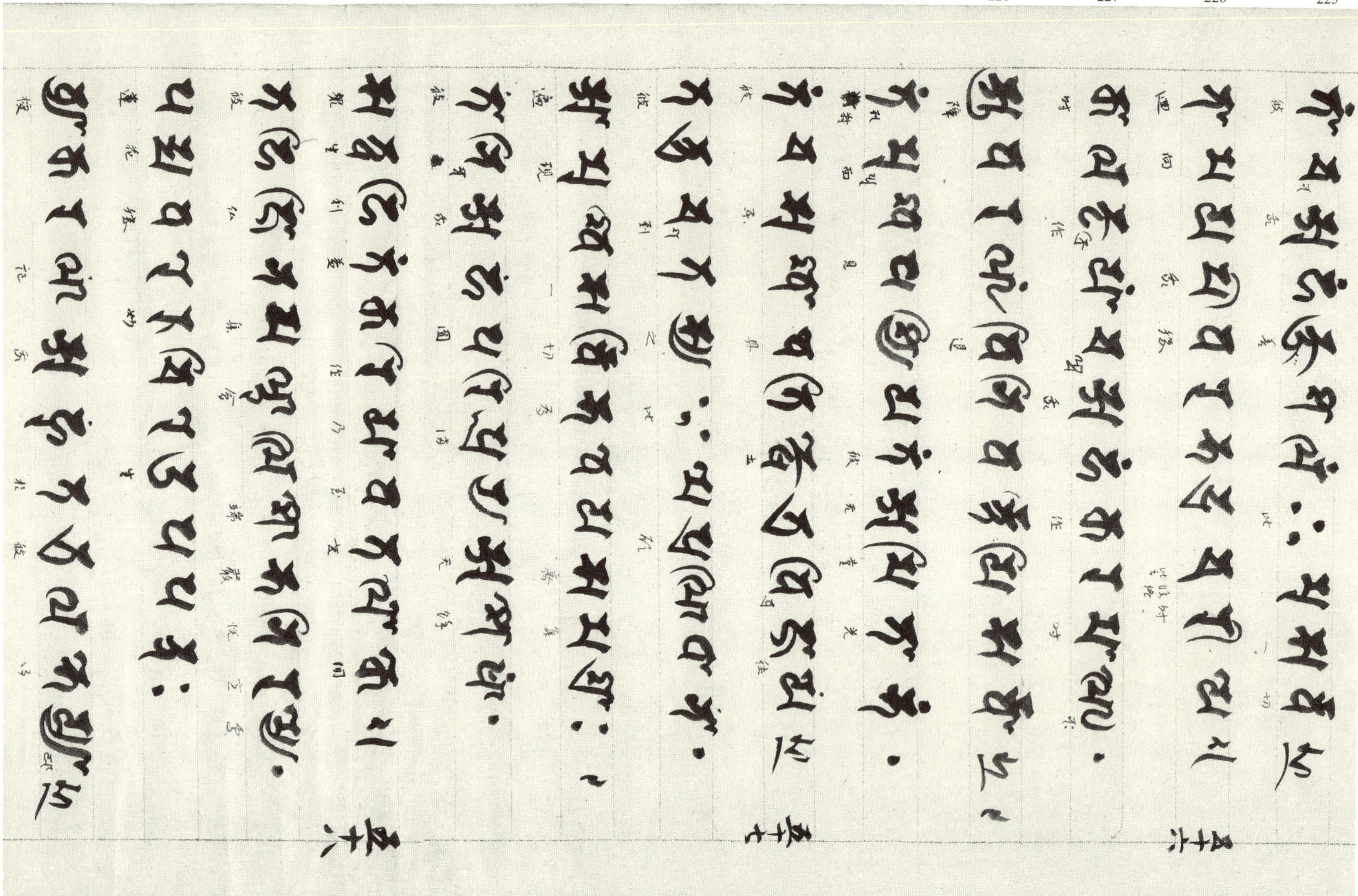

（18紙）

238 239 240 241 242 243 244 245 246 247 248 249

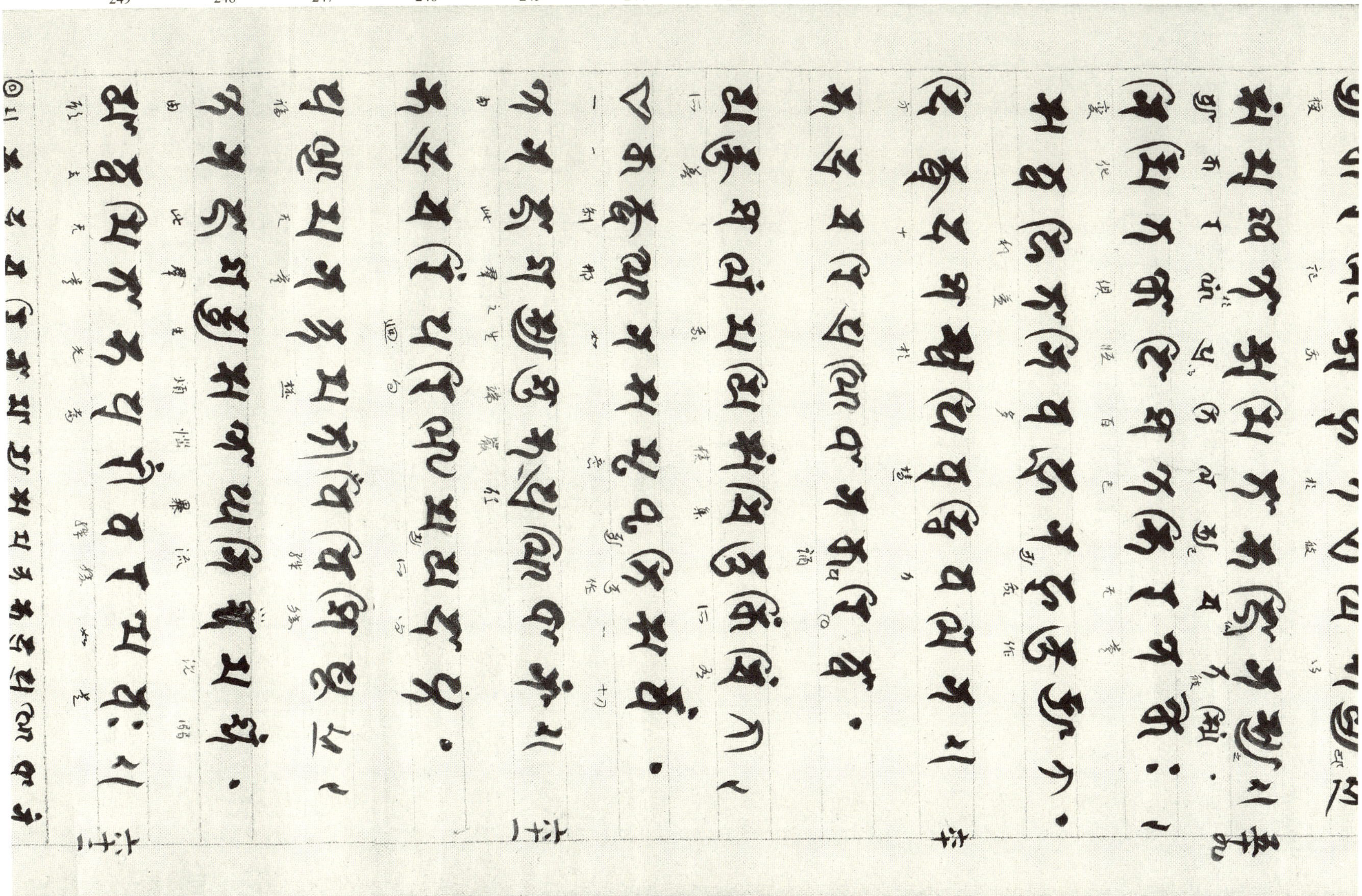

（19紙）

251 250

（補紙）（20紙）

國寶 梵漢普賢行願讃

外函

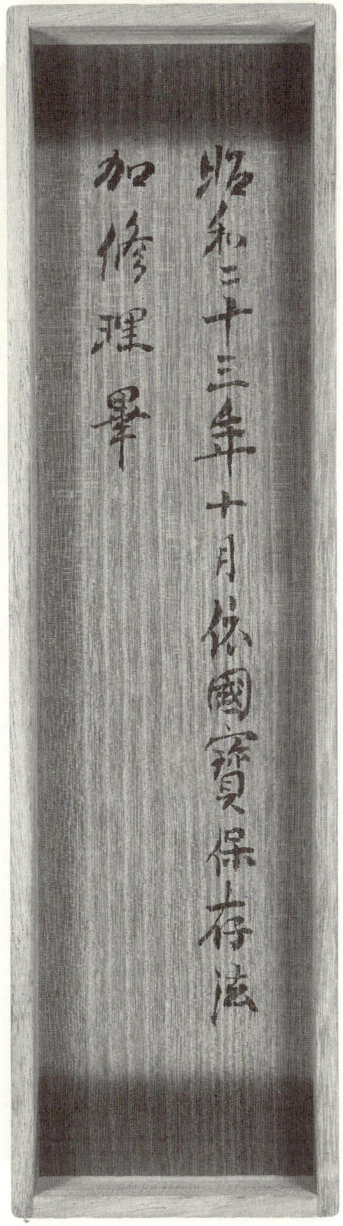
昭和二十三年十月依國寶保存法
加修理畢

蓋裏

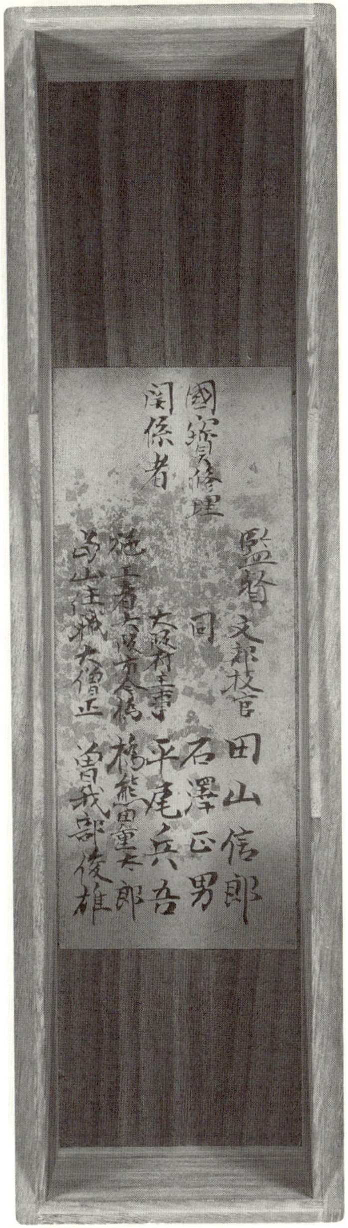
國寶修理
關係者
監督 文部技官 田山信郎
同 石澤正男
施工者 大阪府主事 平尾兵吾
當山住職大僧正 曽我部俊雄

函底

重要文化財　妙法蓮華経

巻第八（久安四年（一一四八）写）

重要文化財 妙法蓮華経 巻第八 （巻姿）

重要文化財 妙法蓮華経 巻第八 (表紙)

重要文化財　妙法蓮華経　巻第八　（表紙見返）

百千万億
一心稱名觀世音菩薩
得解脫
若有持是觀世音菩薩名者
火不能燒由是菩薩威神　稱
其名号即得淺處　千万億衆生為求
金銀瑠璃車渠馬瑙　琥珀真珠等寶
於大海假使黑風吹　飄随羅刹鬼國
其中若有乃至一人稱　音菩薩名者是
諸人等皆得解脫羅　刹之難以是因縁名觀
世音
若復有人臨當被害稱觀世音菩薩名者彼
所執刀杖尋段段壊而得解脫若三千大千
國土滿中夜叉羅刹欲來惱人聞其稱觀世
音菩薩名者是諸惡鬼尚不能以惡眼視之

況復加害

若有衆生多於婬欲常念恭敬觀世音菩薩
便得離欲若多瞋恚常念恭敬觀世音菩薩
便得離瞋若多愚癡常念恭敬觀世音菩薩
便得離癡無盡意觀世音菩薩有如是等大
威神力多所饒益是故衆生常應心念
若有女人設欲求男礼拜供養觀世音菩薩
便生福德智慧之男設欲求女便生端正有
相之女宿殖德本衆人愛敬無盡意觀世音
菩薩有如是力若有衆生恭敬礼拜觀世音
菩薩福不唐捐是故衆生皆應受持觀世音

（2紙（補紙））　（1紙）

菩薩福不唐捐是故衆生皆應受持觀世音
菩薩名号無盡意若有人受持六十二億恒
河沙菩薩名字復盡形供養飲食衣服臥具
醫藥於汝意云何是善男子善女人功德多
不無盡意言甚多世尊佛言若復有人受持
觀世音菩薩名号乃至一時礼拜供養是二
人福正等無異於百千万億劫不可窮盡無
盡意受持觀世音菩薩名号得如是無量無
邊福德之利
無盡意菩薩白佛言世尊觀世音菩薩云何
遊此娑婆世界云何而爲衆生說法方便
力其事云何佛告無盡意菩薩善男子若有
國土衆生應以佛身得度者觀世音菩薩即
現佛身而爲說法應以辟支佛身得度者即
現辟支佛身而爲說法應以聲聞身得度者
即現聲聞身而爲說法應以梵王身得度者
即現梵王身而爲說法應以帝釋身得度者
即現帝釋身而爲說法應以自在天身得度
者即現自在天身而爲說法應以大自在天
身得度者即現大自在天身而爲說法應以
天大將軍身得度者即現天大將軍身而爲

説法應以毘沙門身得度者即現毘沙門身
而為説法應以小王身得度者即現小王身
而為説法應以長者身得度者即現長者身
而為説法應以居士身得度者即現居士身
而為説法應以宰官身得度者即現宰官身
而為説法應以婆羅門身得度者即現婆羅
門身而為説法應以比丘比丘尼優婆塞優
婆夷身得度者即現比丘比丘尼優婆塞優
婆夷身而為説法應以長者居士宰官婆羅
門婦女身得度者即現婦女身而為説法應
以童男童女身得度者即現童男童女身
而為説法應以天龍夜叉乾闥婆阿修羅迦
樓羅緊那羅摩睺羅伽人非人等身得度者即
皆現之而為説法應以執金剛神得度者即
現執金剛神而為説法無盡意是觀世音菩
薩成就如是功徳以種種形遊諸國土度脱
衆生是故汝等應當一心供養觀世音菩薩
是觀世音菩薩摩訶薩於怖畏急難之中能
施無畏是故此娑婆世界皆號之為施無
畏者無盡意菩薩白佛言世尊我今當供養觀
世音菩薩即解頸衆寶珠瓔珞價直百千兩

（3紙）

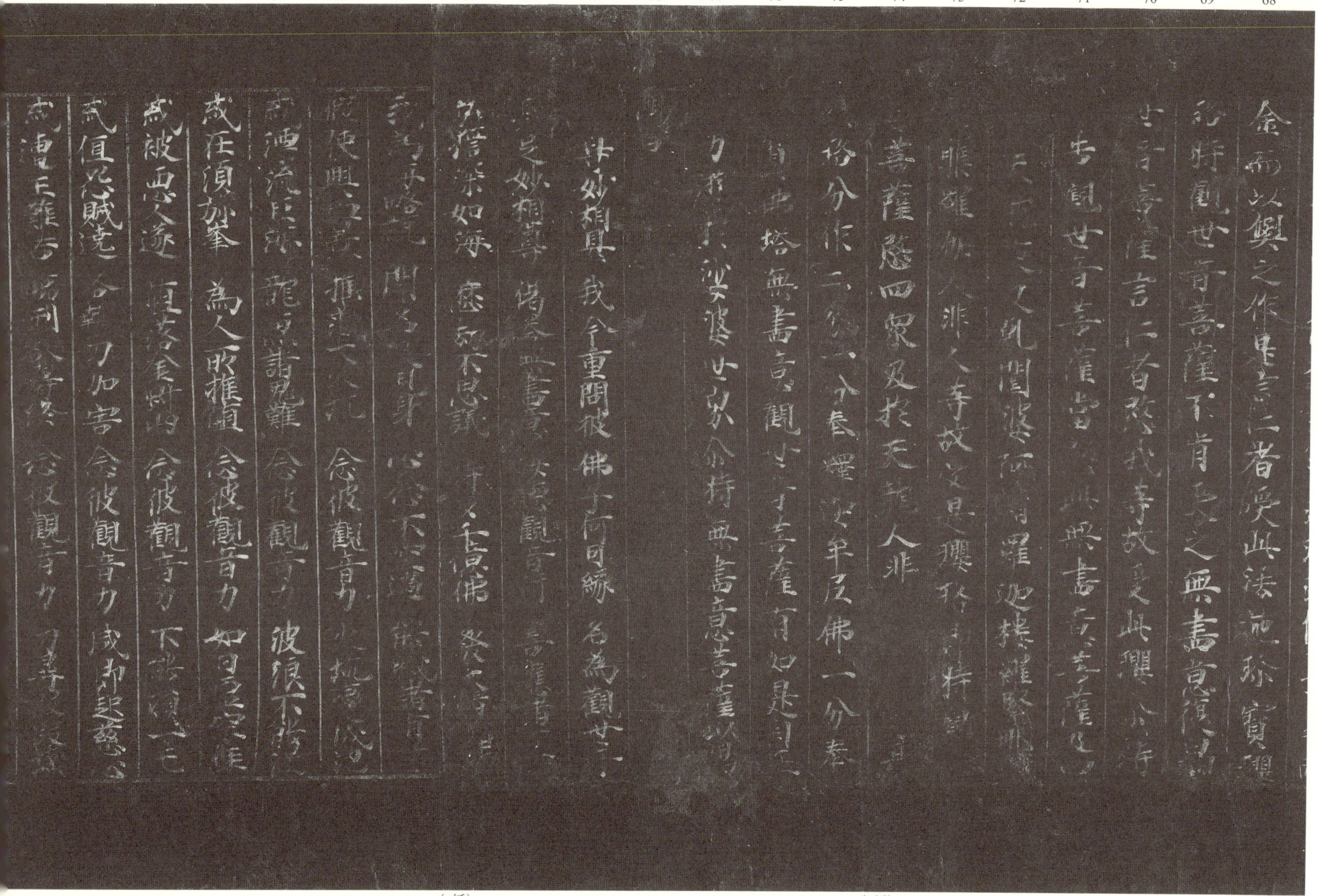

金而以與之作是言仁者受此法施珍寳瓔
珞時觀世音菩薩不肯受之無盡意復白觀
世音菩薩言仁者愍我等故受此瓔珞爾時
佛告觀世音菩薩當愍此無盡意菩薩及四
衆天龍夜叉乾闥婆阿修羅迦樓羅緊那羅
摩睺羅伽人非人等故受是瓔珞卽時觀
菩薩愍四衆及於天龍人非
珞分作二分一分奉釋迦牟尼佛一分奉
多寳佛塔無盡意觀世音菩薩有如是自在
神力遊於娑婆世界爾時無盡意菩薩以偈

世尊妙相具　我今重問彼　佛子何因緣　名為觀世音
具足妙相尊　偈答無盡意　汝聽觀音行　善應諸方所
弘誓深如海　歴劫不思議　侍多千億佛　發大清淨願
我為汝略説　聞名及見身　心念不空過　能滅諸有苦
假使興害意　推落大火坑　念彼觀音力　火坑變成池
或漂流巨海　龍魚諸鬼難　念彼觀音力　波浪不能沒
或在須彌峯　為人所推墮　念彼觀音力　如日虚空住
或被惡人逐　墮落金剛山　念彼觀音力　不能損一毛
或値怨賊遶　各執刀加害　念彼觀音力　咸卽起慈心
或遭王難苦　臨刑欲壽終　念彼觀音力　刀尋段段壞

（5紙）　（4紙）

或囚禁枷鎖 手足被杻械 念彼觀音力 釋然得解脫
呪詛諸毒藥 所欲害身者 念彼觀音力 還著於本人
或遇惡羅刹 毒龍諸鬼等 念彼觀音力 時悉不敢害
若惡獸圍遶 利牙爪可怖 念彼觀音力 疾走無邊方
蚖蛇及蝮蠍 氣毒煙火燃 念彼觀音力 尋聲自迴去
雲雷鼓掣電 降雹澍大雨 念彼觀音力 應時得消散
衆生被困厄 無量苦逼身 觀音妙智力 能救世間苦
具足神通力 廣修智方便 十方諸國土 無刹不現身
種種諸惡趣 地獄鬼畜生 生老病死苦 以漸悉令滅
真觀清淨觀 廣大智慧觀 悲觀及慈觀 常願常瞻仰
無垢清淨光 慧日破諸闇 能伏災風火 普明照世間
悲體戒雷震 慈意妙大雲 澍甘露法雨 滅除煩惱焰
諍訟經官處 怖畏軍陣中 念彼觀音力 衆怨悉退散
妙音觀世音 梵音海潮音 勝彼世間音 是故須常念
念念勿生疑 觀世音淨聖 於苦惱死厄 能為作依怙
具一切功德 慈眼視衆生 福聚海無量 是故應頂禮
尒時持地菩薩即從座起前白佛言世尊
若有衆生聞是觀世音菩薩品自在之業普門
示現神通力者當知是人功德不少佛說是
普門品時衆中八萬四千衆生皆發無等等
阿耨多羅三藐三菩提心
[illegible]

妙法蓮華経陀羅尼品第二十六
爾時藥王菩薩即従座起偏袒右肩合掌向
佛而白佛言世尊若善男子善女人有能受
持法華経者若讀誦通利若書寫経巻得
幾所福佛告藥王若有善男子善女人供養八
百万億那由他恒河沙等諸佛於汝意云何
其所得福寧為多不甚多世尊佛言若善男
子善女人能於是経乃至受持一四句偈讀
誦解義如説脩行功德甚多爾時藥王菩薩
白佛言世尊我今當與説法者陀羅尼呪以
守護之即説呪曰
安爾一曼爾二摩祢三摩摩祢四旨隷五遮
梨第六賒咩羊鳴音七賒履多瑋八羶帝九目
帝十目多履十一沙履十二阿瑋沙履十三
桑履十四沙履十五叉裔十六阿叉裔十七阿耆膩十八
羶帝十九賒履二十陀羅尼二十一阿盧伽婆娑蘇奈反
簸蔗毘叉膩二十二祢毘剃二十三阿便哆邏祢履
剃二十四阿亶哆波隷輸地途賣反二十五
漚究隷二十六牟究隷二十七阿羅隷二十八波羅
隷二十九首迦差初几反三十阿三磨三履三十一佛
馱毘吉利袠帝三十二達磨波利差猜離反帝

（6紙）

三 僧伽涅瞿沙祢 三十四 婆舍婆舍輸地 三十五
曼哆邏 三十六 曼哆邏叉夜多 三十七 郵樓哆郵
樓哆 三十八 憍舍略 盧遮反 三十九 惡叉邏 四十 惡叉冶
多冶 四十一 阿婆盧 四十二 阿摩若 荏蔗反 那多夜
四十三
世尊是陀羅尼神呪六十二億恒河沙等諸
佛所說若有侵毀此法師者則為侵毀是諸
佛已時釋迦牟尼佛讚藥王菩薩言善哉善
哉藥王汝愍念擁護此法師故說是陀羅尼
於諸衆生多所饒益
尒時勇施菩薩白佛言世尊我亦為擁護讀
誦受持法華經者說陀羅尼若此法師得是
陀羅尼若夜叉若羅剎若富單那若吉遮若
鳩槃茶若餓鬼等伺求其短無能得便即於
佛前而說呪曰
痤 會蛭反 隸 一 摩訶痤隸 二 郁枳 三 目枳 四 阿
隸 五 阿羅婆第 六 涅隸第 七 涅隸多婆第
八 伊緻 豬履反 柅 九 韋緻柅 十 旨緻柅 十一 涅隸墀
柅 十二 涅犁墀婆底 十三
世尊是陀羅尼神呪恒河沙等諸佛所說亦
皆隨喜若有侵毀此法師者則為侵毀是諸

佛已
尒時毗沙門天王護世者白佛言世尊我亦
爲愍念衆生擁護此法師故說是陀羅尼即
說呪曰
阿梨一那梨二㝹那梨三阿那盧四那履五
拘那履六
世尊以是神呪擁護法師我亦自當擁護持
是經者令百由旬内無諸衰患
尒時持國天王在此會中與千万億那由他
乾闥婆衆恭敬圍遶前詣佛所合掌白佛言
世尊我亦以陀羅尼神呪擁護持法華經
者即說呪曰
阿伽祢一伽祢二瞿利三乾陀利四旃陀利
五摩蹬耆六常求利七浮樓莎柅八頞底
九世尊是陀羅尼神呪四十二億諸佛所說若
有侵毀此法師者則爲侵毀是諸佛已
尒時有羅刹女等一名藍婆二名毗藍婆
三名曲齒四名華齒五名黒齒六名多髮七
名無厭足八名持瓔珞九名皐諦十名奪一
切衆生精氣是十羅刹女與鬼子母并其子
及眷屬倶詣佛所同聲白佛言世尊我等亦

擁護讀誦受持法華經者除其衰患若有
求法師短者令不得便即於佛前而說呪曰
伊提履一伊提泯二伊提履三阿提履四伊
提履五泥履六泥履七泥履八泥履九泥
十樓醯十一樓醯十二樓醯十三樓醯十四多
醯十六多醯十七兜醯十八㝹醯十九
寧上我頭上莫惱於法師若夜叉若羅刹
餓鬼若富單那若吉蔗若毗陀羅若揵馱
烏摩勒伽若阿跋摩羅若夜叉吉蔗若人
蔗若熱病若一日若二日若三日若
至七日若常熱病若男形若女形若童男形
若童女形乃至夢中亦復莫惱即於佛
說偈言
若不順我呪　惱亂說法者　頭破作七分　如阿
殺父母罪　亦如壓油殃　斗秤欺誑人　調達
犯此法師者　當獲如是殃
諸羅刹女說此偈已白佛言世尊
身自擁護受持讀誦脩行是經者
離諸衰患消衆毒藥佛告諸羅刹
哉汝等但能擁護受持法華名者
何況擁護具足受持供養經卷

（8紙）

香塗香燒香幡蓋妓樂然種
諸香油燈蘇摩那華油燈瞻蔔華油
迦華油燈優鉢羅華油燈如是等百千種
養者皐諦汝等及眷屬應當擁護如是法
說此陀羅尼品時六万八千人得無生法

妙法蓮華經妙莊嚴王本事品第二十七

爾時佛告諸大衆乃往古世過無量無邊不
可思議阿僧祇劫有佛名雲雷音宿王華智
多陀阿伽度阿羅訶三藐三佛陀國名光明
莊嚴劫名憙見彼佛法中有王名妙莊嚴其
王夫人名曰淨德有二子一名淨藏二名淨
眼是二子有大神力福德智慧久脩菩
行之道所謂檀波羅蜜尸羅波羅蜜羼提
羅蜜毗梨耶波羅蜜禪波羅蜜般若波羅
便波羅蜜慈悲喜捨乃至三十七品助道
皆悉明了通達又得菩薩淨三昧日星宿
三昧淨光三昧淨色三昧淨照明三昧長莊
嚴三昧大威德藏三昧於此三昧亦悉通達
爾時彼佛欲引導妙莊嚴王及愍念衆生故
說是法華經時淨藏淨眼二子到其母所合
十指爪掌白言願母往詣雲雷音宿王華智

（9紙）

佛所我等亦當侍從親近供養礼拜所以者
何此佛於一切天人衆中說法華經宜應聽
受母告子言汝父信受外道深著婆羅門法
汝等應往白父與共俱去淨藏淨眼合十指
爪掌白母我等是法王子而生此邪見家母
告子言汝等當憂念汝父爲現神變若得見
者心必清淨或聽我等往至佛所於是二子
念其父故踊在虛空高七多羅樹現種種神
變於虛空中行住坐卧身上出水身下出火
身下出水身上出火或現大身滿虛空中而
復現小小復現大於空中滅忽然在地入地
如水履水如地現如是等種種神變令其父
王心淨信解時父見子神力如是心大歡喜
得未曾有合掌向子言汝等師爲是誰誰之
弟子二子白言大王彼雲雷音宿王華智佛
今在七寶菩提樹下法座上坐於一切世間
天人衆中廣說法華經是我等師我是弟子
父語子言我今亦欲見汝等師可共俱往於
是二子從空中下到其母所合掌白母父王
今已信解堪任發阿耨多羅三藐三菩提心
我等爲父已作佛事願母見聽於彼佛所出

家脩道尒時二子欲重宣其意以偈白母
願母放我等出家作沙門　諸佛甚難值我等隨佛學
如優曇波羅　值佛復難是　脫諸難亦難　願聽我出家
母即告言聽汝出家所以者何佛難值故於
是二子白父母言善哉父母願時往詣雲雷
音宿王華智佛所親覲供養所以者何佛難
得值如優曇波羅華又如一眼之龜值浮木
孔而我等宿福深厚生值佛法是故父母當
聽我等令得出家所以者何諸佛難值時亦
難遇彼時妙莊嚴王後宮八万四千人皆悉
堪任受持是法華經淨眼菩薩於法華三昧
久已通達淨藏菩薩已於無量百千万億劫
通達離諸惡趣三昧欲令一切眾生離諸惡
趣故其王夫人得諸佛集三昧能知諸佛秘
密之藏二子如是以方便力善化其父令心
信解好樂佛法於是妙莊嚴王與群臣眷屬
俱淨德夫人與後宮婇女眷屬俱其王二子
與四万二千人俱一時共詣佛所到已頭面
禮足遶佛三帀卻住一面
尒時彼佛為王說法示教利喜王大歡悅尒
時妙莊嚴王及其夫人解頸真珠瓔珞價直

（10紙）

百千万歳佛上於虛空中化成四柱寶臺臺
中有大寶牀敷百千万天衣其上有佛結跏
趺坐放大光明爾時妙莊嚴王作是念佛身
希有端嚴殊特成就第一微妙之色時雲雷
音宿王華智佛告四衆言汝等見是妙莊嚴
王於我前合掌立不此王於我法中作比丘
精勤脩習助佛道法當得作佛号娑羅樹王
國名大光劫名大高王其娑羅樹王佛有無
量菩薩衆及無量聲聞其國平正功德如是
其王即時以國付弟王與夫人二子并諸眷
屬於佛法中出家脩道王出家已於八万四
千歳常勤精進脩行妙法華經過是已後得
一切淨功德莊嚴三昧即昇虛空高七多羅
樹而白佛言世尊此我二子已作佛事以神
通變化轉我邪心令得安住於佛法中得見
世尊此二子者是我善知識為欲發起宿世
善根饒益我故來生我家
爾時雲雷音宿王華智佛告妙莊嚴王言如
是如是如汝所言若善男子善女人種善根
故世世得善知識其善知識能作佛事示教
利喜令入阿耨多羅三藐三菩提大王當知

（11紙）

善知識者是大因縁所謂化導令得見佛發
阿耨多羅三藐三菩提心大王汝見此二子
不此二子已曾供養六十五百千万億那由
他恒河沙諸佛親近恭敬於諸佛所受持法
華經愍念邪見衆生令住正見妙荘嚴王即
従虚空中下而白佛言世尊如来甚希有以
功徳智慧故頂上肉髻光明顕照其眼長廣
而紺青色眉間毫相白如珂月齒白齊密常
有光明脣色赤好如頻婆菓尒時妙荘嚴王
讃歎佛如是等無量百千万億功徳已於如
来前一心合掌復白佛言世尊未曾有也如
来之法具足成就不可思議微妙功徳教戒
所行安穏快善我従今日不復自随心行不
生邪見憍慢瞋恚諸悪之心説是語已礼佛
而出佛告大衆於意云何妙荘嚴王豈異
人乎今華徳菩薩是其浄徳夫人今佛前光
照荘嚴相菩薩是哀愍妙荘嚴王及諸眷属
故於彼中生其二子者今薬王菩薩薬上菩
薩是是薬王薬上菩薩成就如此諸大功徳
已於無量百千万億諸佛所殖衆徳本成就
不可思議諸善功徳若有人識是二菩薩名

一切世間諸天人民亦應礼拜佛說是
妙莊嚴王本事品時八万四千人遠塵離垢
於諸法中得法眼淨

妙法蓮華經普賢菩薩勧發品第二十八

尒時普賢菩薩以自在神通力威德名聞
與大菩薩無量無邊不可稱數從東方來
所經諸國普皆震動雨寶蓮華作無量百千万
種種伎樂又與無數諸天龍夜叉乾闥婆
阿修羅迦樓羅緊那羅摩睺羅伽人非人等
大衆圍遶各現威德神通之力到娑婆世界
耆闍崛山中頭面礼釋迦牟尼佛右遶七帀
白佛言世尊我於寶威德上王佛國遙聞此
娑婆世界說法華經與無量無邊百千万億
諸菩薩衆共來聽受唯願世尊當為說之若
善男子善女人於如來滅後云何能得是法華
經佛告普賢菩薩若善男子善女人成就四
法於如來滅後當得是法華經一者為諸佛
護念二者殖諸德本三者入正定聚四者
發救一切衆生之心善男子善女人如是成就
四法於如來滅後必得是經尒時普賢菩薩
白佛言世尊於後五百歲濁惡世中其有受

（12紙）

持是經典者我當守護除其衰患令得安
使無伺求得其便者若魔若魔子若魔女若
魔民若為魔所著者若夜叉若羅刹若鳩
槃荼若毘舍闍若吉蔗若富單那若韋陀羅等
諸惱人者皆不得便是人若行若立讀誦此
經我尒時乘六牙白象王與大菩薩衆俱
詣其所而自現身供養守護安慰其心亦為供
養法華經故是人若坐思惟此經尒時我
復乘白象王現其人前其人若於法華經有
所忘失一句一偈我當教之與共讀誦還令通
利尒時受持讀誦法華經者得見我身甚
大歡喜轉復精進以見我故即得三昧及陀羅
尼名為旋陀羅尼百千万億旋陀羅尼法音
方便陀羅尼得如是等陀羅尼世尊若後世
後五百歲濁惡世中比丘比丘尼優婆塞
優婆夷求索者受持者讀誦者書寫者欲脩習
是法華經於三七日中應一心精進滿三七
日已我當乘六牙白象與無量菩薩而自圍
遶以一切衆生所憙見身現其人前而為說
法示教利喜亦復與其陀羅尼咒得是陀羅
尼故無有非人能破壞者亦不為女人之所

（13紙）

惱亂我身亦自常護是人唯願世尊聽我說
此陀羅尼即於佛前而說咒曰
阿檀地途賣反一檀陀婆地二檀陀婆帝三檀陀
鳩賒隸四檀陀修陀隸五修陀隸六修陀羅
婆底七佛馱波羶禰八薩婆陀羅尼阿婆多
尼九薩婆婆沙阿婆多尼十修阿婆多尼十一
僧伽婆履叉尼十二僧伽涅伽陀尼十三阿僧祇
十四僧伽波伽地十五帝隸阿惰僧伽兜略盧遮反
阿羅帝波羅帝十六薩婆僧伽三摩地伽蘭地
十七薩婆達磨修波利剎帝十八薩婆薩埵樓馱
憍舍略阿㝹伽地十九辛阿毘吉利地帝二十
世尊若有菩薩得聞是陀羅尼者當知普賢
神通之力若法華經行閻浮提有受持者應
作此念皆是普賢威神之力若有受持讀誦
正憶念解其義趣如說修行當知是人行普
賢行於無量無邊諸佛所深種善根為諸如
來手摩其頭若但書寫是人命終當生忉利
天上是時八萬四千天女作眾伎樂而來迎
之其人即著七寶冠於婇女中娛樂快樂何
況受持讀誦正憶念解其義趣如說修行若
有人受持讀誦解其義趣是人命終為千佛

授手令不恐怖不墮悪趣即往兜率天上弥
勒菩薩所弥勒菩薩有三十二相大菩薩衆
所共圍遶有百千万億天女眷属而於中生
有如是等功徳利益是故智者應當一心自
書若使人書受持讀誦正憶念如説脩行世
尊我今以神通力故守護是経於如来滅後
閻浮提内廣令流布使不斷絶
尓時釋迦牟尼佛讃言善哉善哉普賢汝能
護助是経令多所衆生安楽利益汝已成就
不可思議功徳深大慈悲従久遠来発阿耨
多羅三藐三菩提意而能作是神通之願守
護是経我當以神通力守護能受持普賢菩
薩名者普賢若有受持讀誦正憶念脩習書
寫是法華経者當知是人則見釋迦牟尼佛
如従佛口聞此経典當知是人供養釋迦牟
尼佛當知是人佛讃善哉當知是人為釋迦
牟尼佛手摩其頭當知是人為釋迦牟尼佛
衣之所覆如是之人不復貪着世楽不好外
道経書手筆亦復不喜親近其人及諸悪者
若屠兒若畜猪羊雞狗若獵師若衒賣女色
是人心意質直有正憶念有福徳力是人不

（14紙）

為三毒所惱亦不為嫉妬我慢邪慢增上慢所惱是人少欲知足能脩普賢之行普賢若如來滅後後五百歲若有人見受持讀誦法華經者應作是念此人不久當詣道場破諸魔衆得阿耨多羅三藐三菩提轉法輪擊法鼓吹法螺雨法雨當坐天人大衆中師子法座上普賢若於後世受持讀誦是經典者是人不復貪著衣服臥具飲食資生之物所願不虛亦於現世得其福報若有人輕毀之言汝狂人耳空作是行終無所獲如是罪報當世世無眼若有供養讚歎之者當於今世得現果報若復見受持是經典者出其過惡若實若不實此人現世得白癩病若有輕笑之者當世世牙齒踈缺醜脣平鼻手脚繚戾眼目角睞身體臭穢惡瘡膿血水腹短氣諸惡重病是故普賢若見受持是經典者當起遠迎當如敬佛說是普賢勸發品時恒河沙等無量無邊菩薩得百千萬億旋陀羅尼三千大千世界微塵等諸菩薩具普賢道佛說是經時普賢等諸菩薩舍利弗等諸聲聞及諸天龍人非人等一切大會皆大歡喜受持佛

（15紙）

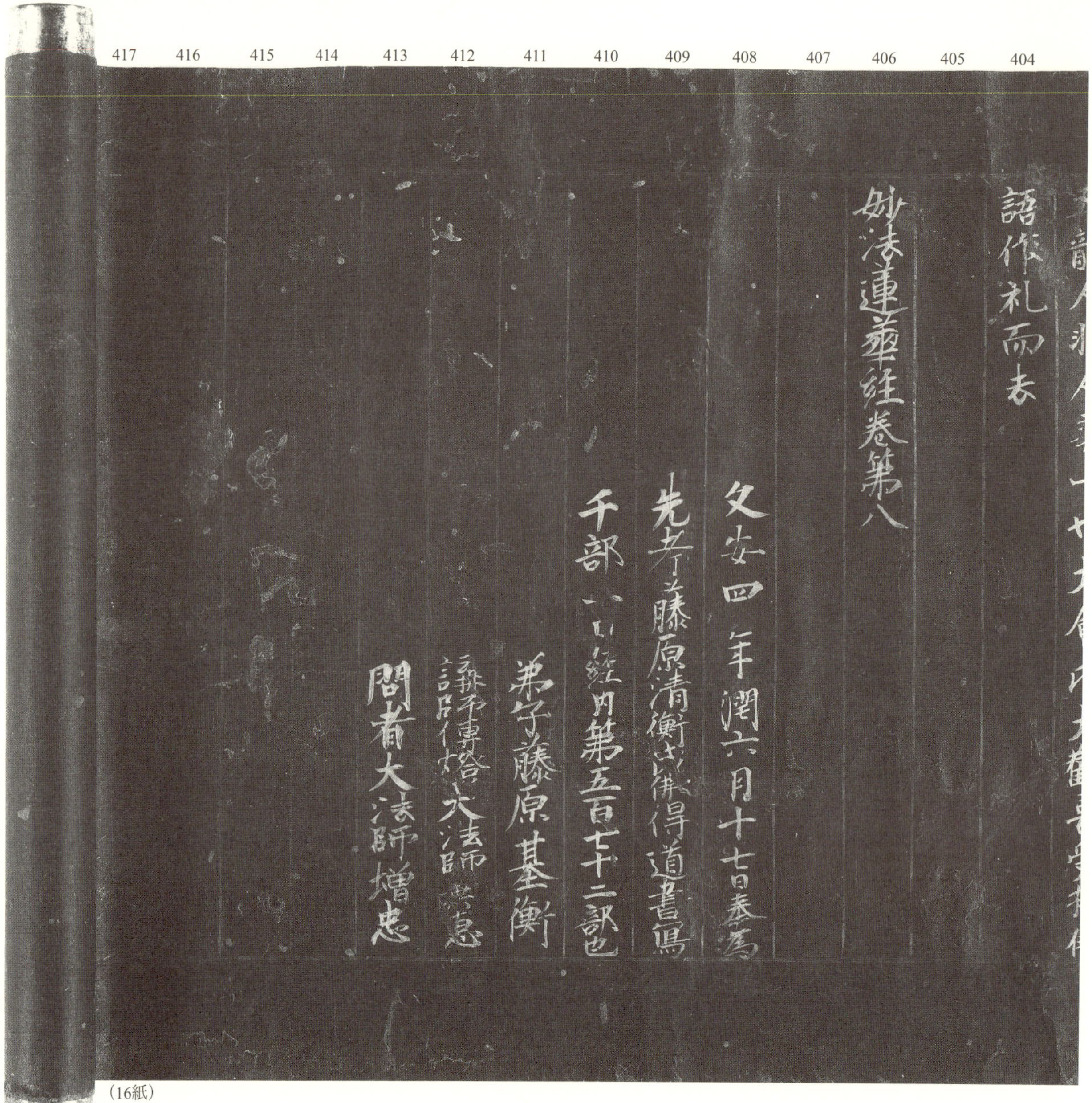

龍人非人等一切大會皆大歡喜受持佛
語作礼而去

妙法蓮華経巻第八
文安四年閏六月十七日奉寫
先考藤原清衡出離得道書寫
千部一日経内第五百七十二部也
弟子藤原基衡
講師伝燈　読師伝燈　大法師兼恵
聞者大法師増忠

（16紙）

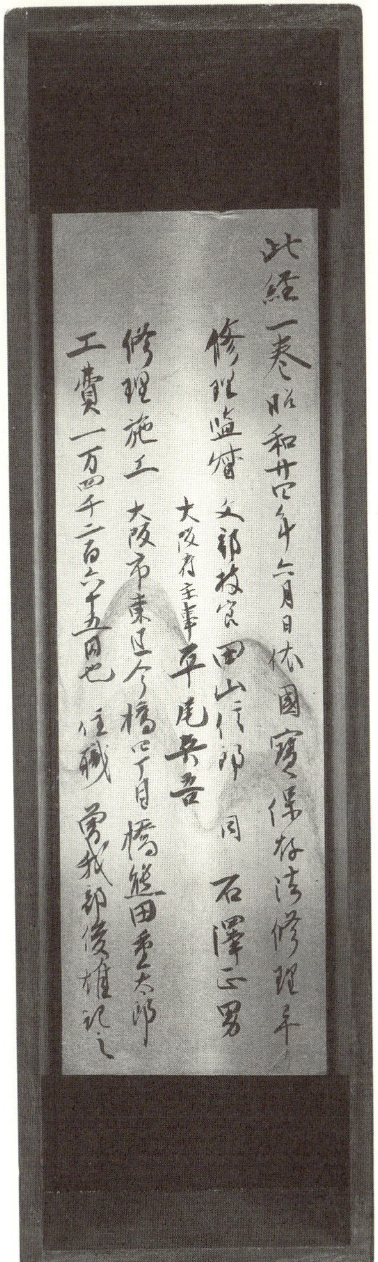
此経一巻昭和廿四年六月日依國寶保存法修理
修理監督　文部技官　田山信郎　同　石澤正男
大阪府主事　平尾兵吾
修理施工　大阪市東区今橋四丁目
工費一万四千二百六十五円也　住職　曾我部俊雄記之

國寶紺紙金泥法華経　一巻

外函

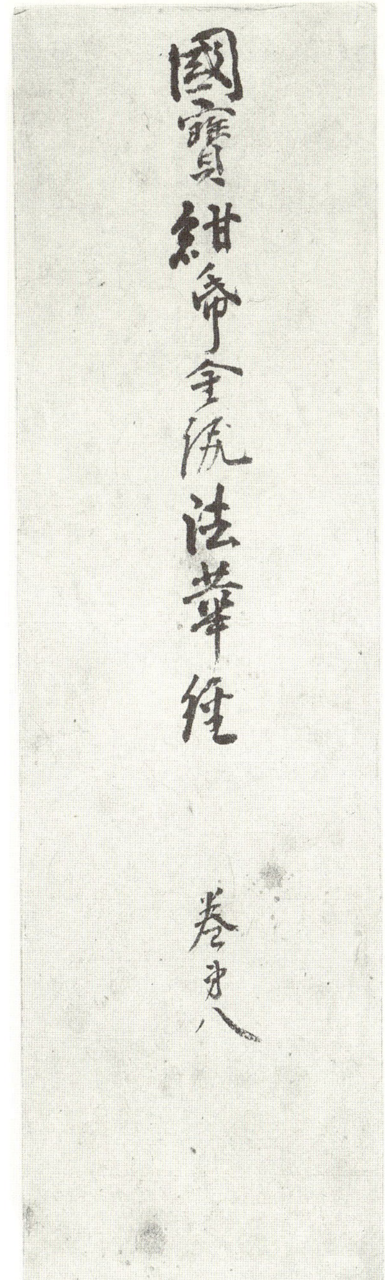
國寶紺紙金泥法華経
巻第八

包紙

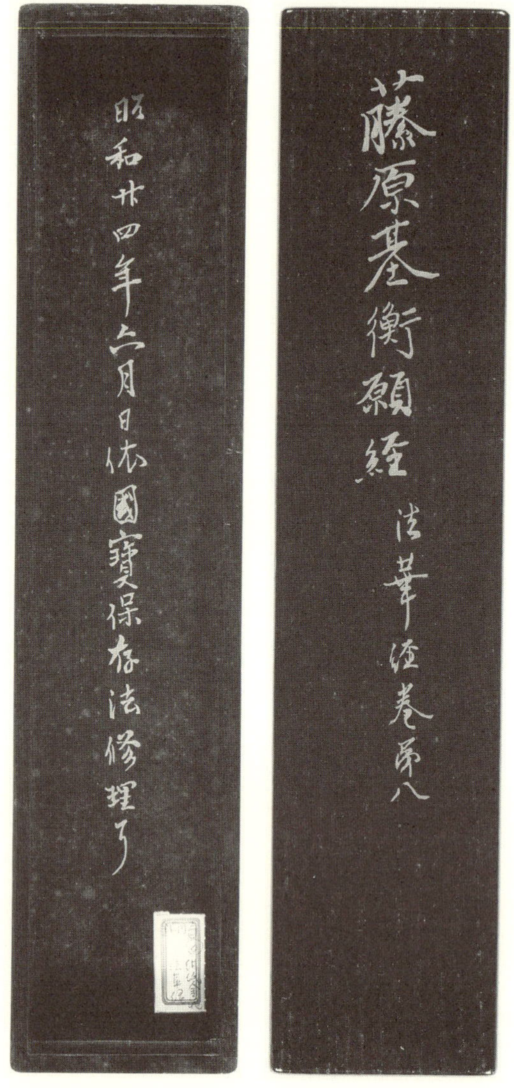
藤原基衡願經
法華経巻第八
昭和廿四年六月日依國寶保存法修理了
内函

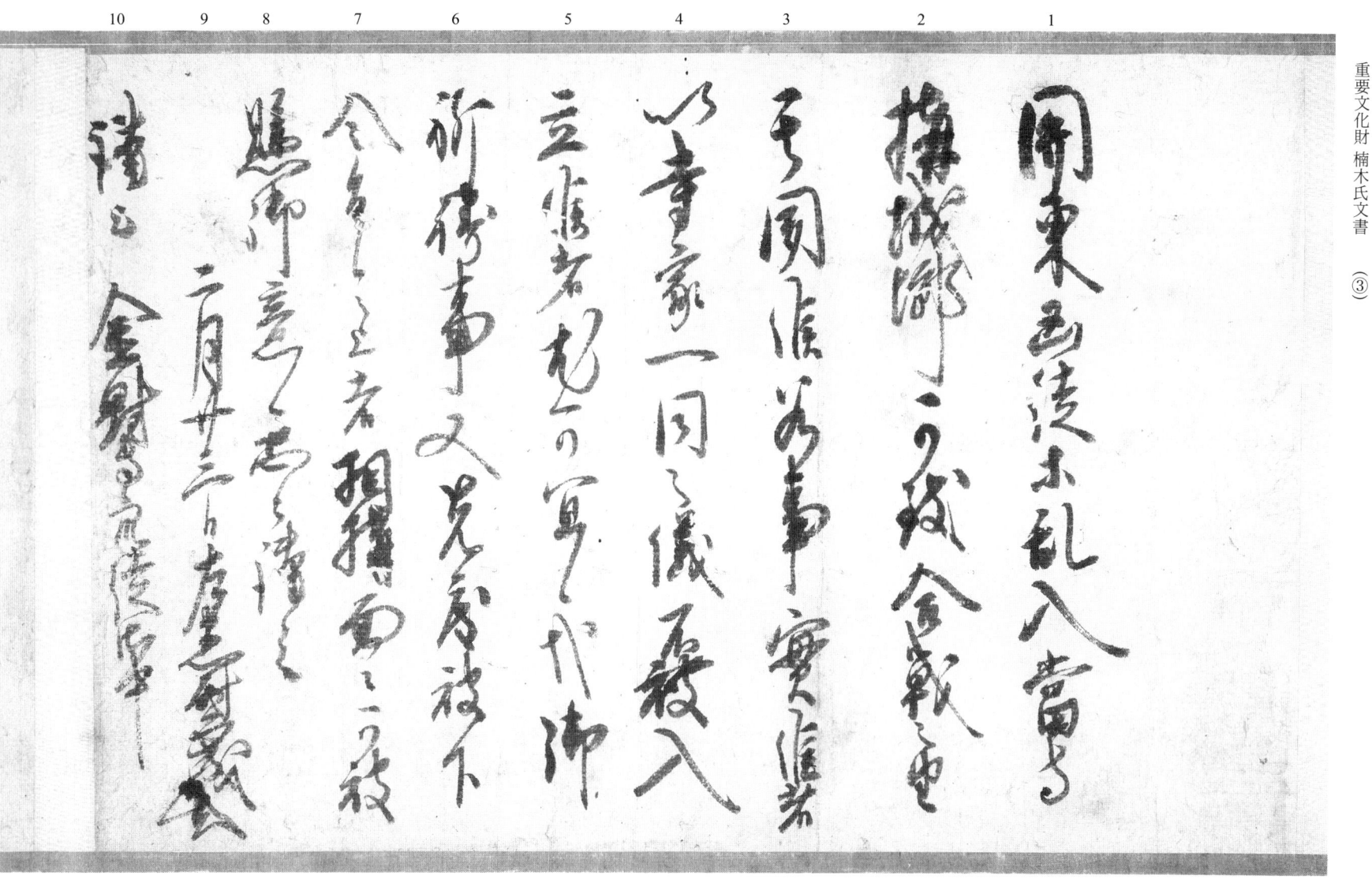

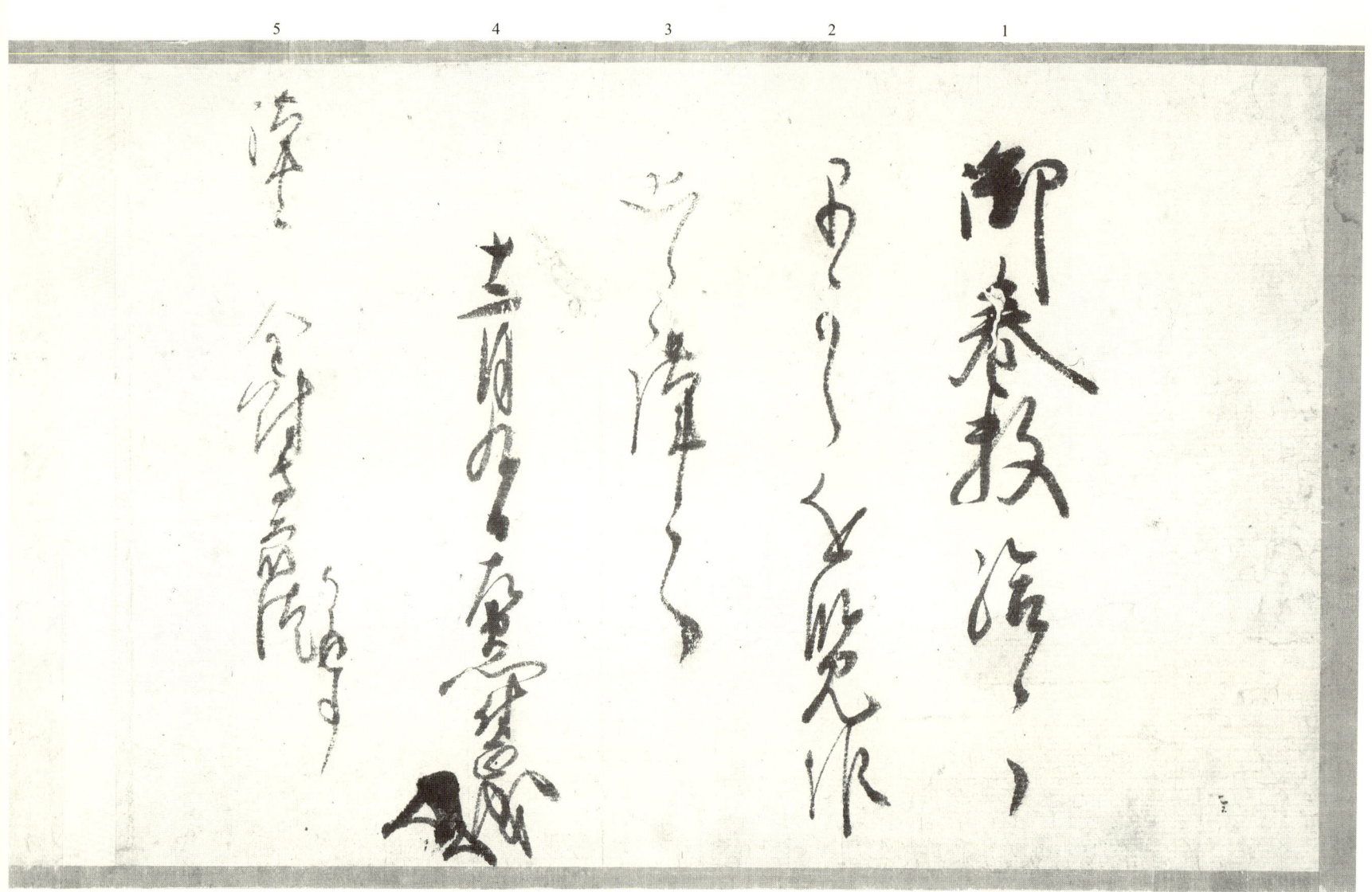

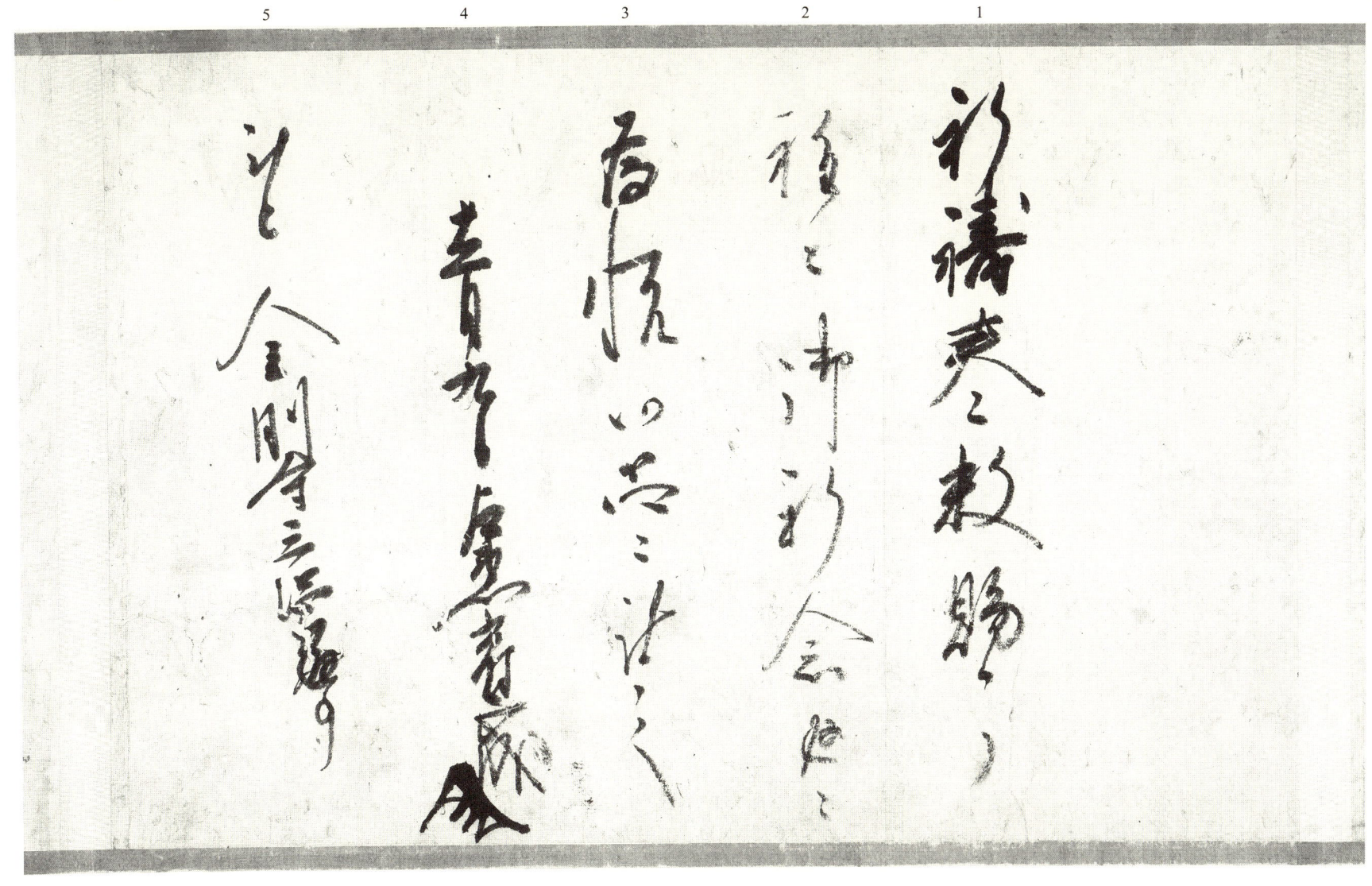

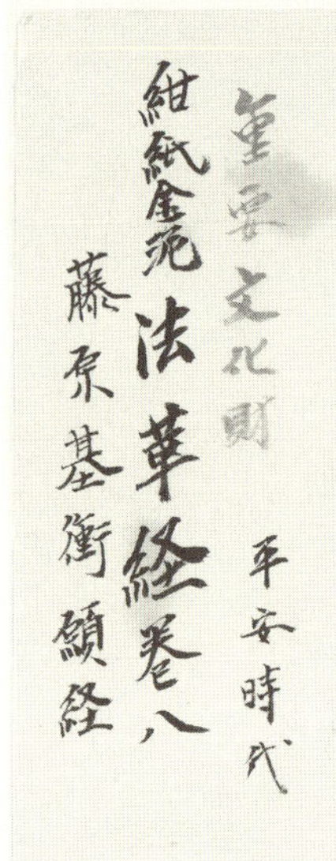
重要文化財
紺紙金泥法華経巻八
平安時代
藤原基衡願経
附紙

重要文化財　楠木氏文書

（元弘二年（一三三二）～正平九年（一三五四））

重要文化財 楠木氏文書 （巻姿）

（表紙）

重要文化財　楠木氏文書　（表紙見返）

5 4 3 2 1

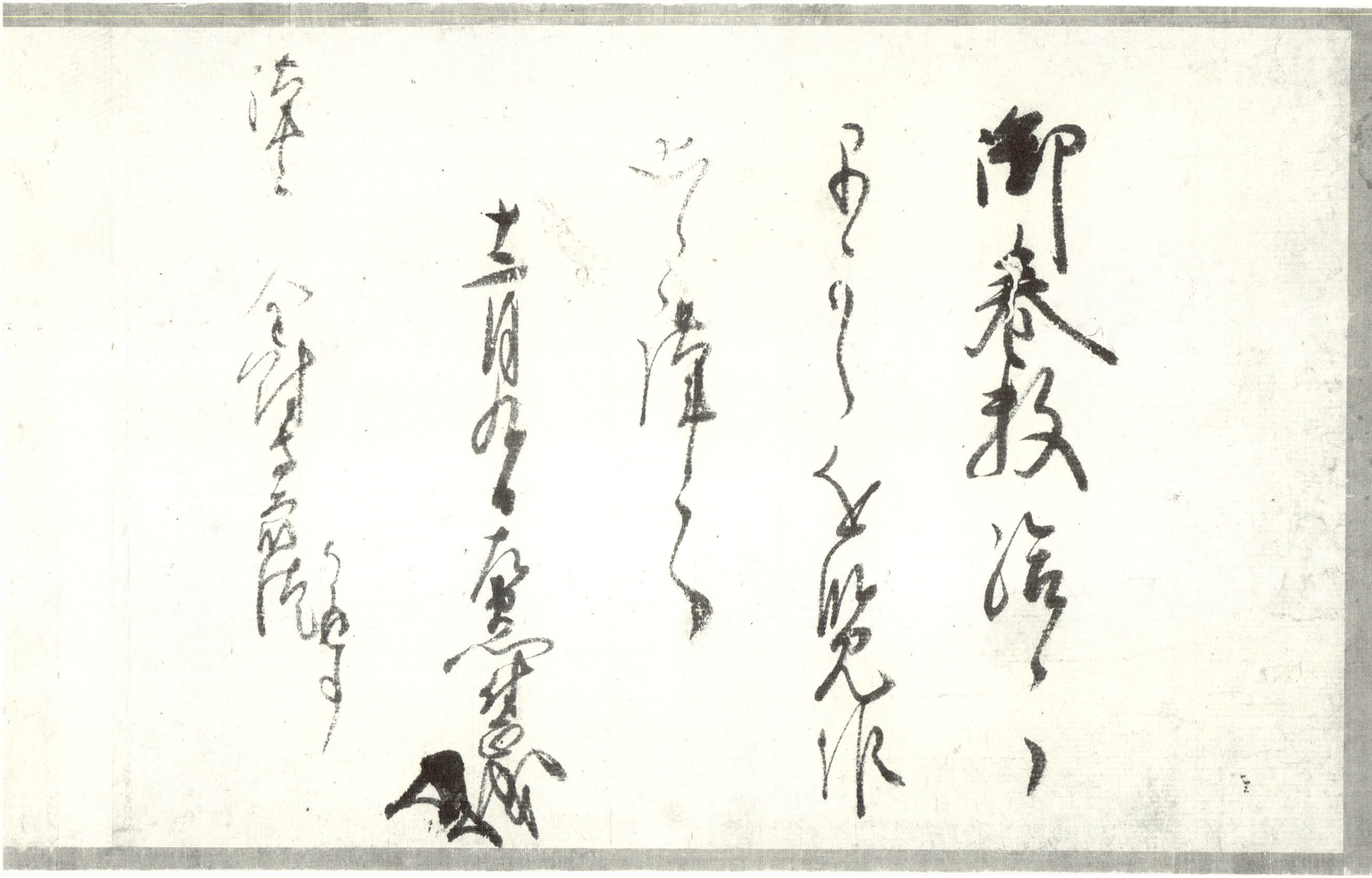

5　4　3　2　1

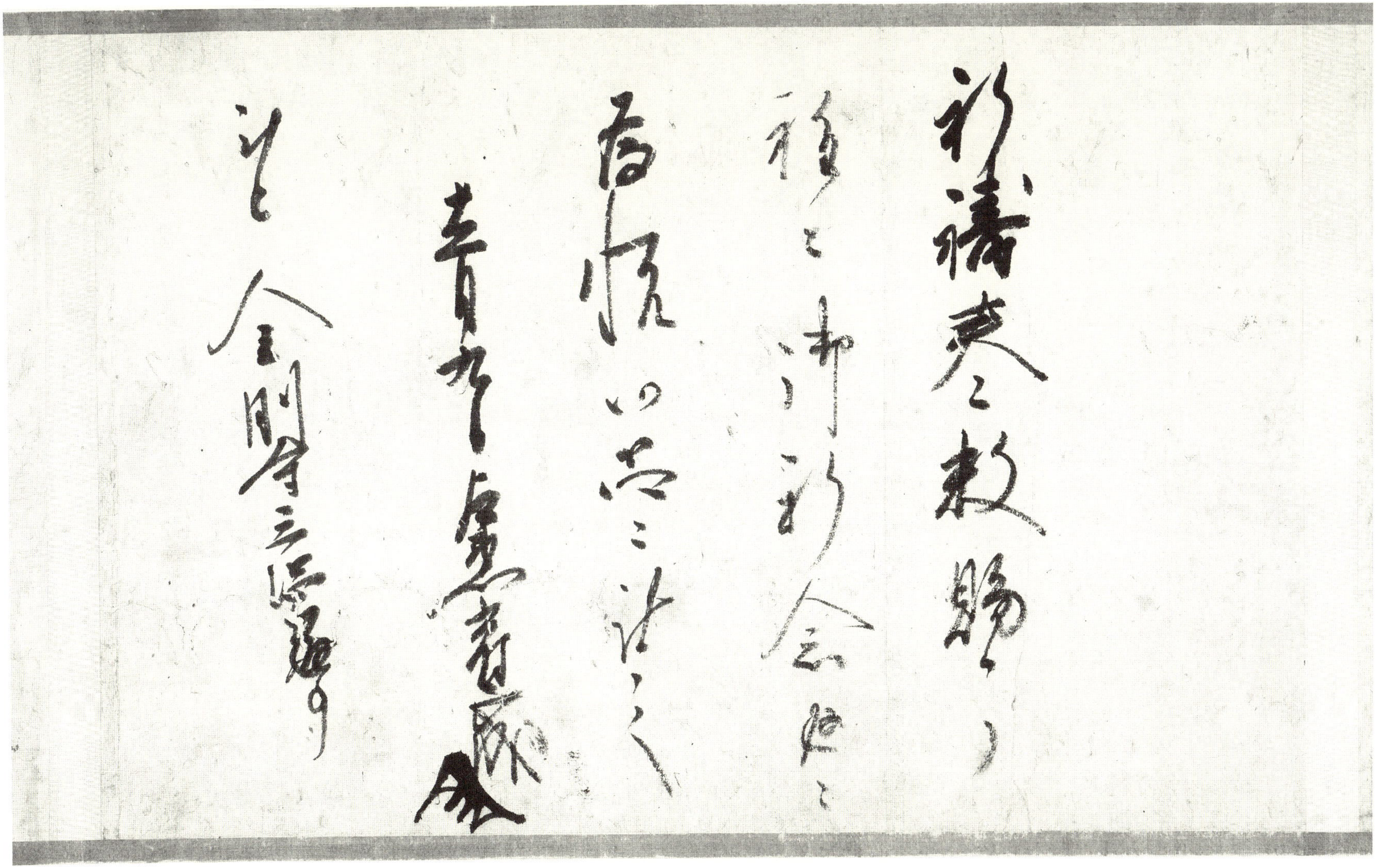

10 9 8 7 6 5 4 3 2 1

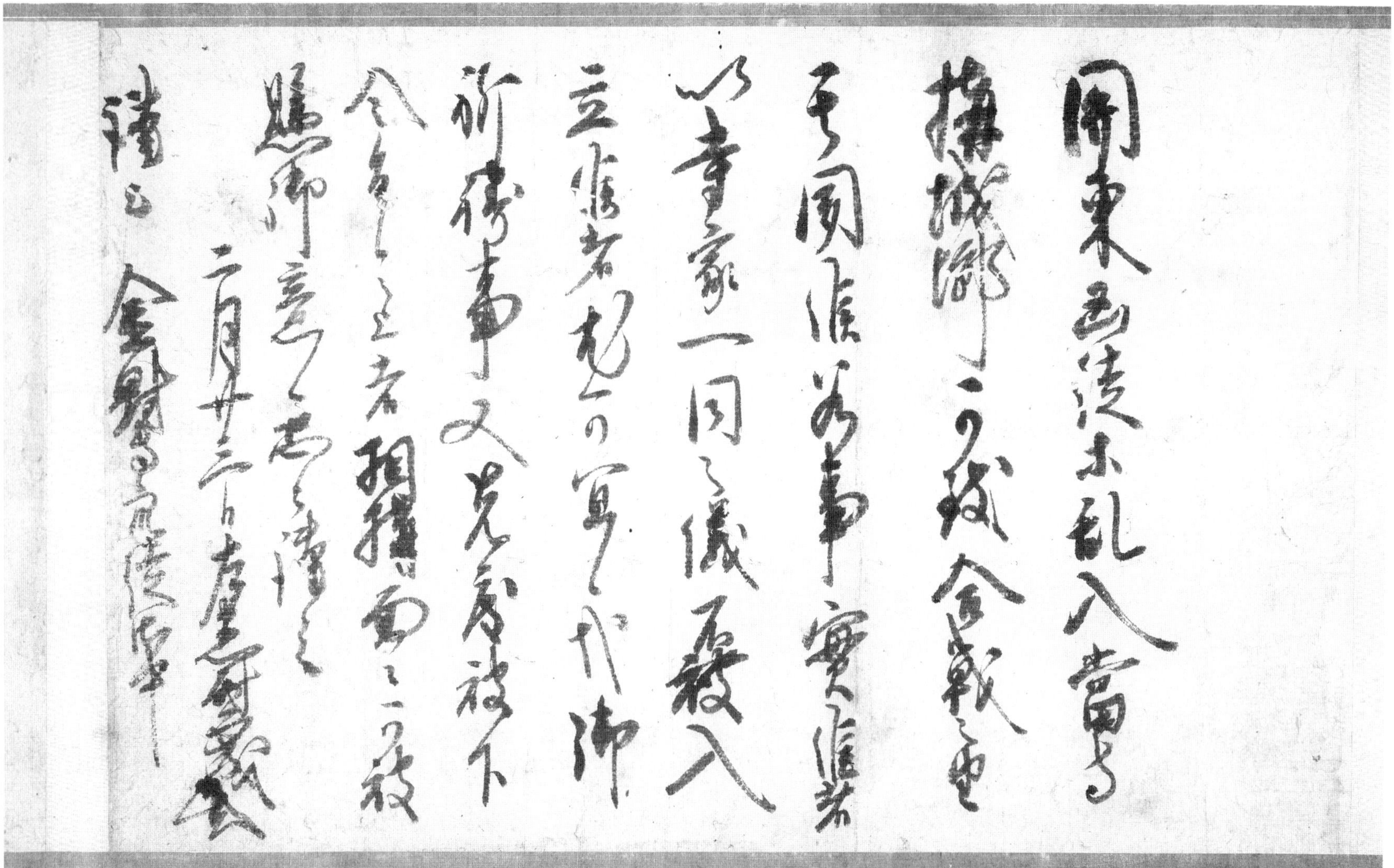

廳宣　留守所
可早令任先例免除天野山金剛寺領
所當以下國役臨時雜事冝亦其新
發生事
右件寺者靈験殊勝之伽藍精勤之場也
然者任建久二年　宣旨　院廳御下文并
廳宣等旨可免除四至内田畠山野等當
官物以下國役臨時雜事冝亦可禁新發
若不拘制法者慥可糺誡之状如件留守所
冝承知敢勿違失故以下
興國四年十二月　日
守橘朝臣（花押）

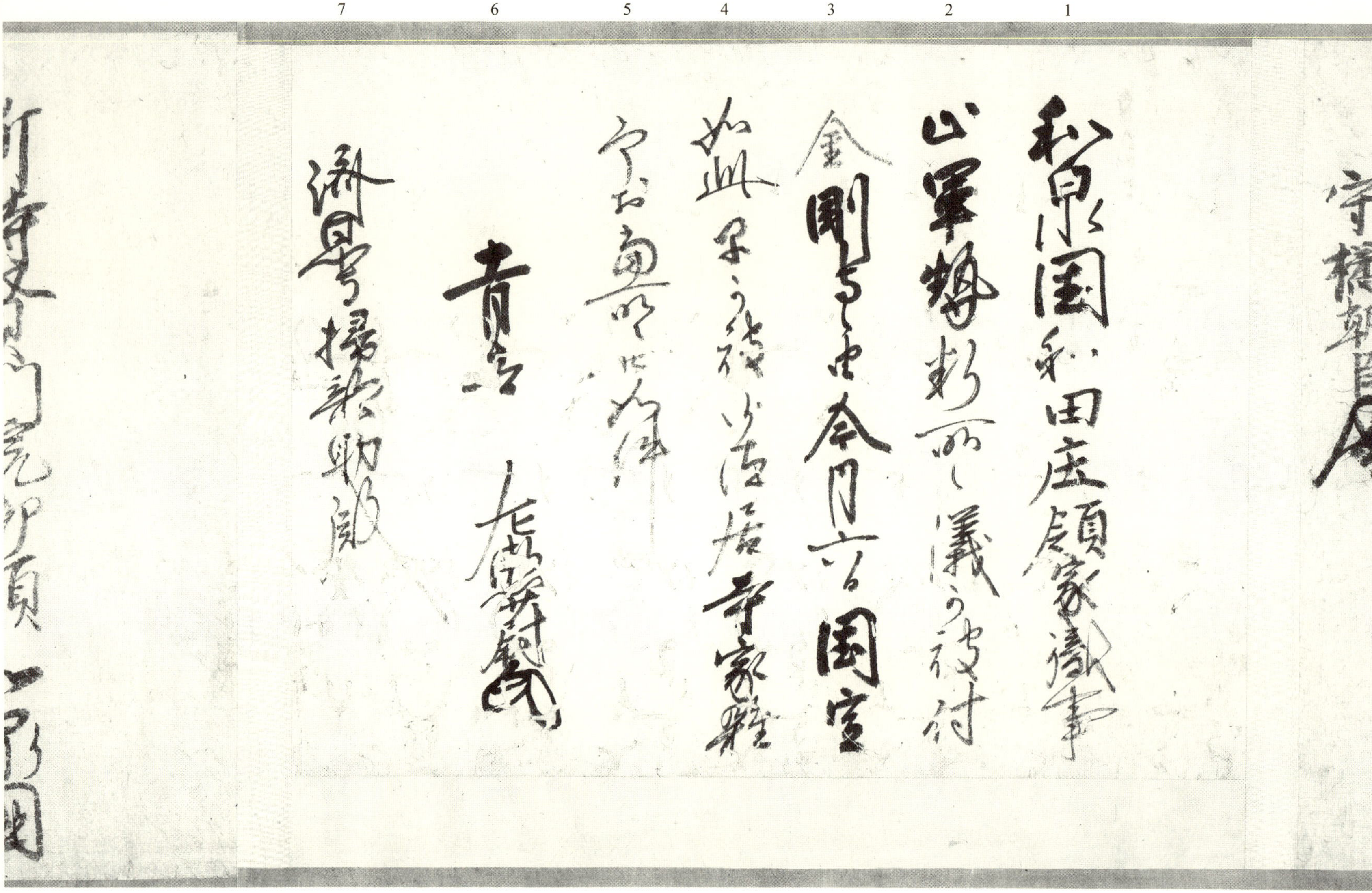
7
6
5
4
3
2
1

7 6 5 4 3 2 1

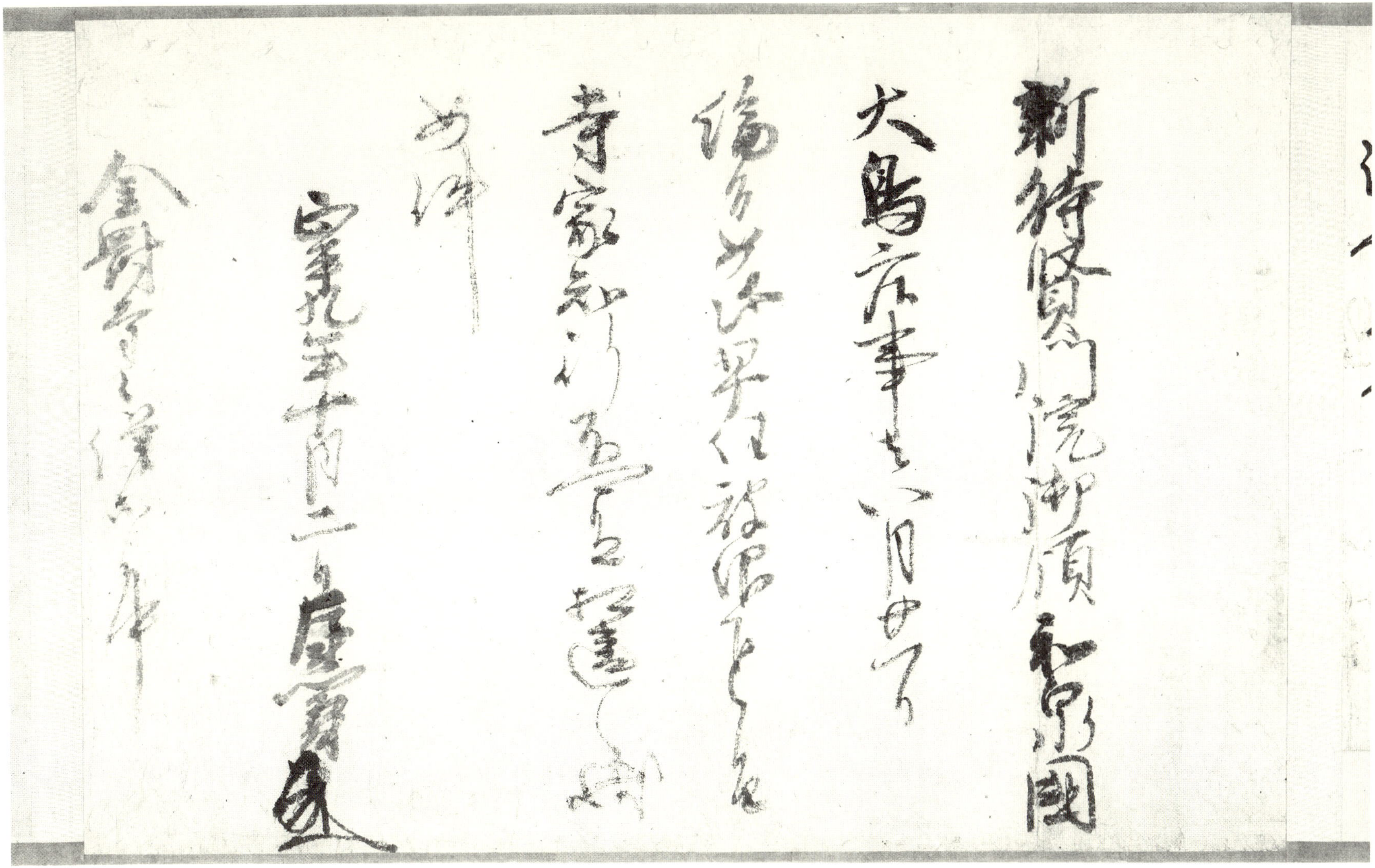

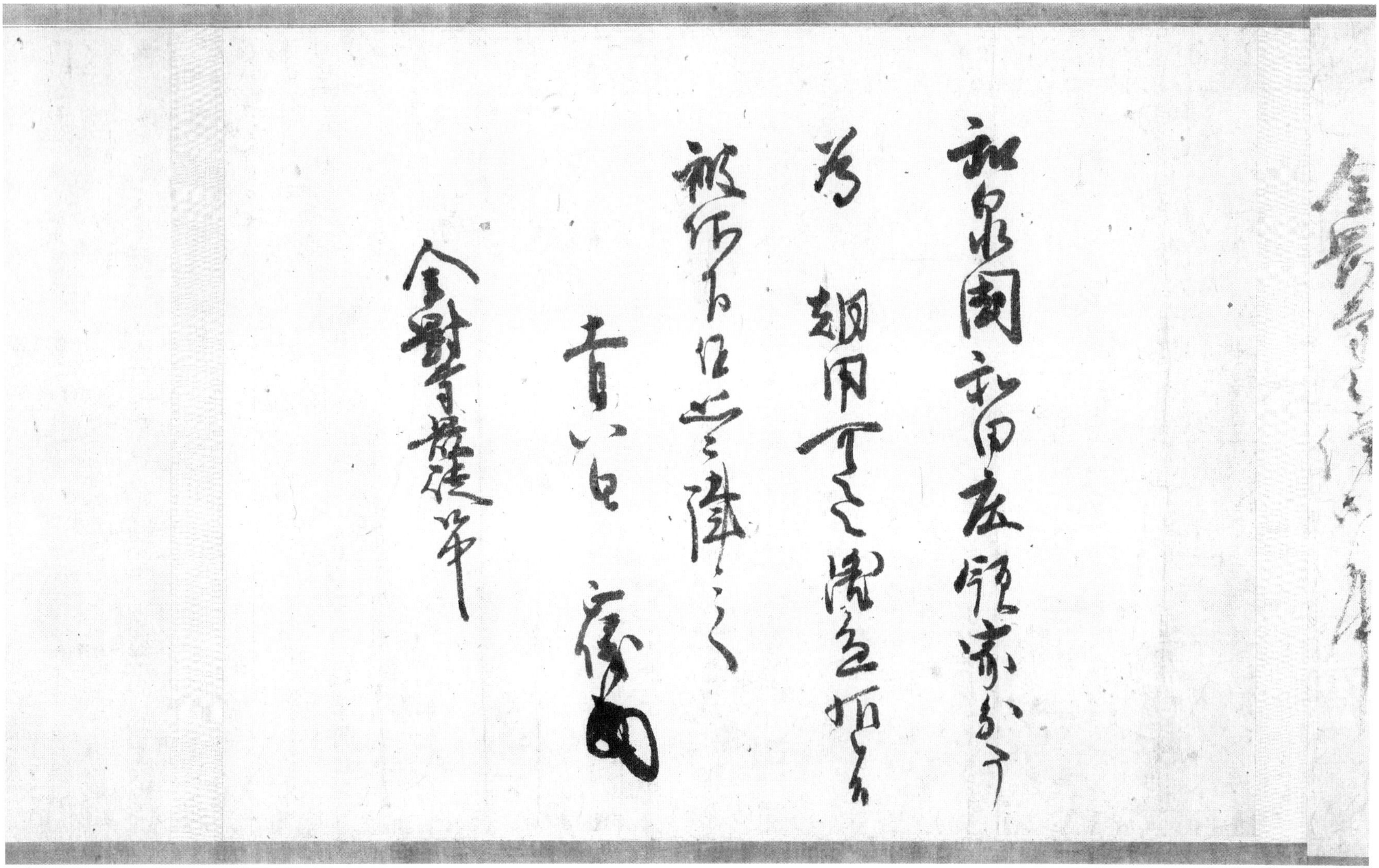

1 2 3 4 5 6 7 8

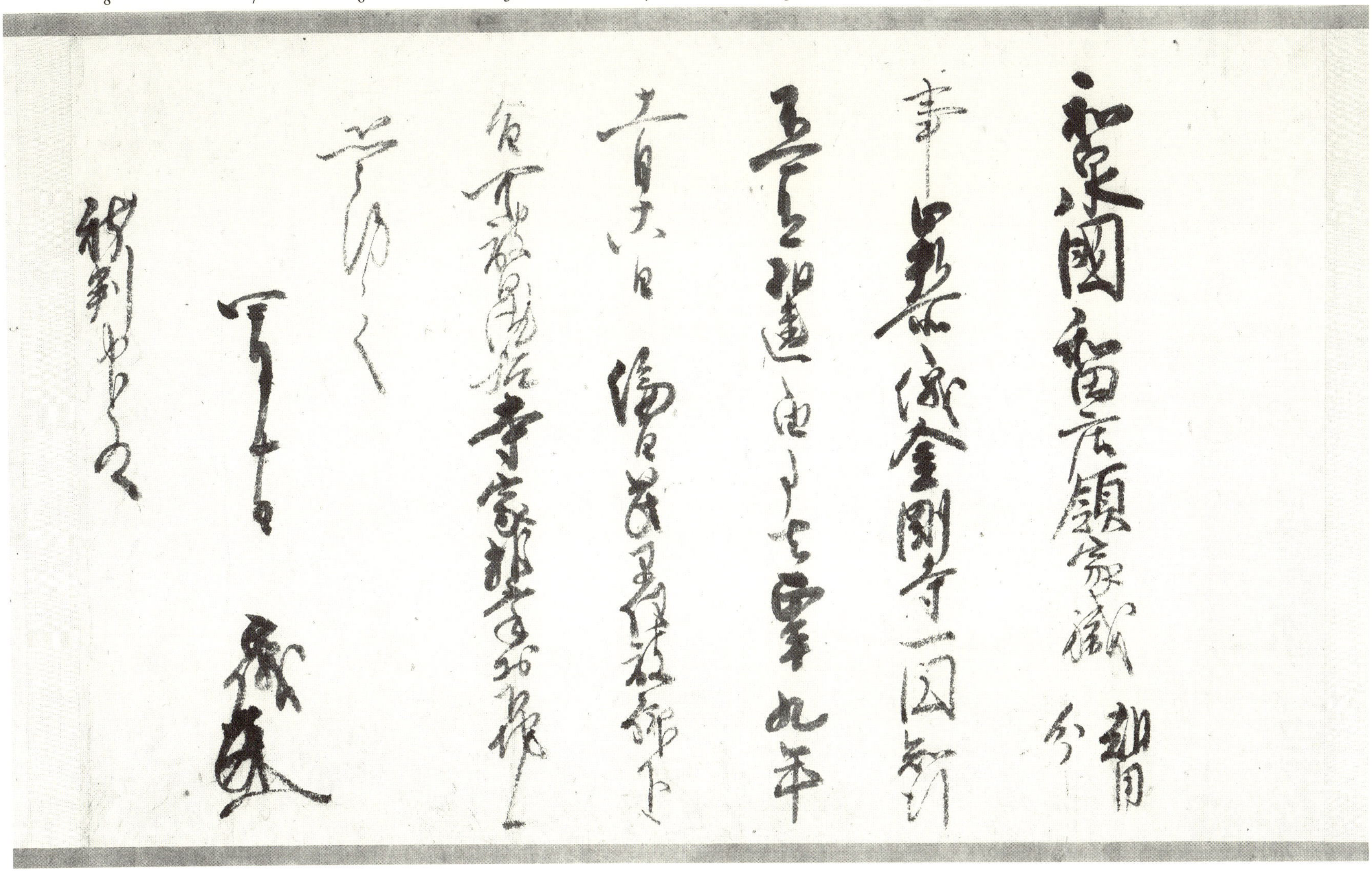

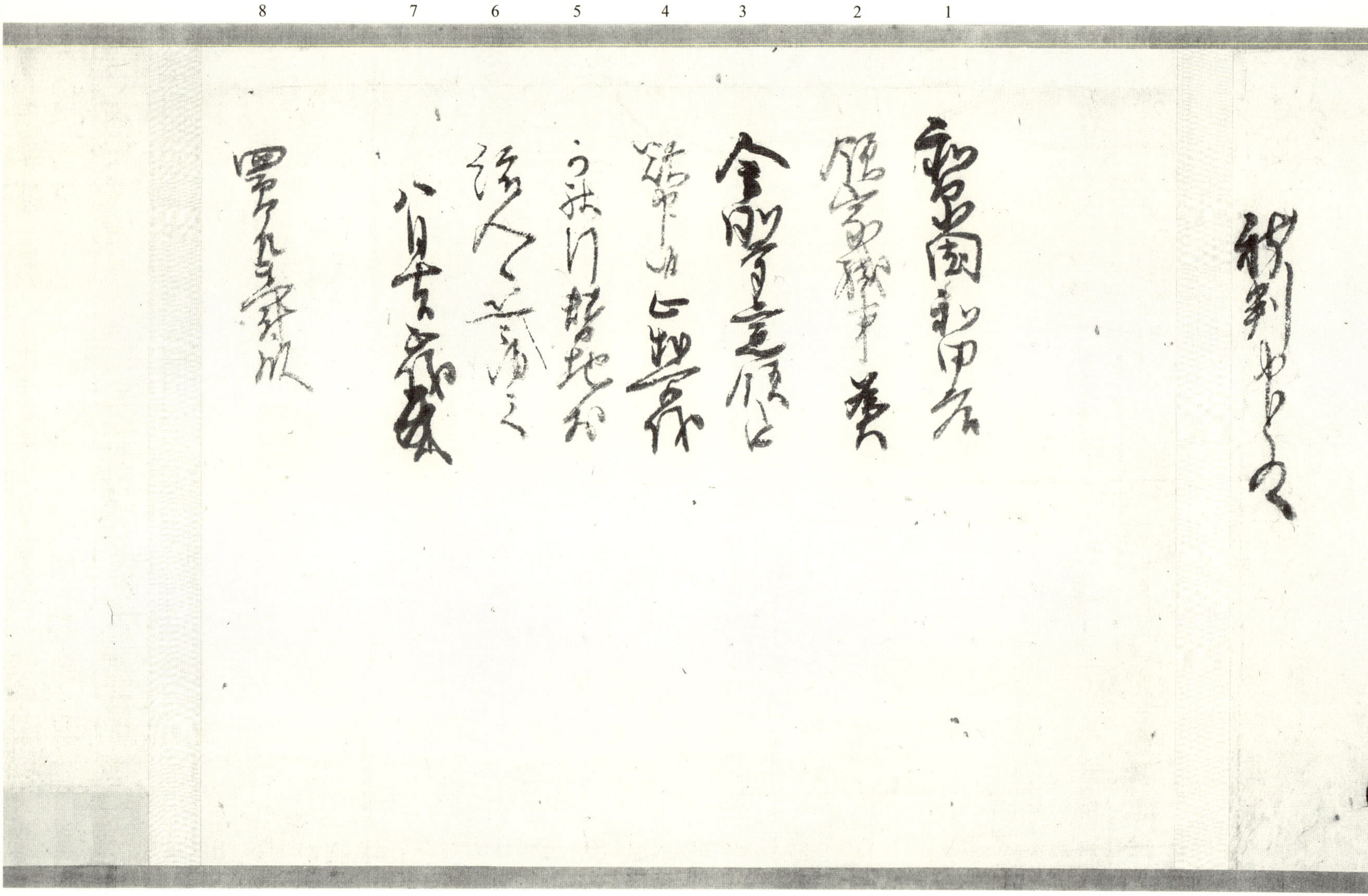

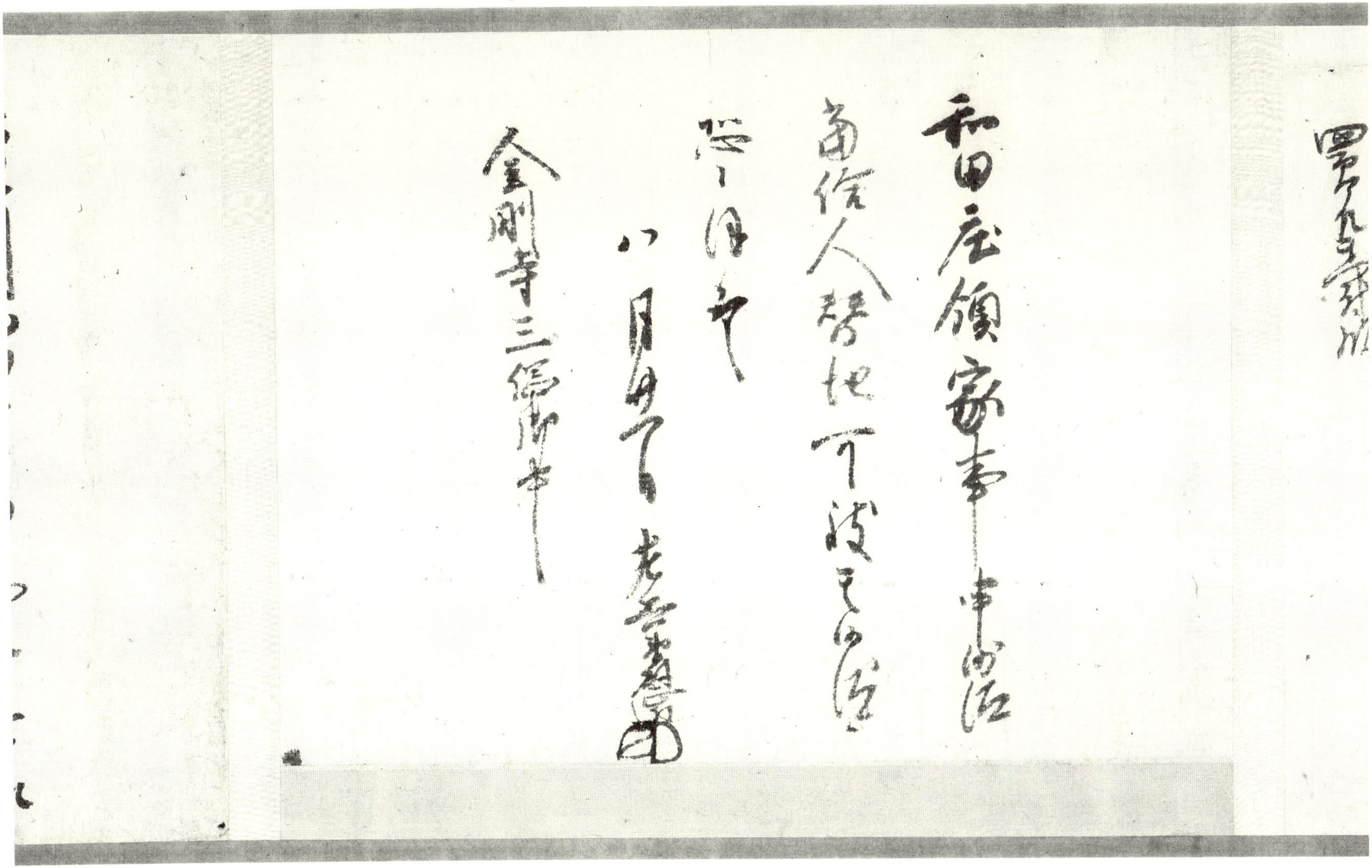

1 和田庄領家事申給
2 当給人替地可被宛行候
3 恐々謹言
4 八月廿日　[illegible]
5 金剛寺三綱御中

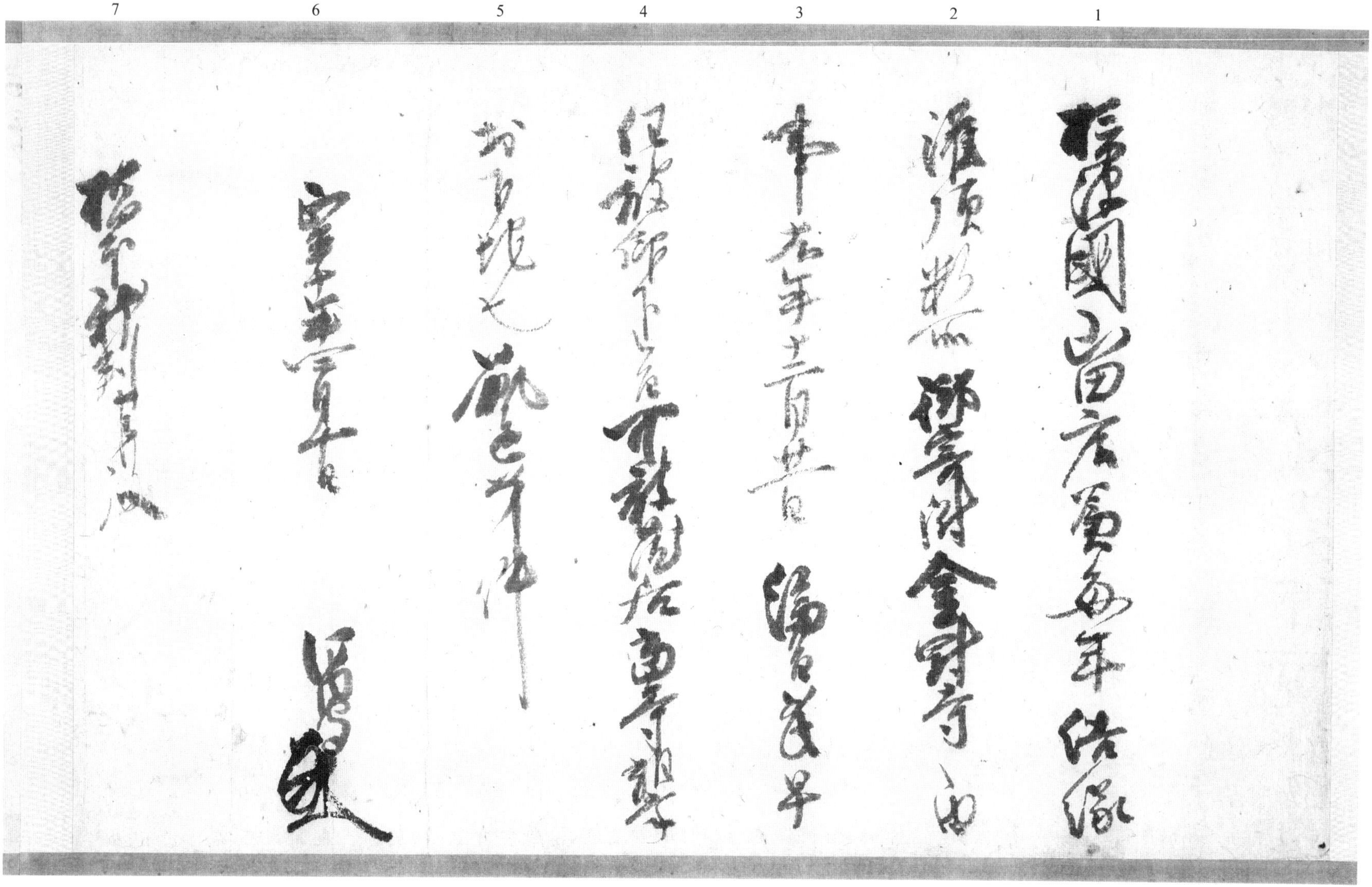
7
6
5
4
3
2
1

5 4 3 2 1

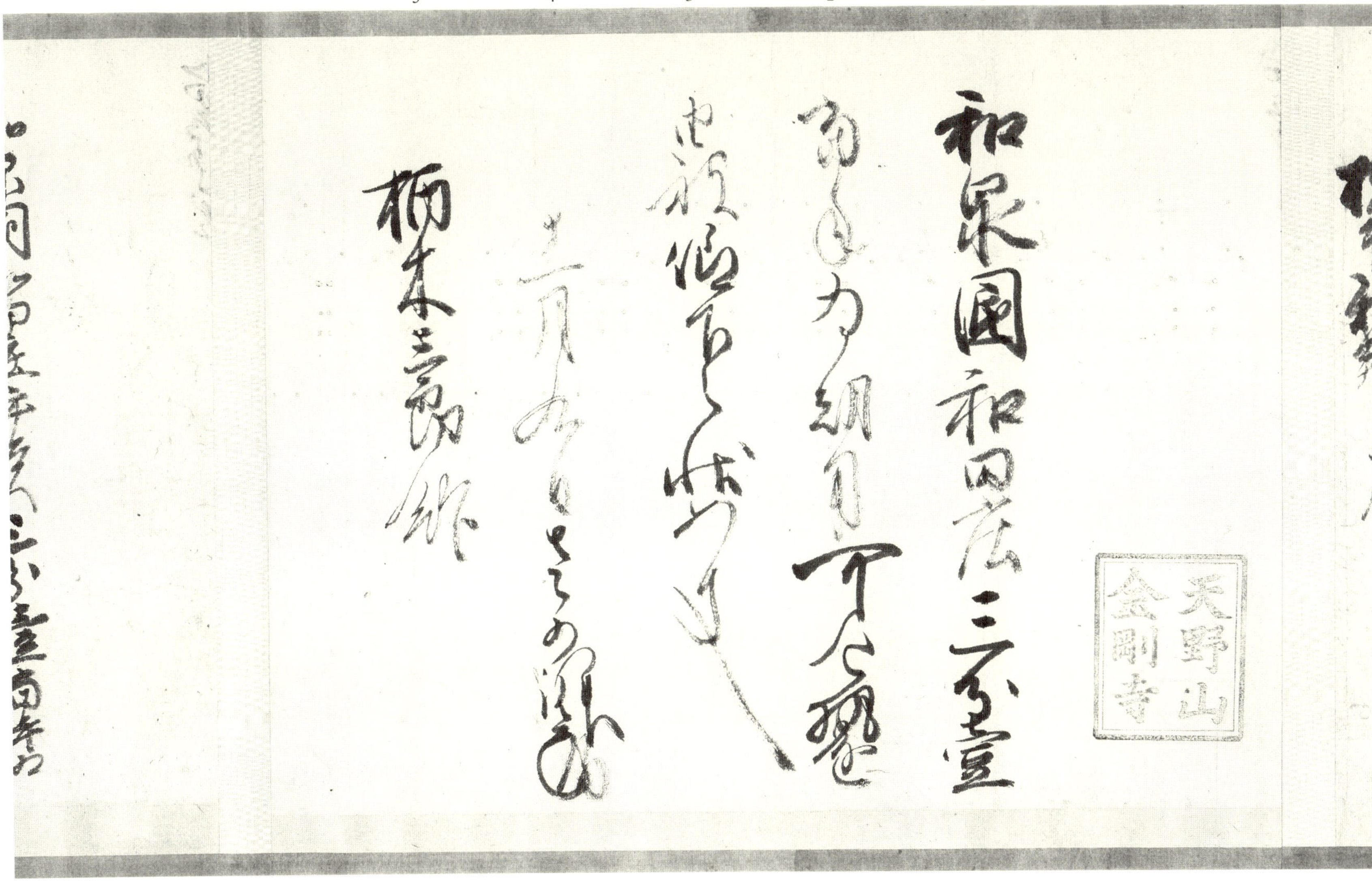

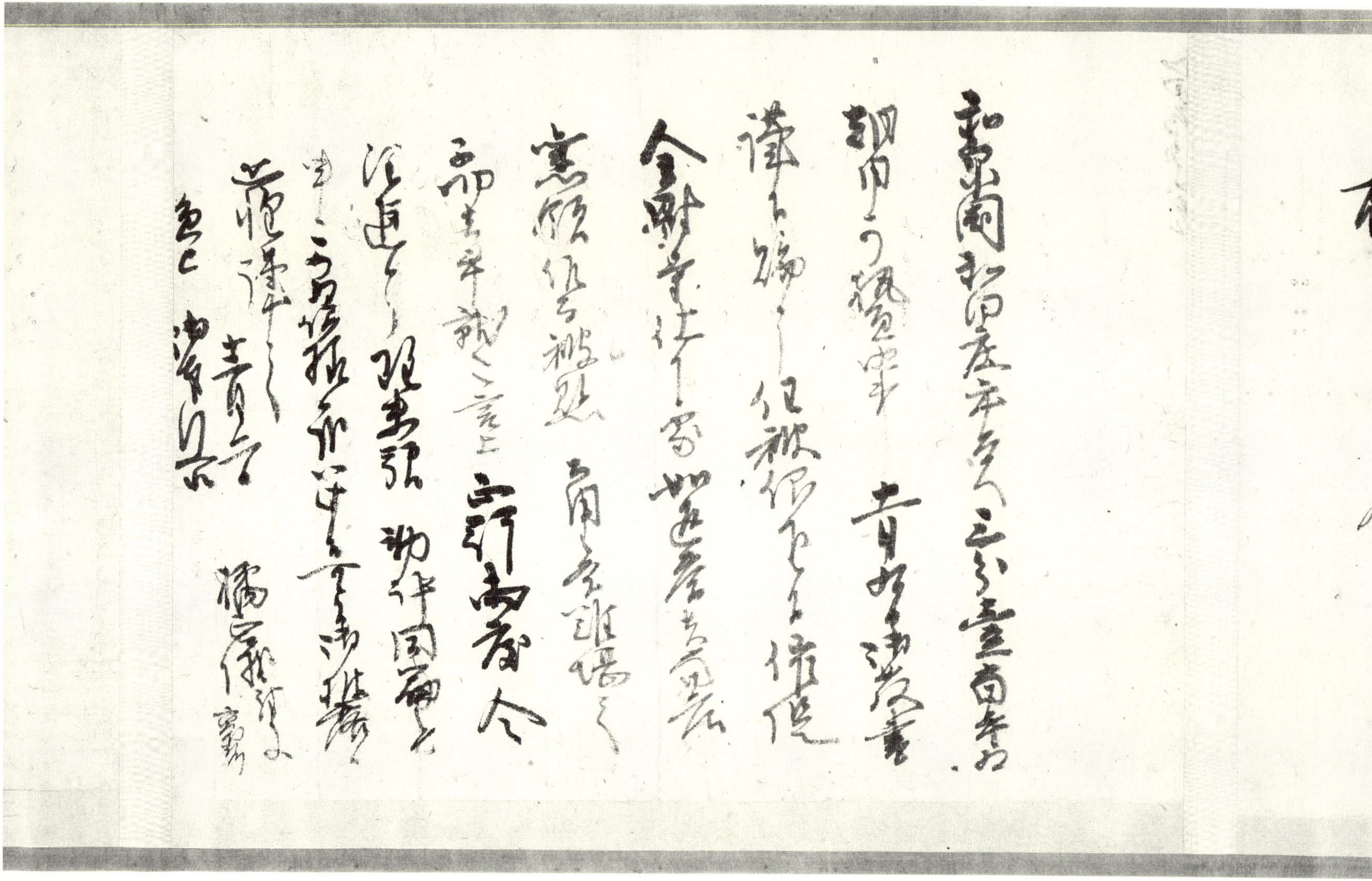

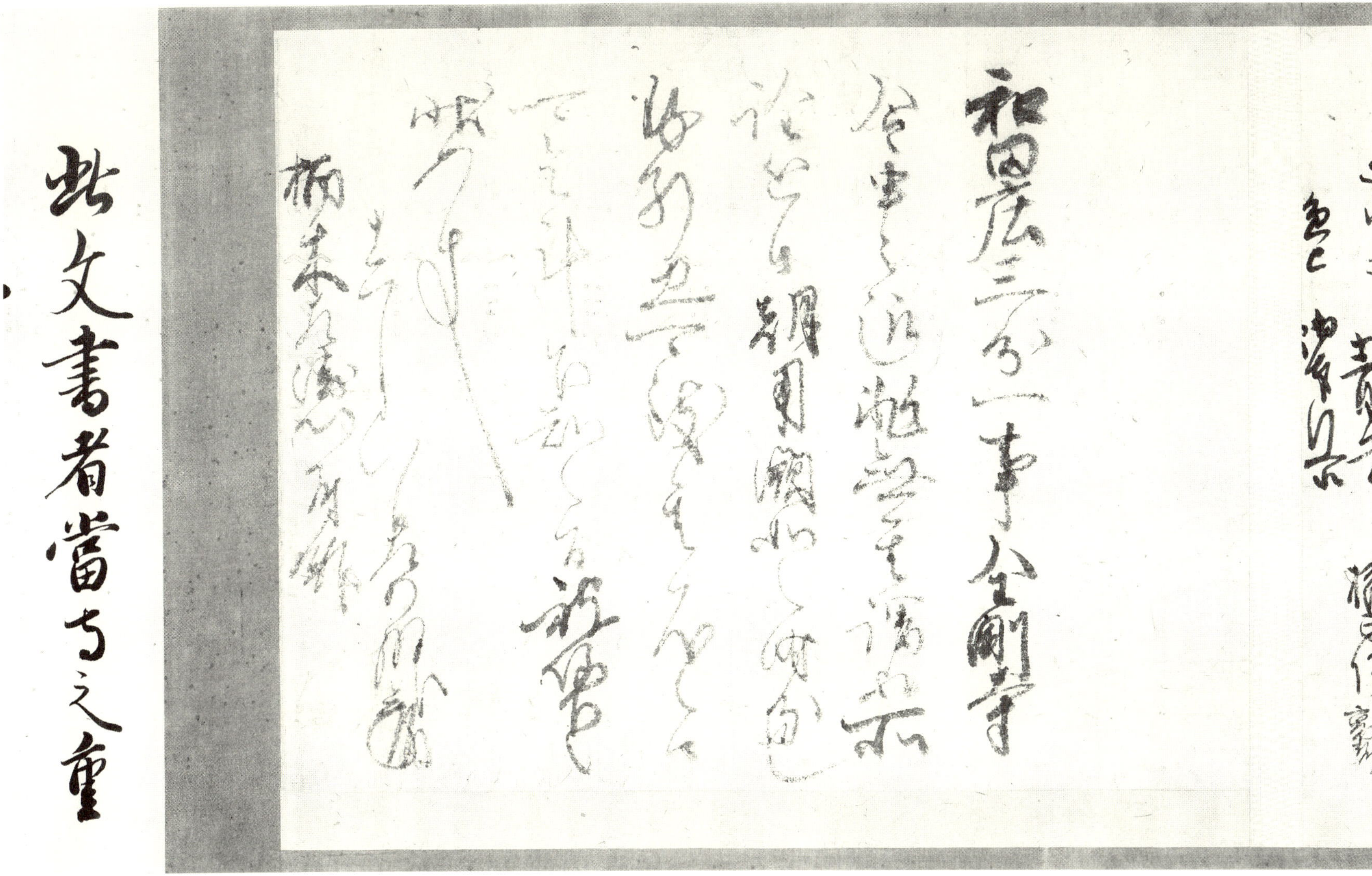
和田庄三分一事金剛寺

此文書者當方之重

此文書者當寺之重
物也頃日源重継朝臣
新加修補令調巻移
聚而盈三軸矣是則
邇来来々散失也愁
志甚之与此哉予不
勝感悦之至聊記
其由山僧尊真以
忽諸而已

萬治二年正月十七日

11

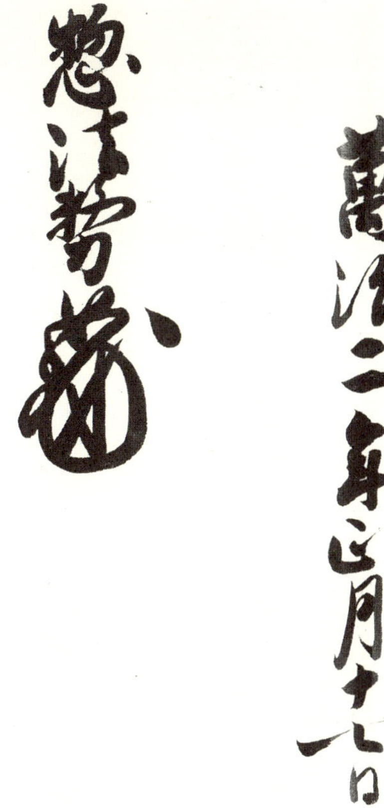
萬治二年正月十七日
惣法務

重要美術品　清水寺仮名縁起

（鎌倉時代後期〜南北朝時代写）

重要美術品 清水寺仮名縁起　（巻姿）

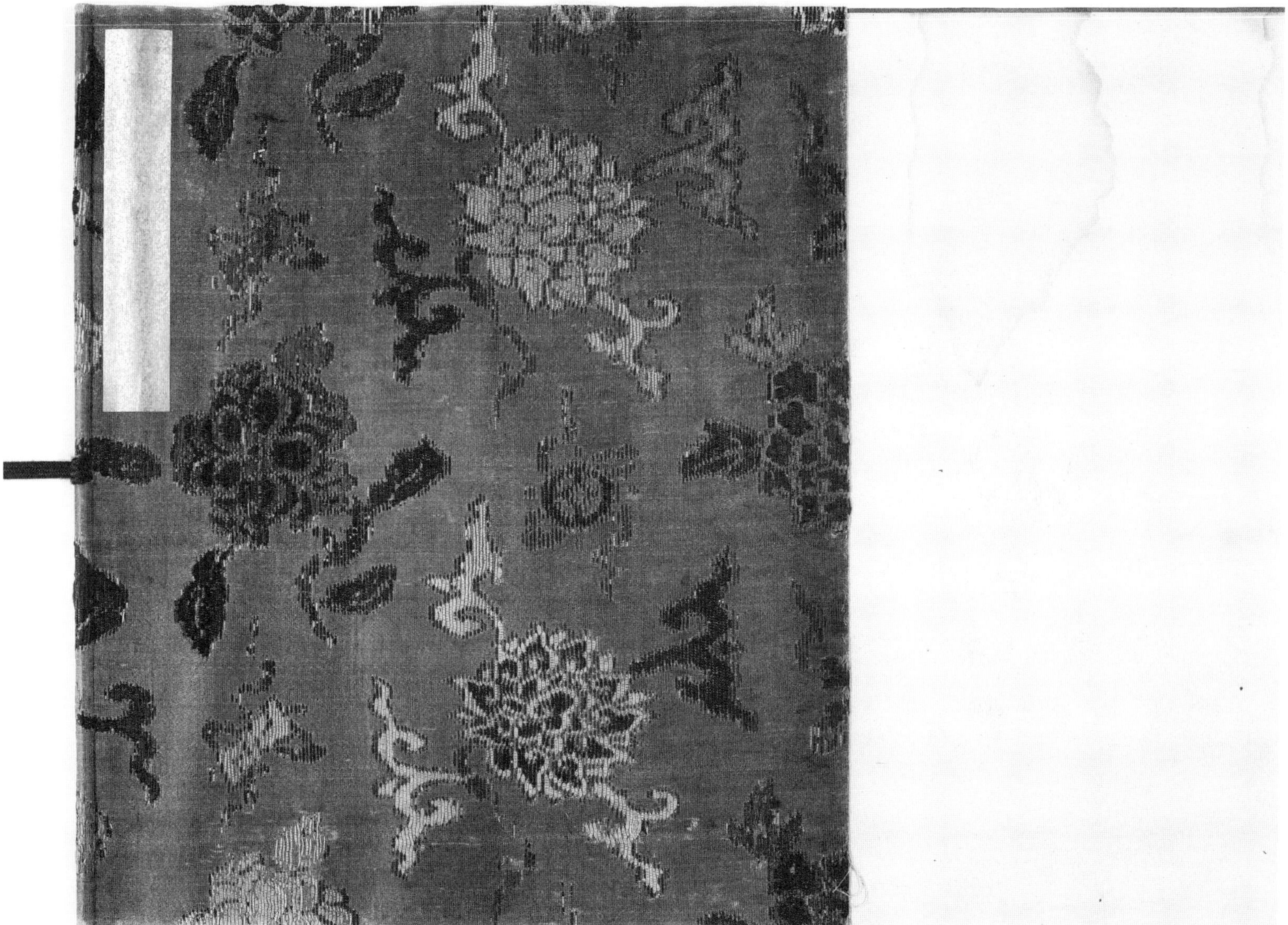

重要美術品 清水寺仮名縁起 （表紙）

重要美術品 清水寺仮名縁起 （表紙見返）

重要美術品 清水寺仮名縁起 （1紙）

9 8 7 6 5 4 3 2 1

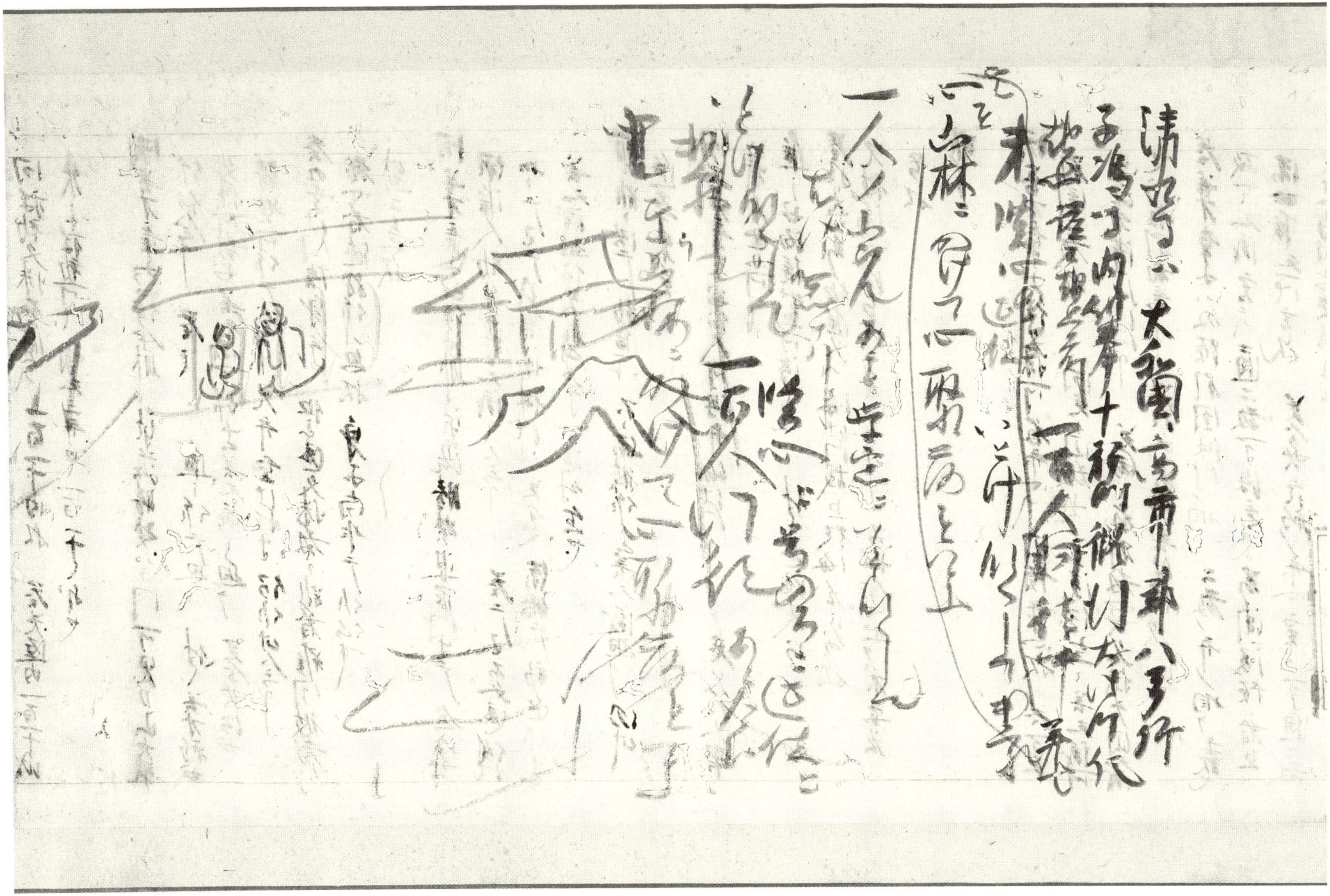

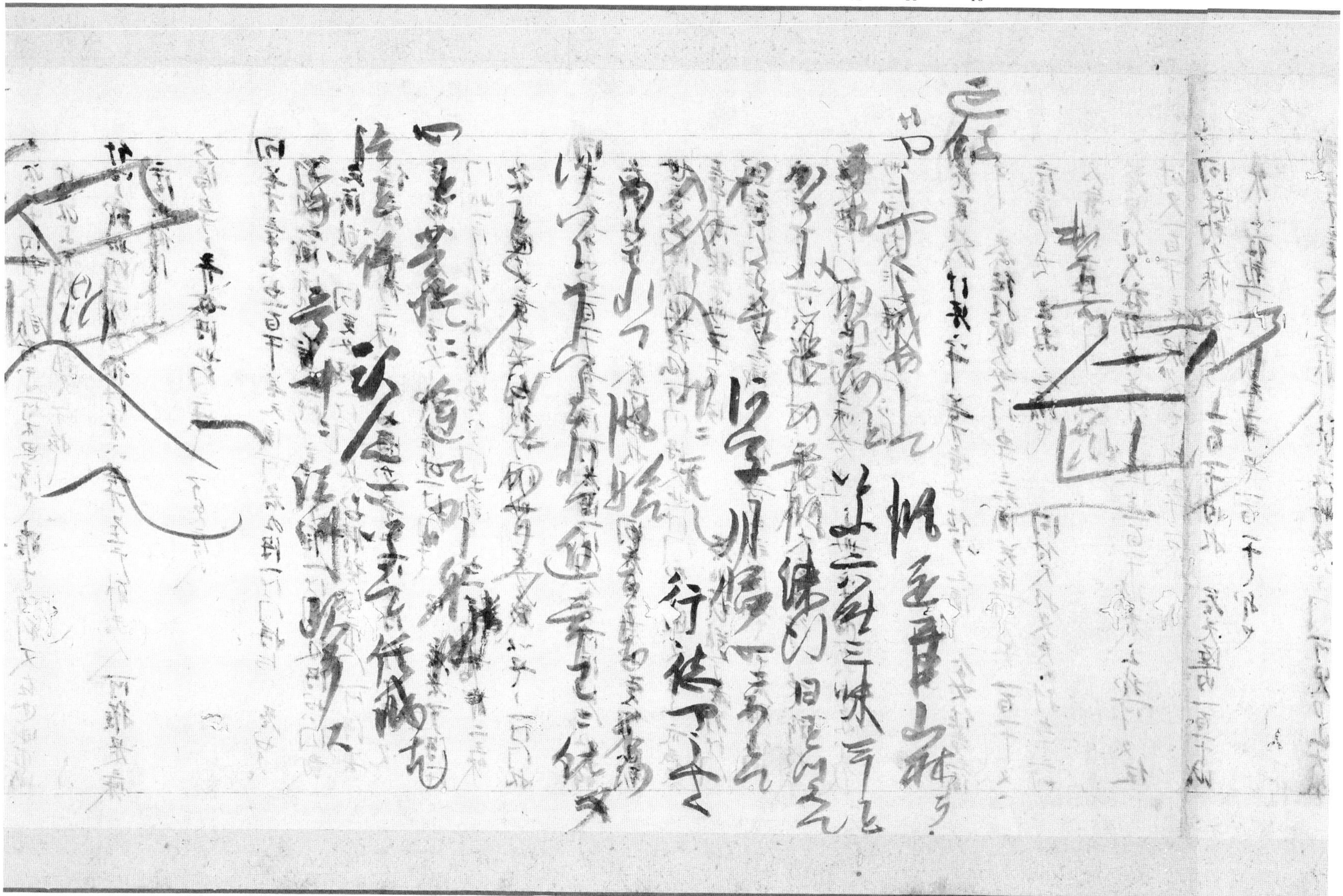

（1紙）

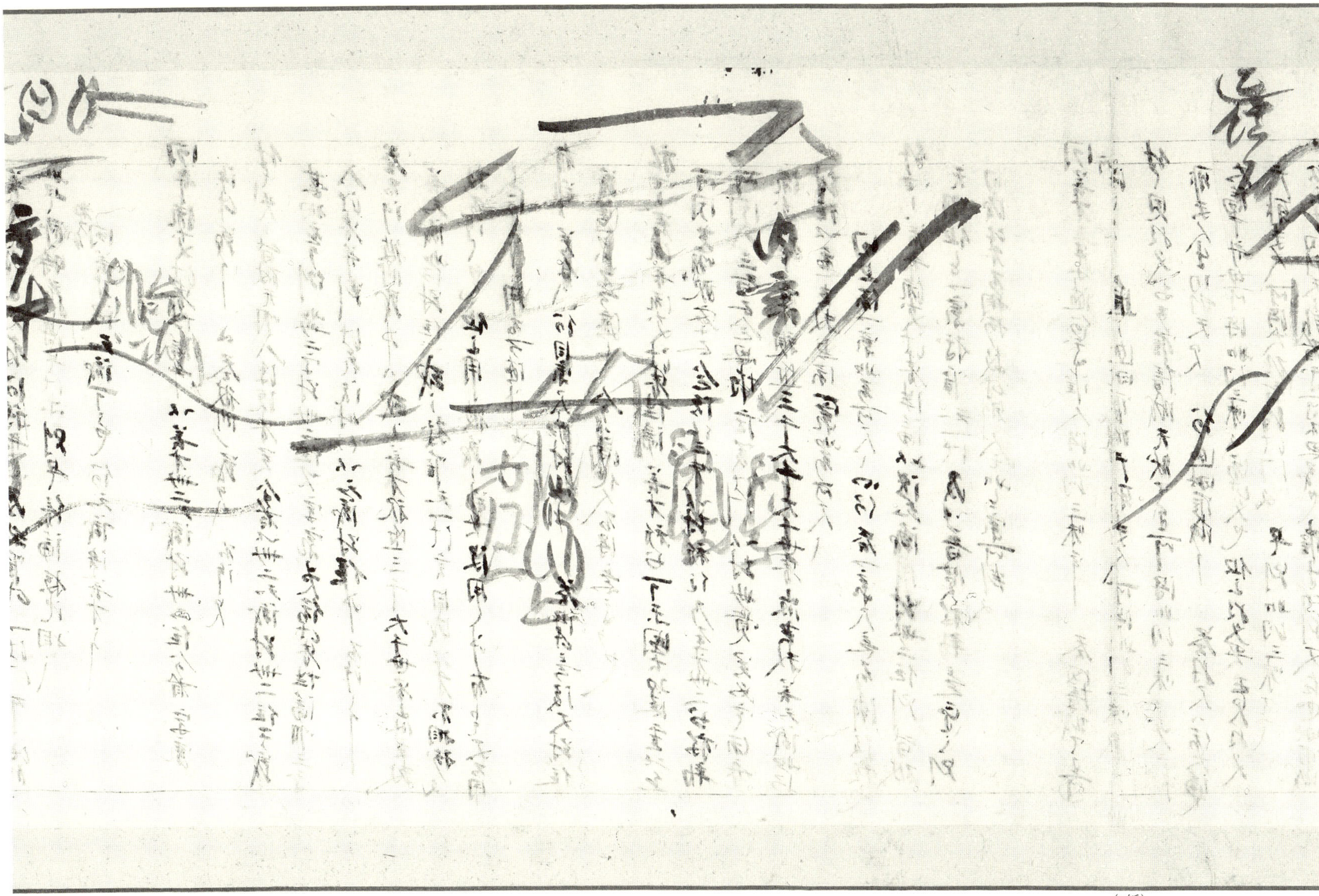

（2紙）

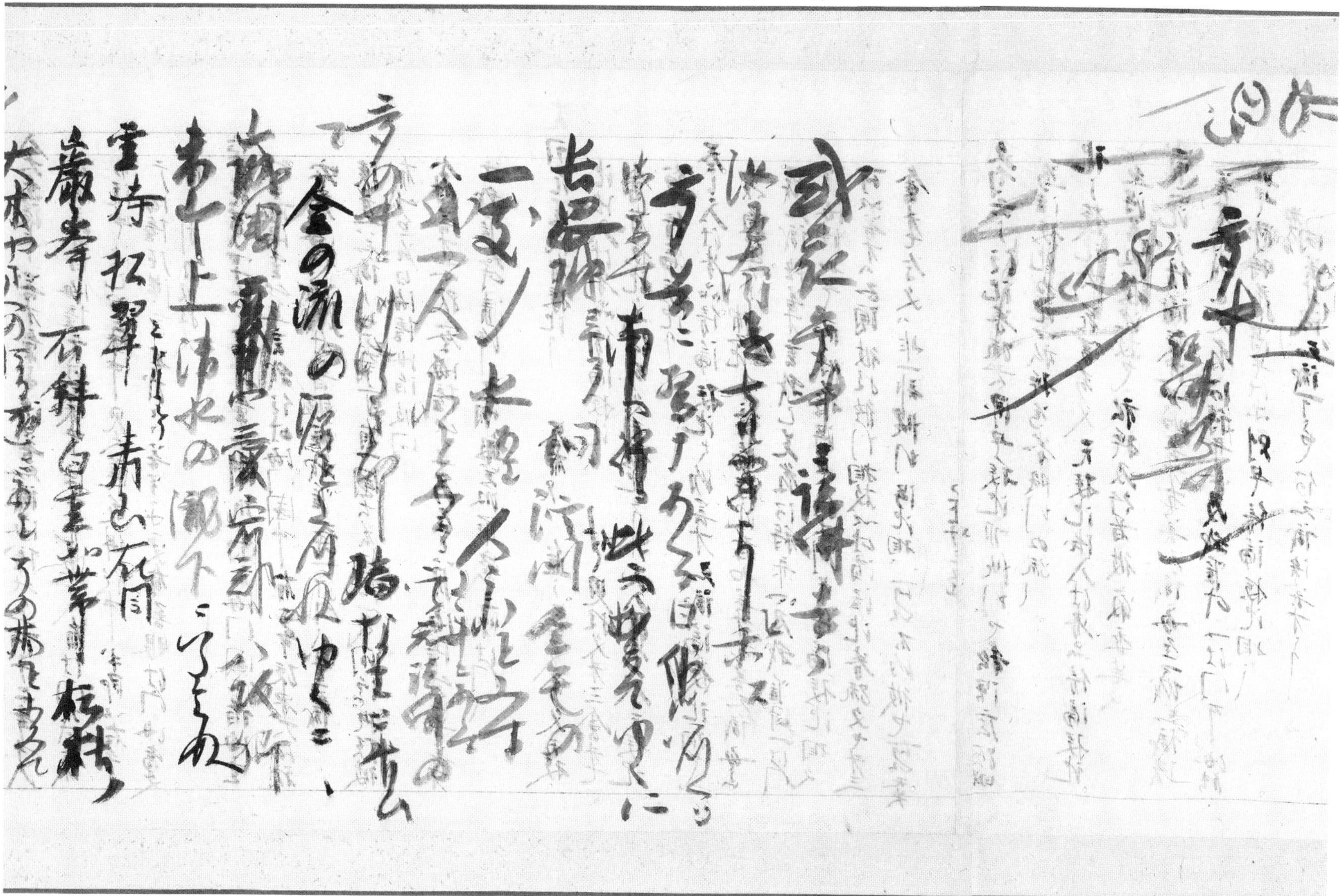

(3紙)

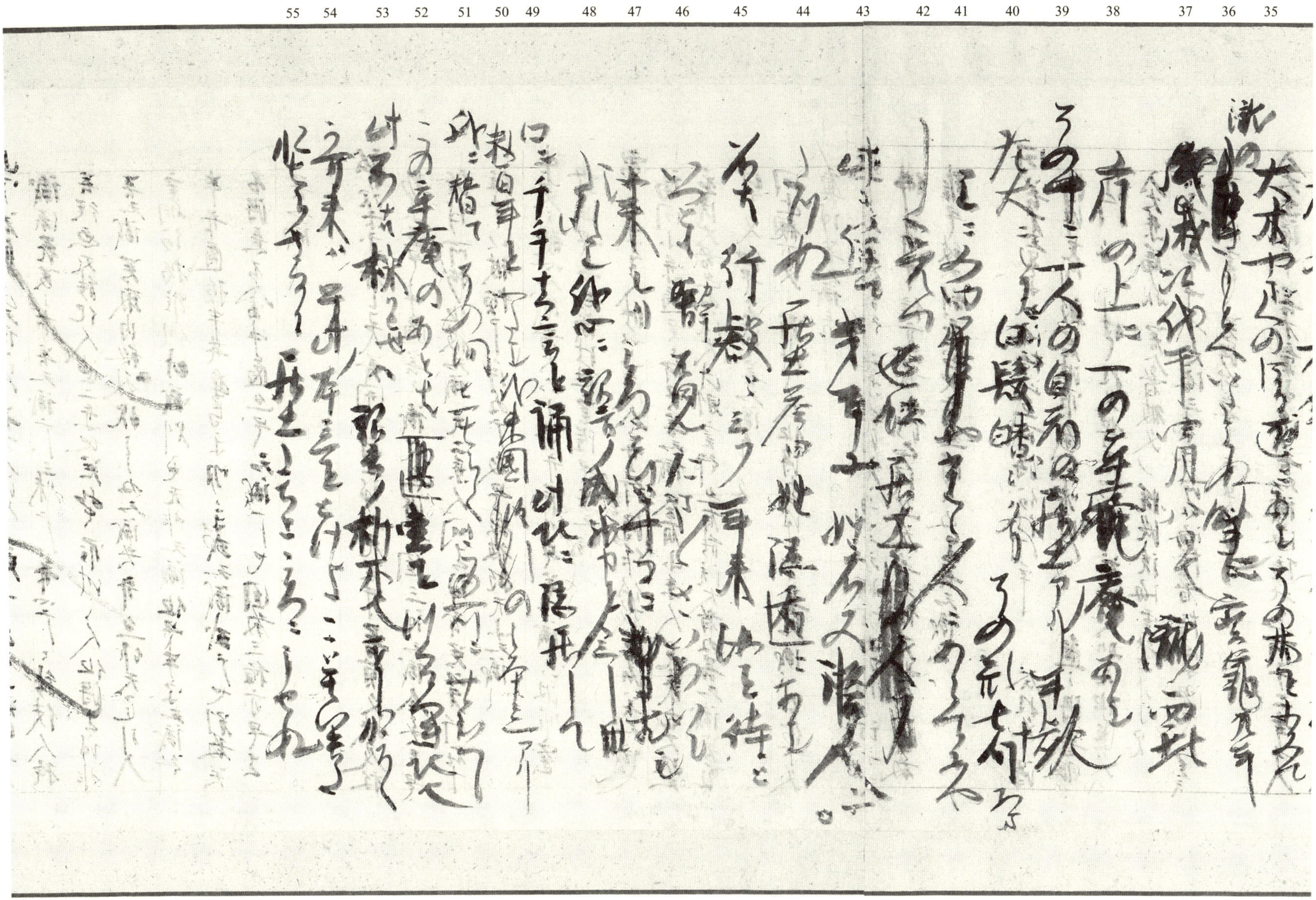

(4紙)

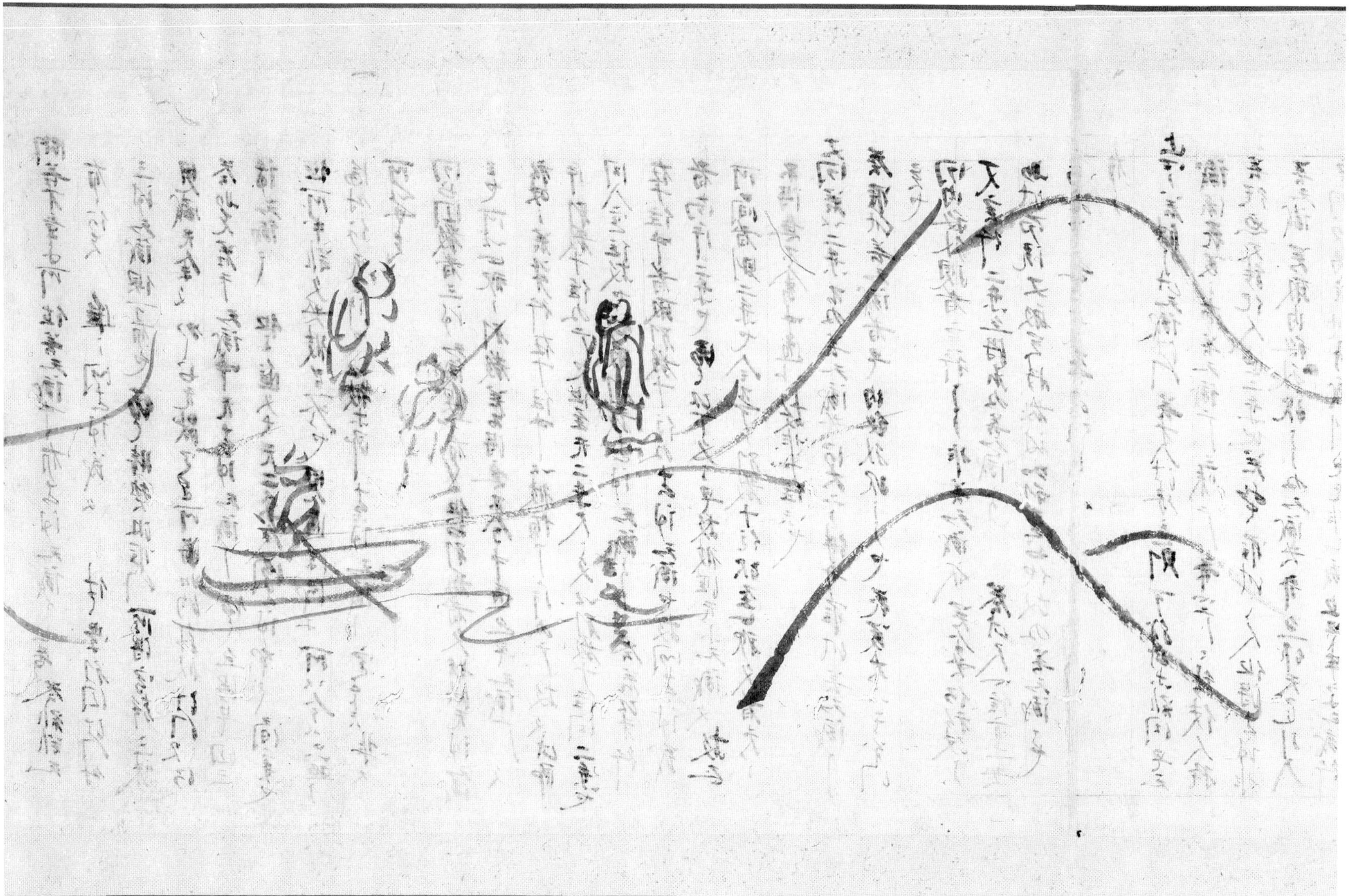

(5紙)

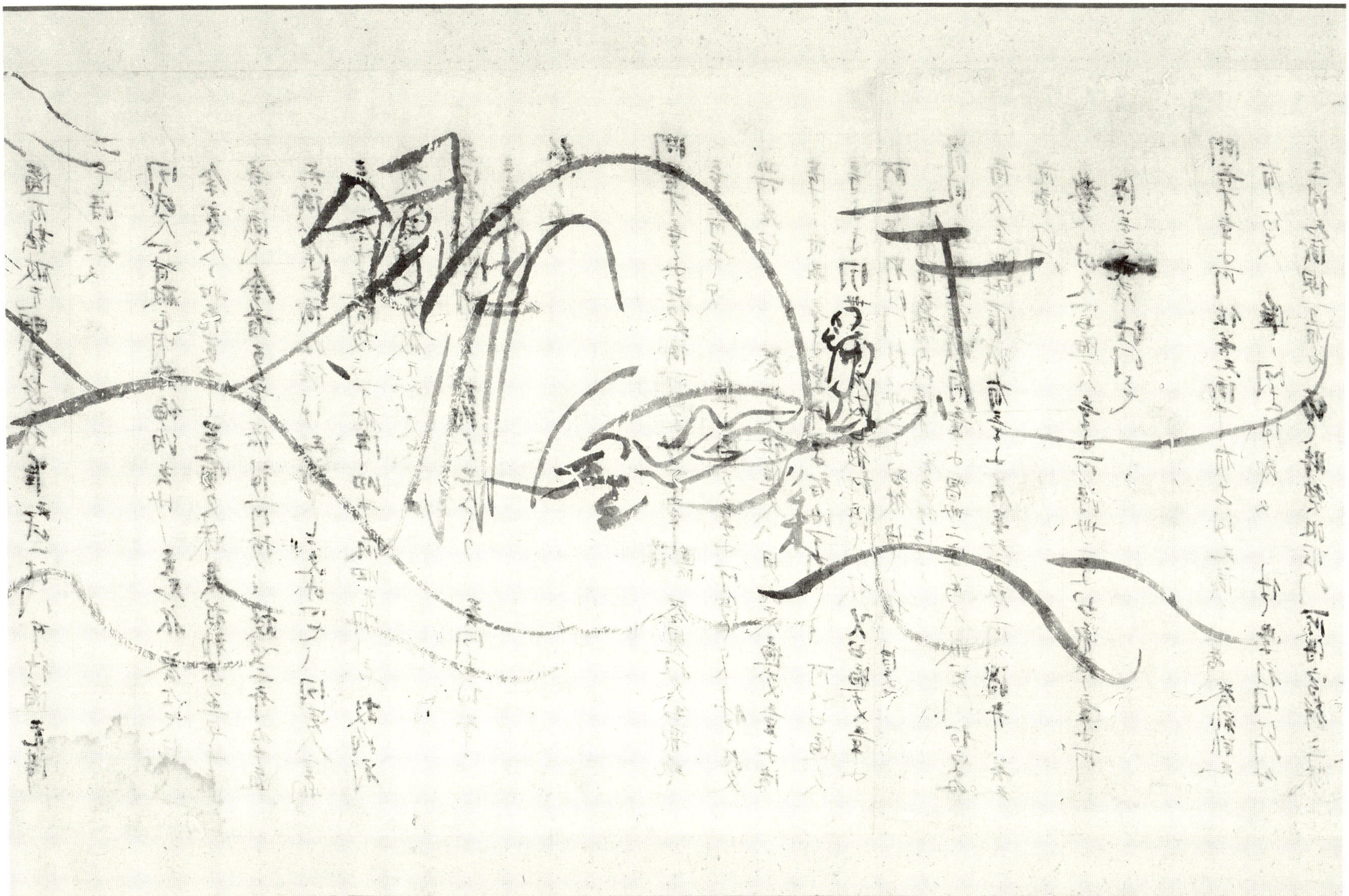

（6紙）

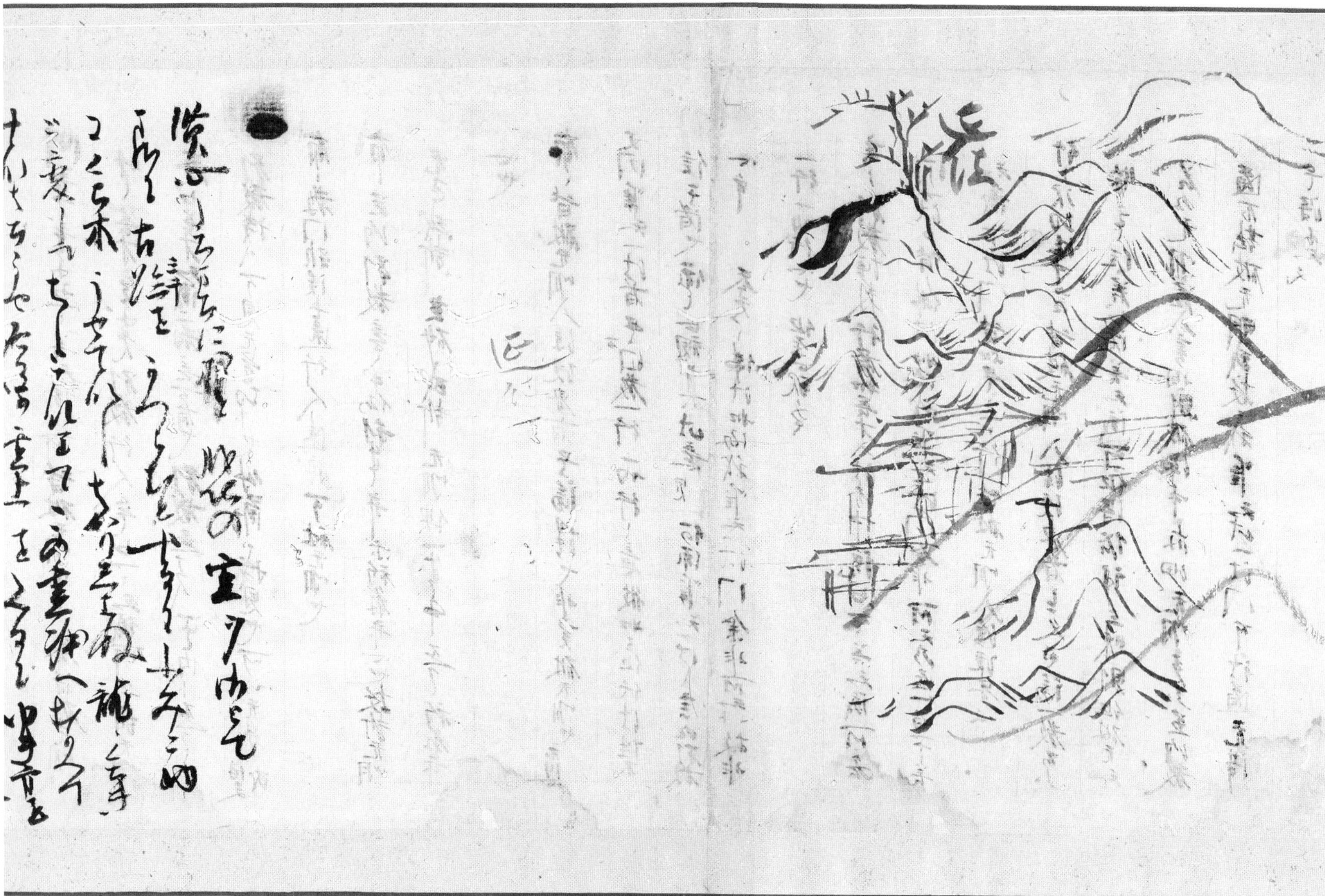

（7紙）

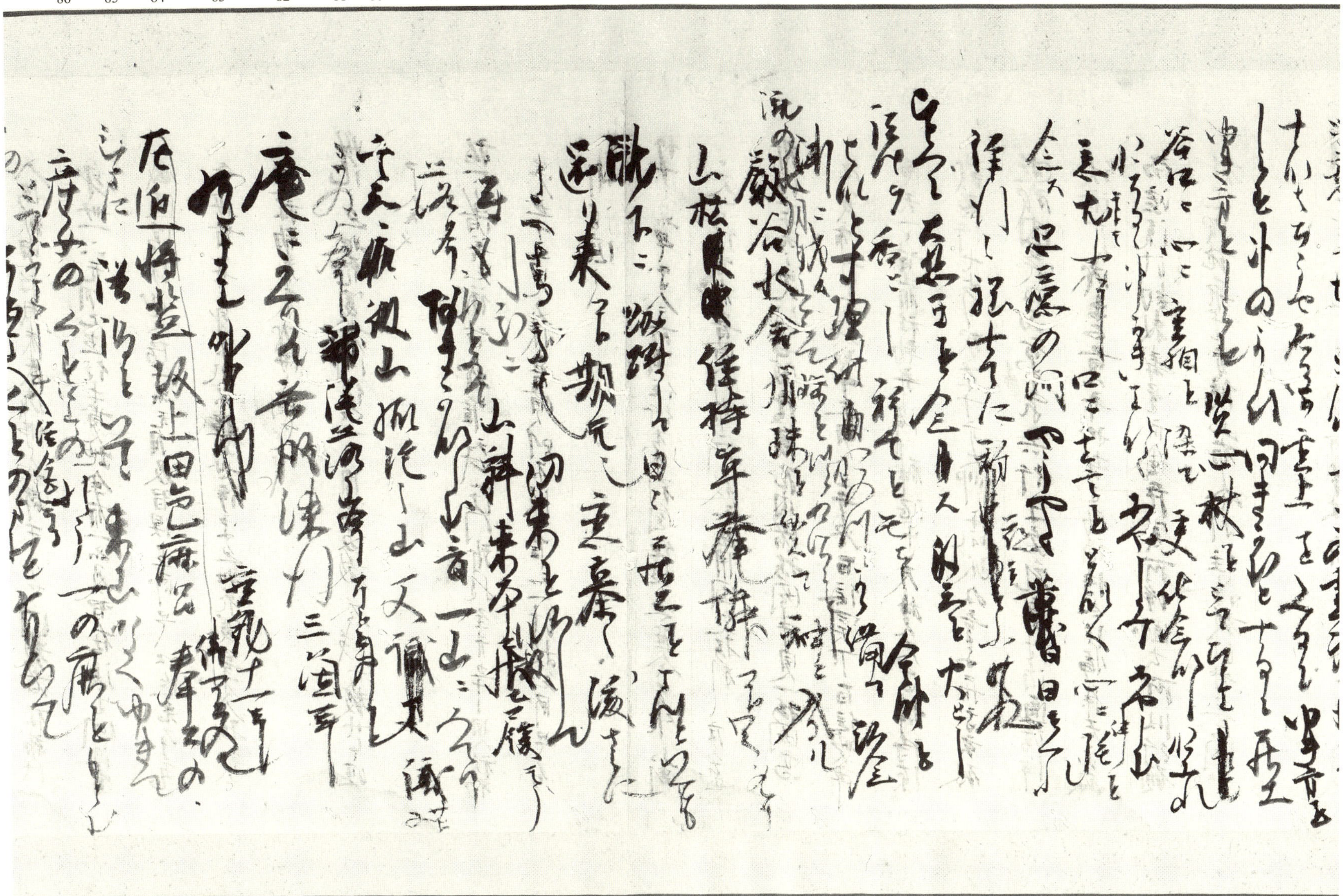

(8紙)

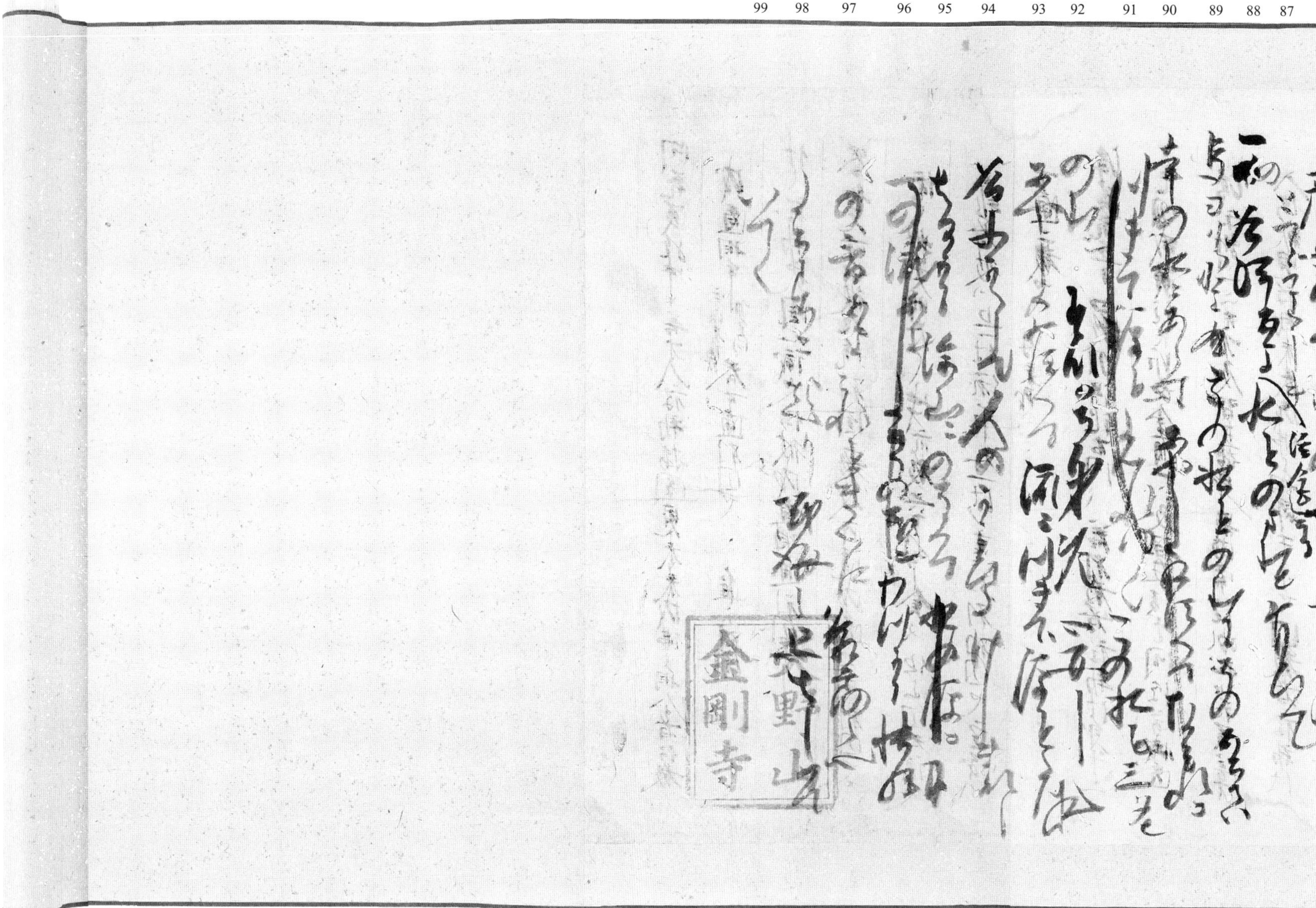

(9紙)

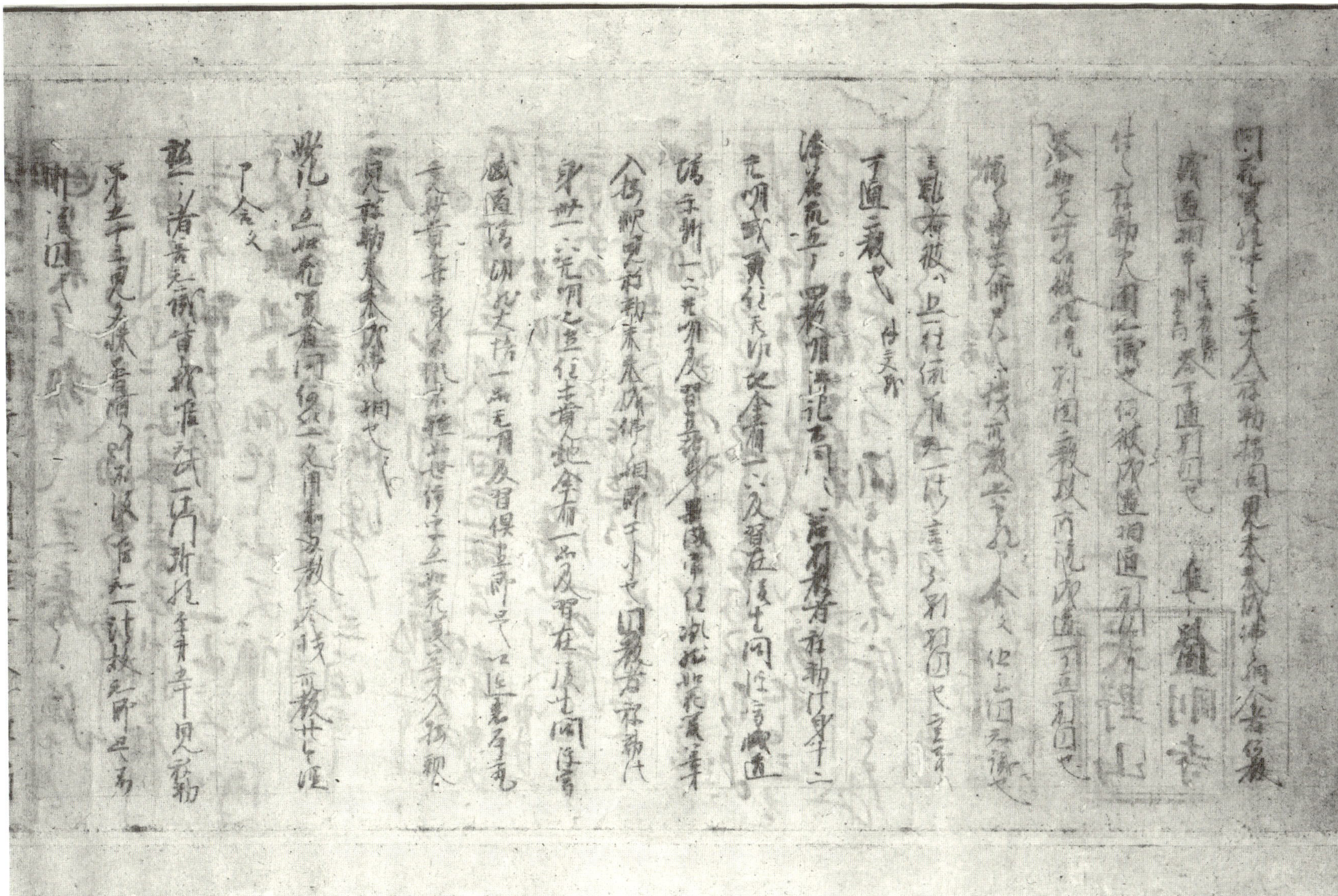

(9紙ウ)

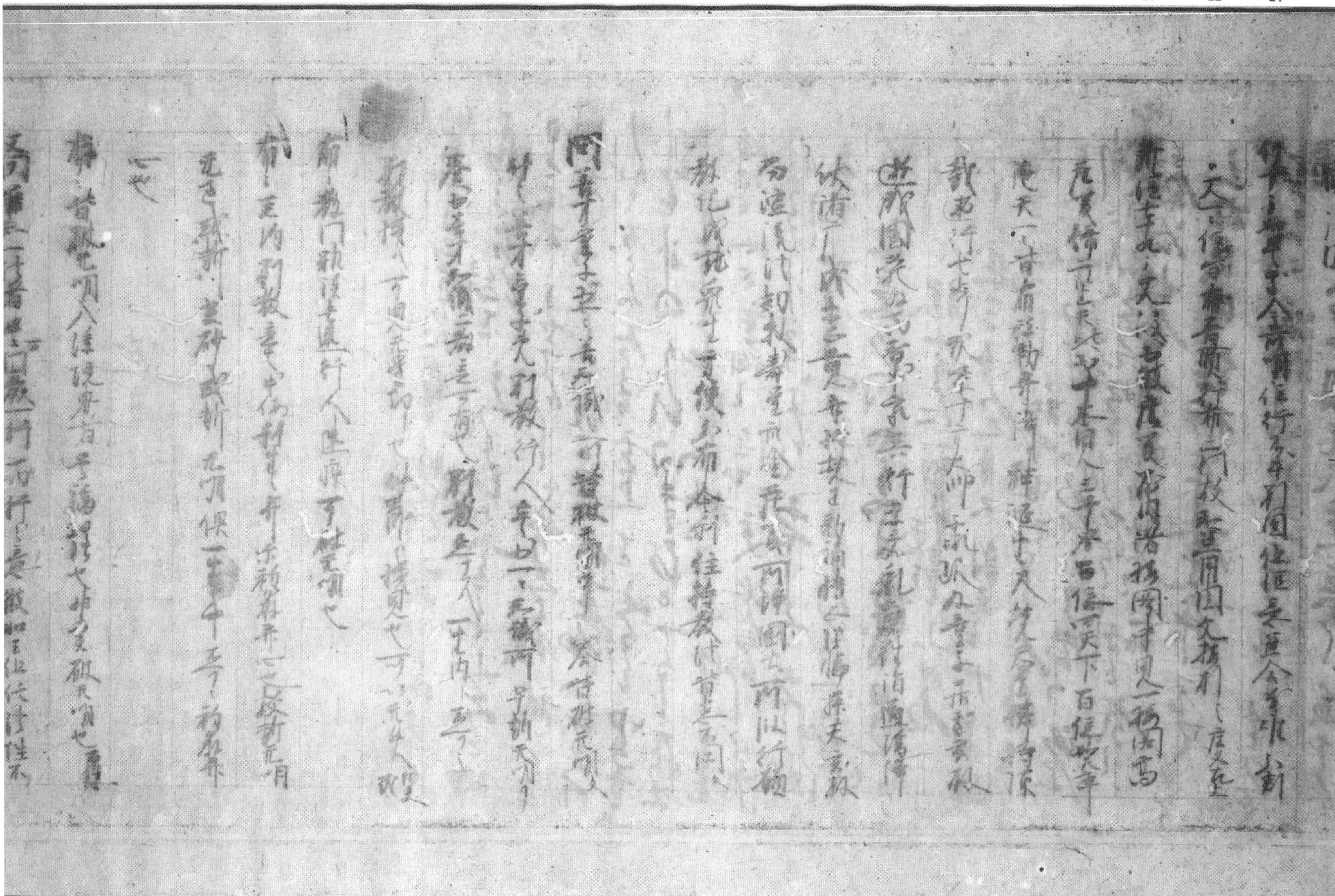

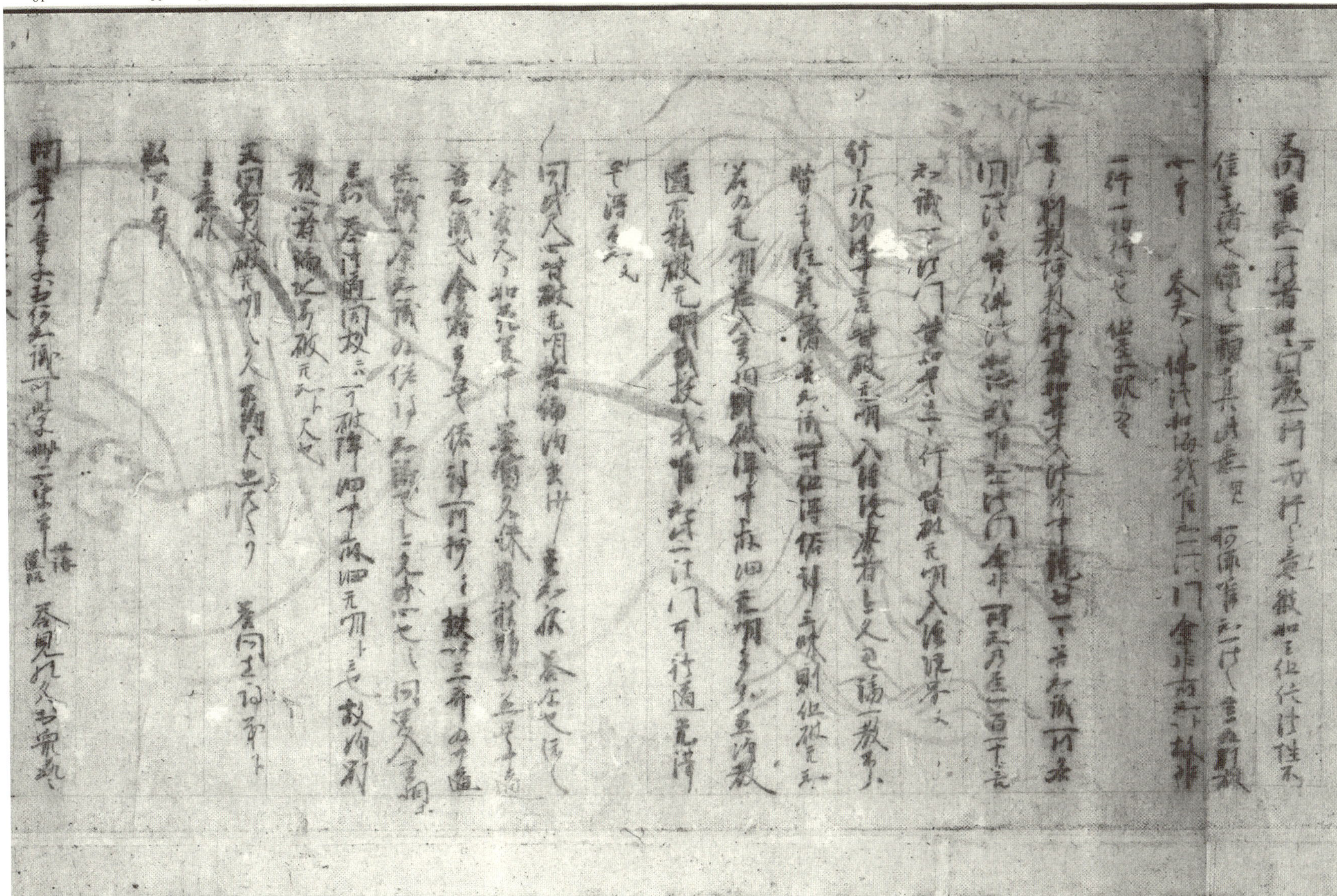

(8紙ウ)

(7紙ウ)

119 118 117 116 115 114 113 112 111 110 109 108 107 106 105 104 103 102 101 100 99 98 97 96 95 94 93 92 91

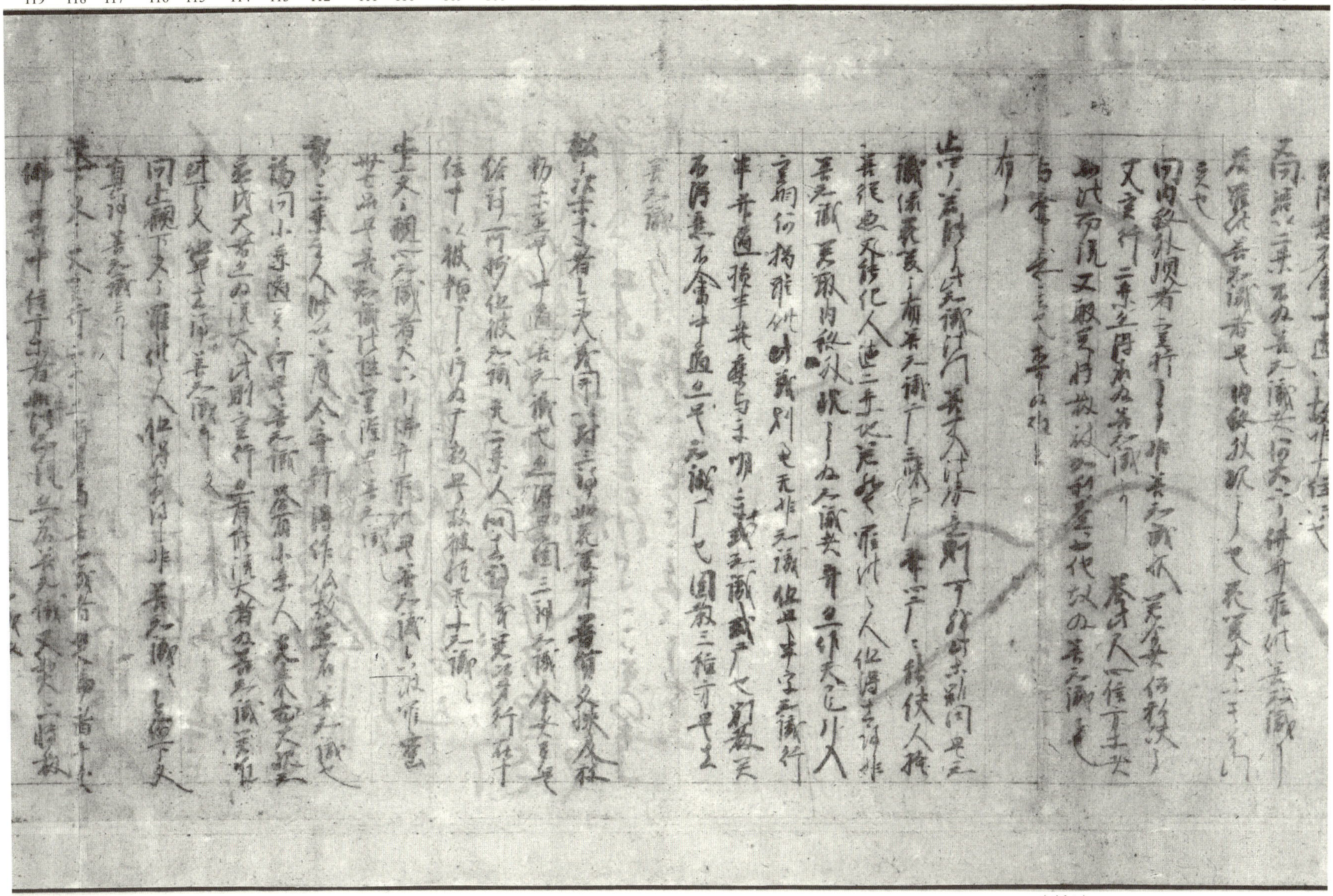

（5紙ウ）　（6紙ウ）

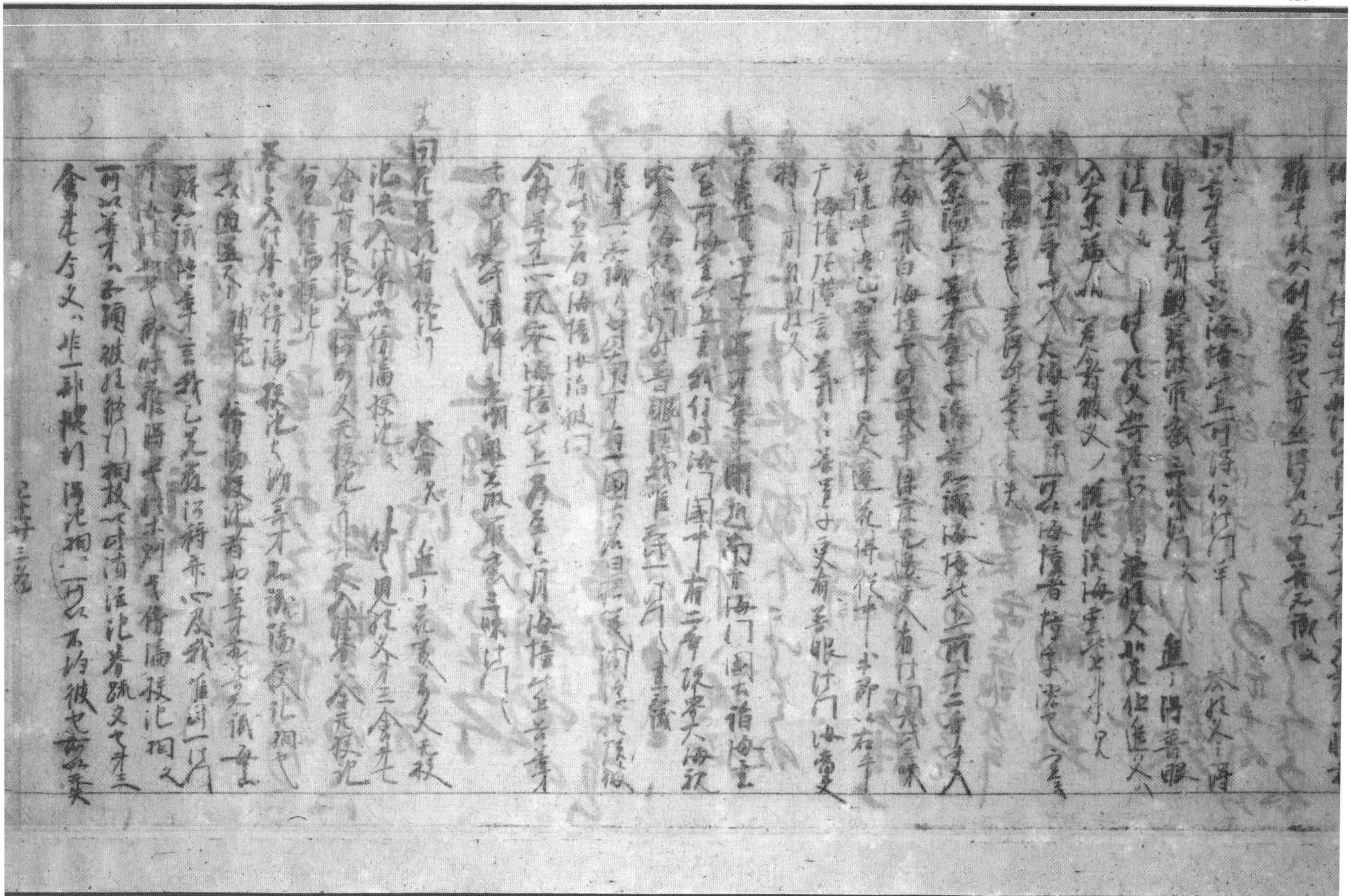

（4紙ウ）

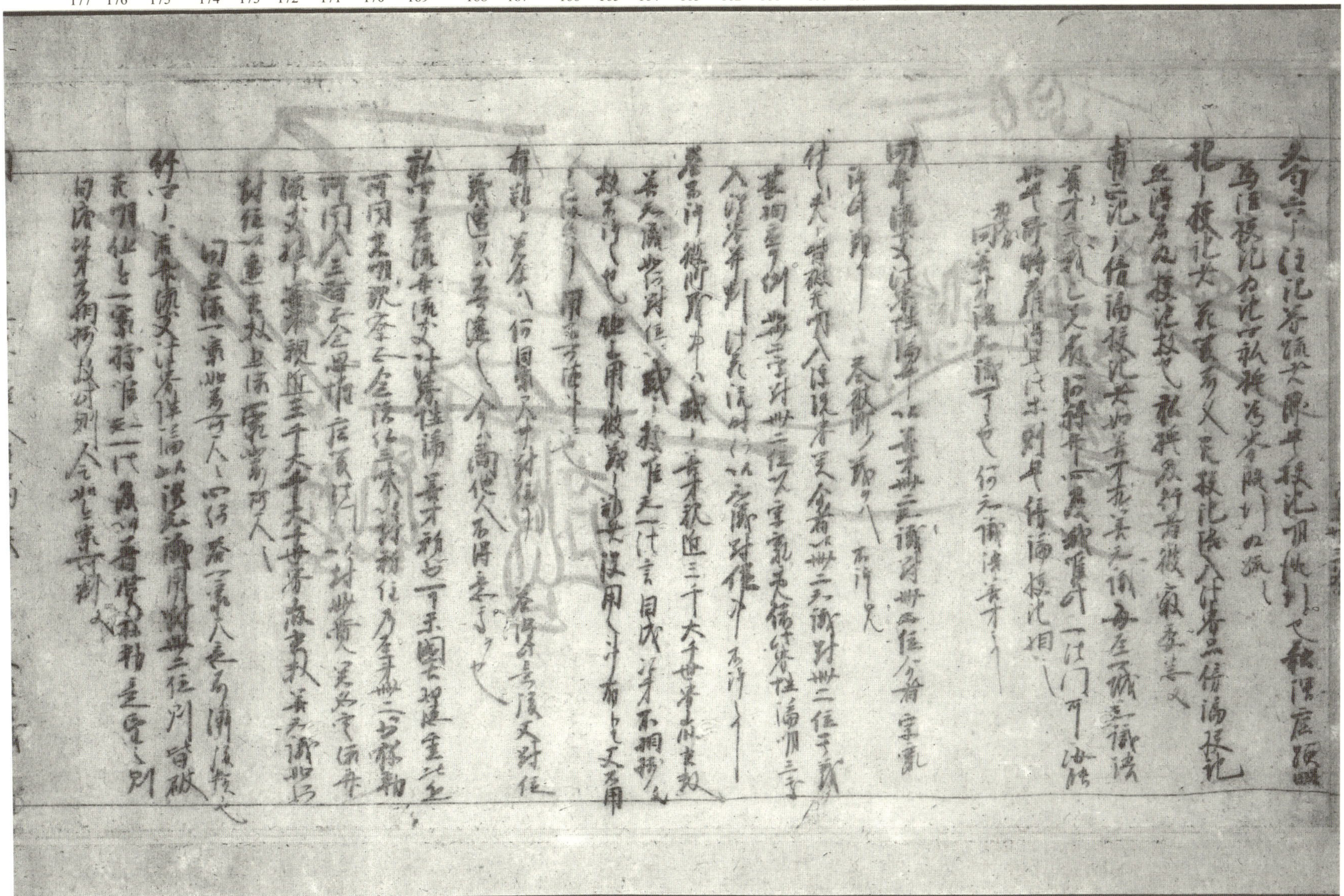

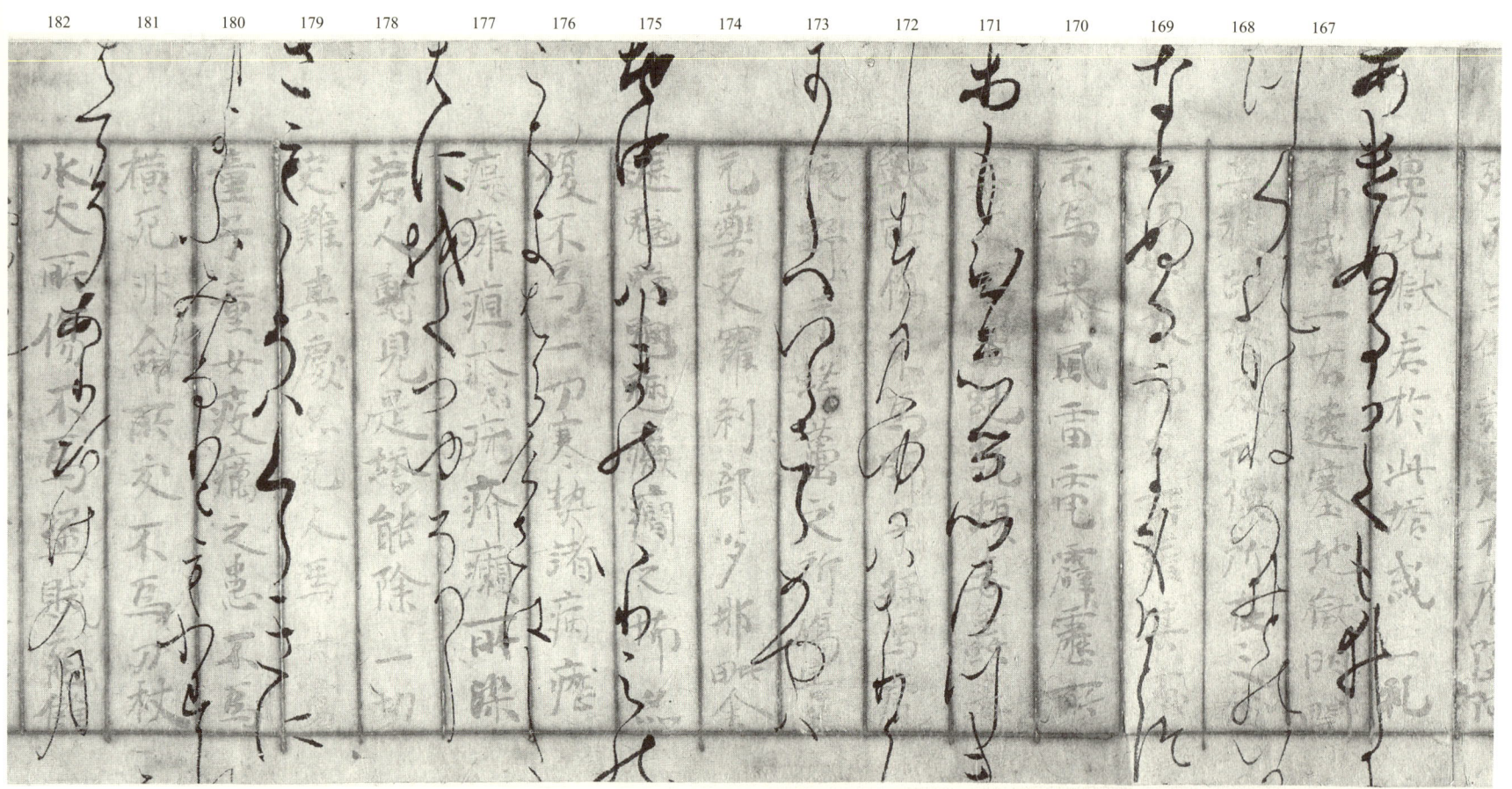

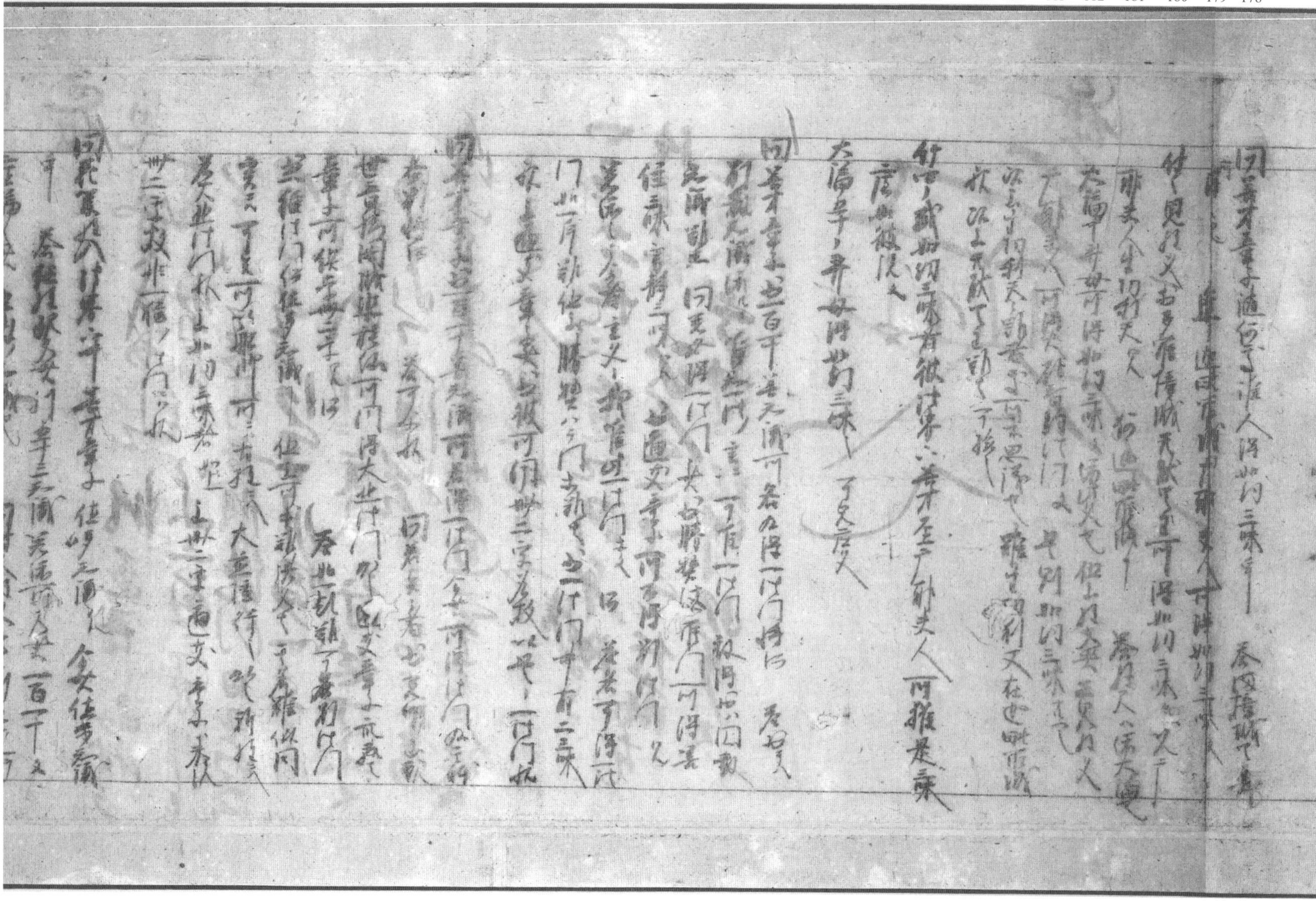
205 204 203 202 201 200 199 198 197 196 195 194 193 192 191 190 189 188 187 186 185 184 183 182 181 180 179 178

（3紙ウ）

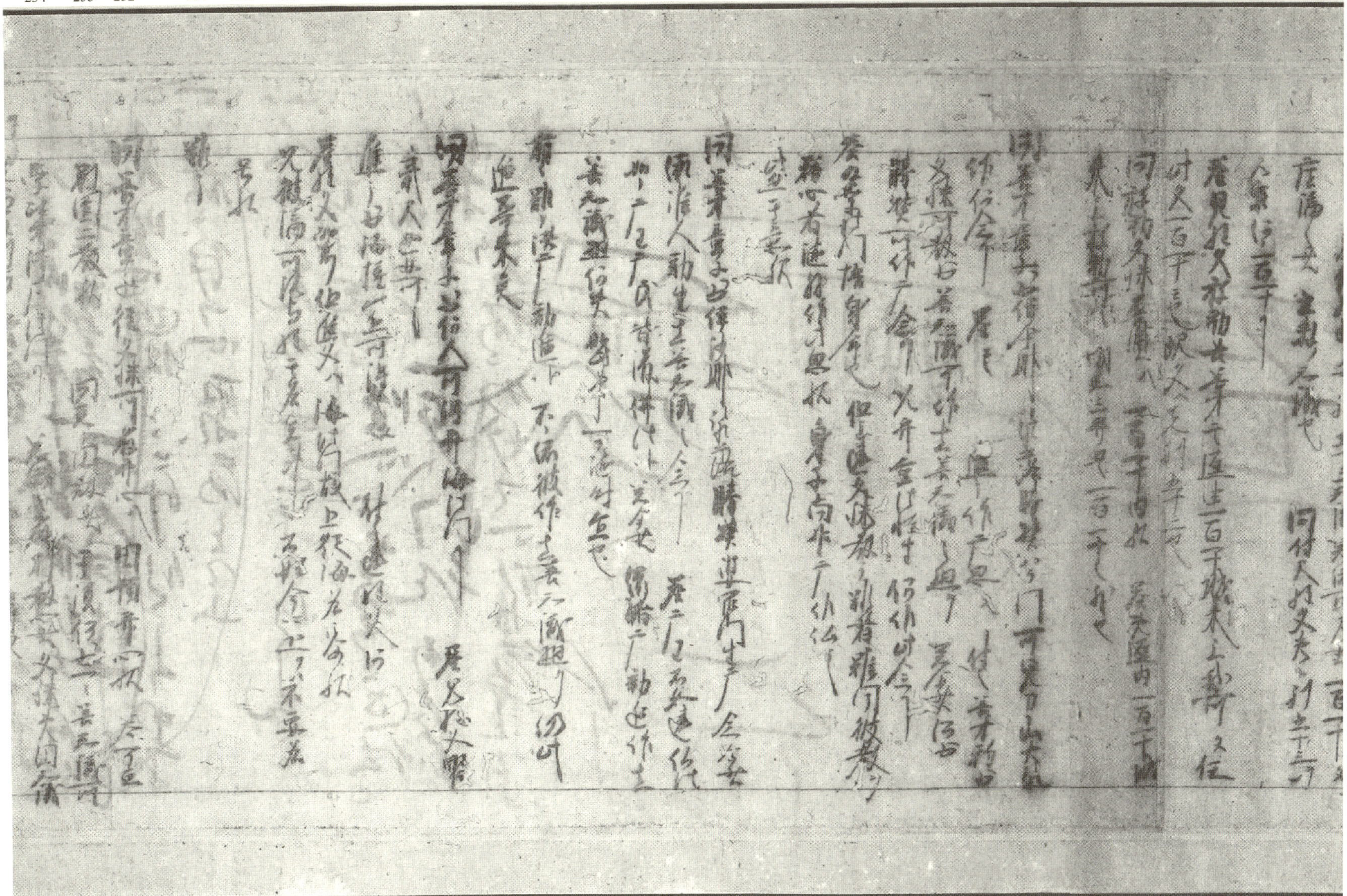

（2紙ウ）

(1紙ウ)

外函

内函

函内納入紙

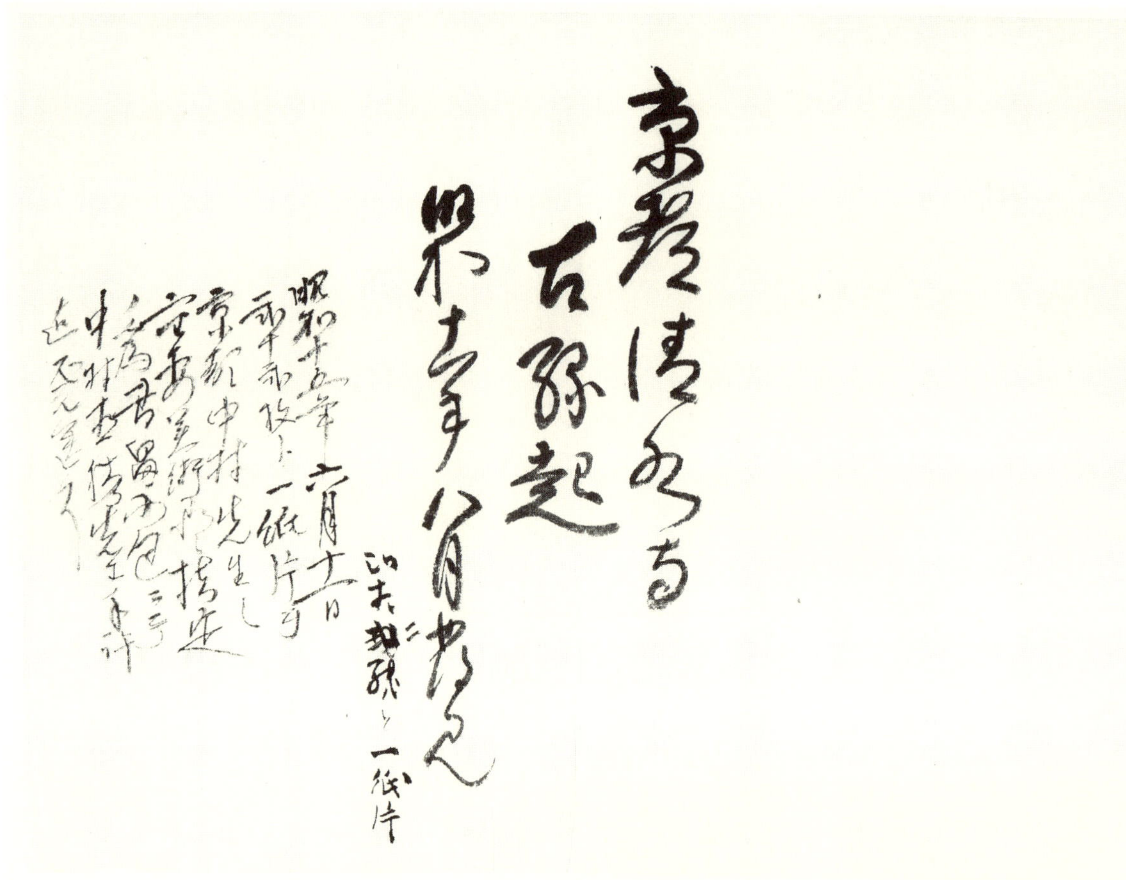

清水寺真名縁起

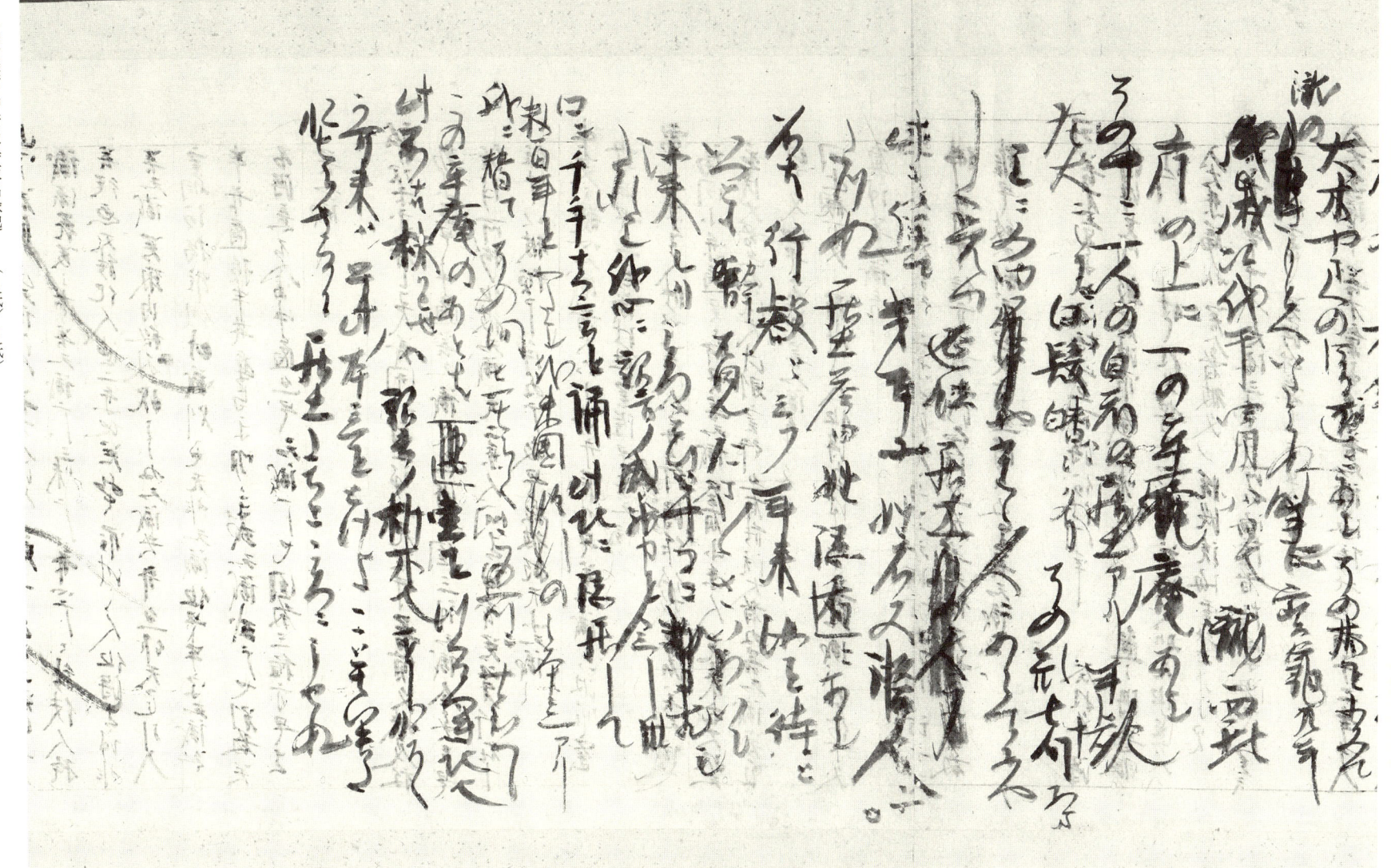

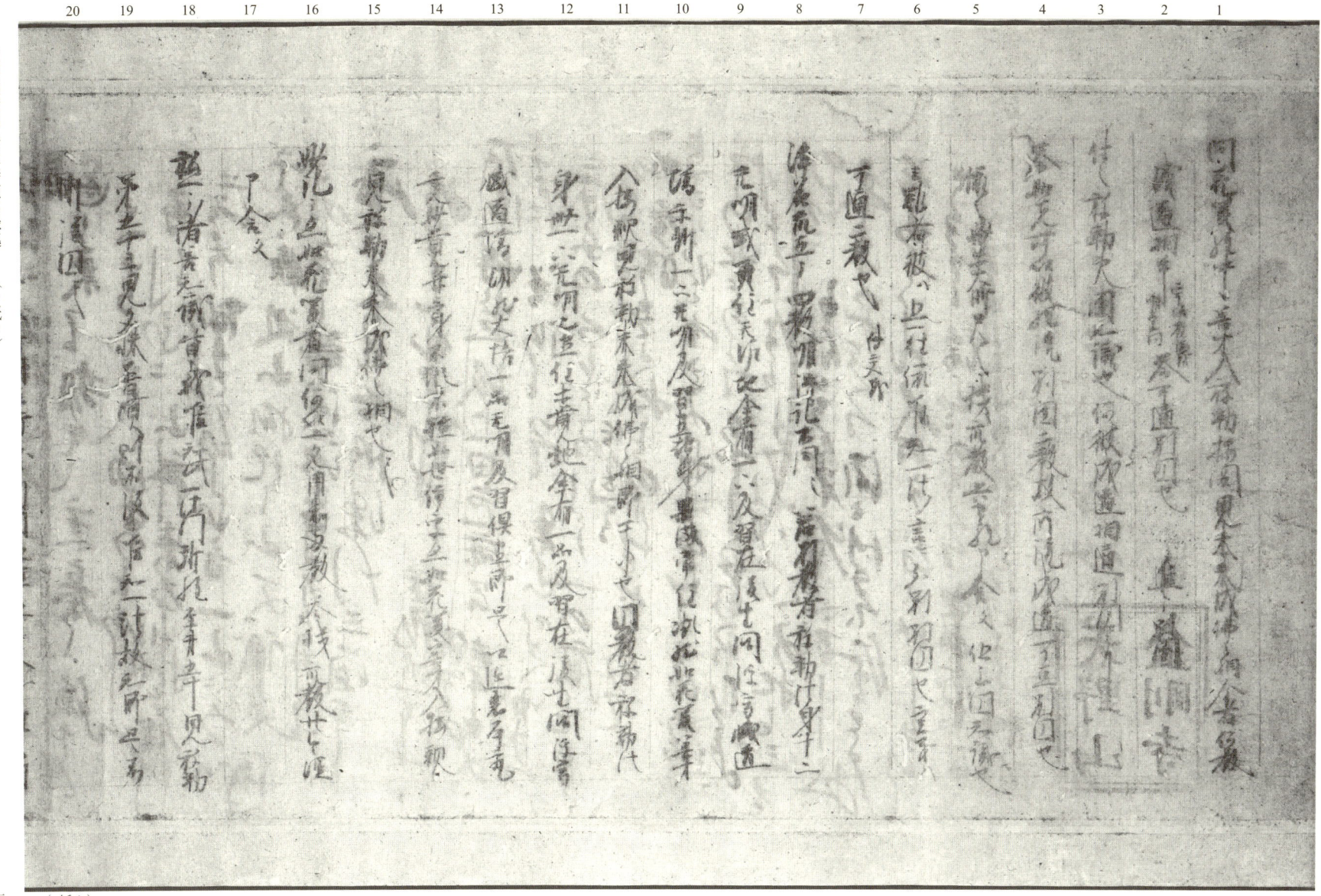

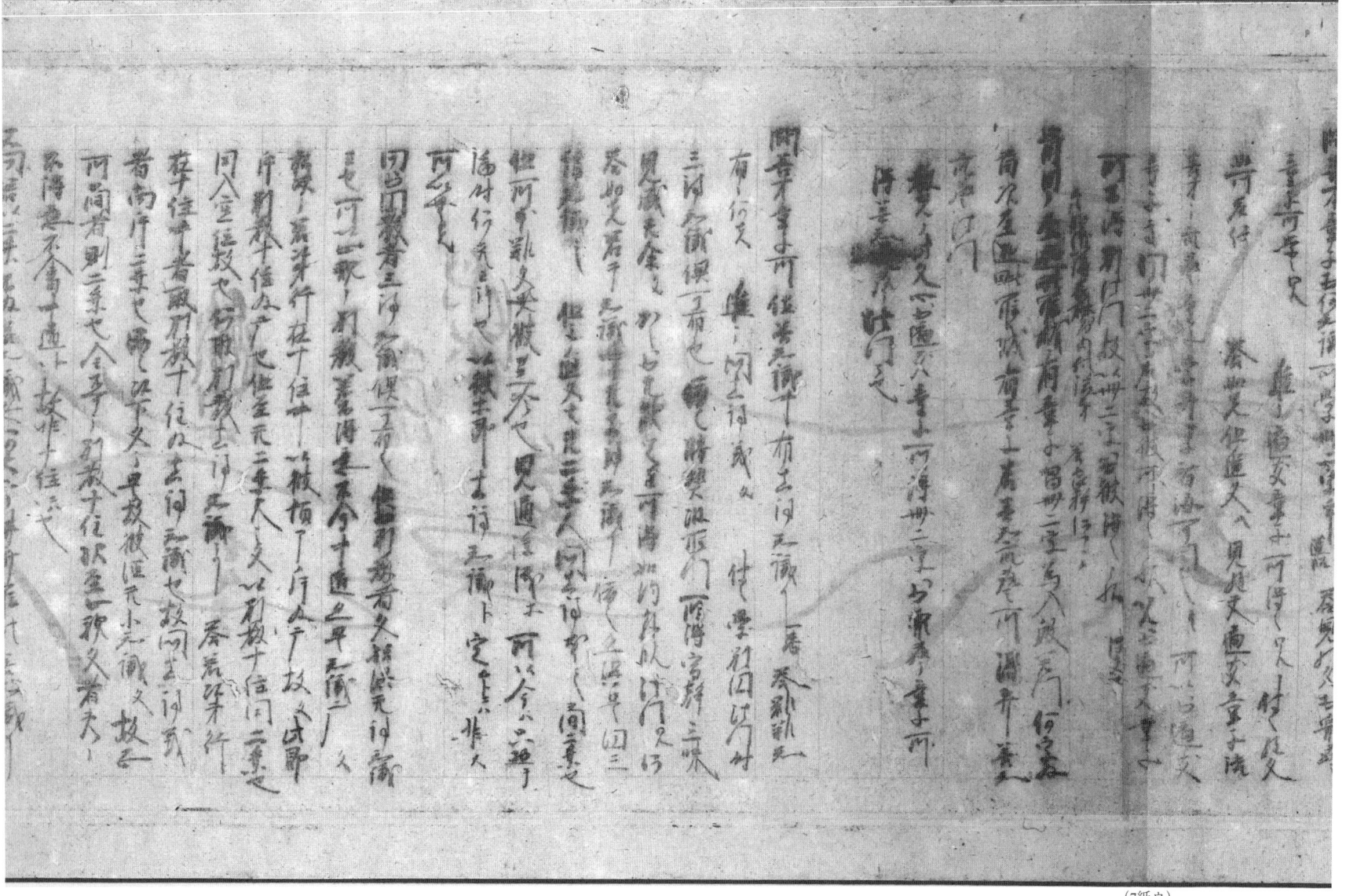

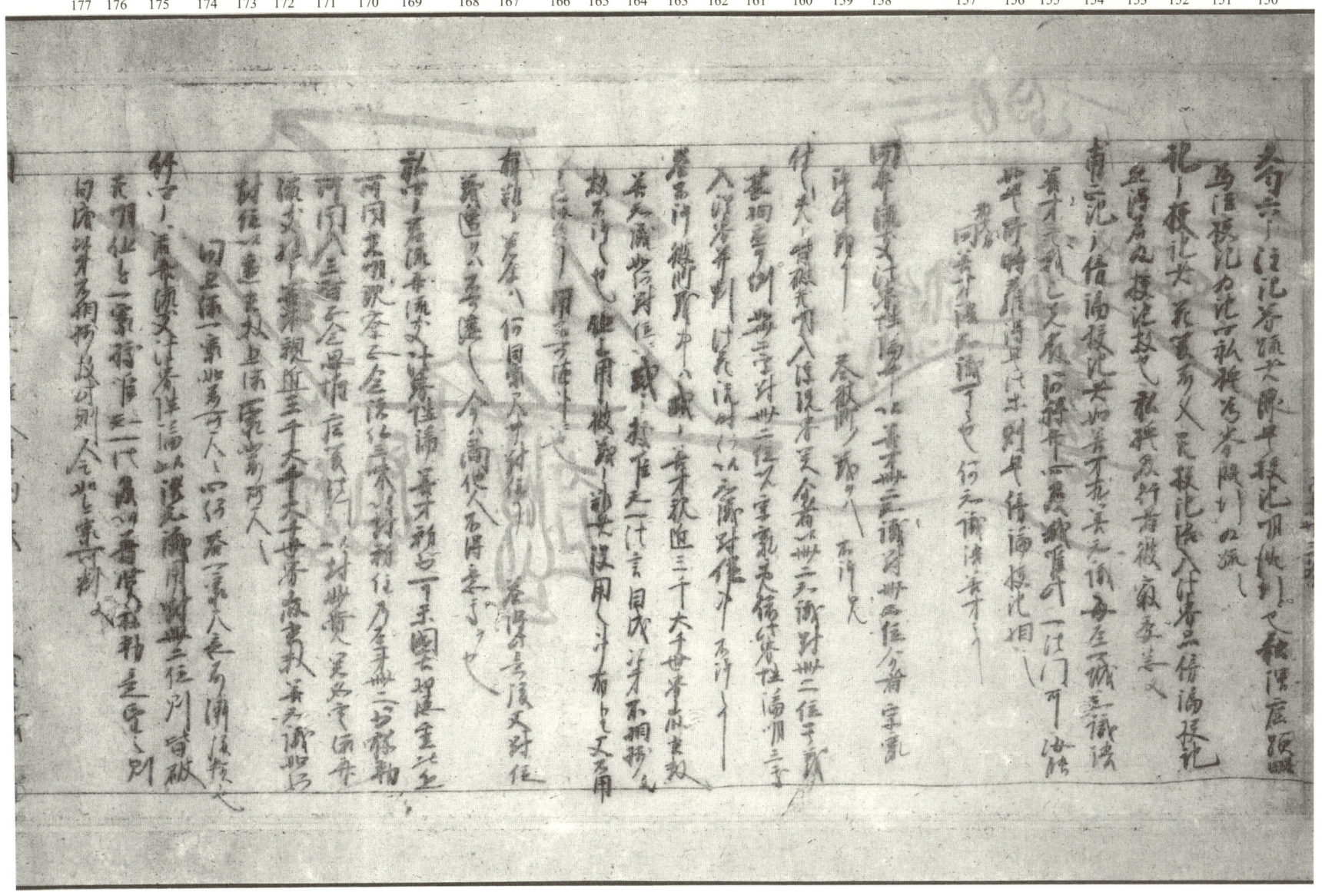

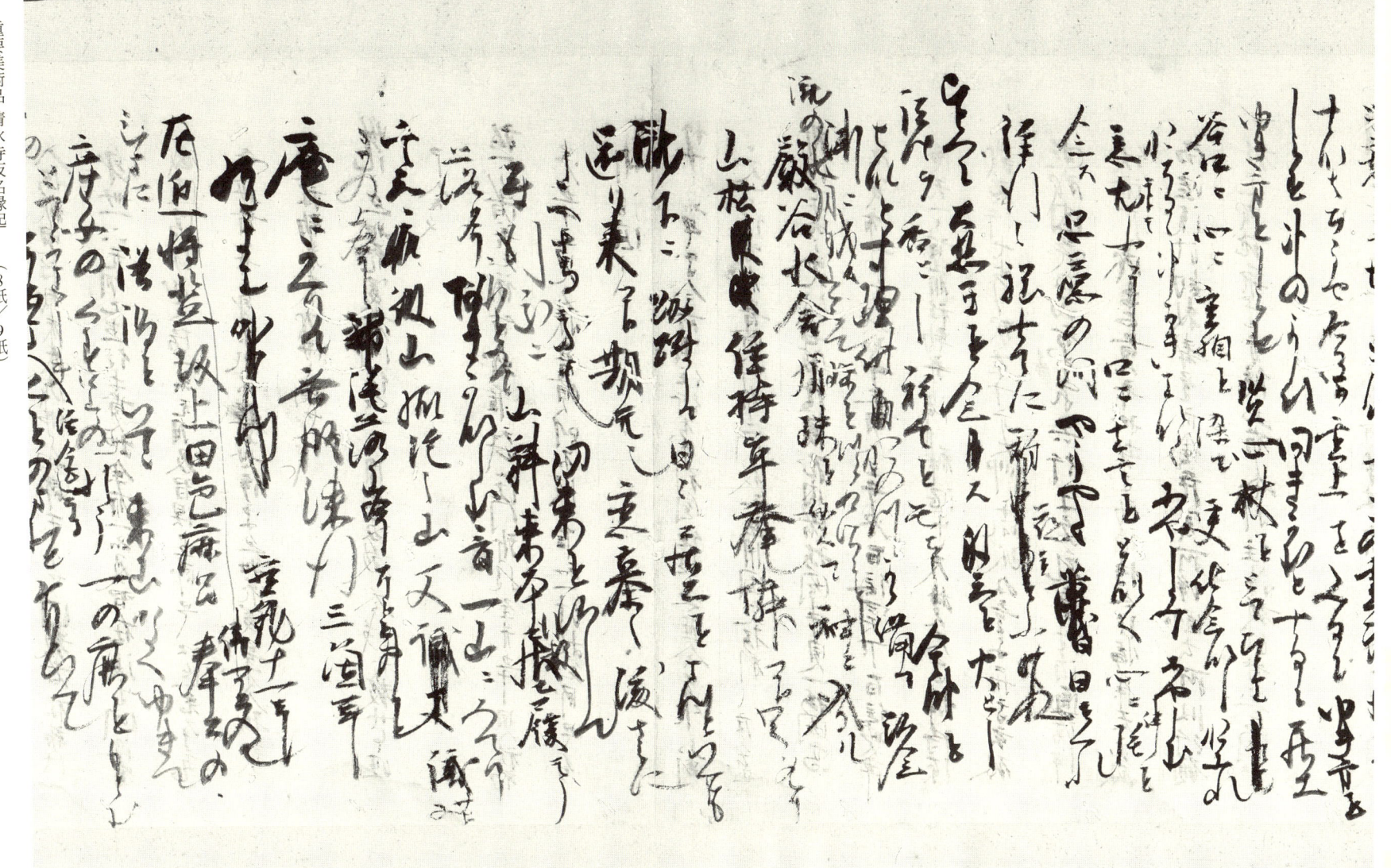

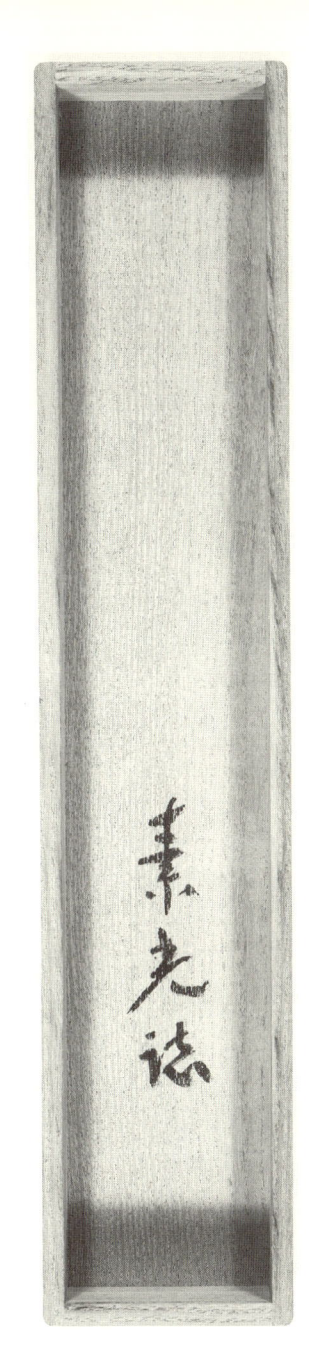

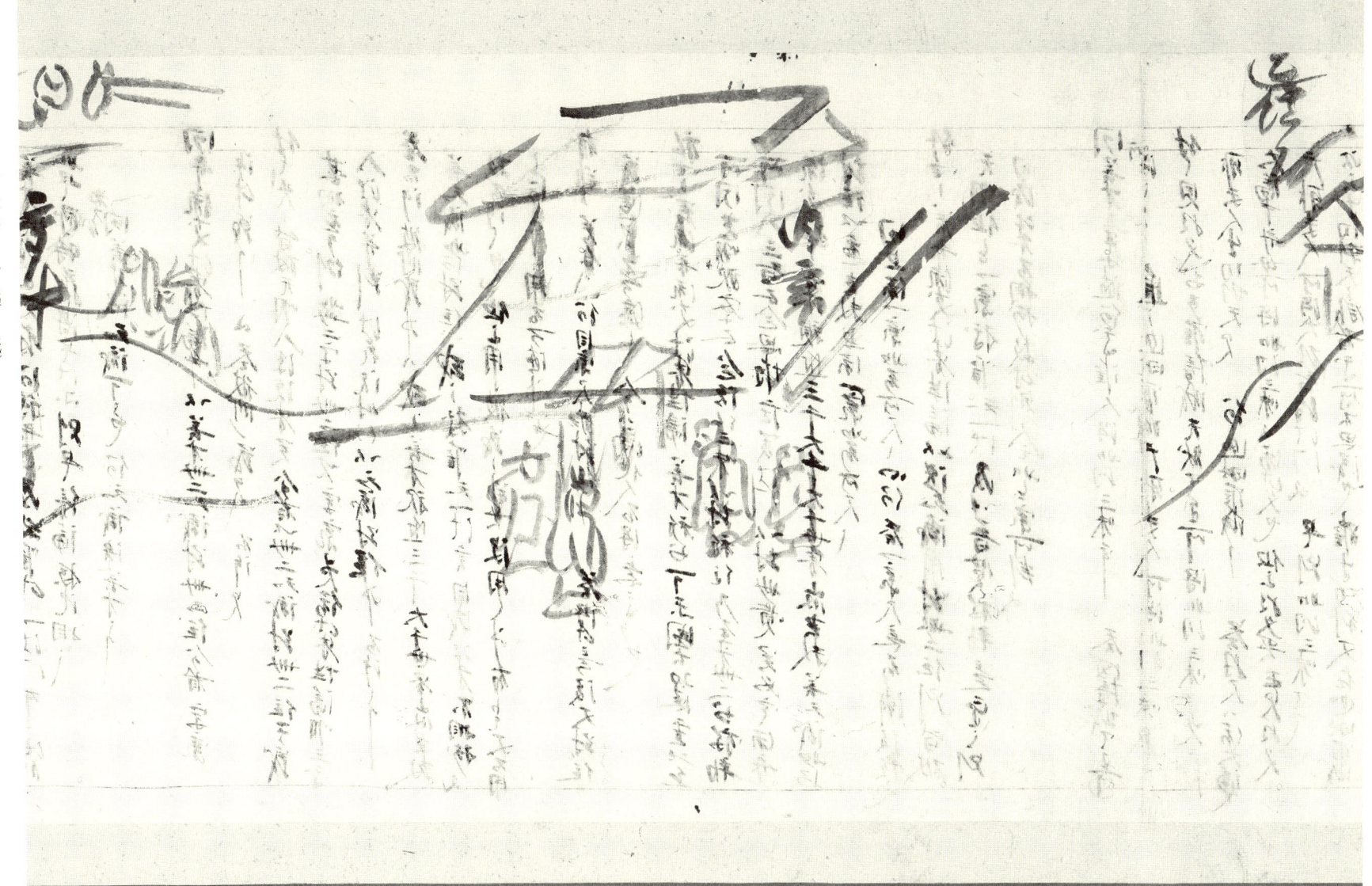

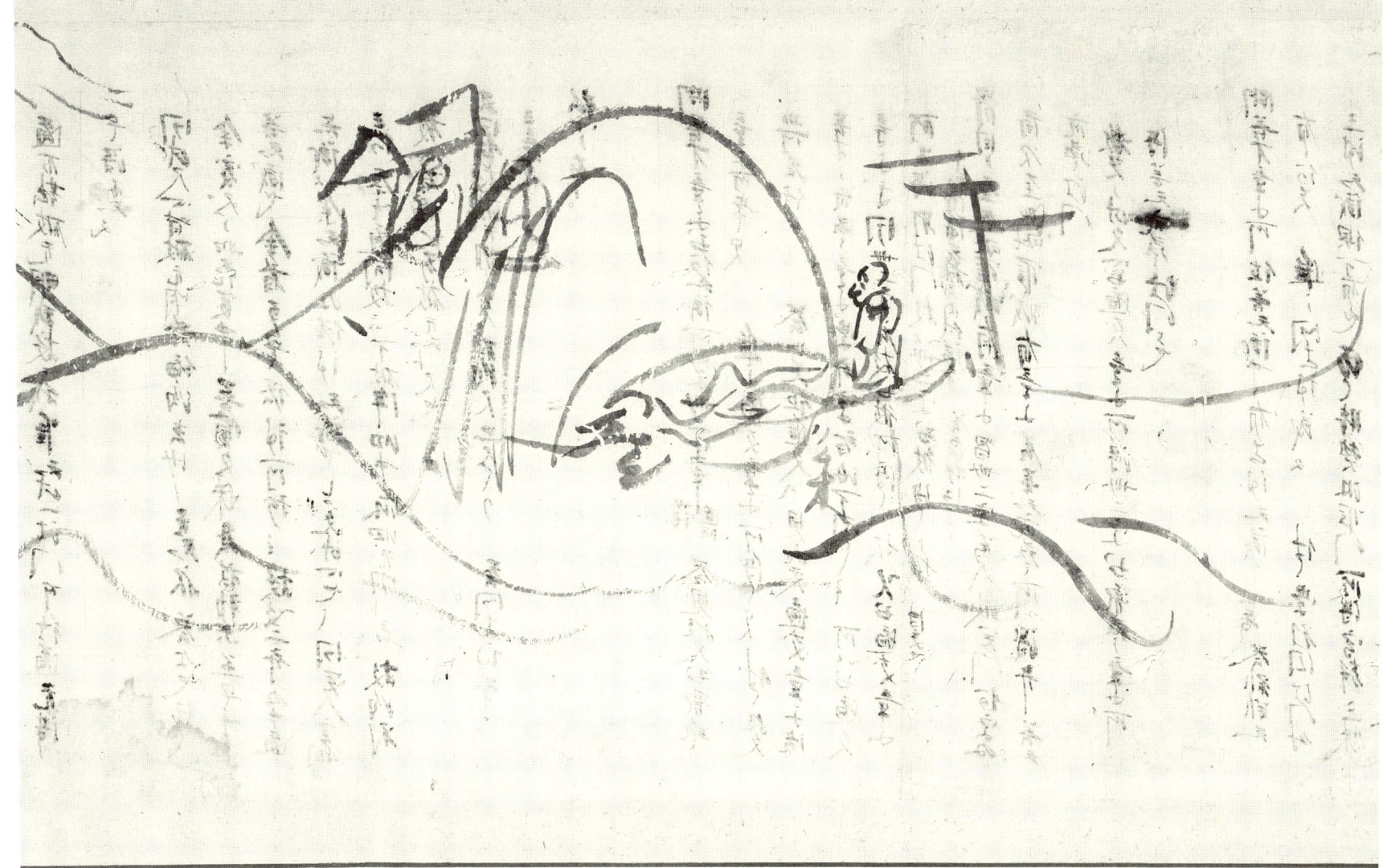

（鎌倉時代後期～南北朝時代写）

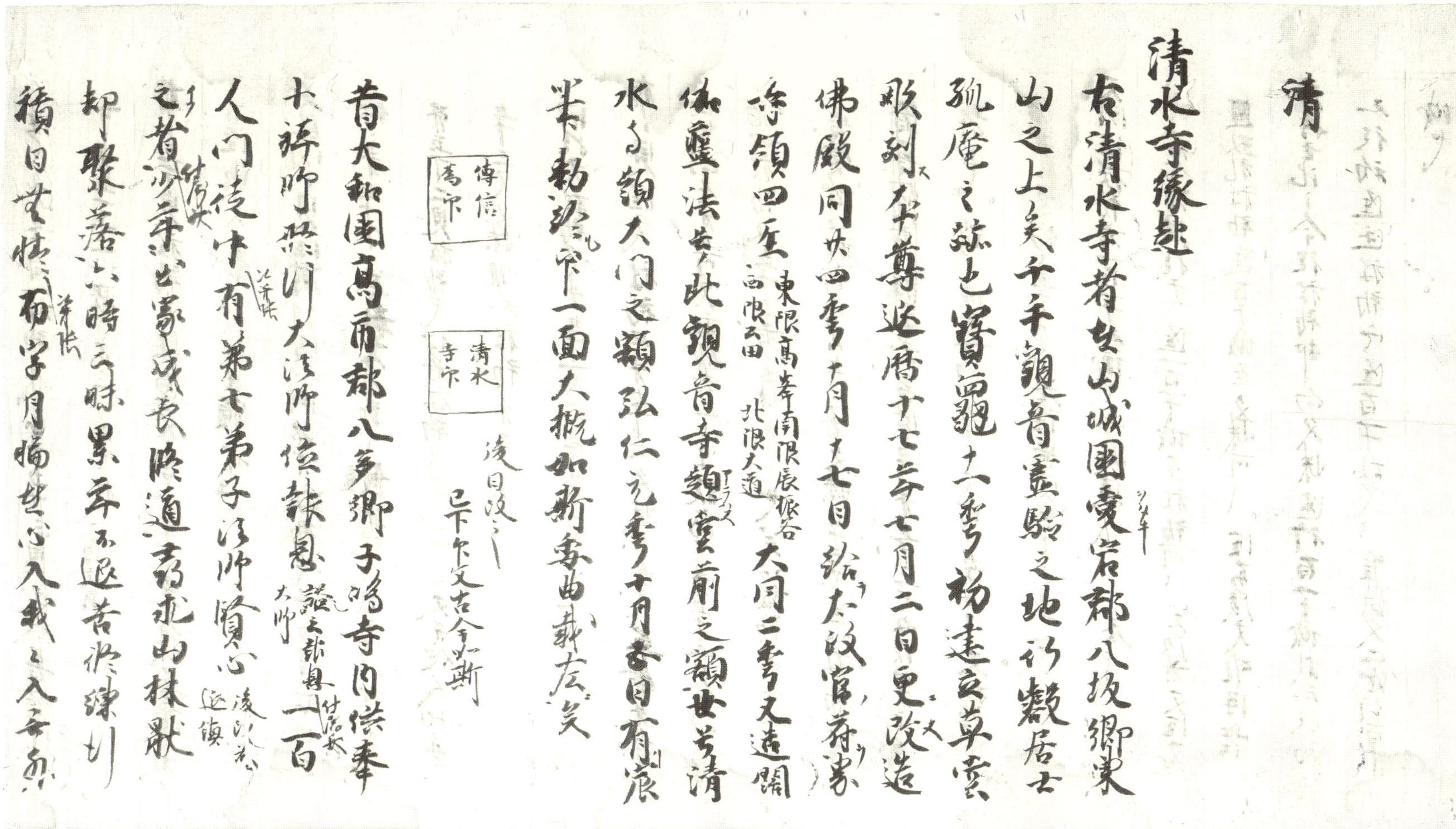

清

清水寺縁起

右清水寺者在山城国愛宕郡八坂郷東
山之上矣千手観音霊験之地行叡居士
孤庵之跡也寶亀十一年初建立草堂
彫刻本尊延暦十七年七月二日更改造
佛殿同廿四年十月十七日依太政官符
給預四至（東限高峯　南限辰巳谷　西限大田　北限大道）大同二年更造闢
伽藍法安此観音寺題雲前之額世号清
水寺額大門之額弘仁元年十月廿日有宣
旨勅許下一面大概加新垂曲裁左矣

後日改之
已下本文古今如斯

傳信寺下
清水寺下

昔大和国高市郡八多郷子嶋寺僧供奉
十禅師賢心大法師諱延鎮一百
人内供中有第七弟子法師賢心（後改延鎮）
之昔沙弥出家成長修道歎求山林獣
却聚落六時三昧累年不退苦行練行
積日無怯有字月儲世心入我入我矣

(1紙)

験漸秀力士棄之功息超力國壽近
仕帝王遠於人民運心菩提即身涌悟
廻念引来諸佛現前夢中告曰南之
由憤後入京向北之故行長岡城之間淀
河有金色一支之水唯獨自明了餘人所
不見也定知力我亦其瑞仍尋今流之源
遂到山城國愛宕郡八坂郷東山之上清
水瀧下焉雲寺松翠青山其目巖峯
石斜白雲以帯朽枯大木力山上道踏木
攀就瀧下至則贅龜九書盛次以手
掬月以日上於是瀧西北岸上有一草庵中
有白衣居士年齢老大白鬚鬢之其形
七旬有餘許也質心問伴居士住此幾
年又姓名誰居士答曰姓隠名云
行叡年来雖待汝曾不見適幸汝来
也我以久念観音威神力口誦千手
真言隠居此地行救百多我有東國修
行之志替我至間必可住此處作草庵
跡之可遺當之地上此前林者観音彫木也
若遅来早遂以下意言未畢居士立已隠心
忽覚勝此之靈騎還去然之間所踏朽枯白
殘失也仍知有龍所見雲上不知其方歟同

（2紙）

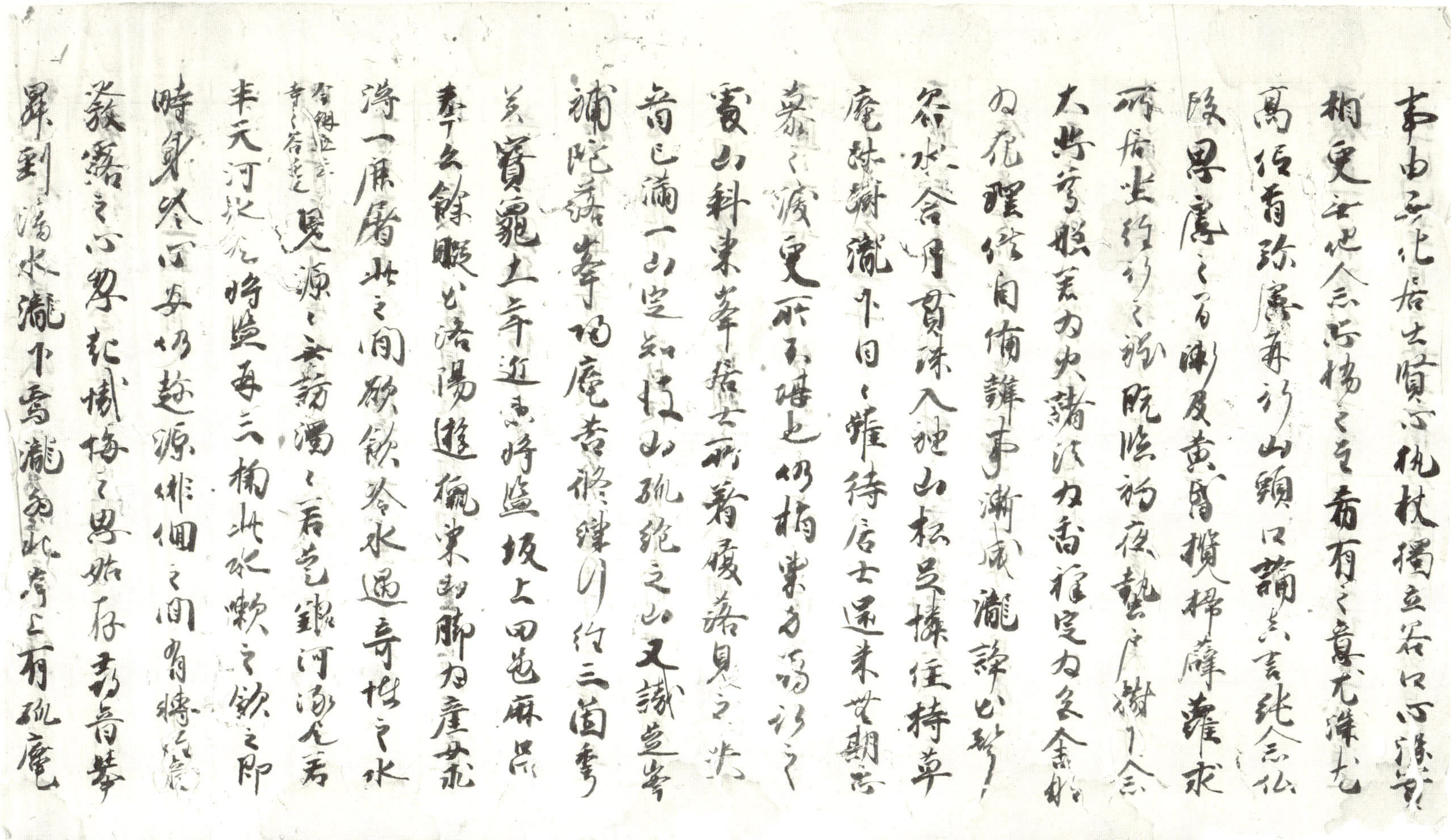

（3紙）

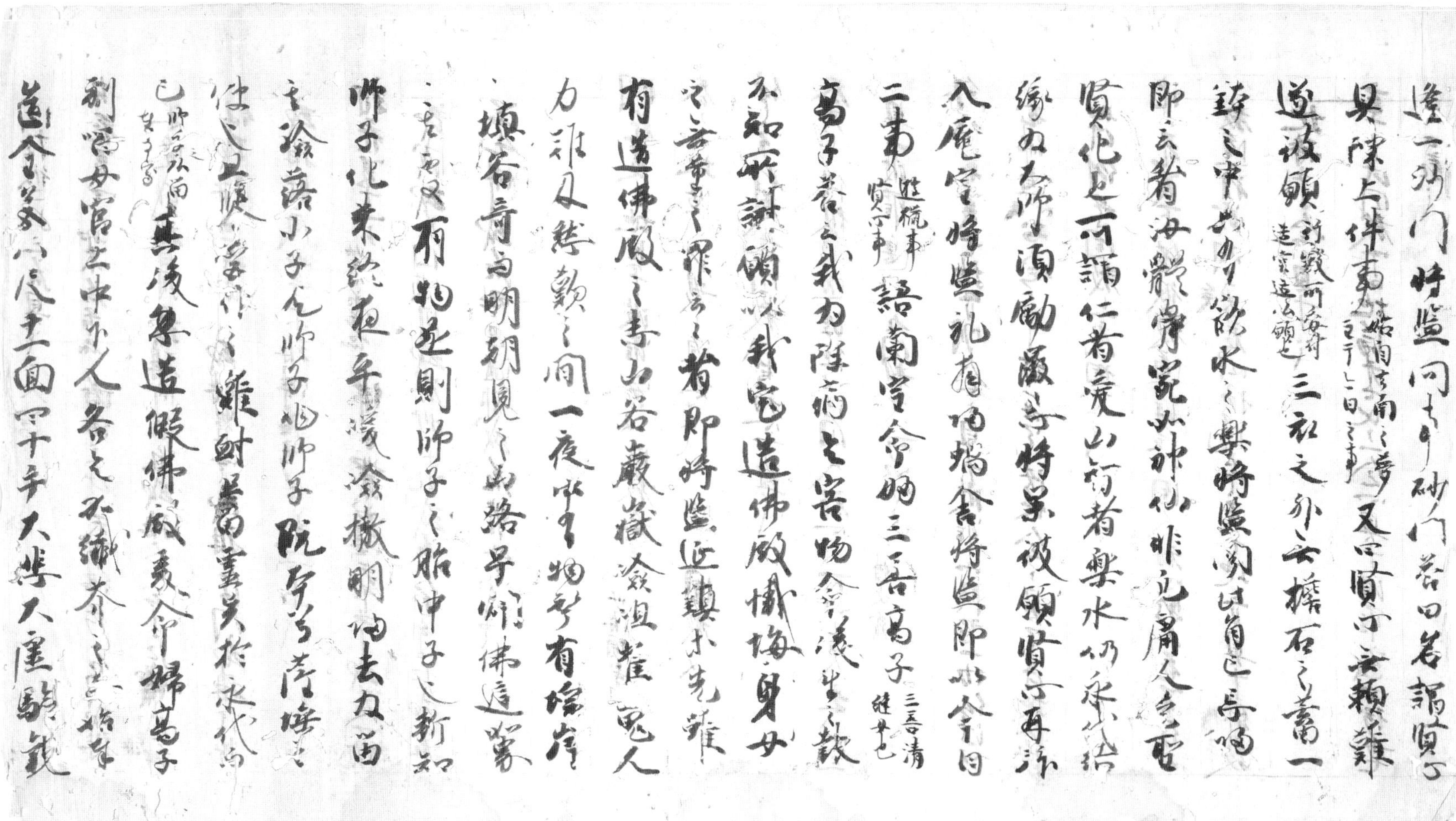

（4紙）

土首并像造営之并重動　吾多古木
功成梁柱棟綱于時将監奏
天皇中賜度者一人之賞之将度故
賢心名延鎮同年四月十三日於東大寺戒壇
院受具足戒畢　此天宗高紹天皇御代也　漸及延暦之比東
國乱逆戦鼓競発延暦十年三月以田村
麻呂及征夷将軍之造関東之刻先之逢之
将軍語延鎮云我奉勅為征東夷命
草身死生之事大師祈願之力充上至于還
来之日深懸加祈請可作鉾句申可後云
時祈請一刻云間更造遍地蔵菩薩像
一柱毘沙門天王像一柱并大般若経一
部祈請自晩有過此時賊徒伏寄龍山
蔵北東手請降東國平定将軍京上
此會坂関天花之夕先評親有次謁延
鎮云恩依上人祈也卒我等入京都源渡
欲成大方須我之相語云田村麻呂語云家大
師知為義人命之力于亡之存命何以我祈請也之
佛作法可被奏良者為後開眼大富持也并
即奏之重奏云開戦事之次奏延鎮為給
之中内補内供奉十禅師了同年六月廿八日
張具大師入滅地延鎮被附嶋子嶋寺　仍延鎮

（5紙）

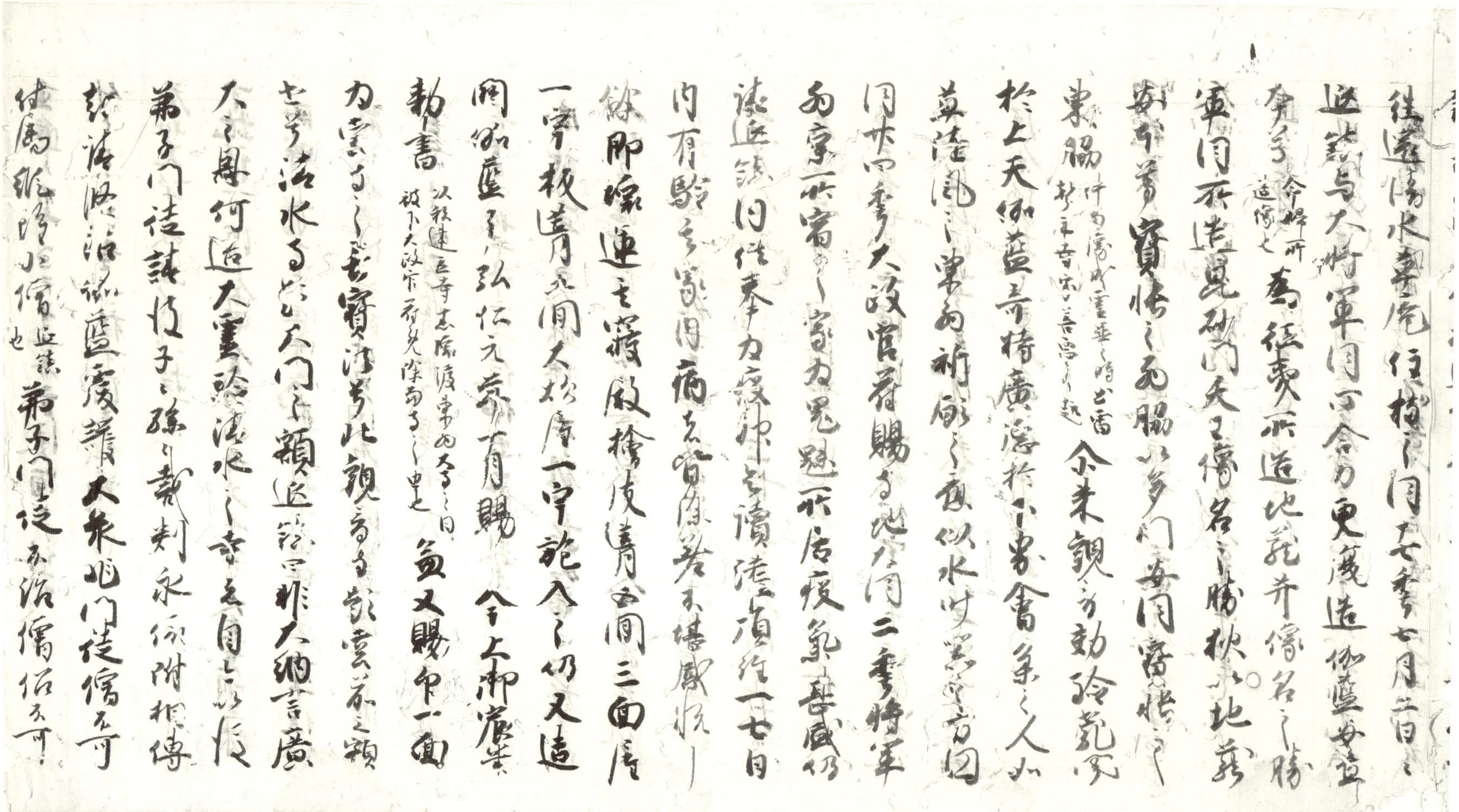

往返清水寺庵　住持之間十七年七月二日之
延鎮与大将軍同心合力更改造仏殿安置
本尊（今婦所造像也）并征夷所造地蔵并毘沙門各二騎
並同所造毘沙門天王像各一騎秋小地蔵
毘沙門寶像之内騎小多門安置寶帳之
東脇（仲南塔院豊楽之時出露於平安宮之巻異之起）今来観音勤修乾家
於上天御藍奇特廣嘉於山寺會集之人以
草法施之裏自祈願之處以水口乃方向
同廿四年大政官符賜寺地同二年特軍
為寡一所當之寡為児趣之所居疫氣無威仍
法延鎮同作奉力疫神之讀法顧経一七日
内有験寺家同病者皆除若不堪感仍
餘師蔵遠之寫啟檜皮葺三間三面庄
一宇板葺五間大堂一宇施入之仍又造
同御堂之弘仁元年有賜今上御宸筆
勅書（以雄遠臣寺志院度常也大寺之同　敕下大政官符免除寡寺之也）益又賜御一通
為寡寺之寶済也此観音為鎮護の家之額
也寺法水為作入門之額延鎮是非大納言廣
大之母何延大臣號法水之寺之自之以後
弟子門徒讀修子之孫之奉判永代附相傳
於法領治於藍魔業大衆門徒儈寺可
附属於延鎮小僧也　延鎮弟子門徒不論僧俗不可

（6紙）

付属右依腐次及依以探出浅代破壊々
誇此門徒僧寺常住者任檀官之清律ㇾ
使別前三里及祝下識不許属他門徒
莫路ㇾ属有労砂路更物付属他之徒僧
不定二百五十歳以如庄補勢國令備我師
付属寺力々寺之我建立寺力寺寺此壇箭上
勝地之福田受持須慎以事御霊遊邑
莫遊先何属各夜輔開ㇾ障拡各何属莫
安否首備以當花燈傍観方紙切像靈權
益莫遊火凡之相次付属不論上臈下座一同
付属採備寺力々々乾坤為庚依藍堂
実日月光光于眼跡明佛放浚之ㇾㇾ未對
国々若実火々時勿力至也大尊世大綱々
回帝以法ㇾ新ㇾ寺國家哉早々労寺積観
天々依内王年己々向多統生人命路陸了
清浚報故生々所帰哉祝育我我受者
所慕之擾々若我我統至寺統道佛之同靈
寺尤類一切衆生首先吾子々我何及入彼
中外比紙云領寺分世真空類然則猶猶
雖依十許修々々弟子進退誰人學丈々
南蘭前門統終寺人而付属此人在權
付属与門有与所諸頭御寺及寺儆二偏

（7紙）

浮於之國勞倫一人示千手千眼之威驗權
門威昊後之者頂佛法力逞生之者助済時
川谷之間初法天下國土轉經念佛之次
引導者多後生又口傳閑諸法皆空是
奇哉有野之界唯観音獨能力尊仰
釈黄三宝法寄榮主菲以千尺封能推
析鐵山菲以百尺尽常互消賊火湯刃
封諸為如夢如露如観音大悲力生動
有名六字如影如流専千手千眼観世之帥
仍及並一尺田畠及入今一壇封之民人等一
可為依擇入律則備十口砂弥廿口同合寺
住日夜練讀法花大乘經一向應擇頭我
威儀禁花者稱妄莫已婦女永文
浄清之比若形佛子遠此制者是絶弥擯出
民人亦今等同義永勿聞有之之命婦
赴法之我麻縁不達立大伽藍麻已有善
知識仍此山所生居住之輩永不可食麻完
雖非之居住人誤食麻完者者有慚擯之
柳瀧水亦具八功徳用美無境諸人集也
當山飲此水經一年者無同意作願支
臨命終時無悩狂背如浮神出之君瀧水味
濁癈也素天非旱魃若瀧者淡如腕岸

（8紙）

流石不夜為而朝見白水天下有事称
弘仁二年正月廿日卒頭将軍御自作違
立礼云但我早世之後及四百歳葬山禁林村
有理将軍鎮和道乱可護国位是則我
方之塞誨有賓世伝他族皆力々焉

一 本願檀那田邑麻呂大納言事
坂上田邑麻呂大納言者同後漢霊祖皇
帝廿代自後漢光武皇帝十九代自後漢
孝霊皇帝十二代自後漢阿智王（今朝應神天皇廿一年
率一族同姓人数百人也漢朝之窟入日本之国即有勅給大和国檜前地居之一名英智王）十一代之孫贈
大納言勲二等苅田丸二男也（委見檜前大宗所記）大祖高
祖皇帝挺三尺剣有天下光武皇帝代劉
玄莫始有国再見漢官之儀矣命来代
下代四海之鯨鯢鎮丸玄之風玄之建烟忠
氏備在此家也　宝亀十一年正月将監
近衛少将任征夷将軍正四位下近衛中将
兼越後守同年二月兼木工頭同年十二月叙
従三位同廿二年二月任刑部卿（近衛中将如故）同廿
三年正月補陸奥出羽按察使同廿四年任参
議弘仁元年叙正三位任中納言同年九月任
大納言（兼右近衛大将如故）同二年五月廿三日丙辰薨能
而薨死于時年五十四日即同賜贈物施兵

(9紙)

十九疋（寺納廿九疋　実和十八疋）調布一百一段（寺納）庸布四百
九十段（寺納三百段　以実不一百段）米七十六斛（白米卅八石　黒米卅八石　寺納五十二石　実和廿五石）
傔丈二百人（右左京各五十人　山城国愛宕郡百人）
柏原天皇第八皇子葛井親王為大納言女
従四位下春子女御之所生也、仍殊加賜之
天皇不視事一日也、五月廿七日太舎人
以従四位下藤原朝臣今継就大納言第讀
賻従二位宣命、同廿七日庚申戌二刻葬於
山城国宇治郡栗栖村（今俗呼為馬背坂）于時有勅
調備甲冑兵仗剣鋒弓箭糒塩令合葬
向城東立窆、即勅使監臨、事之後此
可有国家之非常、天下之災異者、此卿
墓之内宛如打鼓、或如雷電、従此古来
令始自坂上大宿禰氏、至于代々後将
軍等而向於坂東夷也、必先参詣此墓所
深祈請護国之誓、於城陣敵人之討
于時坂大将軍身長五尺八寸胸厚一尺二
寸、向以視之如偃、俯以視之如仰、目写蒼
鷹之眸、鬢攀黄金之縷、重則二百一斤
軽則六十四斤、動静合機、指全仁言、怒時廻
眼猛獣忽斃、咲時舒眉稚子早懐歟
頬面桃花不春而紅、勁節持性松色

（10紙）

送名楢翠蓮堂之帷帳之中使勝於千
里之外武藝稱代勇力踰人爲蝦夷國武
華憂學文張將軍之武略南葉變於花驗
肅殺國之奇謀宜訖難於後乘誰不既
沙門之化兆之來護國家者
門徒任俗且依古代之至交且依前花之
皇恩給大概徒多之至于坂領將軍御
事背公誤御清凉殿天皇之綸旨
清水寺建立記及延曆御敕之文
注之補大將軍內裁狀也給節刀賞
無功給緣縁之食燒力私寫之長財如
此之事又見將去年但上古之事與猶
不足踏世跡略之洞尚有猶撿之事也

一　所賜寺家敕書宣府官符等
叢識天皇宸筆敕書

敕

清大納言坂上大宿禰田村麿解狀偁以去
延曆廿一年十月十九日蒙官府賜山地壹處
建立私寺號清水寺請因准傍例賜爲
一向之件建立之寺之長財加以除私寺移來之
寺之田園村麻呂定將被給件清水寺之九條

（11紙）

護国家之道則以田村麻呂之苗裔為樹
寺家之檀越以備近鎮之門徒力陜治寺家
之月差者依請
弘仁元年十月廿日
一 賜寺地於征夷将軍官符
太政官符 山城国司
東山清水山寺 在愛宕郡（右）
四至 東限高峯　西限公地
南限泉谷　北限大道
右右大臣宣奉 勅件寺地殊（宜）賜蕃識
従三位坂上大宿祢田村麻呂永為私寺
者国宜承知依宣行之符到奉行
参議従四位上右大弁兼行近衛中将勘解由長官阿波守秋篠朝臣安人
正六位上行右少史兼常陸権大掾上毛野朝臣頴人
延暦廿四年十月十九日
一 賜本願将軍墓地官符 在山城国宇治郡七条咋田里西栗栖村
太政官符 民部省
合地参町参段弐歩
四至 東限六七条間畔并公田　西南限大谷
北限同条将坂上墓之堀
水田玖段壱佰弐拾陸歩 十五坪玖段 十六坪三段三百六十歩 十七坪三段五十六歩 廿五坪三段三百廿六歩
陸田参段弐佰五拾漆歩 百卅口歩 十五坪二段二百廿六歩 廿七坪一段
山弐町
右被右大臣宣偁奉 勅件地宜永為故

（12紙）

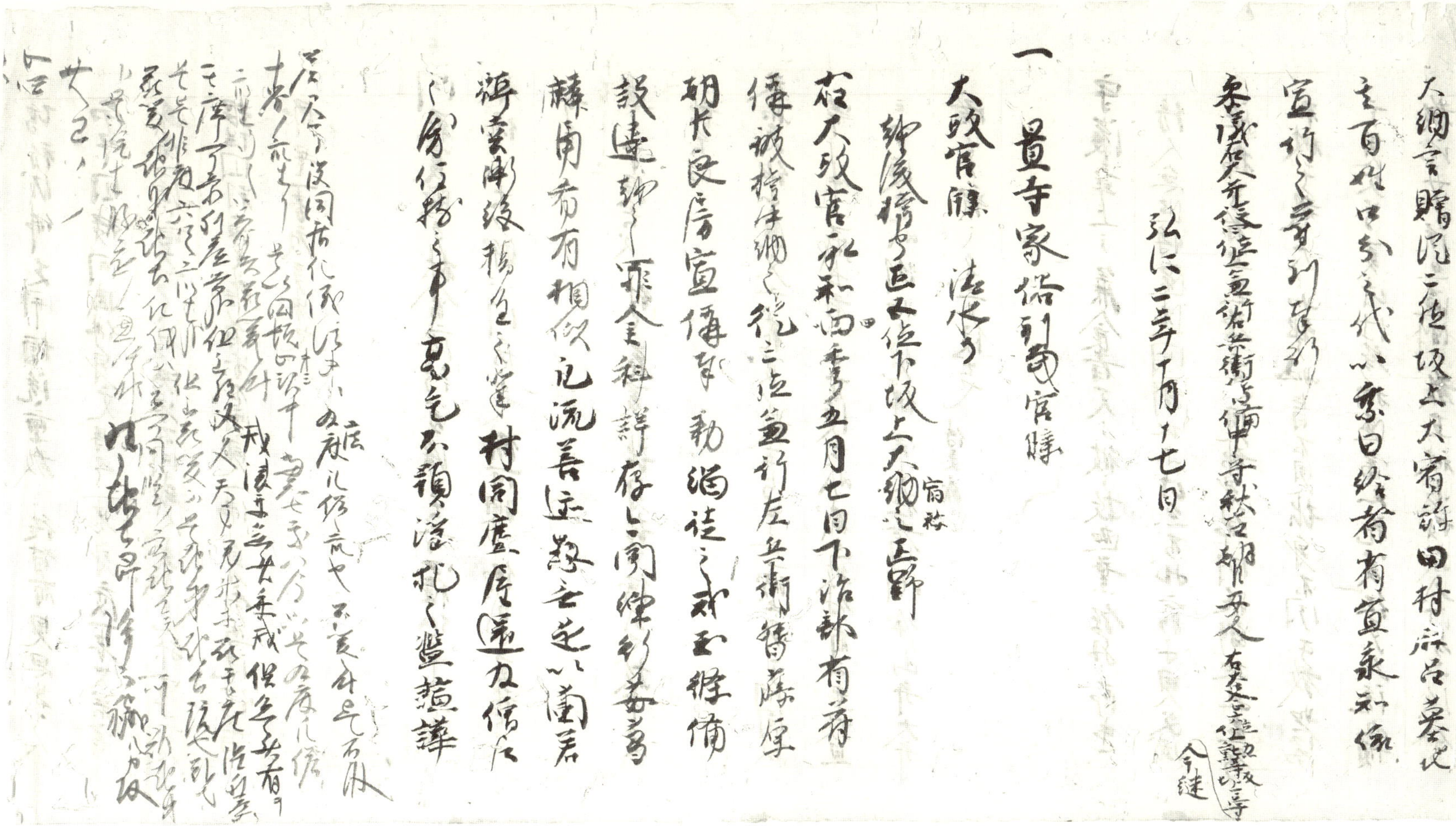

（13紙）

275 276 277 278 279 280 281 282 283 284 285 286 287 288 289 290

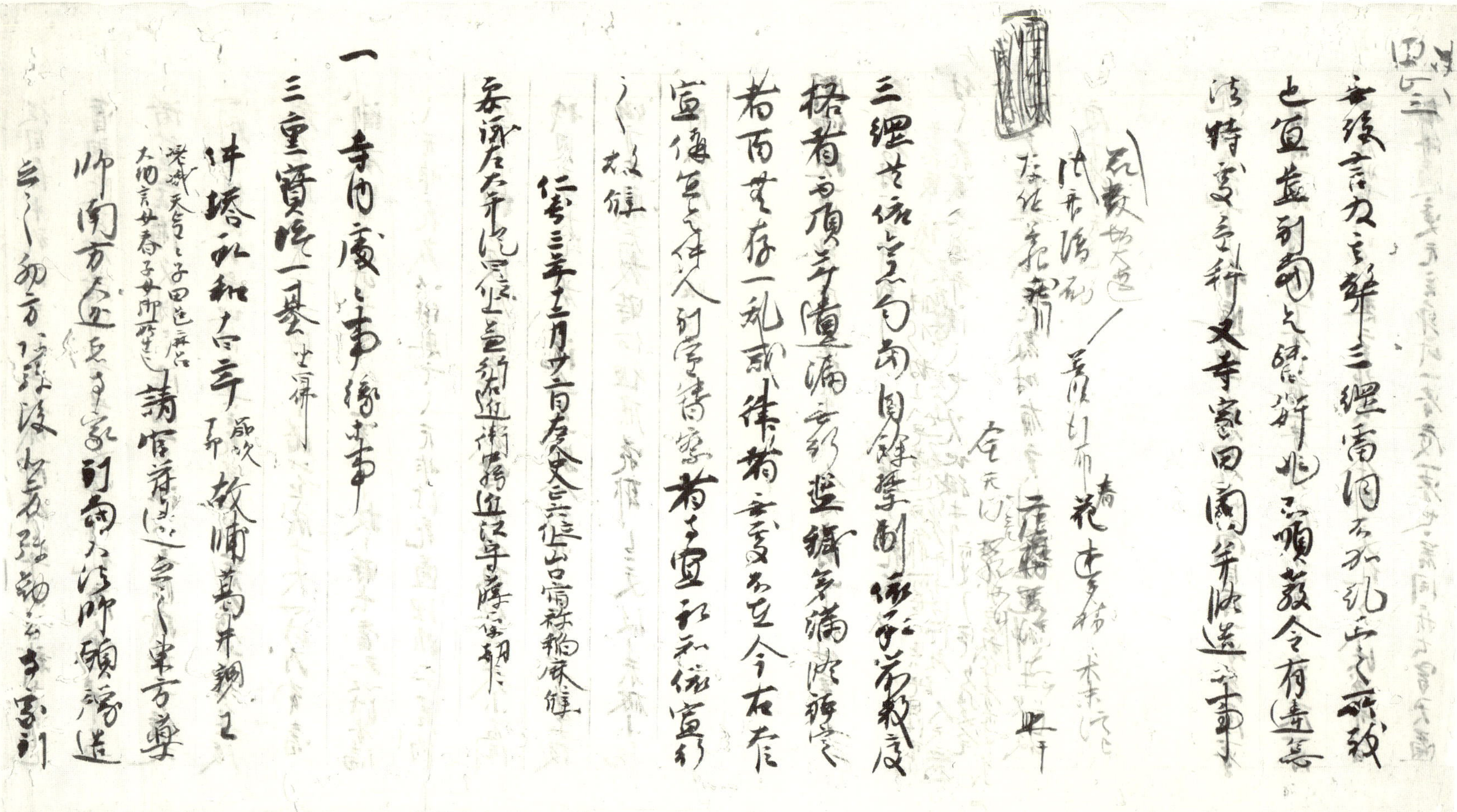

（14紙）

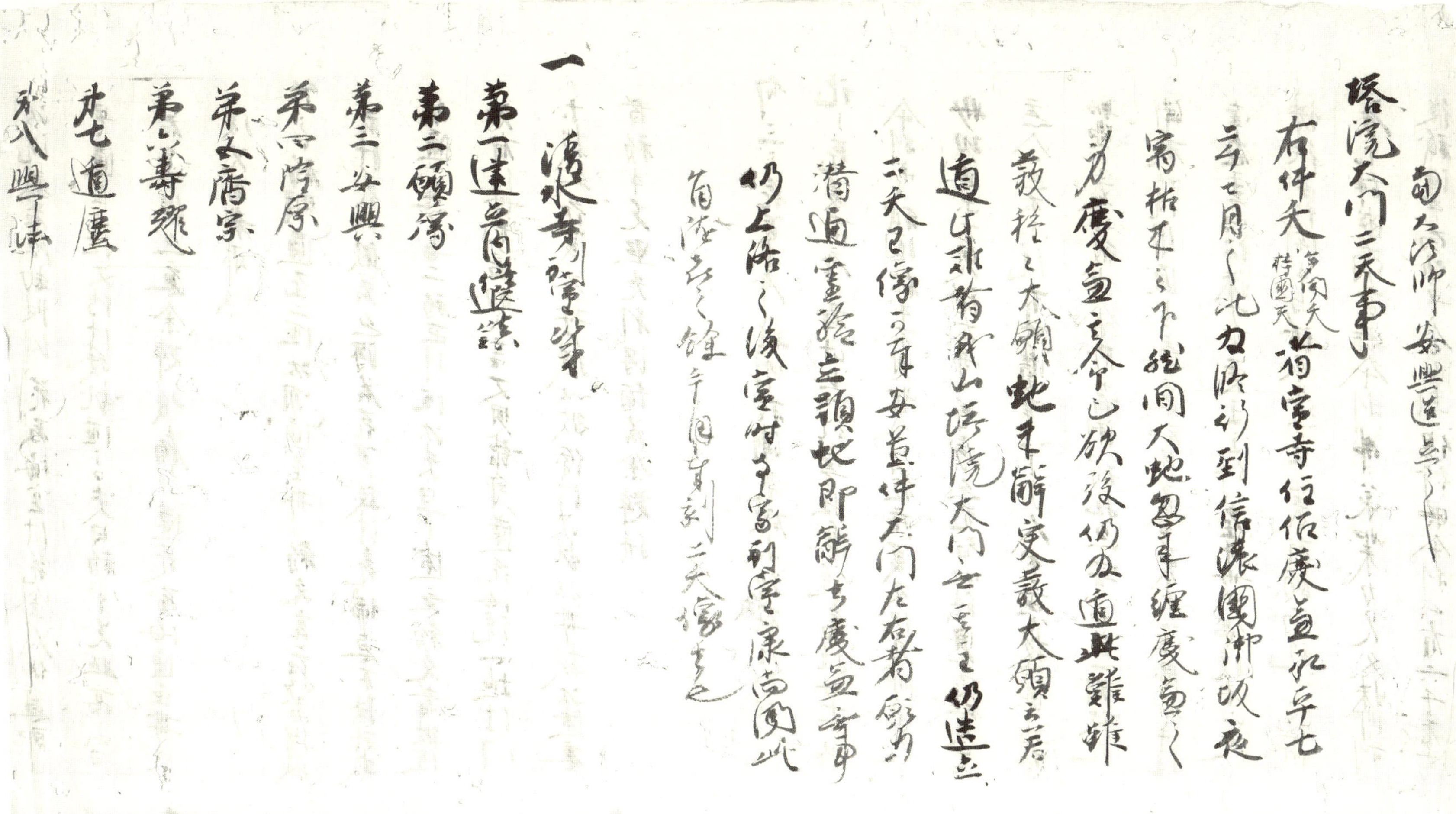

（15紙）

第九　名誉
第十　綏淳
第十一　真寵
第十二　祥蓮
第十三　長代
第十四　増延
第十五　康信
第十六　朝深
第十七　康尚
第十八　定朝
第十九　定深
第廿　定範
第廿一　定俊
第廿二　定演
第廿三　晴快
第廿四　永縁
第廿五　有祥
第廿六　覚円
第廿七　長円
第廿八　隆覚
第廿九　定雅
第卅　恵信

（16紙）

345　344　343　342　341　340　　339　338　337　336　335　334

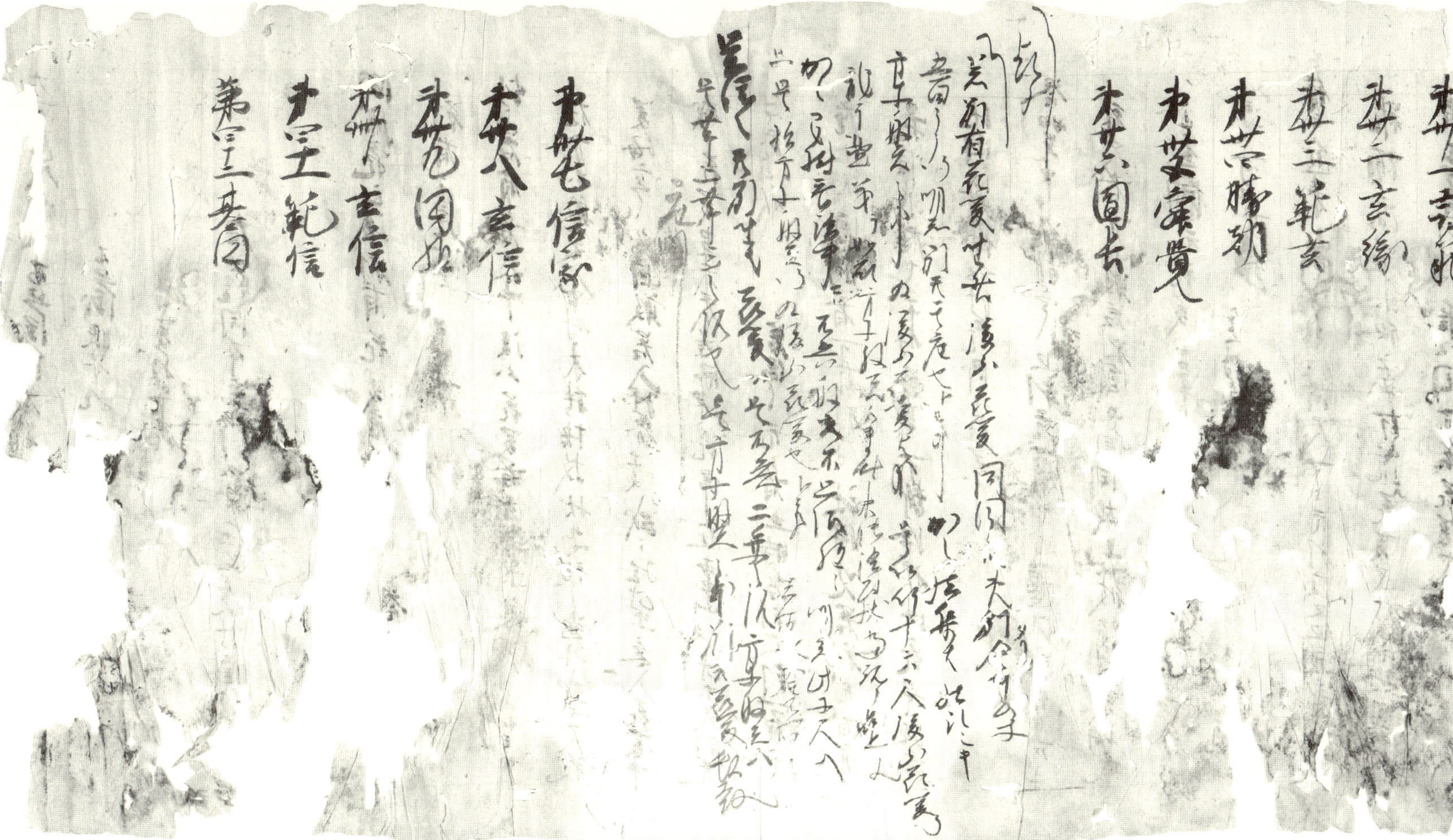

（17紙）

（18紙）

断簡aオモテ

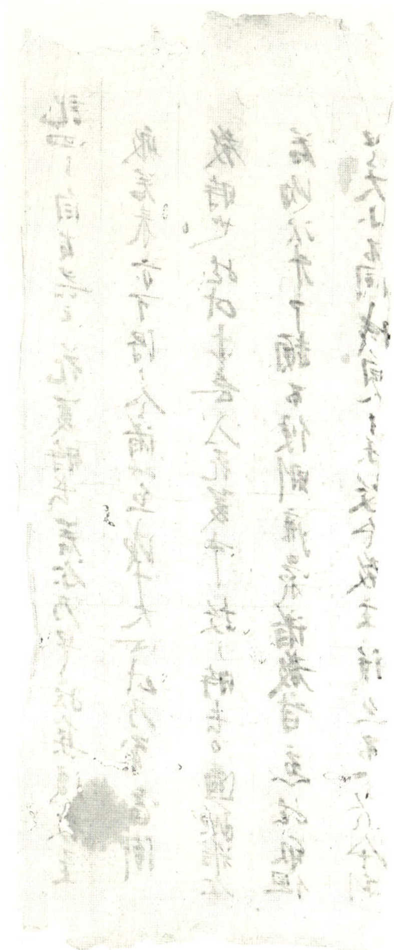

断簡aウラ

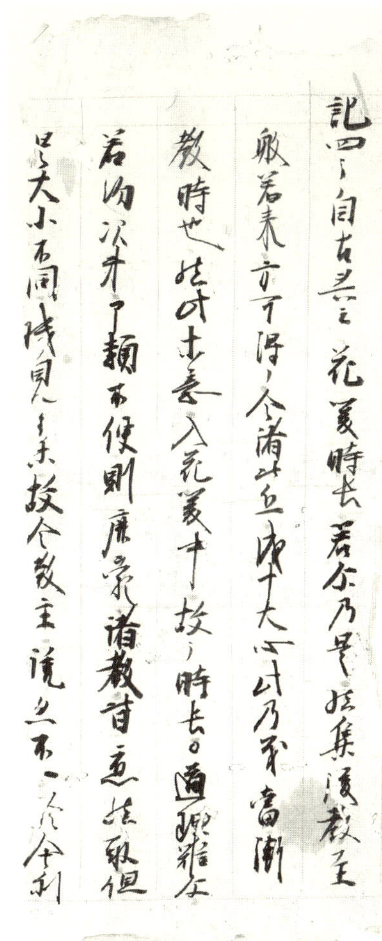

断簡bオモテ

断簡bウラ

華已有八千才子故以菓敷若教時信位廣宗
耶已文後未破小執所似廣宗之植文
竹十六後六言時仍赤遲也可適在廣宗之為今旦
判在花葉令時文
同廣宗者六信　答有指廣宗耶為也非破為し
時直在十二季為也　有指托涅槃時也従寄偽赴廣
覚中間流涅槃時也
同花葉根為八會廿及廣宗為法華　答可反　追心聲
往己度諸仏境界普光葉根界普光法雲流則由末
八會有別令利益通弁未了　究竟九會入法界品
答理可為八會是初六花葉也可廣宗之為仏山
此説根文者彼根是不思議境界根乃周本之只初六後
之説宗為也　仏説初六持也　上為今判非未了者以
後六相之　法入初六内外之挫為八會適上六廣宗之後
不可海意矣　可弁し
言十六説被初六衣无■之後六別有離法在座那龍如
豈非手境界文
竹之言後六者唯不思議境界匠之今判非五百己
普見他方独往弁故之在時撰多林會近示之し文
後六言時仍赤遠也可適在廣宗之為今旦判花
花葉會時し
度諸仏境界普光葉根一巻　失譯

（18紙ウ）

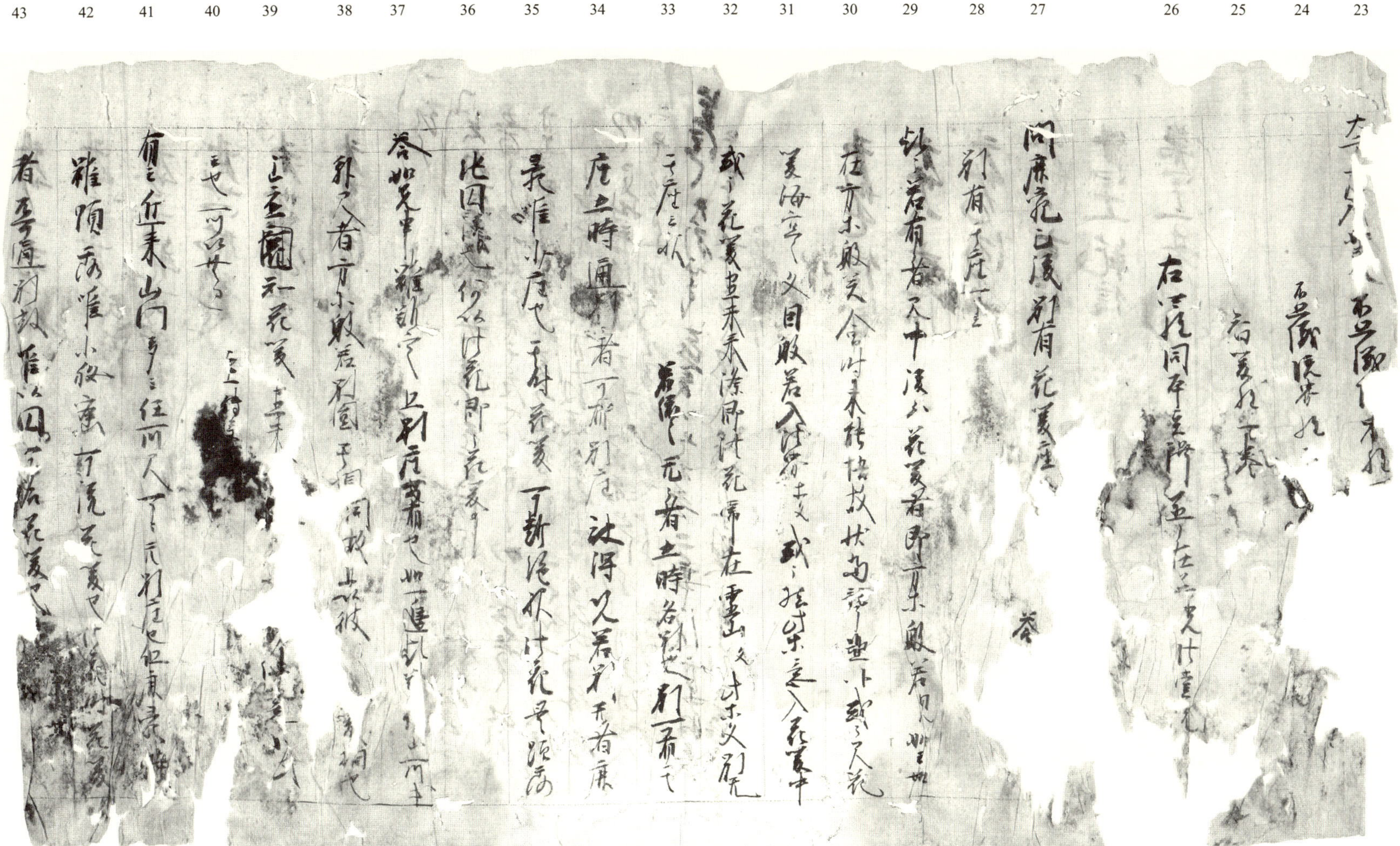

（17紙ウ）

玄十〃若花嚴臣得小明大士彼初〃永无〃〃後
〃則有雖復在座如聾如啞非其境界文
竹〃言後家者謂不思議境〃〃舍利弗等五百〃〃皆
是他方根住并故〃在〃逝多林會〃不〃〃於花
嚴文〃文殊出逝多林〃時舍利弗諸五百言海上觀
久修所利相好威儀未觀恒十舍利公諸詞似如已聞
諸大乗之如在座般若般若今時未隨隨故被當
龍女〃後〃〃言時仍未退出〃〃通在座義〃〃今
且判在花嚴會時文
玄十〃云花嚴海空者若作實義通隨〃〃花嚴時非
法本〃流法性論〃依根并〃三家法界初則般若法
則法花後則涅槃因般若入法界即是花嚴海空
又花嚴時前長者〃少猶未入如聾如啞〃〃同般
若則時得入即是〃〃〃〃文殊般若〃〃明花嚴
海空者即是圓頓法花教也何故初成道時説圓頓
爲不得者即復法花開佛知見〃得入法界与花嚴
者法性論中入者是也〃初後佛道圓頓實者故
法般若〃後説花嚴海空者法花也　文
竹〃云又上二義一者法界及花嚴二以時者
得通是故〃〃大機則花嚴不絶小機則法故〃〃〃
玄十〃若花嚴頓乳前但在初通則至後故无量義〃

（16紙ウ）

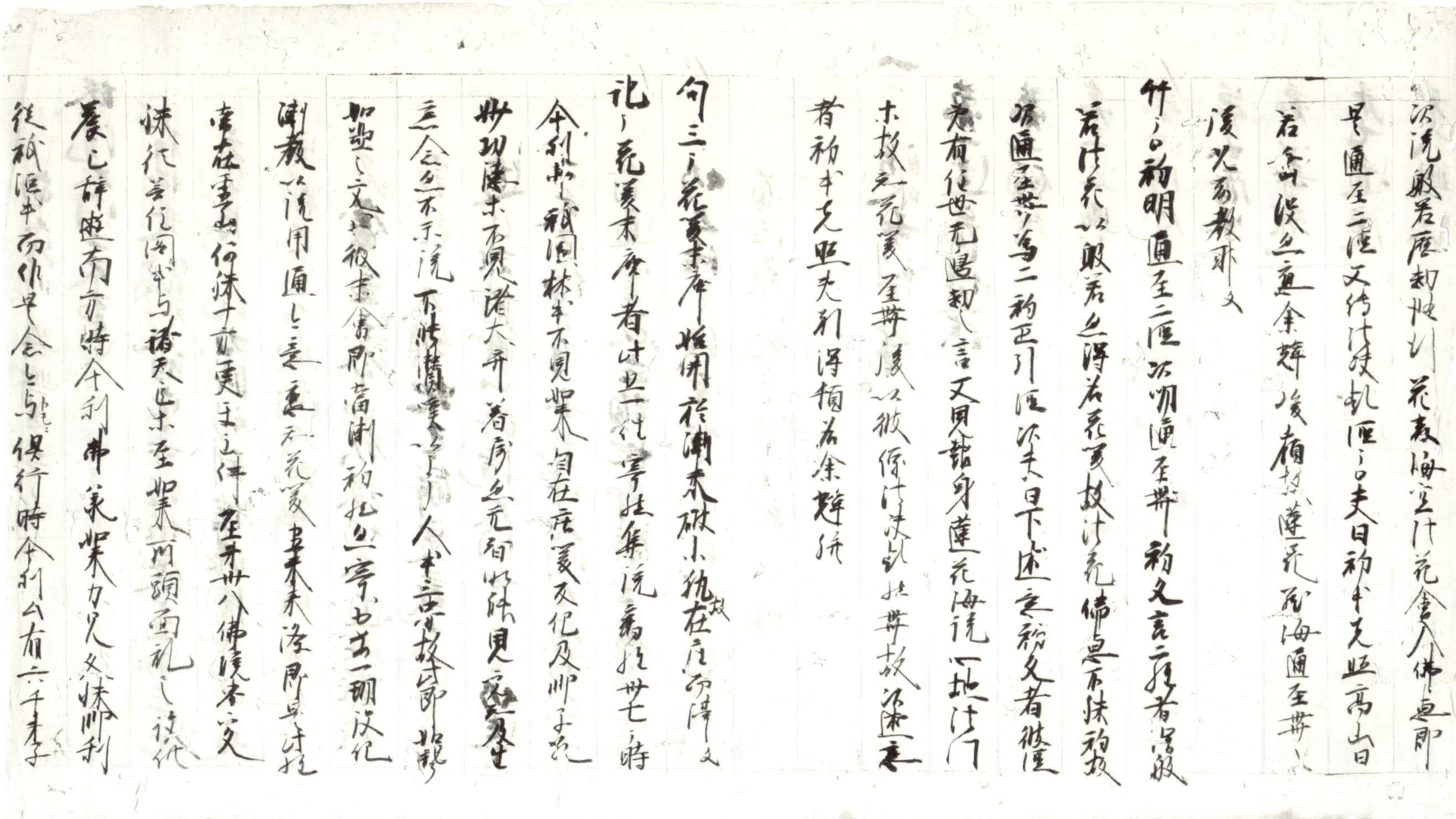

（15紙ウ）

従自身中現佛之至文殊一門中出千未曾新之説也
晋観世音者諸佛背是文殊所化度今化弟為
諸菩薩度讃文殊ここ諸菩薩之説法言法成就十種大
心則得佛地以弁地自古無三花厳時乃若今乃是涅槃後
教至般若未方可得之諸菩薩成十大心時乃可備
漸教時也故此未意ハ花厳中故ノ時长當知以法華論
し天作花厳以佛界云し天作法花通理非若約
染了相不便別摩花厳故甘在於取但是大小不同
故見為学故し教之流出不一躰今此事之有ニ学者故
以方未取末教時何但摩花耶ここ文段ノ未破小執
即以摩花し破文
問佛現一乗身度十方衆生ハ今者五時中何時乎
答雖何時何无此義ノ 随ノ花厳 文
付之花厳不為弁
答此文但随文ハ花厳時有実ㇾ到天竜鬼神士只故
度十方衆ヲ天ヲ己
観音品説下ノ今通説十身四化抜尚自有一乗身度者
自有十方身度十方門有一乗身度十方衆ここ身度一乗
世尊世界十身応ㇾ天龍夜叉今耶文化之人ハ法次弁皆
於佛道更无三身中一乗度一乗也若同前来云實大通

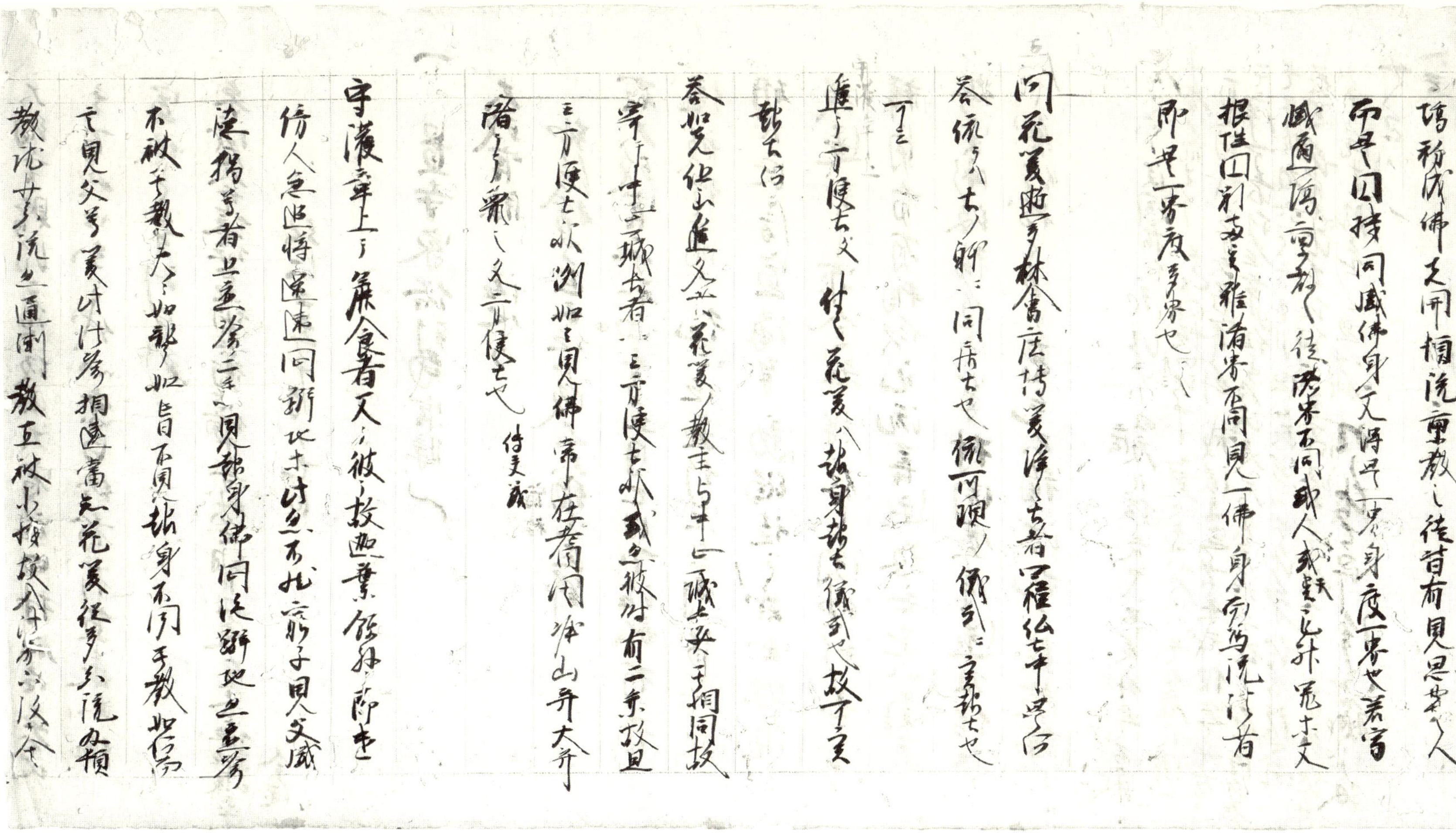

（13紙ウ）

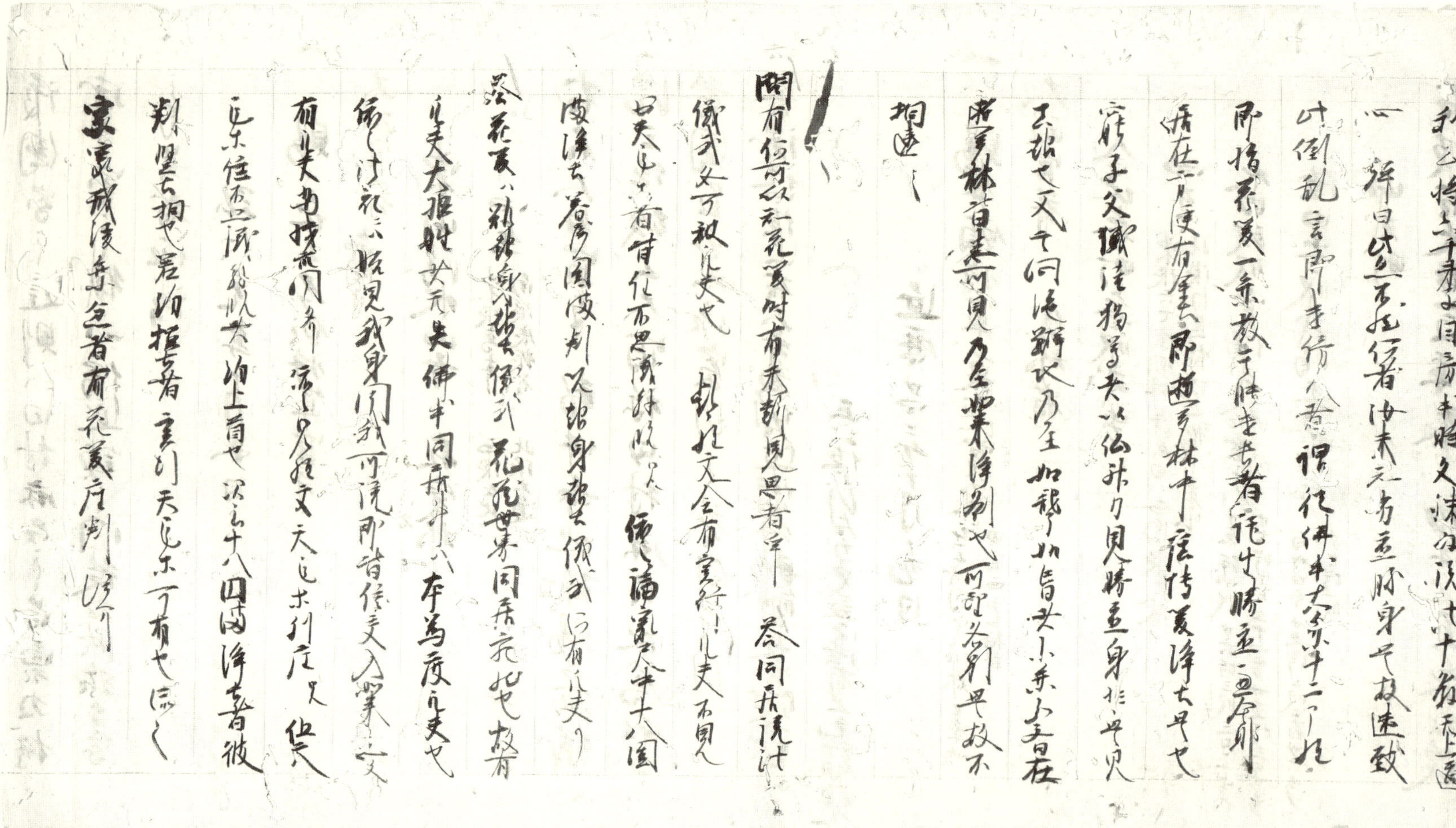

（12紙ウ）

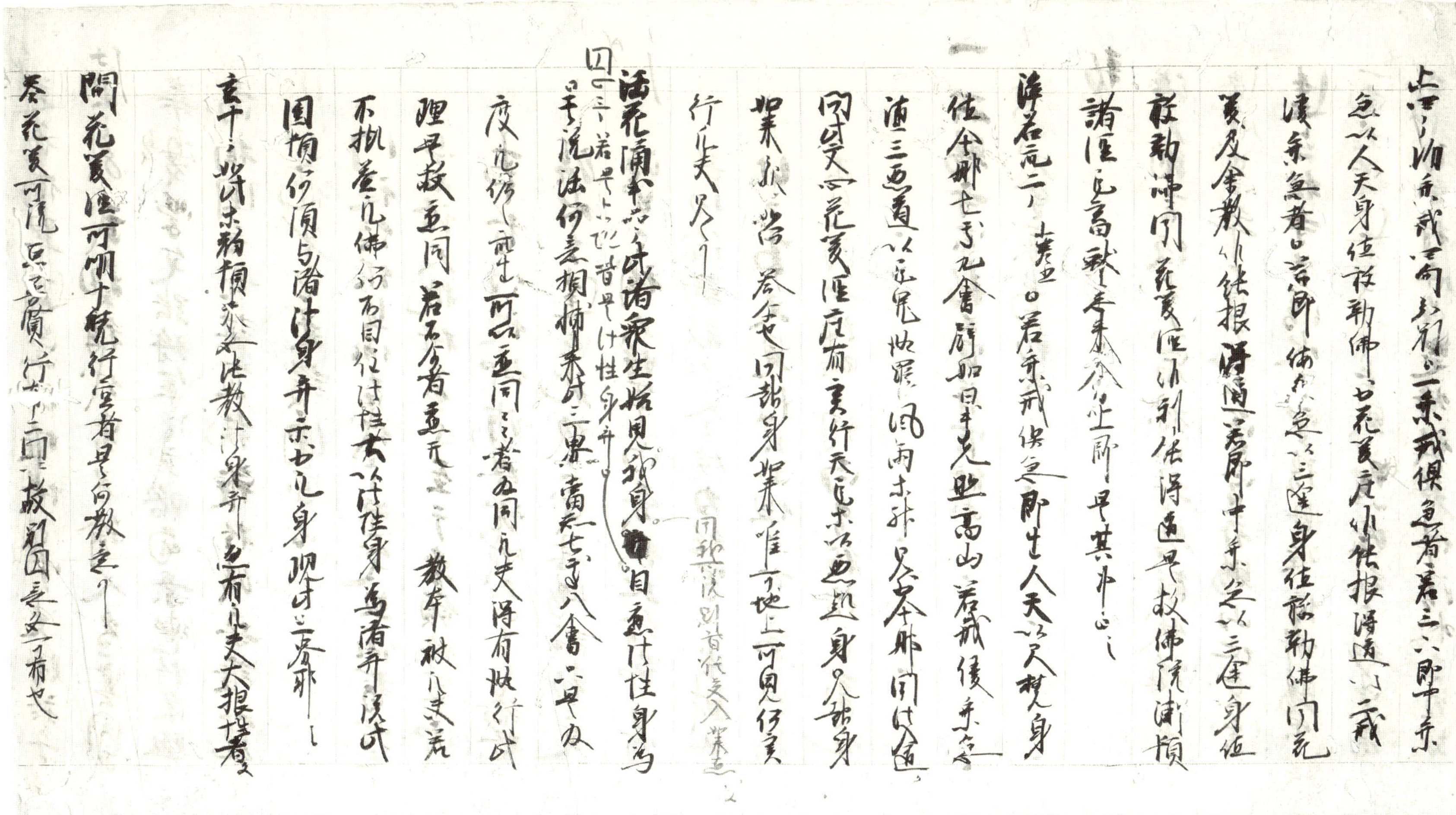

（11紙ウ）

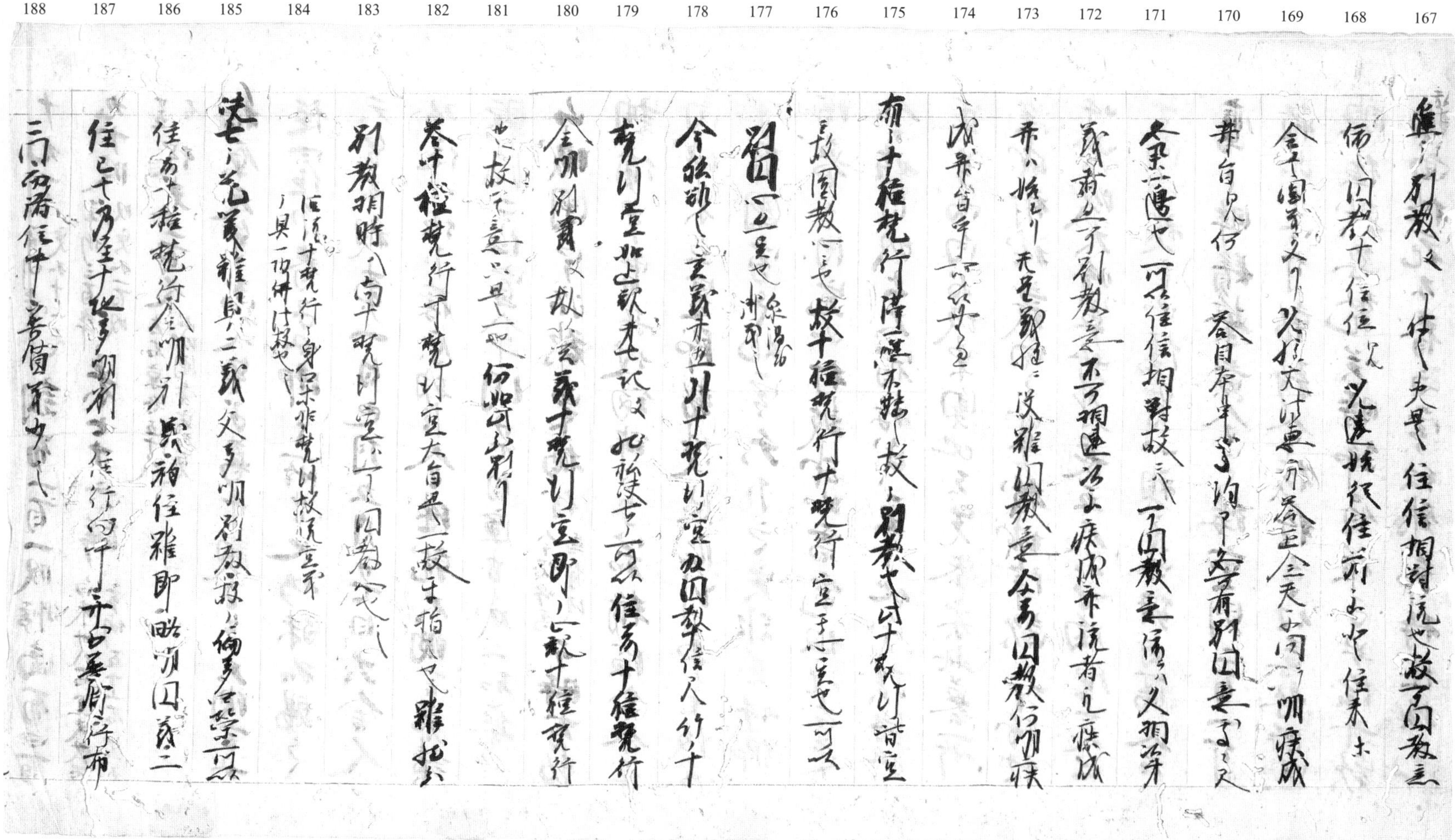

（10紙ウ）

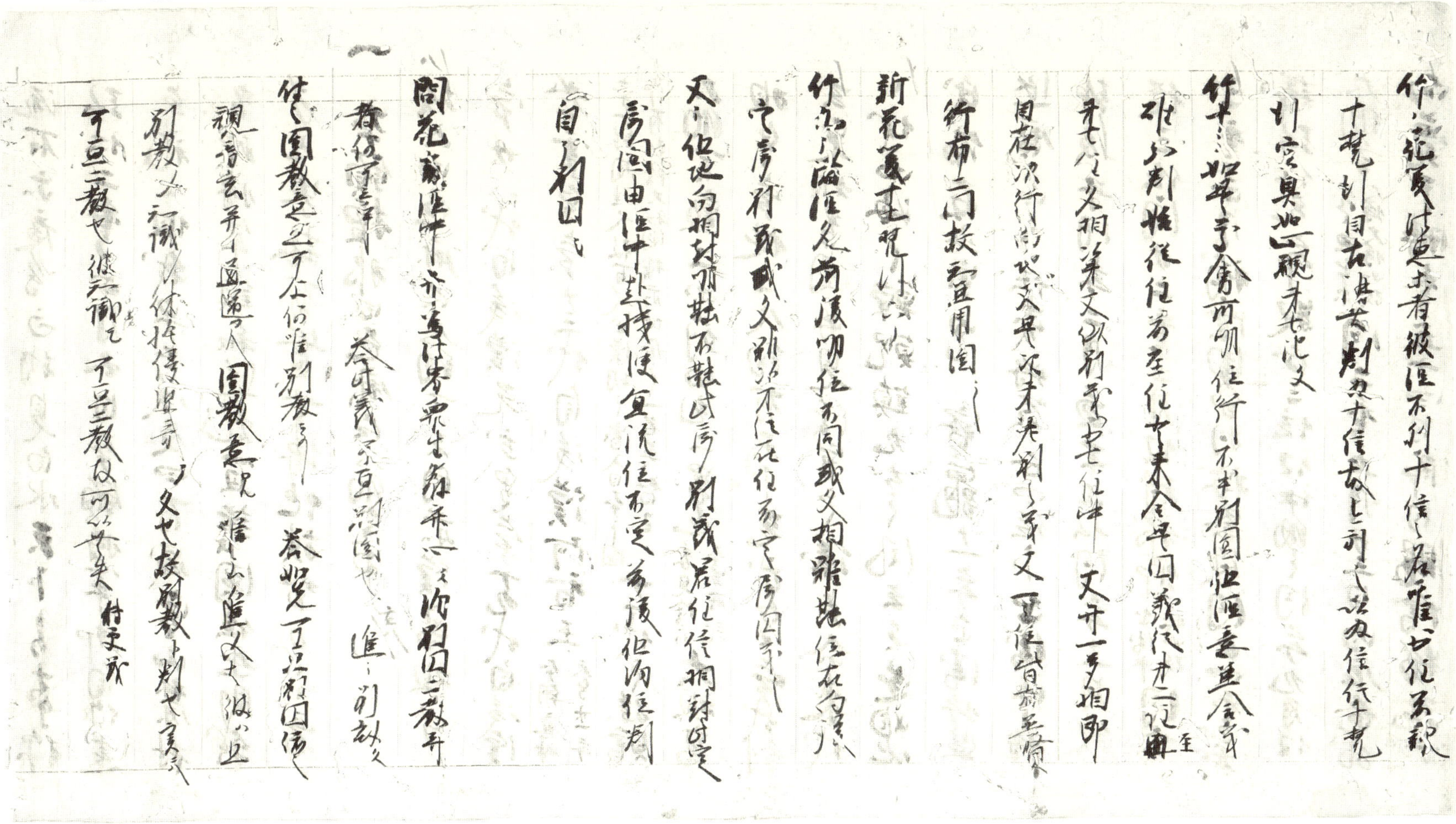
189
190
191
192
193
194
195
196
197
198
199
200
201
202
203
204
205
206
207
208

(9紙ウ)

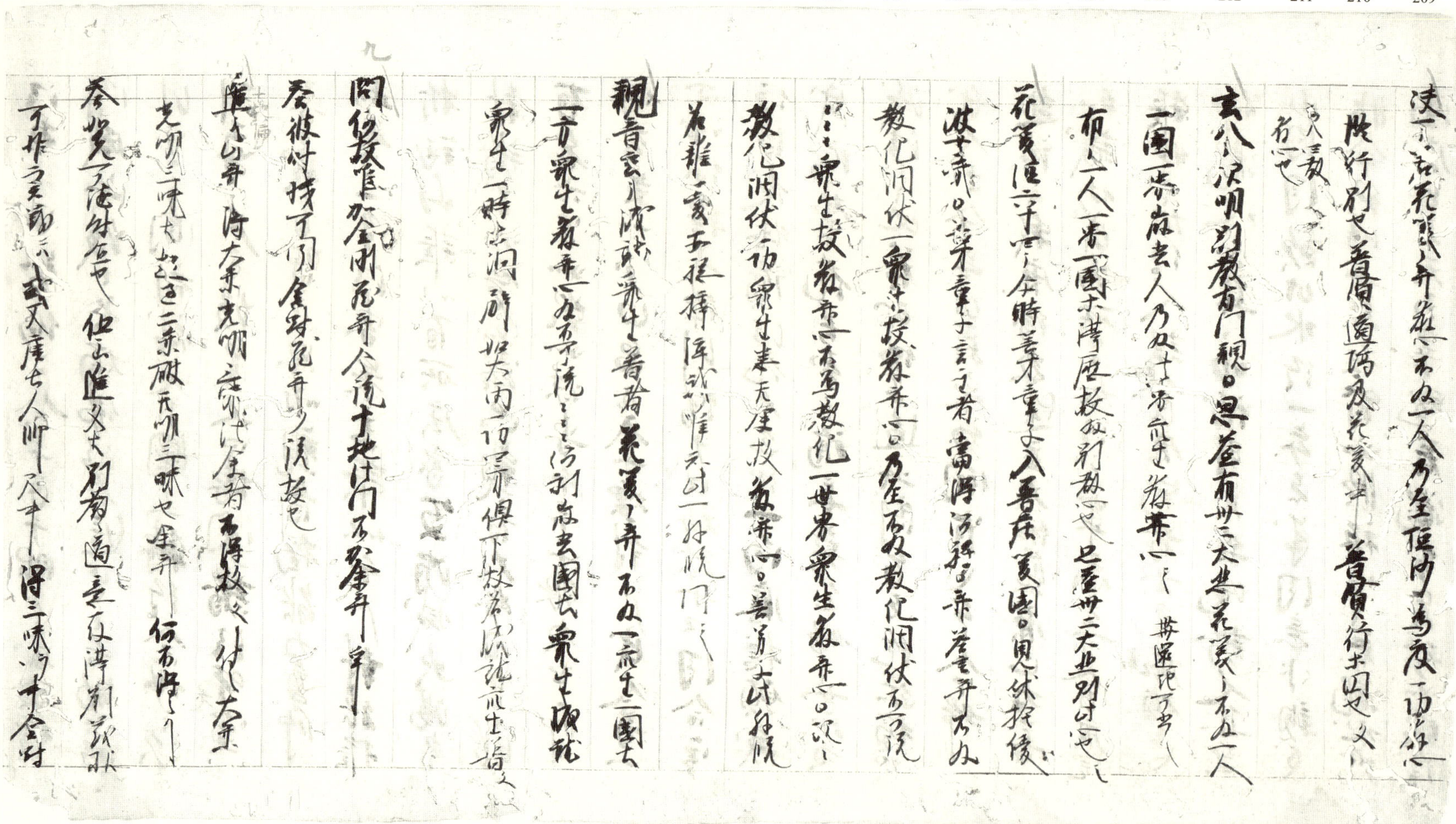

(8紙ウ)

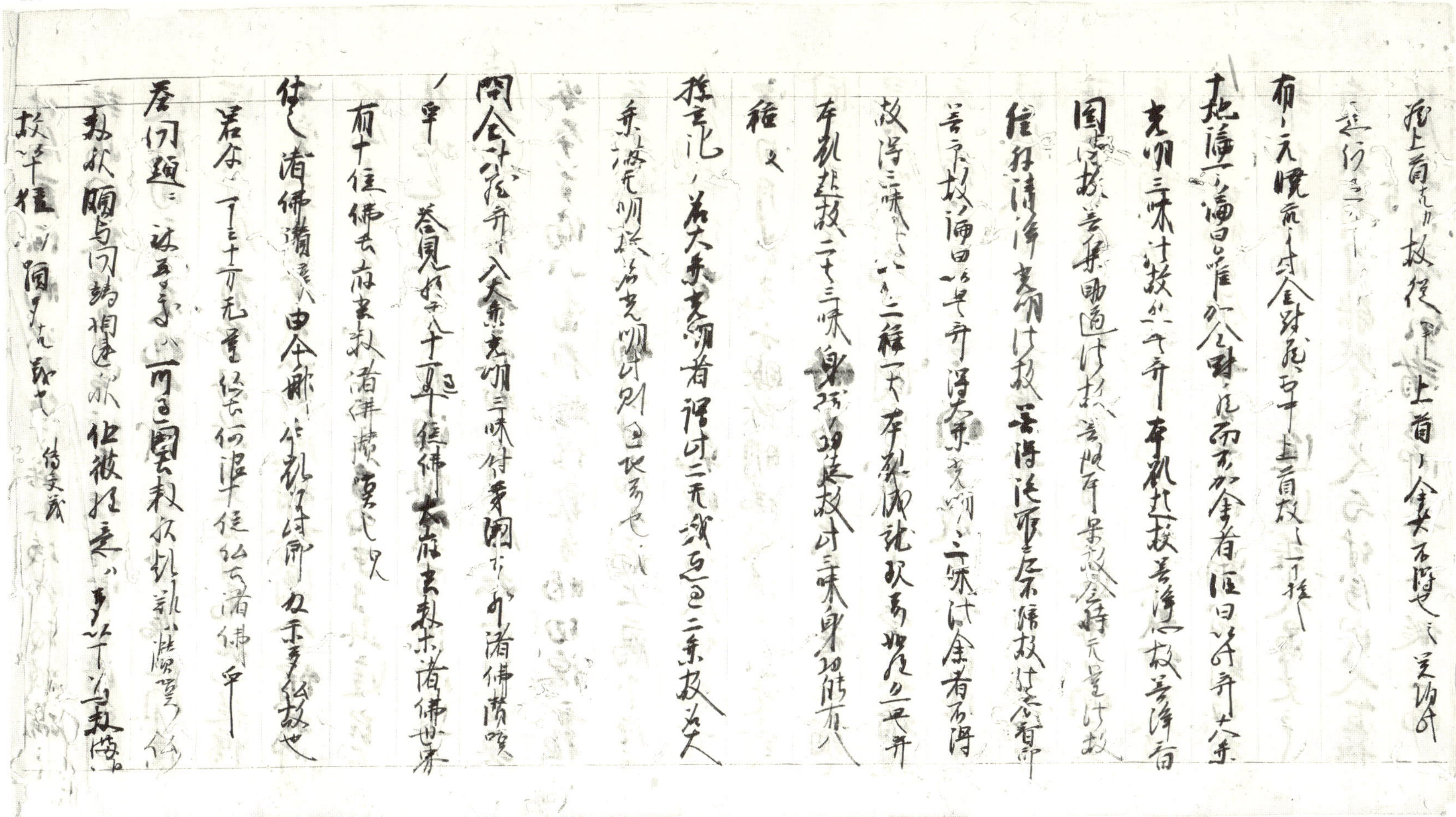

（7紙ウ）

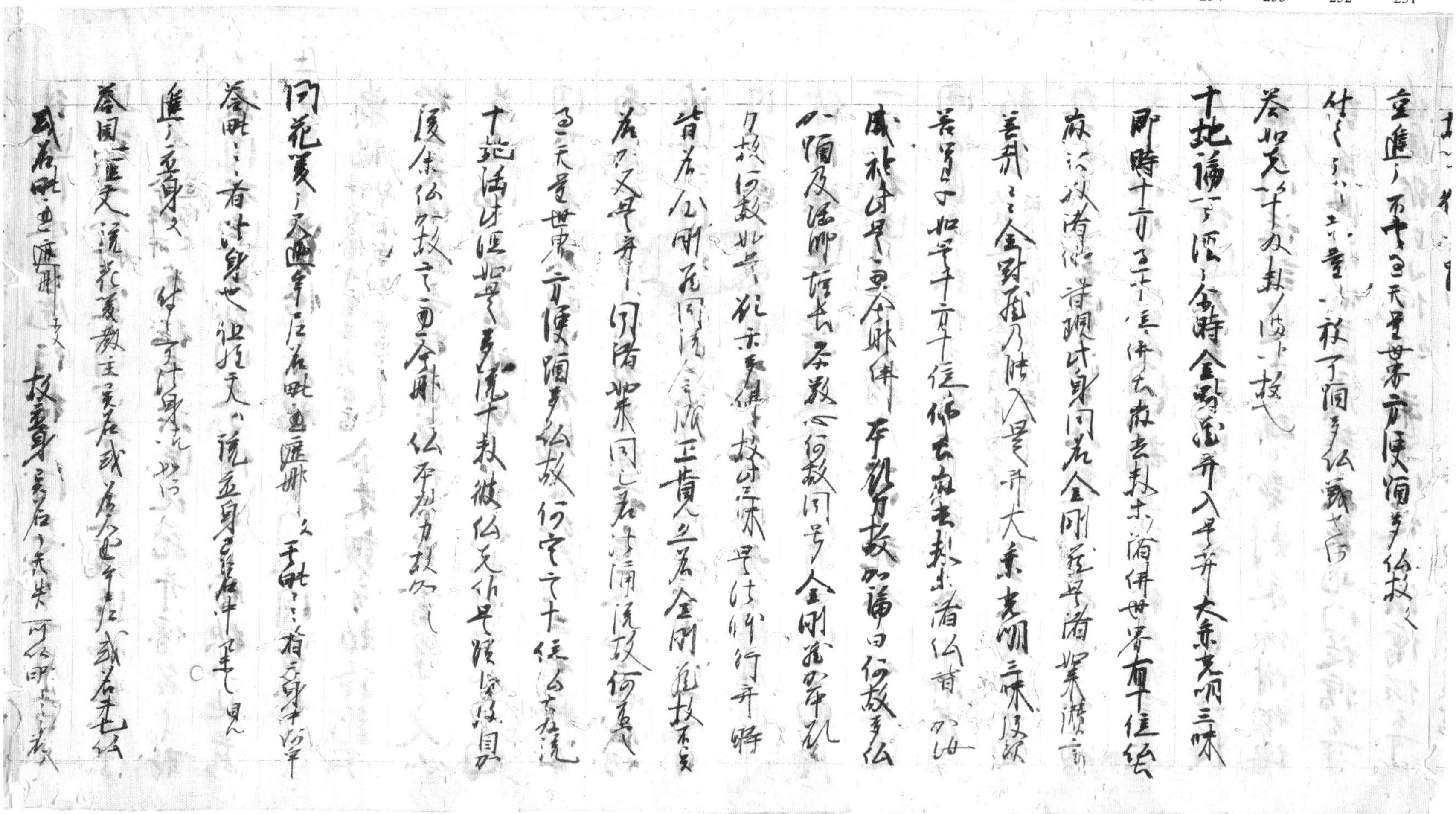

（6紙ウ）

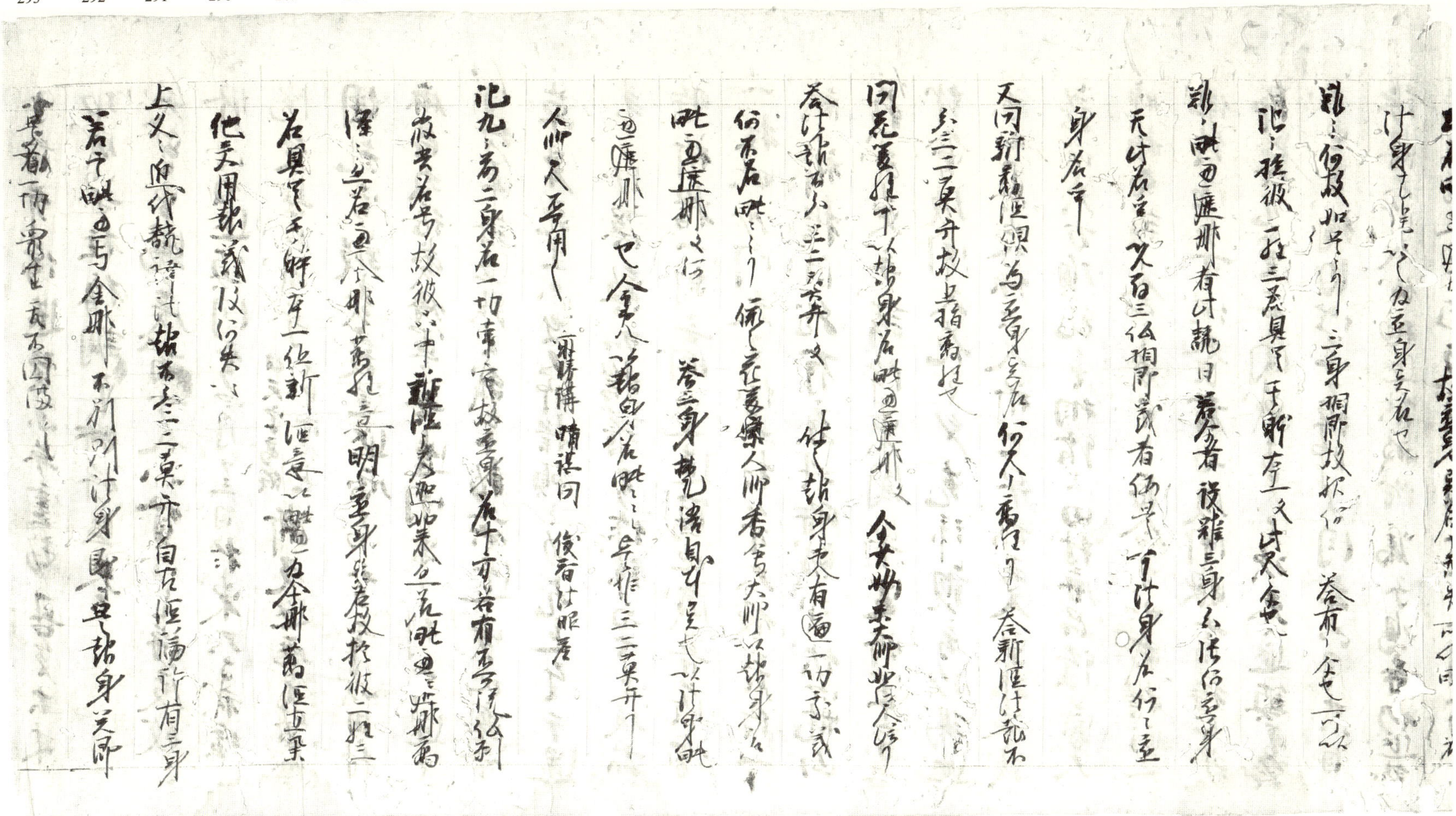

（5紙ウ）

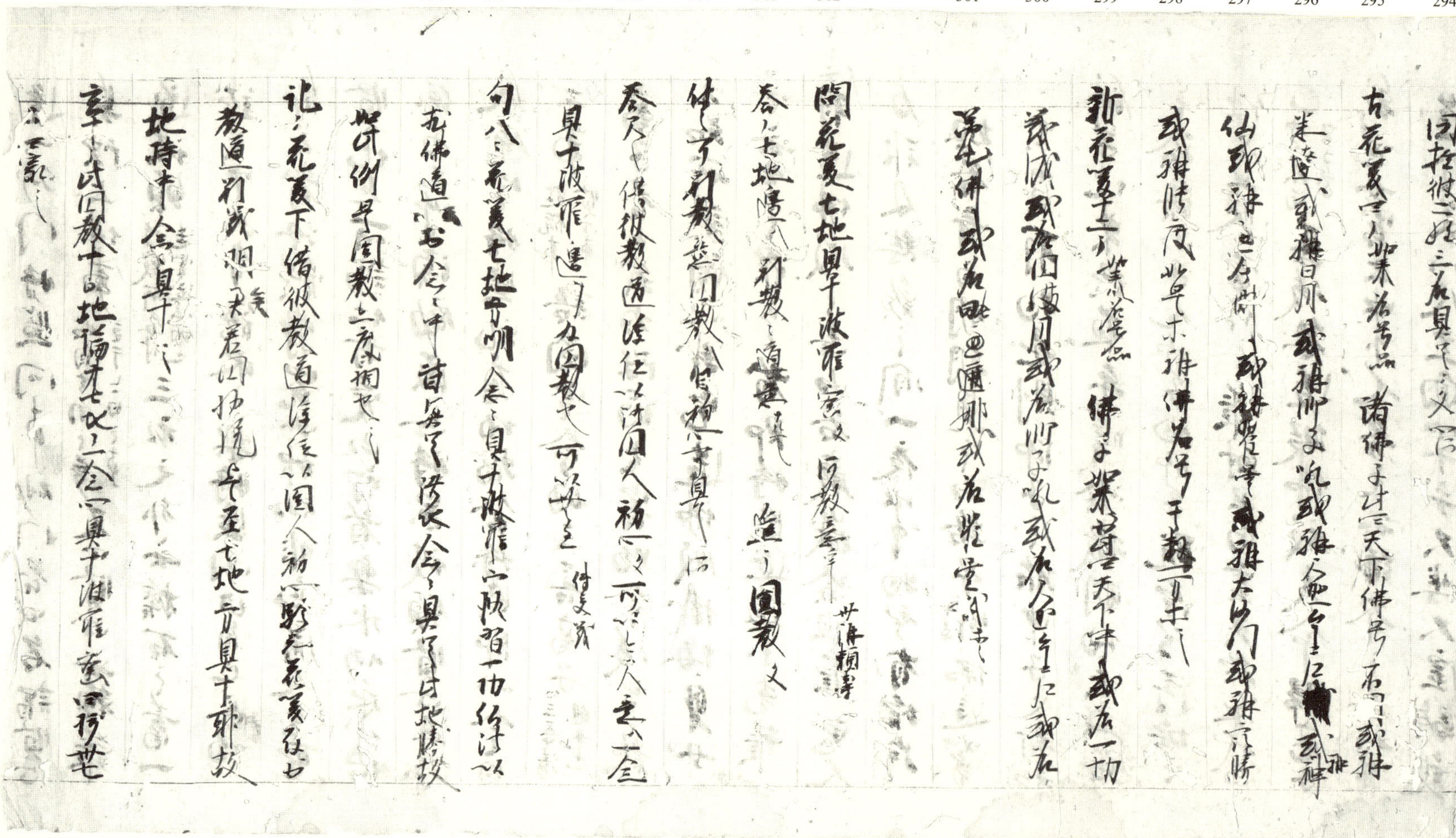

（4紙ウ）

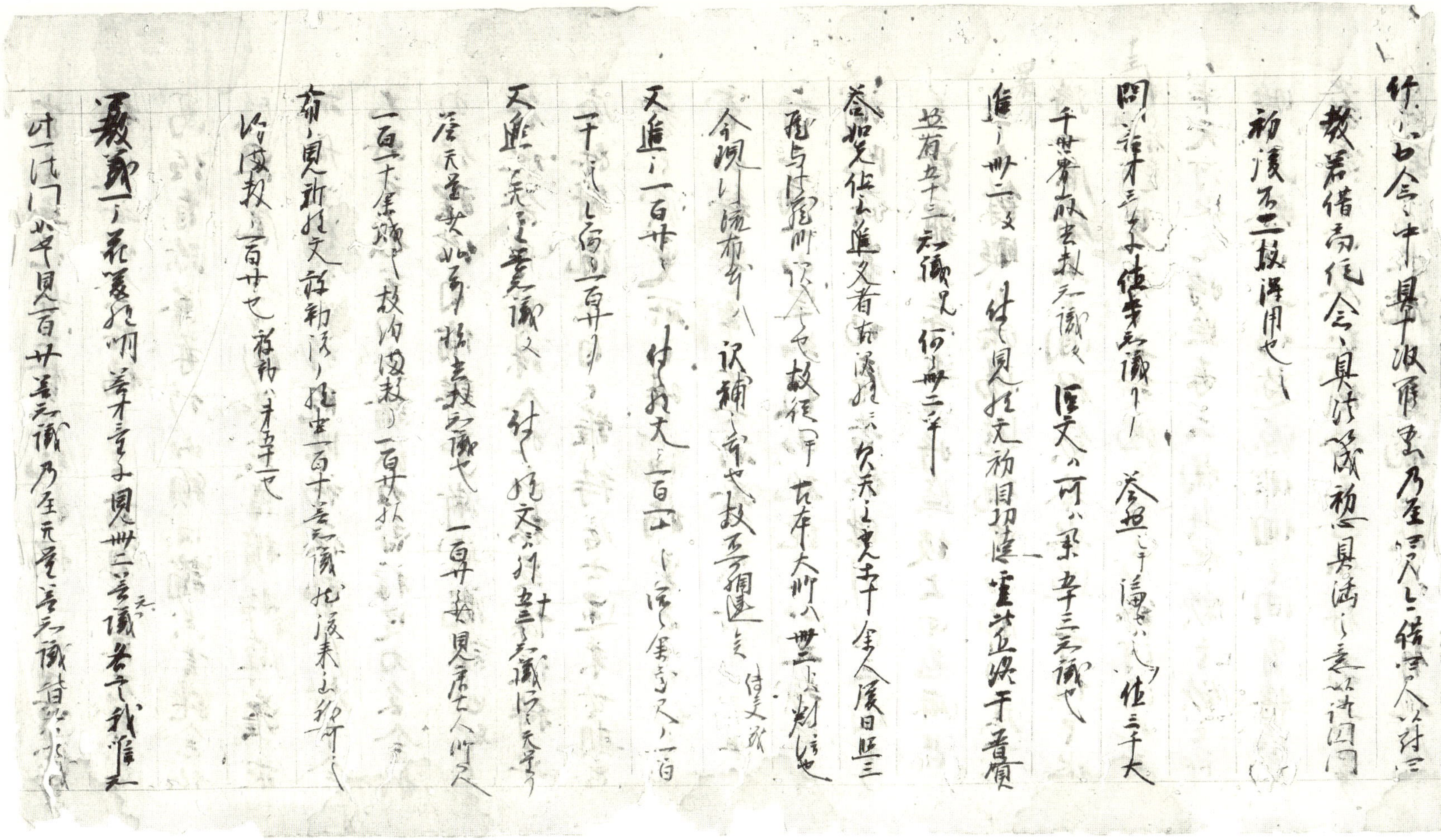

（3紙ウ）

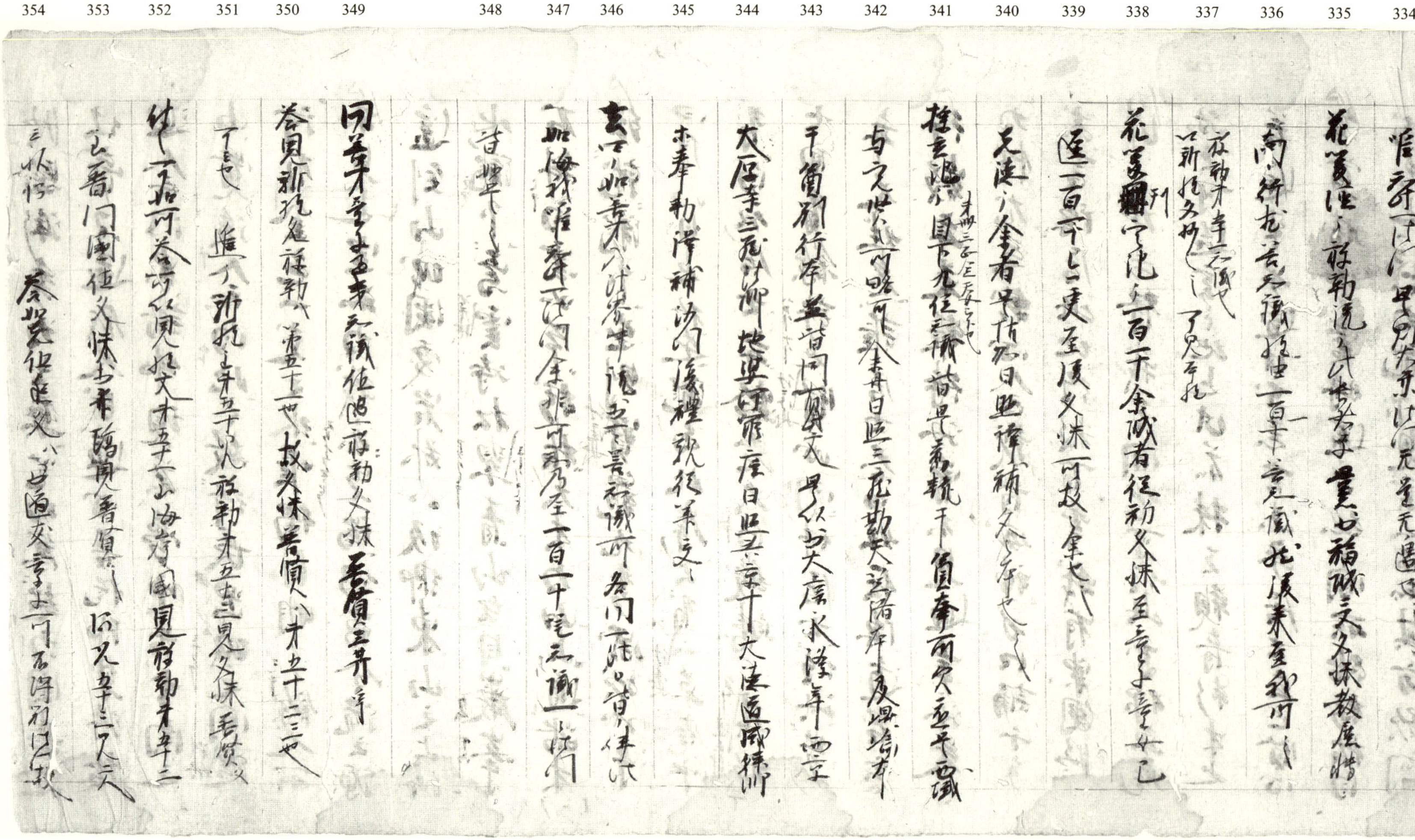
354 353 352 351 350 349 348 347 346 345 344 343 342 341 340 339 338 337 336 335 334

（2紙ウ）

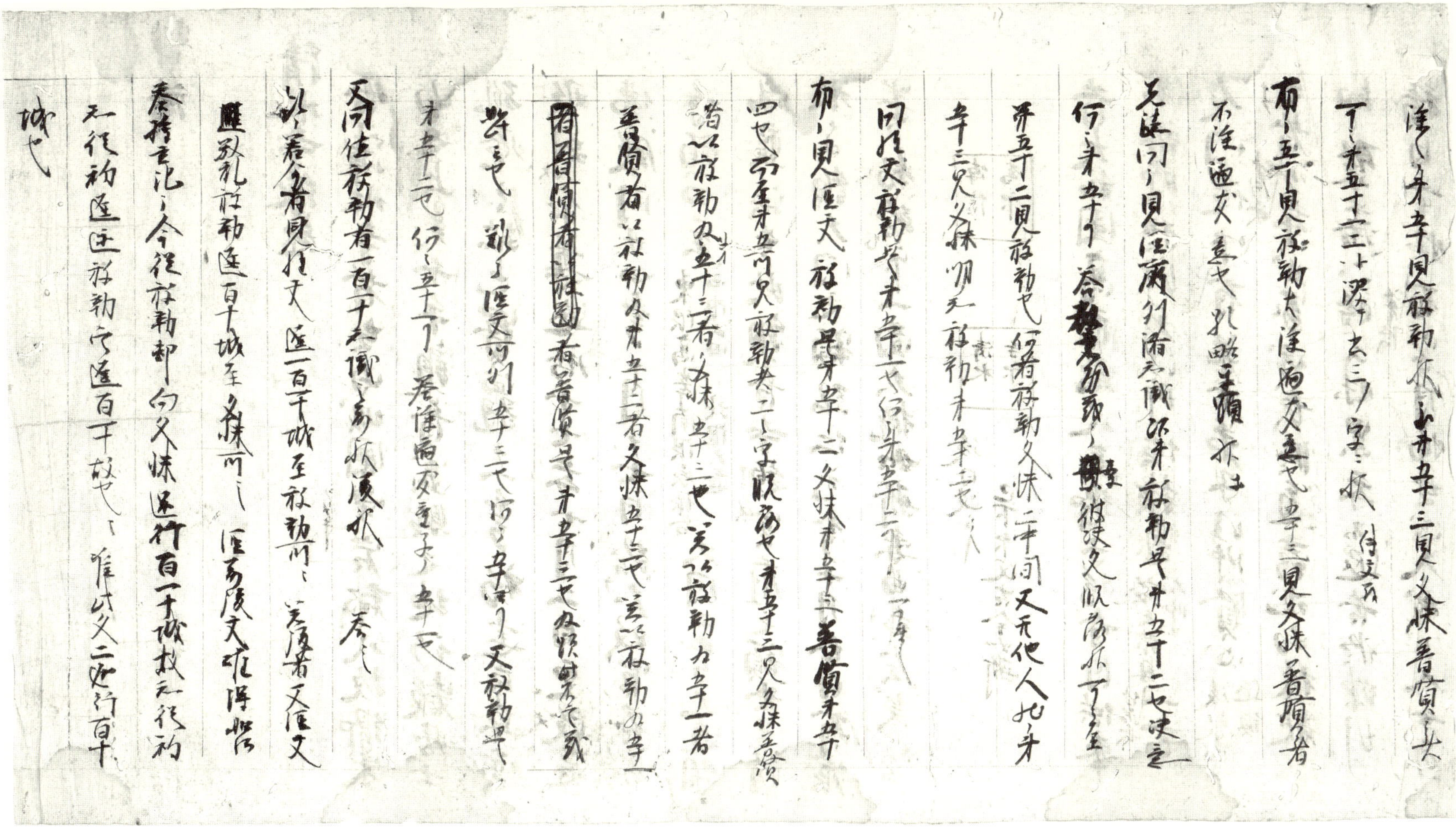

（1紙ウ）

解題

第五巻「重書」概要

金剛寺は、大阪府河内長野市天野町に所在し、山号を天野山といい、もと行基の創建と伝える真言宗の名刹であるが、平安時代後期の阿観（一一三六―一二〇七）によって再興されるまでの詳細は明らかではない。阿観は、承安二年（一一七二）に高野山より弘法大師像を迎えて御影供を始行し、同じく丹生・高野両所の明神を勧請している。治承二年（一一七八）には金堂を建立し、養和元年（一一八一）には伝法会を始行している。また治承四年には、在地の有力者源貞弘によって先祖相伝の私領が寄進され、同じ頃、鳥羽院の第三皇女八条院暲子（一一三七―一二一一）の祈願所にもなったことから、その基盤が整えられ、建久九年（一一九八）には仁和寺北院の末寺となっている。

その後、南北朝時代（一三三二―九二）には八条院の所領が南朝方の大覚寺統の所領となり、金剛寺食堂が南朝第二代の後村上天皇（一三二八―六八、在位一三三九―六八）の行宮（臨時の天皇の居所）となったことは、寺の歴史や文化財を考える上で大変重要な出来事である。

このような歴史を有する金剛寺には、大量の聖教類や一切経などの仏典類はいうに及ばず、説話文学や漢籍に該当する数多くの書跡も伝存しているが、いかにも金剛寺にふさわしい書跡といえば、やはり南朝第二代の後村上天皇が父母である後醍醐天皇と新待賢門院（阿野廉子）の菩提を祈って転読した旨の奥書を有する『大般涅槃経』『大般涅槃経後分』（重要文化財）であろう。後村上天皇は後醍醐天皇の第七皇子であり、正平九年（一三五四）十月に大和の賀名生から河内の金剛寺に入り、五年後の正平十四年十二月に観心寺に移るまで、金剛寺を行宮としたことが知られている（『薄草子口決　天等末』）。まさにこれらの経巻は、南北朝時代に行宮となった金剛寺の歴史を物語る重要な文化財といってよい。

加えて南朝ゆかりの文化財には、「楠木氏文書」（重要文化財）がある。元弘二年（一三三二）と同三年の「楠木正成自筆書状」合わせて三通をはじめ、正平九年までの楠木氏に関する文書を含む十四通が一巻に収められており、南朝研究の基礎資料ともなっている重要な文書である。

また多宝塔をはじめとした主な堂塔が「後白河法皇の勅建」という寺伝と呼応するかのような経巻が金字の『宝篋印陀羅尼経』（重要文化財）である。これは、今様や和歌などが書写され葦手絵もある料紙に金字で経文が書写されており、経文は今様や和歌と同じ面に書写されているものである。時代的にも平安時代後期と後白河法皇（一一二七―九二）に重なるような時期の書写となっている。同じ『宝篋印陀羅尼経』を書写した経巻ではあるが、一部に消息と同じ面を使用するものの、基本的には仮名消息の紙背に経文を墨書した所謂「消息経」の形式を有した一巻が伝来している（重要文化財）。ただし、書写年代は、経文の字すがたから鎌倉時代前期と考えられる。

『梵漢普賢行願讃』（重要文化財）は、梵文『普賢菩薩行願讃』に対応する漢字を当てて書写したもので、梵字資料として知られていた一巻ではあるが、巻首紙背に弘法大師空海ゆかりの「三十帖冊子」

（国宝、仁和寺蔵）などに見られる梵字の朱印が捺されているのが注目される。加えて料紙も国産ではなく、中国製の可能性が高い。中国からの将来品や空海自身の関与の可能性もあると思われるが、少なくとも空海周辺と関係のある一巻と推定される。書写年代も唐時代九世紀もしくは平安時代九世紀の可能性もある写本と見られる。まさに真言宗の名刹にふさわしい一巻といってよかろう。

金剛寺の書跡として最もよく知られたものは、やはり『延喜式』巻第九　神名帳上と『延喜式』巻第十二、第十四、第十六の二件の国宝であろう。『延喜式』は、延喜五年（九〇五）に醍醐天皇の命により編纂が始まった式、すなわち律令の施行細目のことをいうが、編纂に二十二年を要し、延長五年（九二七）十二月二十六日に完成し奏上されたが、その後、施行にはさらに四十年を費やして康保四年（九六七）に漸く施行されたものである。全体は五十巻からなり、神祇官関係の式は巻第一から巻第十に収められているが、巻第九と巻第十が特に「神名帳」と呼ばれて、神祇官に登録された祭神、大が四百九十二座、小が二千六百四十座、合わせて三千一百三十二座が宮中、京中、五畿七道の順に記されている。これらは、祭神を祀る神社における重要な典拠として高い位置を占め、これに収録されている神社は「式内社」としてその社格を誇ることができたのである。それ故、巻第九の金剛寺本は、平安時代十二世紀に遡る写本として、大変重要視されている。

また巻第十二、第十四、第十六の三巻は、巻第十二が中務省、第十四が縫殿寮、第十六が陰陽寮の記載があり、巻第十四の巻末に朱書で「大治二年七月十二日、以秘本移点了（花押）」という加点奥書があることから、少なくとも本文は、大治二年（一一二七）までに書写されたということが知られる。十世紀を中心とした平安時代における法典の写本として、日本の歴史の中でも重要な写本と位置づけられるものであるが、これらが金剛寺に伝来した理由は明らかではない。やはり南北朝時代に行宮となったことが資料を引き寄せる一つの契機となったと考えるのが穏当であろうか。

紺紙金字『妙法蓮華経』巻第八（重要文化財）及び『清水寺仮名縁起』（重要美術品）、『清水寺真名縁起』も収録したが、伝来の経緯は明らかではない。まず前者は、奥州藤原氏の栄華を誇った藤原清衡の子、基衡が一日に「法華経開結」共一部十巻、一千日にわたって一千部を書写した「千部一日法華経」の遺巻である。紺紙金字経の形式で、奥書より久安四年（一一四八）閏六月十七日に書写された第五百七十二部目のうちの巻第八であることが知られるが、それらの遺品は少なく貴重な一巻となっている。

『清水寺仮名縁起』（重要美術品）、『清水寺真名縁起』の両巻は、鎌倉時代から南北朝時代に書写されたもので、京都・清水寺の縁起を記したものではあるが、金剛寺との関わりは明らかとはいえない。

なお、本重書篇に該当する『遊仙窟』（重要文化財）は、既に平成十二年（二〇〇〇）に塙書房から影印と翻刻が出版されているので本書から割愛した。この他、『注好撰』は昭和六十三年（一九八八）に和泉書院から「和泉書院影印叢書12」として、『明義進行集』は平成十三年（二〇〇一）に法藏館から、『三宝感応要略録』上巻は平成十九年（二〇〇七）に勉誠出版から、それぞれ影印が単行本として刊行されているので、本叢刊には収録しなかった。

その他、金剛寺所蔵の仏典を取り上げたものに、『日本古写経善本叢刊』（国際仏教学大学院大学）の第一輯から第九輯（二〇〇六～一五）がある。それぞれ、『玄応撰　一切経音義』二十五巻（四巻欠）（第一輯）、

『大乗起信論』（第二輯）、『観無量寿経』・『無量寿経優婆提舎願生偈註』巻下（第三輯）、『集諸経礼懺儀』巻下（第四輯）、『宝篋印陀羅尼経』（第六輯）、『摩訶止観』巻一（第七輯）、『続高僧伝』巻四、巻六（第八輯）、『高僧伝』巻五（第九輯）があることを記しておく。

（赤尾栄慶）

国宝 延喜式　巻第九　神名帳上
国宝 延喜式　巻第十二・第十四・第十六

一　延喜式の構成

わが国の平安時代の法典である『弘仁格』『弘仁式』『貞観格』『貞観式』『延喜格』『延喜式』は三代格式と呼ばれているが、ほぼ完全な形で伝わっているのは『延喜式』のみである。その『延喜式』は、延喜五年（九〇五）に醍醐天皇の命により編纂が始まった式、すなわち律令の施行細目のことをいう。その編纂には二十二年を要して漸く完成し奏上されたのが延長五年（九二七）十二月二十六日であったが、その後さらに四十年を費やし、康保四年（九六七）に至って漸く施行をみたものである。『延喜式』の全体は五十巻からなっている。

巻第一	神祇一　四時祭上	巻第二	神祇二　四時祭下
巻第三	神祇三　臨時祭	巻第四	神祇四　伊勢太神宮
巻第五	神祇五　斎宮	巻第六	神祇六　斎院司
巻第七	神祇七　践祚大嘗祭	巻第八	神祇八　祝詞
巻第九	神祇九　神名上	巻第十	神祇十　神名下
巻第十一	太政官		
巻第十二	中務省・内記・監物・主鈴・典鑰		
巻第十三	中宮職・大舎人寮・図書寮	巻第十四	縫殿寮
巻第十五	内蔵寮	巻第十六	陰陽寮
巻第十七	内匠寮		
巻第十八	式部上	巻第十九	式部下
巻第二十	大学寮		
巻第二十一	治部省・雅楽寮・玄蕃寮・諸陵寮		
巻第二十二	民部上	巻第二十三	民部下
巻第二十四	主計上	巻第二十五	主計下
巻第二十六	主税上	巻第二十七	主税下
巻第二十八	兵部省・隼人司		
巻第二十九	刑部省・判事・囚獄司		
巻三十	大蔵省・織部司		

巻第三十一　宮内省
巻第三十二　大膳上
巻第三十三　大膳下
巻第三十四　木工寮
巻第三十五　大炊寮
巻第三十六　主殿寮
巻第三十七　典薬寮
巻第三十八　掃部寮
巻第三十九　正親司・内膳司
巻第四十　造酒司・采女司・主水司
巻第四十一　弾正台
巻第四十二　左右京職・東西市司
巻第四十三　春宮坊・主膳監・主殿署
巻第四十四　勘解由使
巻第四十五　左右近衞府
巻第四十六　左右衞門府
巻第四十七　左右兵衞府
巻第四十八　左右馬寮
巻第四十九　兵庫寮
巻第五十　雑式

このように巻第一から巻第十までが神祇官関係の式、巻第十一から巻第四十までが太政官とその下にある中務・式部・治部・民部・兵部・刑部・大蔵・宮内の八省（八つの中央行政官庁）に関係する式、これ以外の諸司の式が巻第四十一から巻第四十九まで、巻第五十が雑式となっている。

神祇官関係の式である巻第一から巻第十までのうち、巻第九と巻第十が特に「神名帳」と呼ばれて、神祇官に登録された祭神、大が四百九十二座、小が二千六百四十座、合わせて三千一百三十二座が宮中、京中、五畿七道の順に記されている。これらは、祭神を祀る神社における重要な典拠として高い位置を占め、これに収録されている神社は「式内社」としてその社格を誇ることができたのである。それ故、「神名」上下だけを抜き出して書写した写本も多い。

二　延喜式　巻第九　神名帳上

金剛寺本『延喜式』巻第九　神名帳上は、宮中、京中、五畿内、東海道までを収めるが、首題を含む六行分の巻首を欠き、末尾も「尾張国」の「葉栗郡十座並小」以下を欠く二十二紙分を残存している。ただし、全体二十二紙のうち、第十七紙と第十八紙の間にほぼ一紙分の欠落があり、その箇処は「伊賀国」「伊賀郡十一座」の「比々岐神社」から「伊勢国」「度会郡五十八座」の「度会国御神社」までに至る部分となっている。現在の金剛寺本の状況と欠落箇処がある経緯については、まず末尾の第十八紙から第二十二紙までが大正七年（一九一八）の古文書整理の際に発見され、その後、昭和十一年（一九三六）に至って大正七年に発見された箇処に先行する部分である第一紙から第十七紙が発見された。その二年後の昭和十三年の修理に際しては、欠落箇処を確認しながらも現在のような一巻の形とされたことが『金剛寺本延喜式神名帳上』（昭和十四年、古典保存会発行）所収の田山信郎（方南）の解説より知られる。

その書写年代は、柔らかみを帯びた字すがたや料紙の風合いから、平安時代十二世紀に遡るものと見

国宝　延喜式　巻第九　神名帳上／国宝　延喜式　巻第十二・第十四・第十六

られ、国史学上でも大変貴重かつ重要な写本となっている。書写の形式を詳しく見ていくと、第一紙から第十四紙までが長さほぼ四六cm前後の料紙に十七行ごとの書写となっているが、第十八紙から第二十二紙までは長さ四九cm前後の料紙に十八行ごとの書写となっている（附表参照）。また原則的には、一行に三社乃至四社を列挙している。全体として界幅が二・六cmと広めの界線が引かれているのは、当初より神社名に字音を附したり、割書きの挿入を想定したことによると思われる。実際に郡名や社名には墨書の字音や声点と朱書による字音や注記などが施され、また天界の余白には朱書で「貞」「延」や国府を意味する「府」、さらには「貞改号」「貞四座」などの異本校合の注記（頭書）なども記されており、かなり丁寧に校合が行われたことが窺える。また料紙の縦が三〇・七cmと堂々とした大きさであることや紙背の紙継部分近くに「花押」が据えられていることなどは、本巻の重要性を示唆しており、「神名帳」の現存最古の写本として夙に有名な一巻となっている。

三　延喜式　巻第十二・第十四・第十六

巻第十二、第十四、第十六の三巻については、今の「神名帳」の第十七紙までと同様に昭和十一年に発見されたものであり、巻第十二が中務省、第十四が縫殿寮、第十六が陰陽寮の記載となっている。いずれも字すがたや料紙の風合いなどから、平安時代十二世紀の書写と見られ、各々の尾題の後には延長五年の撰上の日付と編纂に関わった官吏の列名が附されている。今は巻第十四を参考にしてみると、

延長五年十二月廿六日外従五位下行左大史臣阿刀宿祢忠行
　従五位上行勘解由次官兼大外記紀伊権介臣伴宿祢久永
　従四位上行神祇伯臣大中臣朝臣安則
　大納言正三位兼行民部卿臣藤原朝臣清貫
　左大臣正二位兼行左近衛大将皇太子傅藤原朝臣忠平

とあって、五人の官位、官職、氏名が下位の者から順に書写されており、最後の五人目には兄藤原時平（八七一―九〇九）の後を継いで編纂の中心となった左大臣藤原忠平（八八〇―九四九）の名を確認することができる。

まず巻第十二（中務省）の書誌情報を述べると、巻第十二はわずかに巻首の六、七行分を欠くが、全体は二十七紙からなっている。基本的な書写の形式は、一紙の縦二八・九cm、横が五〇cm程度の料紙に二十四行ごとの書写となっており、界高は二三・九cmと大き目で、界幅は二・一cmと若干広めの界線となっている。天地の余白には墨書による注記や朱書による「貞」「延」「弘」という頭書が施されている。一行には二十字前後が書写されており、やや朴訥とした字すがたの本文には朱書による仮名、合符、ヲコト点や墨書の仮名などが施されている。これらの加点に関しては、巻末に、

朱点故允亮朝臣説也、墨点者故□　□
至于朱墨相通之処者依朱不点墨　本定也

という重要な移点奥書が認められている。朱点に関して「故允亮朝臣説」とあるのは、この朱点が平安時代十世紀から十一世紀ごく初期に活躍した明法家であり、法制書『政事要略』百三十巻を著したことで知られる惟宗允亮の説によっていることを示している。因みに惟宗允亮は、明法博士や勘解由次官などを歴任し、最晩年には河内守となっている人物である。また朱墨点が相通じる箇処は、朱点のみを附した旨が記されている。

巻第十四と第十六の二巻は、筆致や書写の形式さらには加点状況、そして紙背紙継部分近くに墨印が捺されるなど、写本として共通する箇処が多く見られる。

巻第十四（縫殿寮）は、首尾完存し、全体は十八紙よりなり、基本的な書写の形式は一紙の縦が二八・五cm、横が五三cm強の料紙に幅が二・四cmとややゆったりとした界線が引かれている。そこで一紙には二十二行となり、界高は二二・〇cm、一行の字数は二十字前後となっている。本文には、朱書による仮名、声点、ヲコト点や注記などがあり、天界の余白には朱書による注記も附されている。本巻で貴重かつ重要なことは、巻末に朱書で、

大治二年七月十二日、以秘本
移点了（花押）

という加点奥書があることである。これによって、少なくとも本文は大治二年（一一二七）七月までには書写されたということが知られる。本文の書写に関しても、これよりやや遡る十二世紀初期かと見られる。巻首の表紙と本紙の紙継部分に「行宗」という墨書が見え、その先には旧表紙を外題が見えるように翻して貼り込んでいる。

巻第十六（陰陽寮）も首尾は完存しており、全体は十四紙、基本的な書写の形式は一紙の縦が二八・九cm、横が五三・五cm前後の料紙に巻第十四同様にややゆったりと二十二行が、一行には二十字前後の書写となっている。本文にも朱書による仮名、声点、ヲコト点や注記などがあり、天界の余白には朱書と墨書による注記も附されている。また巻第十四同様、巻首の表紙と本紙の紙継部分に「行宗」という墨書が見え、その先には旧表紙を外題が見えるように翻して貼り込んでいる。その外題の下にも墨書が確認でき、その中には「修理」と判読できる部分もある。

「神名帳」を含むこれら四巻は、いずれも十世紀を中心とした平安時代における法典の写本として、日本の歴史や文化を伝える中でも重要な書跡の遺品と位置づけられるものである。加えて、各々に附された訓点からも知られるように、実際に用いられた実用書としての痕跡を伝えて実に貴重といわなければならない。

附表　国宝『延喜式』法量(cm)

	巻9	巻12	巻14	巻16
紙高	30.7	28.9	28.5	28.9
第1紙	28.3	34.0	54.0	53.2
第2紙	45.7	50.0	53.2	53.2
第3紙	45.8	49.9	53.3	53.7
第4紙	46.0	50.0	53.2	38.8
第5紙	46.0	50.0	53.2	4.8
第6紙	46.0	50.0	53.4	53.8
第7紙	46.2	50.2	53.2	53.6
第8紙	45.9	50.0	53.3	53.6
第9紙	46.0	49.9	53.4	53.6
第10紙	46.0	50.0	53.4	53.5
第11紙	45.9	50.0	53.3	53.6
第12紙	46.1	50.0	53.2	53.5
第13紙	46.0	50.2	53.4	53.5
第14紙	46.1	50.3	53.4	53.5
第15紙	48.8	50.0	53.3	
第16紙	49.0	50.0	53.6	
第17紙	48.9	50.7	53.5	
第18紙	49.1	50.3	53.5	
第19紙	48.8	50.2		
第20紙	48.9	50.4		
第21紙	48.9	50.0		
第22紙	48.8	50.4		
第23紙		50.1		
第24紙		48.3		
第25紙		52.7		
第26紙		52.5		
第27紙		24.5		
全長	1017.2	1314.6	960.8	685.9

（赤尾栄慶）

重要文化財 大般涅槃経　後村上天皇宸翰奥書

現在の行政区画で奈良県吉野町から大阪府河内長野市辺りの近畿地方南部の山岳地域には、その地を転々とした南朝の行宮が各地に営まれている。河内国・天野山金剛寺もその一つで、正平九年（一三五四）から同十四年（一三五九）まで後村上天皇の行宮とされた。重要文化財『大般涅槃経』は、同十四年（一三五九）五月から六月二十三日の間に金剛寺において同経を一見した天皇によって奥書が附されたもので、この時期の南朝の事績と行在所としての金剛寺の歴史を伝える貴重な遺品である。

一　後村上天皇と吉野・南河内

後村上天皇（嘉暦三年（一三二八）―正平二十三年（一三六八））は、第九十七代の天皇（在位一三三九―六八）、南朝第二代。後醍醐天皇（一二八八―一三三九）の第七皇子、母は新待賢門院藤原廉子（一三〇一―五九、阿野公廉女）。諱は義良（のりよし）、後に憲良（のりよし）と改めた。

元弘三年（一三三三、正慶二年）に鎌倉幕府が滅亡し、後醍醐天皇による建武の新政がはじまると、義良親王（後村上天皇）は、以下のごとく時勢に応じて各地を転々とした。

建武元年（一三三四）には北畠親房・顕家父子とともに北条氏残党の討伐のため多賀城（宮城県多賀城市）に下る。建武二年に足利尊氏が新政から離反すると、その討伐のため京都へ帰還。建武三年に比叡山で元服、三品陸奥太守に叙任。敗退した尊氏の九州落ちを受けて再度奥州へ赴く。延元二年（一三三七、建武四年）多賀城が襲撃され霊山に避難し、十二月には鎌倉を攻略。延元三年（暦応元年）美濃国青野原の戦で足利方を破る。伊賀・伊勢方面に転進し、吉野行宮（奈良県吉野町）に入る。その後、奥州へ向かうが暴風により離散し伊勢に漂着。延元四年（暦応二年）吉野へ帰還し、皇太子となる。八月十五日に後醍醐天皇の譲位を受け践祚した。

正平三年（一三四八、貞和四年）高師直に吉野を襲撃され、紀伊花園（和歌山県かつらぎ町）へ避難し、その後に賀名生（奈良県五條市）へ移る。正平五年（観応元年）、足利一族間の内紛（観応の擾乱）がおこり足利直義が南朝に帰順。正平六年（観応二年）尊氏が南朝に降伏（正平一統）。天皇は尊氏に直義・直冬追討の綸旨を与える。十一月には北朝の崇光天皇を廃位し、三種の神器を接収。

正平七年（一三五二、文和元年）賀名生を発し、河内東条（大阪府富田林市）、摂津住吉（大阪市住吉区）、山城男山（京都府八幡市）を経て京都を回復。光厳・光明・崇光の三上皇と皇太子の直仁親王を男山に連行。三月、足利方の反撃により京都を放棄し男山に籠居するが、義詮の軍に敗れ脱出し、三輪社・宇陀（奈良県宇陀市）を経て、賀名生に帰還。

正平九年（文和三年）河内国金剛寺（大阪府河内長野市）を行宮とする。正平十年（文和四年）、再び南朝に帰した直冬を立て京の回復を目論むが、尊氏・義詮の軍に敗れる。正平十四年（一三五九、延文四年）十二月、河内国観心寺（大阪府河内長野市）に移り、九月には住吉まで北上し、正平十六年（康安元年）には一時的に京を回復するが、義詮軍に反撃され撤退。

正平二十二年（貞治六年）四月に勅使に葉室光資を立て幕府と和睦交渉を行うが、武家側の降伏を条件に要求したために決裂。正平二十三年（応安元年）三月十一日、住吉大社宮司津守氏の住之江殿にて崩御した。

二　金剛寺蔵『大般涅槃経』と後村上天皇

『大般涅槃経』は、仏の入涅槃を題材とし、仏身常住や悉有仏性などを説く大乗仏教を代表する経典の一つである。その『涅槃経』には、北涼の曇無讖（どんむしん）が翻訳した四十巻本（北本）、劉宋の慧厳（えごん）らが再治し翻訳した三十六巻本（南本）がある。更に異訳ではあるが、入涅槃そのものを取り上げて『涅槃経』と一体化した経典として扱われた『涅槃経後分』二巻（唐若那跋陀羅（じゃなばつだら）訳）が知られている。

これらの経巻は、旧天野宮一切経として伝来して金剛寺に所蔵される一切経のうち、「南本涅槃経」に「後分」という組み合わせで、「南本涅槃経」九巻分と「後分」二巻の十一巻が昭和十三年（一九三八）に修理され、一箱の漆塗りの保存箱に収められているものである。

「後分」巻下の奥書より、南朝第二代の後村上天皇が父母である後醍醐天皇と新待賢門院（阿野廉子）の菩提を祈って転読したことが知られ、その他の経巻にも「倚廬に於いて一見了」などの奥書が認められている。経文自体の書写年代は、平安時代後期から鎌倉時代前期と見られ、本文には朱墨で異本注記や合点が施されている箇処もある。なお、これら以外の巻第九にも同様に「正平十四年六月於倚廬一見訖、／（別筆）天野宮一切経之内」という奥書が存在する（参考図版）。

奥書中にある「倚廬（いろ）」が、父母の喪に服する間に住む仮の小屋をいうことやそれらの日付が正平十四年の五月から六月であることからすれば、同年の四月二十九日に崩じた母の新待賢門院の菩提を弔うことが直接的な縁となったものであろう。後村上天皇は後醍醐天皇の第七皇子であり、金剛寺所蔵の『薄草子口決　天等末』の奥書によれば、正平九年（一三五四）十月に大和の賀名生（あのう）から河内の金剛寺に入って五年後の正平十四年の十二月に観心寺に移るまで、金剛寺を行宮（あんぐう）としたことが知られる。

これらは、南北朝時代に行宮となった金剛寺の歴史を物語る重要な奥書を有する経巻となっている。

三　書誌

重要文化財『大般涅槃経』巻第二・第四・第五・第六・第七・第八・第二十四・第三十三・第三十五『大般涅槃経後分』巻上・下

平安時代後期〜鎌倉時代前期写

正平十四年（一三五九）後村上天皇宸翰奥書　十一巻

巻子本。表紙（縦二七・二　横二七・三cm）。見返しに装飾なし。各巻の紙数および紙幅は後掲附表の通り。料紙は黄檗染の楮紙。墨で界線を引き、一紙に二十九行前後を書写する。界高二〇・四cm、界幅一・九cm（巻第二）。巻第二・第五・第七・第八・第三十五は巻首部分を佚しており、首題を欠く。尾題「大般涅槃経巻第二（～後分巻下）」。稀に墨書による異本注記や朱合点あり。奥書は、いずれも巻末に後村上天皇宸翰による一見した旨の記録が次のように記される。

正平十四年五月於倚廬一見訖。僻字等寺家／可改正者歟。（『大般涅槃経』巻第二）

正平十四年六月五日於倚廬静一見了。（『大般涅槃経』巻第四）

正平十四年六月七日於倚廬一見之。供養父母／功徳甚深譬真解脱〃〃〃者即是如来云々。金／言不空者乎。（『大般涅槃経』巻第五）

正平十四年六月九日於倚廬中一見了。（『大般涅槃経』巻第六）

正平十四年六月十日於倚廬一見訖。（『大般涅槃経』巻第七）

正平十四年六月十日於倚廬一見了。僻字／寺家可改正也。（『大般涅槃経』巻第八）

正平十四年六月十六日於倚廬一見了（以上朱筆）。（『大般涅槃経』巻第二十四）

正平十四年六月廿日一見了之時／銀漏声急玉燭光幽而已。（『大般涅槃経』巻第三十三）

正平十四年六月廿二日於倚廬一見了。（『大般涅槃経』巻第三十五）

正平十四年六月廿三日於倚廬一見了。（『大般涅槃経後分』巻上）

正平十四年六月廿三日於倚廬一見了／聊速以一部転読之功力、可成衆生済／度之願望、将又奉資／先皇□□（擦損）院証大菩提之因者也。（『大般涅槃経後分』巻下）

また各巻末尾に後村上天皇宸翰とは別の筆跡で、「天野宮一切経之内」の墨書がある。

軸端は漆塗。後補の塗箱に収納されており、蓋表に「後村上天皇御奥書／大般涅槃経　十一巻」、蓋裏に「昭和十三年六月依國寶保存法修理了」と黒漆書。

各巻の法量は附表の通り。

附表　重要文化財『大般涅槃経』法量（㎝）

	巻2	巻4	巻5	巻6	巻7	巻8	巻24	巻33	巻35	後分上	後分下
紙高	27.1	27.0	27.2	26.7	27.0	27.1	27.0	25.8	27.0	26.7	26.8
第1紙	53.2	54.7	43.7	53.4	42.5	41.9	54.0	44.5	48.7	49.1	45.9
第2紙	55.3	56.5	54.6	55.0	52.5	54.7	55.4	47.8	48.4	51.8	48.1
第3紙	55.5	56.9	54.9	55.0	47.5	55.1	55.7	32.0	48.5	51.6	46.6
第4紙	55.1	56.6	54.9	54.8	48.5	55.0	55.6	47.7	48.1	51.6	46.0
第5紙	55.6	56.7	54.7	54.9	49.0	54.8	55.5	47.8		51.7	54.4
第6紙	55.7	56.7	54.9	55.0	49.2	55.2	55.5	47.8		51.7	53.8
第7紙	55.5	56.6	54.6	54.8	49.2	54.9	55.5	48.0		51.6	52.8
第8紙	55.7	56.6	54.7	54.5	48.9	55.1	55.6	47.7		51.7	44.3
第9紙	55.5	56.6	54.8	54.7	49.1	55.1	55.8	47.8		51.5	51.6
第10紙	55.3	56.6	54.6	54.5	49.1	54.9	55.3	47.9		53.7	53.3
第11紙	55.2	56.2	54.5	54.6	49.1	55.0	55.5	47.8		53.4	53.4
第12紙	55.4	56.5	54.6	54.8	48.8	54.7	55.4	47.7		53.2	55.5
第13紙	55.5	56.5	54.6	54.2	48.8	55.1	55.1	47.8		56.0	53.5
第14紙	55.4	56.5	54.6	54.6	49.0	54.8	13.3	47.7		53.5	55.8
第15紙	55.5	34.9	54.5	54.3	48.7	54.9		47.8		51.8	55.8
第16紙	55.1		54.6	54.6	15.3	55.0		47.8		54.2	52.1
第17紙	55.0		54.4	54.2		54.9		47.7		54.3	19.7
第18紙	54.9		54.4	36.9		54.3		47.7		50.1	
第19紙	54.7		54.0			55.4		47.6		53.3	
第20紙	52.5					53.1		47.5		46.7	
第21紙						47.3		47.3		27.7	
第22紙						49.0					
第23紙						49.2					
第24紙						48.9					
全長	1101.6	825.1	1026.6	964.8	745.2	1278.3	733.2	983.4	193.7	1070.2	842.6

（赤尾栄慶・海野圭介）

重要文化財 宝篋印陀羅尼経（金字本）
重要文化財 宝篋印陀羅尼経（墨書本）

一　宝篋印陀羅尼経

『宝篋印陀羅尼経』（『一切如来心秘密全身舎利宝篋印陀羅尼経』）は、『宝篋印陀羅尼』とそれを収める宝篋印塔の功徳を説く経典である。[1] 仏が摩迦陀国の無垢園宝光明池にある時に、無垢光明婆羅門の招きに応じる途中で朽ちた塔から光明が放たれているのを見て、その塔が大全身積聚如来宝塔であり、中に心陀羅尼印法要が収められていること、この陀羅尼により塔が百千倶胝の如来の全身舎利となることなどを説く。宝篋印塔の納入物としてのみならず、仏像への胎内納入や瓦経などの遺品が中国から日本に及ぶ各地に伝わっており、広範に行われた経典であったことが知られる。

漢訳には不空訳と施護訳の二つが伝存しており、大正新脩大蔵経では、第十九巻密教部二に、不空訳が１０２２Ａ、１０２２Ｂとして、施護訳が１０２３として収められている（不空訳二本の差異は、経典内部に配置された陀羅尼の後に経の利益を説く部分の有無にある）。

二　天野山金剛寺蔵 重要文化財『宝篋印陀羅尼経』

天野山金剛寺には墨書のある料紙を用いた二つの『宝篋印陀羅尼経』（ともに重要文化財）が所蔵されている。いずれも不空訳１０２２Ｂにあたる。ともに「荘厳経」あるいは「供養経」と通称される故人の追善を目的として作成された経典と目され、一点は消息・和歌・歌謡・願文などの上に金泥で経文を書写し、別の一点は消息を翻して墨で経文を書写する（双方の区別のために、以下、前者を「金字本」、後者を「墨書本」と称す）。書誌的事項は次の通り。

重要文化財『宝篋印陀羅尼経』（金字本）　平安時代後期写　一巻

巻子。紺地小花唐草織出金襴表紙（縦一五・五cm、横二一・二cm、後補）、左肩に「寶篋印陀羅尼經」と紺紙に金泥で記した題簽を附す（原装時の外題か）。見返しは後補で金地に金切箔・金砂子散らし、金泥で蓮華を描く。紙数二十紙（紙幅等については後掲表1参照）。料紙は、消息・和歌・歌謡・願文などの墨書のある楮紙（全体にわたって裏打ちがあり裏打補紙を含む紙高は一五・五cm、本紙の紙高は一三・二cm）。末尾の三紙は、青灰色地に金銀揉箔を散らす楮紙。鍮泥で界線を引き、一面三十三〜三十四行書き、界高一〇・五cm、界幅一・六cm。内題「一切如來心秘密全身舎利寶篋印陀羅尼經」。尾題「一切如來心秘密全身舎利寶篋印陀羅尼經」。用字は漢字（金泥書写）、書入等なし。奥書等は記されないが、料紙の墨書部分に「嘉應二年（一一七〇）八月十五□〔日〕馳疎筆了、安應聖人最末弟砂（ママ）門寂眞」の記載がある。
軸端は後補の水晶。二重箱入り。外箱は新調の朱塗の桐箱で蓋表に「國寶　寶篋印陀羅尼經」と黒漆書、蓋裏に昭和二十四年の修理の経緯を記す。内箱は黒漆塗の桐箱で蓋表に「寶篋印陀羅尼經」と金泥書。

表1　白紙金字本『宝篋印陀羅尼経』紙幅等

料紙番号	紙幅(㎝)	紙質(墨書内容)	行数
1	52.0	楮紙(消息)	33
2	53.4	楮紙(消息	34
3	51.3	楮紙(今様)	33
4	51.2	楮紙(今様)	33
5	32.6	楮紙(今様・願文・和歌)	21
6	18.5	楮紙(和歌)	12
7	51.5	楮紙(和歌・結縁文)	33
8	53.7	楮紙(和歌)	34.5
9	53.6	楮紙(和歌)	34.5
10	53.7	楮紙(和歌)	34
11	53.5	楮紙(和歌)	34
12	42.1	楮紙(和歌)	26.5
13	9.6	楮紙(和歌)	6.5
14	11.8	楮紙(和歌)	8
15	20.9	楮紙(消息)	13
16	40.4	楮紙(消息)	26
17	47.7	宿紙	31
18	36.3	宿紙	23
19	24.9	藍紙(和歌)	不定
20	12.1	藍紙(和歌)	不定

重要文化財『宝篋印陀羅尼経』（墨書本）　鎌倉時代前期写　一巻

巻子。金銀切箔砂子散し渋紙表紙（縦二五・七㎝、横一六・八㎝）。見返しは金銀砂子散し。紙数十枚。料紙は消息の紙背に雲母引きした楮紙（但し、第十紙のみ紙質が異なる。紙幅等については後掲表2参照。全体にわたって裏打ち補修済み）。金泥で界線を引き、一面二十八行前後、界高一九・三㎝、界幅一・九㎝（但し、第九紙は、界高一九・一㎝、界幅一・八㎝。第十紙は、界高一九・八㎝、界幅二・〇㎝）。外題なし（題簽の欠落か）。内題「一切如來心秘密全身舍利寶篋印陀羅尼經」。尾題「一切如來心秘密全身舍利寶篋印陀羅尼經」。二三〇行目以下に道喜『宝篋印経記』を合写する。内題『寶篋印經記』（二三〇行目）、同部分末尾に「康保二年丑七月廿六日　釋道喜記」と記す。用字は漢字（墨書）、書入等なし。奥書は『寶篋印陀羅尼経』の尾題の後に「交了」。

軸端は朱塗。二重箱入り。外箱は新調の朱塗の桐箱で蓋表に「國寶　寶篋印陀羅尼經」と黒漆書、蓋

表2　白紙墨書本『宝篋印陀羅尼経』紙幅等

料紙番号	紙幅(㎝)	紙質	行数
1	52.8	楮紙	28
2	54.7	楮紙	29
3	54.8	楮紙	29
4	54.8	楮紙	29
5	54.8	楮紙	29
6	54.9	楮紙	29
7	53.9	楮紙	29
8	50.8	楮紙	27
9	51.6	楮紙	28
10	47.9	楮紙	24

裏に昭和二十四年の修理の経緯を記す。内箱は黒漆塗の桐箱で蓋表に「寶篋印陀羅尼經」と金泥書。
二点の『宝篋印陀羅尼経』のうち、墨書本は、現在のところ金剛寺との具体的な関係は明らかではない。一方、金字本は、その料紙に記された和歌から、金剛寺の歴史の一端を窺い知ることができるように思われる。以下、その点について述べておきたい。

三 『宝篋印陀羅尼経』（金字本）紙背和歌とその成立背景

『宝篋印陀羅尼経』（金字本）（以下、誤解の恐れのない限り「本書」と称す）は、書状、今様、和歌などを記した料紙にその上から金泥で経文を書写した供養経で、伝存資料の決して多くはない平安時代書写の和歌・歌謡資料としても注目されてきた。はやくに鈴鹿三七による複製の刊行[2]、近藤喜博による紹介と書状、今様、和歌部分の翻刻[3]があり、島谷弘幸による書誌的事項の記述を含む書学の側からの検討と全文の翻刻[4]、植木朝子による歌謡史からの[5]、中村文による和歌史からの検討が行われており、和歌の部分については新編国歌大観にも収録されている[6]。近年、小島裕子によって平安末期の信仰との関連が問われており[7]、稿者も本書の史的意義について再検討を加えたことがある[8]。

前節の書誌に記したように、本書は平安時代末頃の書写と推定される小巻の経典で、天地一三・二cm、二十枚の料紙を継いで成巻する。料紙には、①仮名消息（第一紙〜第二紙）、②今様（第三紙〜第五紙途中）、③願文（第五紙途中）、④和歌（第五紙末尾〜第七紙途中）、⑤結縁文（第七紙後半）、⑥和歌（第八紙〜第一三紙）、⑦和歌（第一四紙）、⑧仮名消息（第一五紙〜第一六紙）、⑨和歌（第一九紙〜第二〇紙）が書写されており、一部に何も記されない部分（第一七紙〜第一八紙）も含まれる。

本書には奥書等は附されておらず、成立事情を知ることはできないが、料紙に用いられた和歌の部分には年紀や人物名が記されており、朧気ながらも本書の成立環境を窺うことができる。新編国歌大観に収められた翻刻では区別されないが、本書の和歌部分は本来的に異なる環境下で作成された詠作を任意につないだもので、記された和歌は幾つかの歌群に分かれる（従って、隣り合わせた和歌が必ずしも関係性を有するとは限らない）。記される五〇首の和歌は、詠作内容から判断して次のようにおおよそ四つのグループに分けることができる（歌番号は新編国歌大観による）。

A　1〜7　無常和歌の歌群（末尾に嘉応二年（一一七〇）八月十五日の寂真による結願文と奥書を付す）（第五紙末尾〜第七紙途中）
B　8〜44　大井川逍遙和歌の歌群（藤原実国と建春門院周辺の文事の記録、第八紙〜第一三紙）
C　45〜47　伊勢物語和歌（第一四紙）
D　48〜50　色紙形和歌（第一九紙〜第二〇紙）

これらの四つの歌群のうちAの無常和歌の歌群とした和歌は、末尾に記された結縁文に年紀と署名が含まれるため、本書の成立事情を伝える資料として注目されてきた。Bの大井川逍遙和歌の歌群とした一連の和歌は、中村文による詳細な検討によって素性が明らかにされている。Cの伊勢物語和歌は、従来注目されたことはなかったが、『伊勢物語』を出典とする和歌を抜き書きしたものと考えられ、現在通行の伝本に見えない和歌を記す点で注目される。[9] D色紙形和歌は、A～Cと紙質や筆致も異なり、本来的にA～Cと一具のものであったのか否かは判然としないが、和歌を散らし書きにした上に陀羅尼を書写するという点では同一の構成を持っており、書写年代もA～Cとさほど変わらない時期と推測される。[10] A～Dのうち、B、Aは、本書の成立を性格を考える上で注目される情報を記している。

B　大井川逍遙和歌の歌群

Bの大井川逍遙和歌の歌群は、先に記した中村文によって仁安三年（一一六八）秋頃に催行された藤原実国（一一四〇―一一八三）とその周辺の比較的若年の廷臣と建春門院女房達の大井川逍遙の際に詠まれた和歌を中心に、当日参加しなかった数人者の詠作を加えて構成されたものであることが明らかにされている。中村は、平親宗（一一四四―九九）の伝記考証にあたり、本資料に「ちかむ□」の名が記され、他に見える人名も平親宗周辺の人物と多く一致することに着目し、その交遊圏・文化圏についての考察を通してBの性格を明らかにした。

親宗は、仁安三年（一一六八）と承安元年（一一七一）の経盛家歌合や嘉応二年（一一七〇）建春門院北面歌合、建久六年（一一九五）民部卿経房家歌合などの平安末から鎌倉初頭の多くの歌筵に連なった歌人で、残された和歌からは建春門院平滋子（一一四二―七六、親宗姉）、上西門院統子内親王（一一二六―八九）周辺での詠作を重ねたことが知られている。Bに記される他の人名についても、中村によって建春門院、上西門院周辺の次のような人々が比定されている。

・衛門すけ（八番歌）：「右衛門佐、高松の院の女房。長慶得業が女。このごろの宗経の中将の母なり」（『たまきはる』）。久保田淳「高松院右衛門佐とその周辺」（『中世和歌史の研究』明治書院、一九九三年）。
・たんご（九番歌）：「丹後、範玄僧正が妹」（『たまきはる』）。
・左衛門かみ（一〇番歌）：左衛門のかみさねくに（一四番歌あとの詞書部分）と同一、藤原実国（一一四〇―一一八三）。
・とうの中将（一一番歌）：藤原実守
・あぜちの中将（一二番歌）：藤原実宗（一一四四―一二一二）。
・とう少将やすみ□（一三番歌）：藤原泰通（一一四七―一二一〇）。
・はうきの大進ちかむ□（一四番歌）：平親宗（一一四四―）、仁安二年（一一六七）二月伯耆守（嘉応元年（一一六九）正月まで）。
・中将どの（21番歌）：「中将殿、大宮佐俊隆の女」（『たまきはる』）。
・ほふこんがう院／女院よりにや（二一番歌あとの詞書部分）：仁和寺法金剛院。上西門院（一一二六―一一八九）の御所であり、その人を指す。
・新中納言どの（二五番歌）：「新中納言殿、琴弾きの安芸が娘。父は信頼の右衛門督」（『たまきはる』）。

・みまさか（二六番歌）：未詳。
・ながのり（三七番歌の後）：藤原脩範（一一四三―？）。『別雷社歌合』等の作者。『千載集』以下に五首入集。
・つねにさぶらふあま（四〇番歌）：未詳。
・弁の内し（四三番歌）：未詳。

Bの三七首の歌群は、一四番歌の後に記された詞書のみが残存する部分に「神な月の十日ごろ、しぐれのはれまあるほ□、左衛門のかみさねくに、□にさぶらふ人人四、五人と□ぐして、いざおほゐのわ□りのもみぢもさかりな□、といざなへば」とある記述によって、某年十月十日頃、「左衛門のかみさねくに」とその周辺の者が紅葉の盛りの大井川へと逍遥した際に詠まれた和歌であることが確認される。

また、記される官職表記により、実国の左衛門守の任官期間（仁安三年（一一六八）七月から嘉応元年（一一六九）十二月まで（市川久編『近衛府補任 二』続群書類従完成会、一九九三年による）と、平親宗の伯耆守の任官期間（仁安二年（一一六七）二月から嘉応元年（一一六九）正月）が重なる仁安三年（一一六八）秋頃の催行と推定される。

これも中村によって指摘されたことであるが、一連の和歌の披見の申し入れがあったことが四二番歌詞書に「宮の女ばうのもとへ、内□女ばうのあねがてあ□けんことどもみんといひつかはしたりければ」と記されており、三五番歌・三六番歌の贈答は、『言葉和歌集』（巻十四・雑上・二八七、二八八）に次のように収められるなど、この催しは一定の注目を得て周辺に伝えられていった雅事であったことが推測される。

建春門院女房、上の人人ぐして、大井のもみぢみられけりとききて、次の日、女房のかたにさしおかれける

参議家通

さそはれぬうき身のほどはおほゐ河ふかくぞいとどおもひしりぬる

返し

丹後

たれとてもさそひやはせし大井河うかぶもみぢをたづねてぞこし

この雅会の記録を料紙に用いる本書は、それが一定の広がりをもって享受されたことが確認されつつも、広く諸書に書き留められることはなく、また、モノとしての本書それ自体の書写年代が和歌の詠作時期からさほど離れない平安時代末頃と推定されるため、建春門院、上西門院、平親宗、藤原実国といった人々の周辺人物のもとに残された和歌資料を用いて作成されたと考えるのが妥当と思われる。

本書の料紙に記された和歌は、本書自体の成立を考える上でも重要な情報を提供するが、具体的な供養対象者などについては判然としない。今後の検討に委ねざるをえない事柄は依然として多いが、右のように想定される本書の成立環境と金剛寺との関係について考えてみたい。

堀内和明によって翻刻紹介された金剛寺に所蔵される永正十二年（一五一五）の伝写年紀をもつ『金剛寺結縁過去帳』[11]には、「中納言平親宗」の名が見えている。金剛寺は、開山である聖地房阿観（一一三六―一二〇七、初代院主・学頭）とその弟子法仏房覚心（第二代学頭）、天野谷を寄進し金剛寺の財源を担った右馬允三善貞弘、寺辺一円の不輸化に尽くした八条院暲子内親王（一一三七―一二一一）とその女房達により当初の整備がなされた歴史を持つ。阿観の後、第二代より第五代の院主は八条院周辺の寺外の女房達が務めており、八条院の異母兄であり、院がその政務を影ながら支えたとされる後白河院（一一二七―九二）の昵懇の近臣であった親宗の名が金剛寺の資料の中に認められるのは故なしとしない。

寺院に伝領された典籍類の施入時期についてはその記録が残らない限り確実なことは言えず、軽率な判断は慎まなければならないが（後代に施入され、寺院の歴史と直接的な関係を持たない資料が伝領される例も珍しくはない）、本書については、料紙に記された和歌から想定される成立環境と創生期の金剛寺の歴史とは時代的にも人的にも近しい位置にあると言え、[12]金剛寺の歴史的位相を伝える資料として見ても不審はない。もちろん、厳密に見るのならば、開山当初の金剛寺と仏縁で結ばれた人々の名を列記する『金剛寺結縁過去帳』に美福門院藤原得子（一一一七―六〇）、八条院、宜秋門院九条任子（一一七三―一二三八）といった名が記されながらも、大井川逍遙和歌歌群と近しい関係にあった建春門院、上西門院の名が記されないことは、この両者と金剛寺の直接の距離が近くはなかったことを物語っているのかもしれないが、そうした検討課題の存在を含めて、本書は女院の文化圏における人的配置と寺社への関与などを考える際にも有益な資料であるといえる。

A　無常和歌の歌群

A無常和歌の歌群は、七首の和歌を記した後に次の結縁文を記す。

　君早生九品蓮台、我猶在三途奈落者、必以今日結縁之力、宜［　］当来引導之媒、縦経生々、積世々、今日之契不可知不可忘、

　　嘉應二年（一一七〇）八月十五日　馳疎筆了、安應聖人最末弟砂（ママ）門寂眞

末尾に記される「嘉應二年（一一七〇）」の年紀と「安應聖人最末弟砂（ママ）門寂眞」の署名は本書の成立に関わる事項として注目されてきたが、先にも記したように、両者ともにその実像は明らかではない。Bの大井川逍遙和歌の歌群との関連を考慮するのならば、「寂眞」も建春門院や平家周辺の人物である蓋然性が高いように思われるが、該当する人物を見出しえていない。従って、現時点では、結縁文の内容と本書自体の形態的特徴から、その人物像を探る以外に依るべき手段がない。

まず、結縁文の内容から見ると、ここには、仏との結縁を願い、往生極楽を願うというAの七首の詠作の事情が綴られている。冒頭の「君早生九品蓮台、我猶在三途奈落者」は、「君」と呼ばれるべき人物（主君あるいは夫などが想定されるか）の「九品蓮台」への往生が記され、自身がいまだ「三途奈落」に在る状態が想定されている。次いで記される「必以今日結縁之力、宜［　］当来引導之媒」では、和歌を

詠む今日の功徳を以て仏と結縁し、それを媒として九品往生を遂げることが願われている。加えて末尾には、「今日之契不可知不可忘」と今日の結縁が忘れられることなく遂げられるようにとの願いが添えられる。

本書の形態的特徴を見てみると、A無常和歌の歌群を含む本書の漢字表記部分には全体にわたって難読箇所に振り仮名が付されている。これはAの七首の素性を寂真その人が手元に書き留めた手稿と考えると違和感のある形態と言える（自作の願文や自筆の奥書を手元に書き留めるのならば、あえて振り仮名を付す必要は本来的にはない）。もちろん、『弥陀妙義抄』（漢字・平仮名交じり表記に平仮名の振り仮名）[13]、『仮名書き観無量寿経』（漢字・平仮名交じり表記に平仮名の振り仮名）[14]など、振り仮名を付した仏書には一三世紀初頭頃の遺品が伝わるが、何れも女性を対象として作成されたためにその形態が選択されたと推測される。

これらの例を勘案すると、「寂真」自身の手元にあった和歌資料を料紙として本書が作成されたと考えるのならば、「寂真」その人が漢字の読み取りに難のある若年者あるいは女人であったというような事情も想定される。また、「寂真」に縁のある若年者や女人のために改めて書写し、読解の便を図り仮名を附したというような事情（つまりは「寂真」自身の手元にあった資料ではないと考える）、さらには、「寂真」と直接的な関係はない人物のもとに「寂真」の詠歌作品として保管されていたものと考えることも可能性としては想定しうる。しかしながら、Aの七首は他出が確認されず、その享受範囲が狭いことを考慮すれば、「寂真」と全く縁の無い者の間に伝えられたとは考え難く、「寂真」と何らかの縁のある人物以外の所持は想定しえないように思われる。

いずれにせよ、B大井川逍遙和歌の歌群が指し示す建春門院、上西門院周辺といった本書の成立環境と、記録に名を留めない僧侶の名を記すA無常和歌の歌群という一見矛盾するようにも見える二つの資料を連接するには、「寂真」の像を右のように想定することによって改めて考えるべき視角が見出されてくる。

注

(1) 本経典については、近時、「テキストとしての『宝篋印陀羅尼経』とその展開」（平成二十四年七月二十一日 国際仏教学大学院大学）と題した総合的なシンポジウムが行われ、その報告に基づき、『日本古写経善本叢刊第六輯 金剛寺蔵 宝篋印陀羅尼経』（国際仏教学大学院大学、二〇一三年）が刊行されている。

(2) 貴重図書影本刊行会編『宝篋印陀羅尼経』（貴重図書影本刊行会、一九三一年）。鈴鹿三七解説・釈文。

(3) 近藤喜博「天野山金剛寺『宝篋印陀羅尼経』料紙和歌／金剛寺本金字宝篋印陀羅尼の文学について」（『国学院雑誌』五八―二、一九五七年六月）。

(4) 島谷弘幸「金剛寺本『宝篋印陀羅尼経』の意義」（『古筆学叢林 一』八木書店、一九八七年、後に『古筆学拾穂抄』木耳社 一九九七年に収録）。

(5) 植木朝子「『宝篋印陀羅尼経』今様について――歌謡における『源氏物語』摂取の一例として――」（『十文字国文』九、二〇〇三年三月）。

(6) 『新編国歌大観』所収「宝篋印陀羅尼経料紙和歌」（中村文解題）、中村文「平親宗伝――その伝記並びに〈大井川行楽和歌〉について――」（『立教大学日本文学』五四、一九八五年七月、後に『後白河院時代歌人伝の研究』笠間書院、二〇〇五年に収録）。

(7) 小島裕子「金剛寺伝来の『宝篋印陀羅尼経』二本と舎利信仰」（『いとくら』七、二〇一一年十二月）、同

「金剛寺伝来の宝篋印陀羅尼経と信仰――法舎利としての経典――」(『日本古写経善本叢刊第六輯 金剛寺蔵宝篋印陀羅尼経』国際仏教学大学院大学、二〇一三年)。

(8) 海野圭介「和歌史における金剛寺本宝篋印陀羅尼経」(『日本古写経善本叢刊第六輯 金剛寺蔵 宝篋印陀羅尼経』国際仏教学大学院大学、二〇一三年)。

(9) わずか三首が残るのみであり、厳密な意味では出典を明らかにすることは難しいが、この三首がともに記される作品は現在知られるものでは、『伊勢物語』のみであり、現時点ではその和歌の抜き書きと考えておきたい。三首のうち末尾の一首は、現在通行する天福本『伊勢物語』(藤原定家が天福二年(一二三四)に書写した伝本に発する一群)には記されない異本歌と呼ばれる和歌。諸伝本の中には、主人公である昔男の初冠から死去までを百二十五段に分け二百九首の和歌とともに記す天福本とは異なる章段構成を持つ伝本も伝存するが、本書所収の四七番歌は、天福本よりも章段数が多く、広本と通称される伝本のうち国立歴史民俗博物館蔵本(大島本)の巻末に転記された皇太后宮越後本と称される伝本に収められていたという章段に記される和歌に該当する。

(10) この三首は他の部分と異なり、青灰色地に金銀揉箔を散らす料紙に和歌が散らし書きされ、その上から『宝篋印陀羅尼』が墨書されている。何れも鍮泥で下絵が描かれており、調整当時は華麗な装飾を伴う料紙であったと思われるが、現在では線描部分に沿って本紙が破損、剝落し大きな穴が開いている。

第一九紙後半と第二〇紙の中央の穴は左右に線対称で、この部分は一枚の料紙の表裏であったと推測される。第一九紙前半は、『つちくれ帖』(千草会、一九七二年)に報告されている「秋きぬとめにはさやかにみえねとも風のおとにそおとろかれぬる」の一首を記した一葉と破損の位置が一致し、やはり一枚の料紙の表裏の関係にあったと推測される(『和漢書道名蹟展図録』日本書道美術館、一九七三年にも同一の図版あり)。

本書と『つちくれ帖』に収められた一葉とがどのような経緯によって現状のかたちとなったのかは全く不明であるが、『つちくれ帖』の一葉には『宝篋印陀羅尼』は書写されておらず、写真判による限りではあるが墨書を削り取った跡も認められないため、白紙金字『宝篋印陀羅尼経』として調整された後に切り出されたものではないと考えられる。

(11) 堀内和明『河内金剛寺の中世的世界』(和泉書院、二〇一二年)。

(12) 例えば、『たまきはる』の作者である建春門院中納言(一一五七―?、藤原俊成の娘、定家の姉)は、最初、建春門院、後に八条院に出仕している。建春門院や八条院周辺の資料は女房達を介して交換され、また金剛寺へと伝えられる可能性も充分にあったように思われる。金剛寺における八条院とその女房達の地位を含め改めて考えるべき事柄は多いが、今は他に有力な資料を持たない。後考を俟ちたい。

(13) 伝久我通親筆。鎌倉時代前期頃写。国宝手鑑『翰墨城』(MOA美術館蔵)、手鑑『かたばみ帖』(『日本の書と紙 古筆手鑑『かたばみ帖』の世界』(三弥井書店、二〇一二年)等に所収。

(14) 伝後京極良経筆。鎌倉時代前期写。根津美術館等蔵(『館蔵 古筆切』根津美術館、二〇一一年)。

(海野圭介)

重要文化財 梵漢普賢行願讃

『普賢行願讃』は、四十巻本『華厳経』巻第四十において普賢菩薩の十大願を説く七言六十二頌から成る頌文に相当し、この部分を重要視して読誦するために別行したものである。同様の内容は、『文殊師利発願経』にもあるが、これは五言四十四頌から成り、形式が異なる。また、『普賢行願讃』は、末尾に「速疾満普賢行願陀羅尼」を記載し、これを読誦する功徳や利益が述べられている。

本書は、一般的な経典のように料紙を横長に継いでいくのではなく、料紙を縦長に継いで巻子装とし、『普賢行願讃』の本文を横書きに梵字で記し、その下に訳注の形で漢字を付す。本書の書名は、これに由来する。

書誌情報は以下の通り。

巻子装　一巻　唐時代または平安時代前期（九世紀）書写　穀紙打紙（素紙）　表紙（縦二七・六cm×三七・二cm）　見返し（後補・別紙）　紙数　二二紙（本文二〇紙・首尾のそれぞれに一紙ずつ補紙）　料紙（第二紙：紙長　四二・九糎　二六行（但し、本文は、料紙を縦長にして、横書一行おきに梵字十三行分を記し、各梵字の下に対応する漢字を記し、合計で二十六行となる）　一行に十二字）　界線（薄墨　界高二三・九糎　界幅一・六糎）本文は墨書、注記として朱書が用いられる。巻首紙背に〈写真〉のような朱印が施されている（カラー口絵も参照）。

料紙については、溜め漉きであること、また、奈良写経や平安初期の楮紙とは風合いの異なる料紙（梶紙か）である点から、唐代のものと判断される。そのため、本書は、舶載の料紙に日本で書写されたもの、若しくは、中国で書写された上で日本に渡ってきたものの孰れかと考えられる。

また、巻首紙背に付された朱梵字印は、仁和寺蔵『三十帖冊子』・竹生島寳厳寺蔵『御請来目録』・勧修寺蔵『仁王経良賁疏』等にも存し、これらが空海筆本や伝空海筆本である点からすれば、本書『梵漢普賢行願讃』についても、空海所縁の経典として認識されていた時期の存することが窺われ、空海書写、若しくは空海周辺書写の可能性をも含め、空海の字体との比較等、詳細な検討が俟たれる。

（宇都宮啓吾）

朱梵字印

重要文化財 妙法蓮華経　巻第八

一　藤原清衡・基衡・秀衡発願の中尊寺経

奥州の豪族・藤原清衡（一〇五六—一一二八）は、前九年・後三年の役で没した者の菩提を願い、中尊寺（岩手県西磐井郡平泉町）の建立とそこに収める一切経の書写を発願した。建立のための技師を京より招いた際には、比叡山から写経僧も多数平泉に下ったという。永久五年（一一一七）[1]頃から八年をかけ、紺紙金銀交書の写経五千巻以上が作成され、天治三年（一一二六）には伽藍とともに供養された。この清衡の発願になる紺紙金銀字交書一切経と、亡父追善のために清衡男・基衡（一一〇五?—一一五七）が発願した紺紙金字『妙法蓮華経』、清衡の孫・秀衡（一一二二?—一一八七）発願の紺紙金字一切経を「中尊寺経」と通称している（また、それぞれに「清衡(願)経」「基衡(願)経」「秀衡(願)経」などとも呼ばれる）。大部な写経であるだけに現存する数も多く、左記の寺院等に比較的纏まった数が所蔵されている。[2]

紺紙金銀字交書一切経（藤原清衡発願）
　金剛峯寺（和歌山県）　四二九六巻（国宝）[3]
　観心寺（大阪府）　一六六巻（重要文化財）[4]
　中尊寺大長寿院（岩手県）　一五巻（国宝）[5]
　東京国立博物館（東京都）　『大唐西域記』　一二巻（重要文化財）など。
紺紙金字『妙法蓮華経』（藤原基衡発願）
　輪王寺（栃木県）　八巻（重要文化財）
　　＊大治四年（一一二九）七月十三日の「為藤原清衡書写了」とある奥書を附す。
　立正佼正会（東京都）　一〇巻（重要文化財）
　　＊保延六年（一一四〇）七月十一日藤原基衡願経。
　妙立寺（静岡県）　一〇巻（重要文化財）
　　＊保延四年（一一三八）五月一六日藤原基衡願経など。
紺紙金字一切経（藤原秀衡発願）
　中尊寺大長寿院（岩手県）　二七二四巻（国宝）など。

清衡発願の紺紙金銀字交書一切経と秀衡発願の紺紙金字一切経は多量の経巻が纏まって伝来しており、その形態的特質の把握は比較的容易である。[6]対して、基衡発願の紺紙金字『妙法蓮華経』は、一千部が書写されたと記録される大部な写経ではあったが、[7]巻尾に発願の記される経巻と記されない経巻があったらしく、金銀字交書の特徴により一目で判断される清衡願経や書目により推測が可能な秀衡願経とは異なり、(8) 奥書が附されない経巻については、ほぼ同時代に大量に作成された他の紺紙金字『妙法蓮華経』との区別が難しいものも少なくない。奥書を記す経巻を基準として他との区別の目安を設け分別を進めることが望まれるが、全巻一筆で認められたものではなく、奥書の記載により基衡発願の『妙法蓮華経』であることが確実な経巻においても、その筆跡は大きく異なっている。そのため基衡発願紺紙金字『妙法蓮華経』の全体を見渡すためには、基準となる作例の書影が多く公開されることが望まれる。

二　天野山金剛寺蔵 重要文化財『妙法蓮華経』巻第八

天野山金剛寺に所蔵される重要文化財『妙法蓮華経』巻第八は、先に記した藤原基衡発願紺紙金字『妙法蓮華経』のうちの一巻であり、巻尾に「基衡」の名を記した奥書を附す、その基準作例の一つである。巻首部分に破損があったため、昭和二十四年（一九四九）に旧「国宝保存法」により修復が行われており、現状ではその修復後の形態を伝えている。

中尊寺経の表紙はその見返しに金泥で仏画を描く豪華なものであるが、本書は表紙自体を伏しており、紺紙の巻出が補われている。経文は、通常『法華経』八巻の巻頭に配される観世音菩薩普門品第二十五の途中（SAT大正新脩大蔵経テキストデータベースの番号でT0262_09.0056c07～）からはじまり、冒頭部の内題と経文三行を欠く。また四行目から一六行目まで（T0262_09.0056c07～c20）を記した後に、九行分（T0262_09.0056c21～c29まで）を欠く。書誌的事項は左記の通り。

重要文化財『妙法蓮華経』巻第八　　久安四年（一一四八）写　一巻

巻子。松枝を金泥で描く後補表紙（縦二四・〇cm、横二二・三cm）。見返しは一面に金箔を貼る。紙数一六紙（うち第二紙は補紙。紙幅等については後掲附表参照）。料紙は紺染の楮紙。金泥で界線を引き、一面に三一～三二行を書く。界高一八・九cm、界幅一・七cm。冒頭部分を伏しており、内題を欠く。尾題「妙法蓮華經巻第八」。用字は漢字（金泥で書写）、書き入れ等なし。奥書は次の通り。

久安四年潤六月十七日奉為
先考藤原清衡成佛得道書寫
千部一日経内第五百七十二部也
弟子藤原基衡
講師傳燈大法師□(乗)恵
問者大法師増忠

軸端は後補の漆塗の太軸。二重箱入り。外箱は新調の桐箱、内箱は桐塗箱で蓋表に「藤原基衡願経法華経巻第八」と朱漆書、蓋裏に「昭和廿四年六月日依國寶保存法修理了」と朱漆書。

重要文化財 妙法蓮華経　巻第八

附表　料紙の紙幅及び行数

料紙番号	紙幅（㎝）	行数
第1紙	35.2	16
第2紙	18.7	補紙
第3紙	54.0	32
第4紙	43.6	26
第5紙	11.8	7
第6紙	52.6	31
第7紙	52.5	31
第8紙	53.9	32
第9紙	54.3	32
第10紙	53.9	32
第11紙	54.1	32
第12紙	52.4	31
第13紙	54.3	32
第14紙	54.3	32
第15紙	54.3	32
第16紙	31.7	19

注

（1）『華厳経』巻第二（金剛峯寺蔵）奥書に永久五年二月の年紀が記される。

（2）国指定文化財等データベース（文化庁、http://kunishitei.bunka.go.jp/bsys/index_pc.html）等による。

（3）国指定文化財等データベースの登録数。金剛峯寺所蔵の中尊寺経の調査報告書である『中尊寺経を中心とした平安時代の装飾経に関する総合的研究』（科学研究費補助金基盤研究（A）（2）13301004　代表者・興膳宏　二〇〇五年）三五頁には、後補を除いた清衡経の実数は、四二六九巻とある。

（4）他に、紺紙金字経五十巻（重要文化財）を所蔵する。

（5）国指定文化財等データベースの登録数。『中尊寺金銀字経に関する総合的研究』（科学研究費補助金基盤研究（A）06301009　代表者・藤澤令夫　一九九七年）には、指定外を含め一六巻の調査報告が掲載される。

（6）『金剛峯寺中尊寺経を中心とした中尊寺経に関する総合的研究』（科学研究費補助金総合研究（A）63301012研究成果報告書　代表者・上山春平　一九九〇年）、『中尊寺経を中心とした平安時代の装飾経に関する総合的研究』（前掲）、『中尊寺金銀字経に関する総合的研究』（前掲）に金剛峯寺（和歌山県伊都郡高野町）所蔵品を中心とした総合的調査の報告がある。

（7）当該写経の奥書にその経緯が記される。本書の奥書にも「千部一日経内」の文言が見える。『妙法蓮華経』八巻と開経・結経の計十巻を一日に書写し、千日かけて千部を用意することを目ざした。

（8）金銀字交書写経の例としては、金銀字交書『妙法蓮華経』巻第七（浄土寺〔広島県〕天暦三年〔九四九〕の奥書を附す）、伝小野道風筆として伝わる金銀字交書経（五島美術館等蔵）など、中尊寺経に先行するとされる写経が存するが、いずれも流麗な和様の書風で記されており、区別は比較的容易である。

（海野圭介）

重要文化財 楠木氏文書

天野山金剛寺に伝わる多くの古文書は、大日本古文書家分け第七『金剛寺文書』[1]および『河内長野市史』第四巻史料編一・第五巻史料編二[2]に活字刊行されており、その中でも、南北朝時代に南朝方の拠点として重要な位置を占めた同寺が伝える南朝関係の古文書は、南朝研究の基礎資料として注目されてきた。本資料は、このうち楠木氏に関する文書など十四通を成巻したものである。

形態は以下の通り。巻子一巻。金糸七宝繋地表紙、縦三三・四cm、横三九・七cm。見返し、金銀砂子霞地に金銀切箔・銀野毛散らし。本紙は裂により古文書十四通を表装、末尾に「物法務」の識語あり、全長七五〇cm。十二通目の端に「天野山／金剛寺」の双郭方形朱印あり。

続いて、個々の文書について翻字を示し、内容について述べる。なお、本資料は表装されており判断が困難であるため、紙質については言及を避け、法量は表装されて露出している部分を計測した。また、利用の便を図り、文書名の下に、大日本古文書『金剛寺文書』および『河内長野市史』第五巻史料編二における各文書の号数を付記した（以下、それぞれ『大日古』・『市史』と略す）。

①楠木正成自筆書状（『大日古』一二五、『市史』一五〇）

御巻数給候了、
早可令進覧候、
恐々謹言、
十二月九日　左衛門尉正成（花押）
謹上　金剛寺衆徒御返事

法量、縦三〇・三cm、横四八・二cm。

本文書は楠木正成の自筆とされるもので、金剛寺による祈禱巻数の注進を受け、これを進覧する旨を金剛寺衆徒に伝えたものである。元弘の乱のさなかの元弘二年（一三三二）のものと推定されている。

②楠木正成自筆書状（『大日古』一二六、『市史』一五一）

祈禱巻数賜候了、
種々御祈念、返々
為悦候、恐々謹言、
十二月九日　左衛門少尉正成（花押）

謹上　金剛寺三綱御返事

法量、縦三一・三㎝、横四八・二㎝。

本文書も楠木正成の自筆とされるもので、金剛寺による祈禱について、巻数の注進を受け、金剛寺三綱に謝意を伝えるものである。日付は①の文書と同じく八月九日であり、『大日古』・『市史』はこの二通をともに元弘二年のものとする。ただし、中村直勝は本文書について、①の文書との花押・上所などの比較から、本文書が元弘三年か建武元年（一三三四）のものである可能性を提示している。(3)

③楠木正成自筆書状（『大日古』一二七、『市史』一五二）

関東凶徒等乱入当寺、
構城墎、可致合戦之由、
其聞候、若事実候者、
以寺家一同之儀、不被入
立候者、尤可宜候哉、御
祈禱事、又先度被下
令旨候之上者、相構面々可被
懸御意候、恐々謹言、
　二月廿三日　左衛門尉正成（花押）
謹上　金剛寺衆徒御中

法量、縦三一・三㎝、横四八・五㎝。

本文書は、楠木正成が金剛寺衆徒に対し、関東方に与しないことを求めるとともに、令旨によって命じられた祈禱を行うことを求めたものである。これも楠木正成の自筆とされるもので、その内容から、年次は元弘三年、「令旨」は護良親王のものと推定されている。

④河内国司庁宣（『大日古』一四七、『市史』一七五）

庁宣　留守所
　可早令任先例、免除天野山金剛寺領
所当以下国役臨時雑事、兼亦禁断
殺生事
右件寺者、霊験殊勝之砌、禅侶精勤之場也、
然者、任建久二年　宣旨　院庁御下文幷
庁宣等、永可免除四至内田畠山野等所当
官物以下国役臨時雑事、兼亦可禁断殺生、

若不拘制法者、慥可加炳誡之状如件、留守所
宜承知、敢勿違失、故以下、
興国四年十二月　日
守橘朝臣（花押）

法量、縦三一・六cm、横五〇・九cm。

本文書は、興国四年（一三四三）、河内国司橘朝臣が同国留守所に宛て、建久二年の宣旨等（貞応三年十月十六日付「金剛寺文書紛失状」（『市史』一号）所収）に任せ、金剛寺領の諸税を免じるとともに、殺生の禁断を命じたものである。「守橘朝臣」は、花押により楠木正行と考えられる。

⑤左衛門少尉某遵行状（『大日古』一七八、『市史』二〇六）

和泉国和田庄領家職事、
止軍勢料所之儀、可被付
金剛寺之由、今月六日国宣
如此、早可被沙汰居寺家雑
掌於当所之状如件、
十一月十一日　左衛門少尉（花押）
済恩寺掃部助殿

法量、縦二八・〇cm、横三七・六cm。

本文書は、左衛門少尉某が済恩寺掃部助に宛て、軍勢料所とされていた和泉国和田庄の領家職を金剛寺に返付する旨の国宣を示し、その沙汰を指示したものである。差出人の「左衛門少尉」、宛所の「済恩寺掃部助」については、同じ花押と「左衛門少尉」の位置をもち、同じく「済恩寺掃部助」に宛てた遵行状が『久米田寺文書』に存するが(4)、両人の素性および本文書の年次は未詳。なお、和田庄は、延元三年（一三三八）七月二十日および同廿三日付の後醍醐天皇綸旨（『市史』一七一号・一七二号）により、和田助綱の寄進(5)に任せ金剛寺の知行とされている。

⑥楠木正儀施行状（『大日古』一六八、『市史』一九六）

新待賢門院御領和泉国
大鳥庄事、去八月廿一日
綸旨如此、早任被仰下之旨、
寺家知行不可有相違之状
如件、
正平九年十月二日　左衛門少尉（花押）

金剛寺々僧等御中

法量、縦三二・三cm、横四七・八cm。

本文書は、「左衛門少尉」が金剛寺寺僧に宛て、正平九年（一三五四）八月廿一日付の新待賢門院領和泉国大鳥庄の知行を安堵する後村上天皇綸旨（『市史』一九五号）を施行したものである。「左衛門少尉」は、花押により、楠木正儀と考えられる。なお、大鳥庄は、延元二年四月二日付の後醍醐天皇綸旨（『市史』一六八号）により、祈禱料所として金剛寺に知行が命じられている。

⑦楠木正儀書状（『大日古』一五八、『市史』一八六）

和泉国和田庄領家分事、
為　朝用可令沙汰進給之旨、
被仰下候、恐々謹言、
十一月八日　正儀（花押）
金剛寺衆徒御中

法量、縦三一・〇cm、横四一・〇cm。

本文書は、楠木正儀が金剛寺衆徒に宛て、和泉国和田庄の領家分を朝用とする旨を通達したものである。⑫・⑬・⑭の文書と関連するもので、年次は正平三年と推測されている。(6)

⑧楠木正儀施行状（『大日古』一七五、『市史』二〇三）

和泉国和田庄領家職〈朝用分〉
事、止料所之儀、金剛寺一円知行
不可有相違之由事、去正平九年
十一月十八日　綸旨如此、早任被仰下之
旨、可被沙汰居寺家雑掌於下地候、
恐々謹言、
四月十日　正儀（花押）
新判官殿

法量、縦三一・二cm、横四九・四cm。

本文書も和田庄領家職の朝用分に関するもので、正平九年の後村上天皇綸旨（『市史』一九四号「後村上天皇綸旨案等」所収）を示し、朝用料所とすることを止め、金剛寺の知行とするよう処理することを指示したもので、内容から正平十年のものと知られる。なお、宛所の「新判官殿」について、『大日古』・『市史』は橋本正高を比定している。

⑨楠木正儀書状（『大日古』一七六、『市史』二〇四）

和泉国和田庄
領家職事、為
金剛寺旧領之由
歎申候、止料所儀、
可被行替地於
給人候、恐々謹言、
八月七日　正儀（花押）
四郎左衛門尉殿

法量、縦三一・四cm、横三八・五cm（折紙）。

本文書も和田庄領家職についてのもので、金剛寺の訴えに応じ、料所とすることを止め、現知行者に替地を宛てるよう指示したものである。年次は未詳、宛所の「四郎左衛門尉殿」について、『大日古』・『市史』は「（橋本）」と傍記している。

⑩楠木正近請文（『大日古』一七七、『市史』二〇五）

和田庄領家事、申沙汰
当給人替地、可致其沙汰候、
恐々謹言、
八月廿一日　左兵衛尉正近（花押）
金剛寺三綱御中

法量、縦二八・三cm、横三八・〇cm。

本文書も和田庄領家職についてのもので、現知行者の替地を取り計らう旨を金剛寺三綱に伝えたものである。年次は未詳。なお、本文書と同じ花押と「正近」の署名をもつ文書は『和田文書』「正平十五」三月五日付楠木正近遵行状に認められる（『花押かがみ』三七三三・楠木正近）。

⑪楠木正儀施行状（『大日古』一七九・『市史』二〇七）

摂津国山田庄為毎年結縁
灌頂料所、御寄付金剛寺之由
事、去年十二月廿一日　綸旨如此、早
任被仰下之旨、可被沙汰居当寺雑掌
於下地也、仍執達如件、
正平十年四月十日　河内守（花押）

橋本新判官殿

法量、縦三一・二cm、横五〇・二cm。

本文書は、摂津国山田庄を結縁灌頂料所として寄付する旨の正平九年十二月廿一日付後村上天皇綸旨を受け、これを施行するものである。「河内守」は花押により楠木正儀が宛てられ、「橋本新判官」について『大日古』・『市史』は橋本正高を比定している。

⑫後村上天皇綸旨（『大日古』一五九・『市史』一八七）

（端裏書）「□田庄□」

和泉国和田庄三分壱、
当年為朝用、可令執進
由、被仰下之状如件、
十一月九日　左少弁（花押）
楠木三郎館

白紙。寸法、縦二九・八cm、横四〇・〇cm。

本文書は、和田庄のうち三分の一を当年の朝用として進上すべき旨を左少弁某が奉じたもので、後村上天皇の綸旨と考えられている。(7)「左少弁」については未詳。⑦・⑬・⑭の文書との関係するものと考えられ、「楠木三郎」は楠木正儀、年次は正平三年かと推測されている。(8)なお、本文書の端裏書は現態では判読困難だが、『大日古』・『市史』は「和田庄事」と判読している。

⑬楠木正儀請文案（『大日古』一六〇・『市史』一八八）

（端裏書）「和田庄請文□（證）」

和泉国和田庄年貢三分壱、当年為
朝用可執進由事、十一月九日御教書
謹下賜候了、任被仰下之旨、催促
金剛寺仕候処、如返答者、当庄
旧領候而被懸　公用之条、難堪之
子細、去年就令言上、正行両度令
注進候了、雖未預　勅許、同篇之由
申候、可為何様候哉、以此旨、可有御披露候、
恐惶謹言、
十二月二日　橘正儀請文裏判
進上　御奉行所

法量、縦二九・三cm、横三九・七cm。

本文書は、和田庄を朝用分とすることについての金剛寺からの訴えを受け、「御奉行所」に対応を求めたもので、⑫の文書と関連するものと推測される。本文書に「橘正儀」と署名があることから、⑫の文書の「楠木三郎」は正儀が宛てられる。また、本文書の文言中に見える「正行」は、正平三年正月に戦死した楠木正行で、その没後に正儀が任を襲ったものと考えられることから、本文書は正平三年のものと推測される（中村直勝前掲論文（注6））。なお、『大日古』・『市史』は本文書の端裏書を「和田庄請文案」と判読しているが、残画により右のように推読した。

⑭後村上天皇綸旨（『大日古』一五七・『市史』一八五）

和田庄三分一事、金剛寺
令申之趣、非無其謂歟、所
詮、近日朝用闕如之時分也、
存別忠、可致其沙汰之由、
可令計下知之旨、被仰下之
状如件、
　　十二月八日　左少弁（花押）
楠木左衛門尉館

法量、縦二九・〇cm、横三八・一cm（白紙）。

本文書も和田庄の朝用分に関するもので、金剛寺の訴えを棄却し、朝用分を執進するよう下知すべき旨を奉じたもので、後村上天皇の綸旨と考えられている。これも⑦・⑫・⑬の文書と関わるもので、『大日古』・村田正志前掲論文、『市史』は、宛所「楠木左衛門尉」は楠木正行で年次は正平二年かと推測する。一方、中村直勝前掲論文（注6）は、⑬の文書との関連から、これも正平三年のものと推定している。

以上に続き、末尾に、万治二年（一六五九）正月十七日付の「惣法務」の識語がある。

此文書者当寺之重
物也、頃日源重継朝臣
新加修補、令調巻類
聚而盈三軸矣、是則
鑑未来之散失也、懇
志豈有与比哉、予不
勝感悦之至、聊記

事由、山侶等莫以
忽諸而已
万治二年正月十七日
惣法務（花押）

この識語により、本資料が調巻された事情が知られる。すなわち、このごろ源重継朝臣なる者が、金剛寺の重物である古文書の散逸を危惧し、類聚して三軸に調巻したというのである。これにより、本資料が調巻されたのは万治元年頃と知られる。なお、「惣法務」は、鎌倉中期から仁和寺御室が公称する例が見られ、[9]幕末期にも仁和寺門跡には総法務の宣下があるとされることから、[10]この「惣法務」も、後水尾院の皇子で当時の仁和寺門跡である承法法親王（後大御室、一六三七〜一六七八）と考えられるが、[11]「源重継朝臣」については未考。

本資料について注意されるのは、これが楠木氏に関する文書を集めたものであることである。楠木氏に関する文書が一軸に成巻された背景には、当時における『太平記』やその注釈書の流行があったと考えられる。[12]

また、近世前期には幕府・諸藩において古文書に対する関心が高まり、[13]本資料も採訪の対象とされ、写が作成されている。一つは東京大学史料編纂所蔵『諸寺文書纂』第二冊（原蔵者、公益財団法人徳川ミュージアム（彰考館））[14]所収の金剛寺文書で、その中には、本資料を構成する十四通のうち第十三通を除く十三通が含まれる。[15]『諸寺文書纂』所収金剛寺文書が書写された年次は明らかでないが、同資料には金剛寺文書に続いて観心寺文書が収められ、続いて延宝六年（一六七八）に京都で書写した旨の奥書があることから、金剛寺文書も同年に書写された可能性がある。また、貞享三年（一六八六）には、加賀藩により、本資料を含む三軸の写が作成されている（金沢市立玉川図書館近世史料館蔵『松雲公採集遺編類纂』一二三「金剛寺文書」）。

このほか、近世の地誌にも、本資料についての言及が見える。管見の範囲で最も早いものは、三田浄久『河内鑑名所記』[16]（延宝七年刊）で、その巻二・錦部郡・天野山の項は、同寺所伝の什物を列挙する中で、「楠（くすのき）一門の文数通（ふみすつう）あり」と示しており、楠木氏の文書が金剛寺の什物として早くから知られていたことがわかる。ただし、並河誠所編『河内志』[17]（享保十八年（一七三三）成、同二十年刊）河内国之二・錦部郡は、「金剛寺」の見出しの下、「寺ニ蔵ス二承久已降国宣数章一ヲ、又有二 後村上帝僧官永宣旨及将家書軸共ニ数十巻一」とするが、本資料についての言及はない。

本資料が周知される上で重要な契機となったのは、宝暦六年（一七五六）の、中興阿観上人五百五十年忌であったと考えられる。金剛寺の伽藍や本尊、霊宝について記した目録『河内国天野山諸伽藍本尊霊宝目録』はこの時に作成・刊行されたものと推測され、[18]その「霊宝」の項の中には、

△後白川院已来代々綸旨院宣三十九通
△右大将頼朝公已来代々武将令書四十九通

△後鳥羽院建久元年已来庁宣写十五通
△楠左衛門尉正成自筆書三通
△楠正行　正時　正儀　正近
右四代の書翰十一通

と見え、楠木氏に関する文書十四通が、金剛寺の「霊宝」として明記されている。(19)

降って秋里籬島『河内名所図会』(20)（享和元年（一八〇一）刊）巻之一・錦部郡・天野山の項に記される「天野山什宝大略」の一覧にも、

後白河院以来代々綸旨院宣三十九通
後鳥羽院建久以来綸旨十五通　大臣家文書三通
右大将頼朝卿已来代々将軍家文書四十九通　太閤秀吉公御書弐通
楠左衛門尉正成自筆三通　同正行正時正儀等書翰十一通

とあり、このようにして、金剛寺の伝える楠木氏関係文書は世間の注目を受けるようになり、金剛寺は楠木氏ゆかりの寺として周知されることになったと考えられる。

注

(1) 東京帝国大学文学部史料編纂掛、一九二〇年。
(2) 河内長野市役所、一九七二年、一九七五年。
(3) 中村直勝「楠木正成」（中村直勝著作集第三巻『南朝の研究』（淡交社、一九七八年）、初出一九二七年）。
(4) 岸和田市史史料第一輯『泉州久米田寺文書』（岸和田市、一九七八年）八八「左衛門少尉某遵行状」（「正平十二」（一三五七）九月廿一日付）、東京大学史料編纂所編『花押かがみ』七（南北朝時代三）（吉川弘文館、二〇〇六年）「三七三二　楠木?某」。以下、『花押かがみ』はすべてこれによる。
(5) 建保二年（一二一四）二月　日付和田助綱寄進状（『市史』五七号「金剛寺衆徒・興福寺僧祐実訴陳状幷具書等案」）。
(6) 中村直勝「吉野朝と其の財政政策」（中村直勝前掲注3書、初出一九二三年）、村田正志「兵粮料と朝用分」（村田正志著作集第三巻『続々南北朝史論』思文閣出版、一九八三年、もと『南北朝と室町』日本歴史全集八、講談社、一九六九年）。
(7) 『大日古』、『市史』、中村直勝前掲注6論文、村田正志前掲注6論文。
(8) 同前。
(9) 海老名尚「「賜綱所」・「惣法務」に関する省察――中世前期における仁和寺御室の性格解明にむけて――」（『史流』四一、二〇〇四年三月）。
(10) 下橋敬長『幕末の宮廷』（平凡社、一九七九年）。
(11) 『仁和寺御室系譜』続群書類従本、『本朝皇胤紹運録』群書類従本。
(12) 兵藤裕己『太平記〈よみ〉の可能性――歴史という物語――』（講談社、一九九五年）、加美宏『太平記の受容と変容』（翰林書房、一九九七年）、若尾政希『「太平記読み」の時代――近世政治史の構想――』（平凡社、一九九九年）など。
(13) 相田二郎「江戸時代に於ける古文書の採訪と編纂」（史学会編『本邦史学史論叢』下、富山房、一九三九年）、同『日本の古文書』上（岩波書店、一九四九年）など。

（14）東京大学史料編纂所Ｗｅｂサイト「所蔵史料目録データベース」(http://wwwap2.hi.u-tokyo.ac.jp/ships/shipscontroller)を参照した。

（15）第十三通が含まれないのは、同文書が案文であるためか。

（16）近世文学資料類従古板地誌編20『河内鑑名所記』（勉誠社、一九八〇年）による。

（17）大阪府立中之島図書館蔵本（三七〇—八）による。

（18）大阪府立中之島図書館蔵『諸国社寺縁起』第七冊所収。末尾の奥書（手書）に、「当山中興阿観丁五百五十諱、丙子春三月三日至四月八日、仏像祖影奇匱妙画尽啓宝帳、普使四方縦拝者也　宝暦乙亥秋九月　合山大衆」とある。

（19）なお、同目録には楠木氏関係の文書のほか、楠木氏所用とされる器物なども記載されており、金剛寺の霊宝として楠木氏ゆかりの品が重要な位置を占めていたことが窺える。

（20）『河内名所図会』（版本地誌大系3、臨川書店、一九九五年）による。

（勢田道生）

重要美術品 清水寺仮名縁起
清水寺真名縁起

一　研究史の概略

天野山金剛寺に、仮名と真名で記された二種の清水寺縁起が伝存することは、中村直勝氏「清水寺假名縁起の草稿に就て」(1)によって、知られるところとなった。仮名縁起は詞書と共に絵画部分の構図のあらましが描かれるもので、絵巻作成の構想や覚書の段階を示唆する稀有な資料として注目される。

中村氏はこれらの書写年代について、真名縁起は鎌倉初期、仮名縁起については、「いくら新しく見ても鎌倉中期」頃と認定されている。

両縁起の関係については、金剛寺本仮名縁起と続群書類従本真名縁起との対校を通じて、「假名縁起の方に少なからず文章字句を改竄した痕跡が見出されるが、その中に、どうしても、真名縁起を机側に置いて、それを読みながら、假名に訳して行ったに相違ないとさへ思はれる箇所が二三ならず見出され」ること、金剛寺本真名縁起の一通に、仮名縁起の筆者と同筆の聖教の裏書が見出されることを指摘し、両縁起が密接な関係のもとに書写されたことを推察している。

その後、金剛寺本仮名縁起については、金剛寺本の発見を伝える続群書類従完成会編輯部「清水寺仮名縁起（新補）」(2)の記事、島谷弘幸氏「「清水寺縁起」の詞書をめぐって」(3)や下坂守氏「清水寺縁起」(4)、中前正志氏「撰者未詳漢文体『清水寺縁起』覚書」(5)等による再検討を経て、今日に至っている。金剛寺本仮名縁起の書写年次については、島谷弘幸氏が、書風から鎌倉中期を遡るものという中村説を支持し、下坂守氏も清水寺縁起の分類の中で、「鎌倉時代半ば」の書写として掲げている。

一方、金剛寺本真名縁起については、中村氏が、「其の一通りは、漢文体の縁起であって、続群書類従に収むる所のものの古写本にすぎない」(6)と顧慮されなかったためか、その後の研究においても看過されてきた経緯がある。

しかしながら、「平安時代末から鎌倉時代初頭の成立か」(7)とされる真名縁起については、『今昔物語集』の影響下に成立したとする見解(8)と、逆に『今昔物語集』が真名縁起の影響下に成立したとする見解(9)が併存するなど、その成立年代については定説を見ない状況である。そうした状況にあって、金剛寺本真名縁起は、古写本としての価値もさることながら、仮名縁起との関係を考えるためにも、検討が加えられるべき資料であると考えられる。

二　金剛寺本清水寺仮名縁起・真名縁起の書誌と概略

両縁起には、後述するように共に紙背聖教があるが、紙背は元々一具のものであったことが調査の結果判明した。その点も考慮して、紙背と両縁起の書写年代を鎌倉時代後期から南北朝時代と推定する。

両縁起の略書誌と残存状況等の概略は以下の通り。

・重要美術品 清水寺仮名縁起

巻子本一巻（現状は裏打ち補修がなされている）。料紙は楮紙、九紙存。外題・内題なし。第一紙初めと第九紙末に、「天野山金剛寺」双郭朱長方印各一顆。紙背聖教あり。後補表紙（銀襴緞子）あり。外函・内函に納められ、内函内には紙片が同封されている。

法量は、縦二八・〇cm、各紙の横の法量は以下の通り。

（第一紙）五一・七cm　（第二紙）五一・五cm　（第三紙）五二・〇cm
（第四紙）五一・七cm　（第五紙）三六・八cm　（第六紙）五一・六cm
（第七紙）五一・七cm　（第八紙）五一・八cm　（第九紙）四九・三cm

第一紙は清水寺縁起詞書冒頭部分が記され、続いて絵巻の構図を示すと思われる絵画が略描される。詳細については、中村氏の論考に紹介されている。(10)

紙背には華厳経等をめぐる問答様式の論義が記されている。裏打ち補修がなされていることから、本書においては特別処理を施した影印を掲出した。

・清水寺真名縁起（四〇函一番）

原態は巻子本（保存状態と復元については後述）。料紙は楮紙、十九紙存。外題なし、内題「清水寺縁起」。第十六紙末に、「天野山金剛寺」双郭朱長方印一顆。本文中には、同筆、別筆の墨・朱両様の書き入れあり。

本書は三紙のみが連結するも、他は一紙ずつに剝がれ、錯簡が生じるなど、調査開始段階の状況では全体の復元が難しかったため、各紙に仮番号を付して調査を進めた。調査の結果、他の伝本をも対校することにより、本文の連続性を保ちつつ原態に復することが可能であることが判明したため、現在は原態への並べ替えを行っている。

法量は、縦二八・四cm、横は五〇・一cmから五二・一cm。十九紙のうち一紙は横一一・六cmの紙片。

紙背聖教あり。仮名縁起紙背と一具の問答様式の論義。墨界あり。界高、二四・一cm、界幅、二・四cm。表の清水寺縁起は、紙背の墨界を利用して書写されている。

真名縁起の復元を伴う調査結果の概要は以下の通りである。

イ、金剛寺本真名縁起（以下、漢文縁起を呼び分ける際には、金剛寺本と称する。）は、中村氏の指摘のように、続群書類従本清水寺漢文縁起（以下、漢文縁起を呼び分ける際には、続群本と称する。）と同系統の漢文縁起である。

ロ、金剛寺本と続群本との間で異同を生じている部分も見受けられ、金剛寺本は続群本の欠脱を補える部分を有する。

ハ、金剛寺本末尾は、続群本末尾までをすべて書写しているわけではなく、替わりに続群本にはない「清水寺別当次第」が書写されている。

ニ、金剛寺本には、中村氏の指摘以外にも、いくつかの書き入れが確認される。

ホ、金剛寺本紙背聖教は華厳経と密接に関わるもので、紙背の談義そのものも重要なものと考えられる。

ヘ、原態第十八紙および第十九紙と見なした部分の表は白紙であり、紙背聖教のみしか確認できないため、本文末尾の遊紙としてあったものかは、今後紙背聖教の内容を吟味したうえで、慎重に位置付ける必要がある。

金剛寺本清水寺真名縁起には、返り点、送り仮名などが付される部分があるが、本文中の割書などは、一箇所を除き、ほぼ続群本と内容、体裁を同じくしており、冒頭部近くに記される弘仁元年十月五日に賜ったとする印文についても続群本と同じく忠実に記している。ただし、金剛寺本には、二種の印文下の「已下印文古今如斯」の右に、「後日改之」との注記がある。

金剛寺本真名縁起については、翻刻本文を掲出するに際して、続群本との校異をも示したので、そちらを参照されたい。

金剛寺本と続群本との校合作業の結果、両者における表記・記述の統一性が顕著であることが窺われるのと同時に、異同を来している箇所については、続群本の欠脱等を金剛寺本で補える部分が少なからず存することが確認される。後者は、金剛寺本の有する大きな意義として特筆すべき点である。

一方、金剛寺本に欠脱や誤りがあると判断される部分も四箇所ほど存在する。金剛寺本の利用にも他の伝本との対校を要するが、概して金剛寺本は善本であると認めることができるように思われる。(11)

三　清水寺別当次第をめぐる問題

いまひとつ、金剛寺本真名縁起の有する大きな意義は、「清水寺別当次第」の記事を有することである。金剛寺本末尾は、「塔院大門二天事」までを綴り、続群本に記される「本願大納言先祖」以下を欠いている。一方、続群本に見られない「清水寺別当次第」が、第十五紙から第十七紙にかけて写されている。そこには、清水寺草創縁起と深く関わる延鎮以下の別当の次第が記されるが、延鎮・願豫・安興等は、真名縁起にも事績が記されており、清水寺草創当初からの別当の系譜が提示される。

別当次第中には、『興福寺別当次第』等から知られるように、永縁・隆覚・恵信・尋範・玄縁・範玄・信宗・円経など、興福寺別当を兼ねた僧侶も数多く確認される。このように、興福寺との関係を見据えながら位置づけていくべき清水寺別当も多く、清水寺における別当の次第を考慮しながら、清水寺と興福寺をめぐる相互の寺史が検証されなければならないであろう。

『興福寺別当次第』以外にも、『僧綱補任』長承二年（一一三三）以下に清水寺別当として長円が見えているなど、諸資料を組み合わせることによって清水寺の別当次第を復元・確認していかなければならないといった問題もある。

清水寺別当次第末尾近くに記される範信・玄信・円経は、『三会定一記』を検ずるに、元久年間（一二〇四―一二〇六）から建保年間（一二一三―一二一九）に維摩会講師を勤めており、『興福寺院家伝』修南院条に見える基円は、貞永元年（一二三二）に没したと推測されている。

このような点から考えると、清水寺別当次第は、鎌倉時代初期から中期にかけて活躍した僧侶を下限として記されていることがわかる。本資料の書写時期も自ずからその時期を溯ることはないが、同時に本資料の成立と書写時期が、その時点を大きく下るものでもないことをものがたるように思われる。

そもそも、清水寺草創の延鎮以来の別当次第の筆録は珍しく、本資料の存在そのものが重要であると見なされる。もっとも、他の清水寺別当について記した資料とは一部順序に異同を来している場合もあるので、比較検討していく必要がある。たとえば、「東寺百合文書」所収「清水寺別当次第」（甲号外／30／17）と比較すると、以下のような異同が確認できる。以下、「東寺百合文書」所収「清水寺別当次第」を〈東〉、金剛寺本『清水寺真名縁起』を〈金〉と略称する。

ア、〈東〉は別当の初めを「子嶋建立報恩大師」とし、二番目を「延鎮」とする。

イ、〈金〉が「第六寿耀」とするのに対して、〈東〉は「寿曜」とする。

ウ、〈金〉が「第十一真籠　第十二禅蓮」とするのに対して、〈東〉は順を逆とする。

エ、〈金〉が「第三十六円長　第三十七信宗」とするのに対して、〈東〉は間に「範玄」が入り、かつ「信宗」を「信家」とする。

オ、〈金〉が「第四十玄信　第四十一範信」とするのに対して、〈東〉は順を逆とする。

カ、〈金〉が「第四十二基円」までを記すのに対して、〈東〉は以下「経円・定玄・経円・定玄・親縁・定玄・円憲・良盛・尋性・頼円・宗懐・承範・承遍」を記す。

一部に異同は見られるものの、金剛寺本『清水寺真名縁起』に記される清水寺別当次第は、相応に信頼に足るものであることが窺われる。

「東寺百合文書」所収「清水寺別当次第」では、興福寺僧であることを示す「本寺」の注記があり、出自を伺うのに便である。また、金剛寺本『清水寺真名縁起』末尾に記されている「基円」より後の別当には、補任の年次が記されており、「経円」には貞永元年（一二三二）六月に補任された旨の注記が、末尾の「承遍」には建治二年（一二七六）の注記が見えている。

清水寺別当と興福寺をめぐる問題は、両寺の本末関係の深まりの点からも分析を加える課題がある。

四　書き入れと紙背をめぐる問題

先に記したとおり、中村氏によって指摘された真名縁起の書き込みは、仮名縁起を位置付ける上からも重要な意義を有している。

調査にあたり、書き込みを確認したところ、以下の三箇所が確認された。

①第十三紙末尾十一行
②第十四紙中四行
③第十七紙中十行

中村氏が仮名縁起と同筆と判断された書き込みがどの部分かの判断はできないが、これらの書き込みは、いずれも真名縁起や清水寺別当次第の記事の間に書き込まれたものであり、その形態に不自然さが感じられる。逆に、真名縁起書写そのものとも密接に関わり合って書き込まれたものとも見なされるので、仮名縁起の筆跡との対比の作業を経ながら位置付ける必要がある。

紙背聖教の内容に関しては、未だ詳細な分析の手が及んでいないが、調査の結果、真名縁起と仮名縁起の紙背は共通する聖教であり、したがって、両縁起は同一の料紙に、おそらくはあまり時を措かずに書写されたという重要な事実が判明した。このことから、本文の関係から密接な関係があると考えられてきた両縁起に、より直接的な書写関係と書写の時期・場における共通性を認め得る状況となった。真名縁起に依拠した仮名縁起への展開、絵画の挿入の問題に加えて、紙背から窺えるように、それが華厳経関係等の論義・学問の場と隣接して行われたことから考察を深める必要性が生じている。末尾の二紙のあるべき位置についてもさらに確認が必要なので、今後の課題としたい。

紙背が華厳経等に関する談義と思われる点は、そうした内容の料紙を紙背として清水寺の縁起が書写されている点、またそれが金剛寺に伝存する点など、金剛寺の聖教形成過程や典籍の流布などの点からも解明すべき点は多い。

五　小結

本資料の性格について、小結を記す。

後掲する金剛寺本翻刻本文から窺われるように、金剛寺本真名縁起には、続群書類従本に見られない「御」という尊敬の接頭辞を付すなど、清水寺とその建立に功績のあった坂上田村麻呂への敬意を、より直接的に表そうとする傾向があり、これは清水寺あるいはそこに近い立場からの記述態度と見なせそうである。

坂上田村麻呂条の撰述にあたっての依拠資料や経緯を記す部分は、続群書類従本では本文と一体化しているが、金剛寺本では二段下げの注記の性格を残している。この部分に「将軍卿」や「御消息」といった、続群書類従本には見えない田村麻呂への一貫した敬意表現が確認されることも、先述の推定を支えるものであるかと思われる。概して金剛寺本が善本としての性格を有することも、本系統の本文の素性を窺わせる。もっとも、脱文と考えられる部分も存するから、金剛寺本を最善本とは見なせず、続群書類従本系統を併せ考えるべきである。

どの時点で付加されたかは明らかではないが、清水寺別当次第を記す意識からも、金剛寺本が清水寺周辺または清水寺と密接に関わる場で書写された蓋然性は高い。仮名縁起・真名縁起の書写時期が相応に溯ること、また、両縁起が紙背を同じくすることから、これらは一連の書写活動の所産と見なされる。両書に共通する紙背の内容が華厳経等に関するものである点は、南都関係も視野に入れて本書の書写の背景を分析していく必要を感じさせる。

このような点を課題として、紙背聖教の解析を含めた考察が深められなければならない。(12)

注

(1)『宝雲』第二十三冊、一九三八年十一月。
(2)『史学文学』第三巻第一号(一九六〇年六月)。記事執筆の奥付は一九五九年十二月。
(3)『古筆と絵巻』(『古筆学叢林』第四巻、八木書店、一九九四年)。
(4)清水寺史編纂委員会編『清水寺史』第一巻(法藏館、一九九五年)。
(5)『女子大国文』第一二一号(一九九七年六月)。
(6)前掲注1に同じ。
(7)前掲注4に同じ。
(8)前掲注4に同じ。
(9)前掲注5に同じ。
(10)前掲注1に同じ。
(11)これらの調査結果の詳細については、近本「天野山金剛寺蔵『清水寺縁起』〈漢文縁起〉について」(神戸説話研究会編『論集 中世・近世説話と説話集』和泉書院、二〇一四年九月)参照。
(12)金剛寺本には、紙背のみならず、縁起本文の間の数箇所に覚書が記されている。これらは、続群書類従本には見られないものであり、今回の本文翻刻に当たっては省略に従ったが、今後読解を進めて位置づけを行っていく必要がある。

補記 本稿は注(11)の論考に基きつつ、本書の解題として改稿したものである。また紙背聖教については、共同研究を推進中である。

『清水寺真名縁起』翻刻

金剛寺本『清水寺真名縁起』本文を紹介するとともに、続群書類従本との校異を示す。異同のある箇所には、金剛寺本本文傍らに番号を付して、【本文】の後ろにまとめて【校異】を掲げた。

本文、校異それぞれに関する凡例は以下の通り。

【本文】凡例

一、金剛寺本『清水寺真名縁起』の本文を行移りに翻刻した。翻刻に際しては、原本の錯簡を訂し、あるべき順に並べ替えた上で、各紙末尾部分に紙数を示した。

一、字体は基本的に通行の字体を用いたが、一部に原本の字体を採用したものがある。

一、補入記号、ミセケチ等のある箇所は、それらの記号により訂された結果を示した。

一、読点は私に施した。

一、底本には、合点と共に記された注記、紙背の裏書等があるが、これらは割愛した。

【校異】凡例

一、金剛寺本本文の傍らに番号を付して、続群書類従本との校異を示した。

一、校異は基本的に本文の異同について行い、返り点、読み仮名、送り仮名等に関しては示していない。続群書類従本に欠けている本文については、「ナシ」と表記した。

【本文】

清水寺縁起

右清水寺者、在山城国愛宕(ヲタキ)郡八坂郷東
山之上矣、[1]千手観音霊験之地、行叡居士
孤庵之跡也、宝亀十一年初、建立草堂、
彫刻本尊ス、延暦十七年七月二日、更ニ改メ造
佛殿、同廿四年十月十七日、給テ太政官ノ符ヲ㆒界
寺領四至〈東限高峰、南限尾振谷、西限公田、北限大道、〉[2]、大同二年又造闘
伽藍、法号北観音寺、顕(アラハス)堂前之額㆒、世号清
水寺、顕大門之額、弘仁元年十月五日、有リ宸
筆勅㆒給ル印一面、大概如斯、委曲載左㆓矣、

伝信 為印	清水 寺印

後日改之[3]

已下印文古今如斯

昔、大和国高市郡八多郷子嶋寺内供奉
十禅師、修行大法師位報恩〈諡云報恩大師〉[4]一百
人門徒中、有第七弟子法師賢心〈後改為延鎮〉
云(イフ)者㆒、[5]少年出家、長成修道㆒、[6]尋求山林、厭
却聚落㆒、六時三昧、累年不退、苦修練行、
積日無惓、布字月輪在心、入我々入無外、」（1紙）
修験漸秀為世薬㆒、[7]呪功急ニ[8]超テ為国寿㆒、近
仕ヘ帝王、遠顧人民㆒、運心菩提、即身得悟、

廻念法界、諸佛現前ス、夢中ニ告ク去南之
由一、覚後チ念フ向ムト北一之故ニ、行長岡ノ城（ミヤコヲ）之間、淀
河有金色一支之水一、唯独自明了ニシテ、余人所
不見也、定知、為我示（ストイフコトヲ）二先瑞一、仍尋金流之源、
遥到山城国愛宕郡八坂郷東山之上、清
水ノ瀧下一ニ焉、雲崎松翠（アヲクシテ）、青山在目一、巌峰（カムイウ）
[9]石斜シテ、白雲如帯一、朽枯ノ大木為山上ノ道（ト）一、踏木ヲ一
纔ニ就二瀧下一ニ、是則、宝亀九年歳次戊午
四月八日也、於是一、瀧ノ前、北岸ノ上ニ有一草庵、中
[10]有白衣ノ居士、年齢老大ニシテ、白髪皤（ハ）々タリ、其形チ
七旬有余許（ハカリナリ）也、賢心問（トハク）二件居子一ニ、住此一ニ幾
年、又姓名誰、居士答曰、姓在隠遁[11]、名云
行叡、年来雖待汝、[12]曾不見、適幸汝来、
為悦尤足我心、念観音威神力、口誦千手
真言、隠居此地経数百年、我有東国修
行之本意、替我其間暫可住此処、抑草庵
跡者、可造堂之地也、此前株者、観音料木也、
若遅来早遂此本意、言未畢居士立亡、賢心
忽覚勝地之霊、将還古跡之間、所踏朽枯自
然失也、何知為龍、仰見雲上不知其方、欲問」（2紙）
事由無化居士、賢心執杖独立谷口、心染実
相、更無他念、恐怖之至、希有之意、尤深尤
高、[13]低首弥慮、再行山頭、口誦真言、純念仏
陀、思慮之間漸及黄昏、攪掃薜蘿、求
所居坐、経行之程、既臨初夜、蟄戸樹下、念
大悲尊、般若為火、諸法為香、禅定為色、舎那
為花、理供自備、弁事漸成、瀧諍出声、
谷水含月、貫珠入袖、山松足憐、住持草
庵、踟躕瀧下、日々雖待居士還来無期、恋
慕之涙、更所不堪也、仍指東方尋行之
処、山科東峰、居士所着履落、見之哭
音已満一山、定知、彼山孤絶之山、又識、是峰
補陀落峰、帰庵苦修練行経三箇年
矣、宝亀十一年、[14]近衛将監坂上田邑[15]麻呂

奉公余暇、出洛陽遊猟東山脚、為産女求
得一鹿、屠此之間、欲飲冷水、遇奇恠之水
（今称延年寺之谷是也）、見源々無、訪濁々[16]、若是銀河流歟、若
半天河水歟、将監再三掬此水、嗽之飲之、即
時身冷心安、仍趁源徘徊之間、有転経音、
発露之心忽起、懺悔之思始存[17]、尋音擧
昇、到清水瀧下焉、瀧前北岸上有孤庵、」（3紙）
逢一沙門、将監問事、砂門答[18]曰、名謂賢心、
具陳上件事（始自去南之夢至于今日之事）、又曰、賢心無頼、難
遂彼願（行叡所委付造堂造仏願也）、三衣之外、無担石之蓄、一
鉢之中、只有飲水之楽[19]、将監聞此旨已忘帰、
即云、看汝体骨、宛如神仙、非凡庸人、是聖
賢化也、所謂仁者愛山、智者楽水、仍永代結
縁、為大師須励微志、将果彼願、賢心再拝
入庵室、将監礼拝帰蝸舎、将監即以今日
二事（遊猟事賢心事）語蘭室命婦三善高子（三善清継女也）、
高子答云、我為除病令害物命、後生之報
不知所謝、願以我宅造佛殿、懺悔身[20]女
之無量之罪云々者、即[21]将監延鎮等先雖
有造佛殿之志、山谷巌嶽、嶮岨崔嵬、人
力難及、愁歎之間、一夜中有物声、省壊岸
塡谷、奇而明朝見之、山路早闢、佛庭如界、
其処有物、是則師子之胎中子也、断知、
師子化来、終夜平峻嶮、徹明帰去、為留
其験、落小子歟、師子非師子、既本尊薩埵之
使也、且鑒営作之難耐、且留霊異於永代而
已（師子之頭留在寺家）、其後忽造仮佛殿、爰命婦高子、
別唱女官上中下人、各令加繊芥之志、始奉
造金色八尺十一面四十手大悲大霊験観」（4紙）
世音菩薩像、造営未畢霊効甚多、土木
功成、梁柱構調、于時将監奏
天皇、申賜度者一人、以賢心令得度、改
賢心為延鎮、同年四月十三日、於東大寺戒壇
院受具足戒畢（此天宗高紹天皇御代也）、漸[22]及延暦之比、東

国乱常、蝦夷発逆、延[23]暦十四年三月、以田村
麻[24]呂為征夷将軍、差遣関東之刻、首途之
日、将軍語延鎮云、我奉勅所遣夷地、露命
草身、死生只在大師誓願之力乞也、至[25]于還
来之日、慇懃加誓護耳、作拝而去、其後六
時祈誓、一刻無間、更造[26]写地蔵菩薩像
一柱[27]、毘沙門天王像一柱[28]、并大般若経一
部、祈誓自然有応、此時賊[29]或伏竄山
藪、或束手請降、東国平定、将軍京上、
越会坂関入花[30]之夕、先拝観音、次謁延
鎮云、愚夫依上人祈、已平乱、再入京都、流涙
歓喜、失方頂礼、重相語云、田村麻[31]呂謹蒙大
師和尚護念之力、于今存命、不[32]如我誓願之
佛経、随分可供養者、而後開眼書持已畢、
即参九重奏聞戦事之次、奏延鎮有験
之由、申補内供奉十禅師畢、同[33]年六月廿八日
報恩大師入滅、抽延鎮被附属子嶋寺、仍延鎮」（5紙）
往還清水草庵住持之、同十七年七月二日、
延鎮与大将軍同心合力、更復造伽藍、安置
本尊（命婦所造像也）、為征夷所造地蔵菩薩像、名之勝
軍、同所造毘砂[34]門天王像、名之勝敵、以地蔵
安本尊宝帳之西脇、以多門安同宝帳之[35]
東脇（件両像成霊異之時、出雷声、示寺家善悪之趣）、爾来観音効験飛聞
於上天、伽藍奇特広徳於下界、会集之人、如
草随風之東西、祈願之応、似水叶器之方円、
同廿四年、太[36]政官符賜寺地、大同二年、将軍
西京所宿之家、為鬼魅所居、疫気甚盛、仍
請延鎮内供奉、為疫神令読灌頂経、一七日
内有験、其家内病[37]者皆除差、不堪感悦之
余、即壊運其寝殿檜皮葺五間三面屋
一宇、板葺五間大炊屋一宇、施入之、仍又造
闔伽藍畢、弘仁元年十月、賜　今上御[38]宸筆
勅書（以[39]私建立寺悉壊、渡東西大寺之日、被下太政官符、免除当寺之由也）、兼[40]又賜印一面
為当寺之長宝法号北観音寺顕堂前之額、

世号清水寺顕大門之額、延鎮曰、非大納言広
大之恩、何造大霊験清水[41]之寺者、自今以後、
弟子門徒、請彼子々孫々裁判、永依附相伝、
起請修治伽藍、覆護大衆、非門徒僧不可
付属、縦雖[42]小僧延鎮也、弟子門徒、不治僧侶不可」（6紙）
付属、若依臈次不依心操、恐後代致破壊之
謗、非門徒僧有常住者、任権官令得練行、
便別当、三綱及執印職、不可附属他門徒、
寧雖[43]付属有労[44]砂弥、更勿付属他門徒僧、
不受二百五十戒、以勿度補諸国分僧、我師
付属寺為本寺、我建立寺為末寺、此庭最上
勝地也、福広処狭、須慎火事、御[45]堂近辺
莫造住房、各夜暫用一擘松、各住房莫
安本尊、偏以香[46]花煙供観音、作功徳無極、
兼為避火厄也、相次付属、不論上臈下座、可
付属才操備、努力々々、乾坤為灰伽藍無
災、日月失光千眼弥明、佛殿後戸以木釘
固之、若災火之時、易為奉出本尊也、大納言
曰、予以武芸奉国家、戴皇之労[47]年積、親
天之位自至、奉公之間多殺生命、雖随王
法後報必在、今所憑者観音代我受苦、
所慕[48]者般若代我能導、然造佛之間霊
異尤頻、一切衆生皆是吾子也、我何不入彼
中哉、地非公領寺不置定額、然則住持
誰侶、十禅師之弟子、進退誰人、愚夫之
苗裔、前司能鑑其人与付属、氏人宜依
付属与任符、願諸法師等不可仮三論」（7紙）
法相之威勢、偏可念千手千眼之威験、権
門威早、後々長煩佛法力遅、生々長助六時
行道之間、祈祷天下国土、転経念佛之次、
引導弟子後生、又曰、伝聞、諸法皆是空、
不可成有習之思、唯観音独能為導師、
利益三有法界衆生、誰以千戸封能摧
折剣山、誰以百所庄家宜消滅火湯、有

封諸寺如夢如露、只観音大悲為生々助、
有名六宗如影如沫、専千手千眼為世々師、
仍不置一歩田畠、不入一煙封戸、氏人等一
心帰依、択入練行僧十口、砂弥十口[49]、同合常[50]
住、日夜転読法花大乗経[51]、一向応誓願、我
氏増栄花長寿之福、妄莫近婦女、永為
浄法之地、若或佛子違此制旨者、絶跡擯出、
氏人等全守此教、永勿闕背也云々、命婦
起請云、我鹿縁忽建立大伽藍、鹿已為善
知識、仍此山所生居住之輩、永不可食鹿肉、
雖暫居住人[52]、誤食鹿肉者[53]必有衰損者也、
抑、瀧水正具八功徳用矣、異境諸人集在
山内、同飲此水、経一年者、成同意作親友、
臨命終時無顚狂、皆如修禅定、若瀧水増
濁広出者、天下旱魃、若瀧有異声如壊岸」（8紙）
流石、亦夜鳴而朝見白水、天下有事、抑、
弘仁二年正月五日、本願将軍御[54]自作建
立記云、但我早世後及四百歳、当山麓村
有理将軍、鎮和逆乱、宜護国位、是則我
身也、密誨有実、無伝他族、努力々々焉、
一[55]　本願檀那田邑麻呂大納言事[56]
坂[57]上田邑麻呂大納言者、自前漢高祖皇
帝廿八代、自後漢光武皇帝十九代、自後漢
孝霊皇帝十三代、自後漢阿智王（本朝応神天皇廿一年）[58]
（率一県同姓人数百人、出漢朝之家入日本之国、即有勅給大和国檜前地居之、一名英智王）、十一代之孫、贈
大納言勲二等苅田丸二男也（委見檜前、本系所記）、大祖高
祖皇帝提三尺剣有天下、光武皇帝代劉
玄更始有国、再見漢官之儀矣、爾来代
々伐四海之鯨鯢、鎮九土之風塵者、是非他
氏偏在此家而已、宝亀十一年近衛将監[59]、
越後守、同年二月兼木工頭[60]、同年十一月叙
従三位、同廿二年二月任刑部卿（近衛中将如故）[61]、同廿
延暦十四年征夷将軍正四位下近衛中将

三年正月補陸奥出羽按察使、同廿四年任参
議、弘仁元年叙正三位任中納言、同年九月任
大納言[62]先之兼近衛大将、大将如故、、同二年五月廿三日丙辰奄然
而薨、于時年五十四日[63]、即日賜贈物絁六」（9紙）
十九疋常例五十九疋、更加十一疋[64]、調布一百一段常例、商布四百
九十段常例三百九十段、更加一百段 米七十六斛白米卅八石、黒米卅八石、常例五十一石、更加
廿五、石 役夫二百人左右京各五十人、、山城国愛宕郡百人
柏原天皇第八皇子葛井親王者、大納言女
従四位下春子女御之所生也、仍殊加賜之、
天皇不視事一日也、同五月廿七日、大舎人
頭従四位下藤原朝臣[65]全継、就大納言第読
贈従[66]二位宣命、同廿七日庚申戌二刻葬於
山城国宇治郡栗栖村今俗呼為馬背坂、于時有勅
調備甲冑、兵仗、剣鉾、弓箭、糒塩、令合葬
向城東立窆、即勅使監臨行事、其後若
可有国家之非常天下之[67]災難者、件卿
塚墓之内、宛如打鼓、或如雷電、但往古来
今、始自坂上大宿禰氏至于他氏族、得将
軍号而向於[68]坂東奥地者、先密参此墓所
深成祈祷発向之輩、抜城降敵不可勝計、
吁嗟坂大将軍者、身長五尺八寸、胸厚一尺二
寸、向以視之如偃、背以視之如俯、目写蒼
鷹之眸、鬢繋黄金之縷、重則二百一斤、
軽六十四斤、動静合機、軽重任意、怒時廻
眼猛獣忽斃、咲時舒眉稚子早懐、丹款
額面、桃花不春而常紅、勁節持性、松色」（10紙）
送冬猶[69]翠、運策於帷帳[70]之中、決勝於千
里之外同[71]、武芸稀代、勇身踰人、辺塞閑武、
華夏学文、張将軍之武略、当案轡於前駈、
蕭相国之奇謀、宜執鞭於後乗、誰知、毘
沙門之化身[72]之来護国家者、

門徒住侶、且依古代之遺文、且依耆老之
党語、大概撰集之、至于本願将軍卿[73]

事者、任彼御[74]消息、嵯峨天皇之論賛、
清水寺建立記、坂上氏恩賜詔勅之文
注出[75]之、補大将軍向夷狄地、給節刀、賞
兵功、給駒形之金焼、為私家之長財、如
此[76]之事、又見彼書等、但上古之事、典籍
不具、雖無疎略之詞、尚有牴牾之事歟、

—77 所賜寺家勅書官符官牒等

嵯峨天皇宸筆勅云、

勅

得大納言坂上大宿祢田村麿解状偁、以去
延暦廿四年十月十九日蒙官符、賜山地壱処
建立私寺号清水寺、望請、因准傍例賜印
一面、為件建立寺之長財、加以壊私寺移東西
寺之日、田村麻呂[78]定将被免件清水寺、為鎮」（11紙）
護国家之庭、則以田村麻呂[79]之苗裔、為誓
成寺家之職、以僧延鎮之門徒、為修治寺家[80]
之司矣者、依請、

弘仁元年十月五日

—81 賜寺地於本願将軍官符

太政官符山城国司

東山清水山寺[82]　在愛宕郡

四至 東限高峰、西限公地 南限展振谷、北限大道

右右大臣宣、奉　勅、件寺地、[83]宜殊賜参議
従三位坂上大宿祢田村麻呂[84]永為[85]私寺
者、国宜承知、依宣[86]行之、符到奉行、
参議従四位上[87]右大弁兼行[88]左近衛少将勘解由長官阿波守秋篠朝臣安人
正六位上行左少史兼[89]常陸少目上毛野朝臣穎人

延暦廿四年十月十九日

—90 賜本願将軍墓地官符 在山城国宇治郡七条咋田里西栗栖村

太政官符　民部省

合[91]地参町参段弐歩

四至 東限六七条間畔幷公田、西南限大路、北限自馬背坂上橋之峰

水田玖段壹佰弐拾陸歩 廿五坪四段、廿六坪三段二百六十歩、廿七坪三百五十四歩、卅五坪二百廿四歩

陸田参段弐佰参拾陸歩（百姓口分廿五坪弐段二百卅六歩、廿七坪一段）
山弐町
右被右大臣宣偁、奉　勅、件地宜永為故」（12紙）
大納言贈従二位坂上大宿祢田村麻呂[92]墓地、
其百姓口分之代以祭田給者、省宜承知、依
宣行之、符到奉行、
参議右大弁従四位上兼行右兵衛督備中守秋篠朝臣安人　右大史正六位上勲七等坂上忌寸今継[93]
弘仁二年十月十七日

一[94]　置寺家俗別当官牒
太政官牒　清水寺
越後権守正五位下坂上大宿祢正野
右太政官承和四年五月七日下治部省符
偁、被権中納言従三位兼行左兵衛督藤原
朝臣良房宣偁、奉　勅、緇徒之戒、玉条備
設、違越之罪、金科詳存、今聞、練行苾蒭、
麟角希有、相似凡流善迹[95]惣無、是以、蘭若
禅堂、漸絶精進之輩、村閭廛屋、還為僧尼
之房、住持之事、高無不顕、淫犯之濫、諠譁[96]」（13紙）
無絶、言為其弊、三綱雷同、不加糺正之所致
也、宜置別当[97]令督姧非、不順教令、有違憲
法、特処重科、又寺家田園幷修造等事、
三綱共依旧勾当、自余禁制、依承前数度
格者、而頃年遺漏無行、濫穢[98]多満、修禅定
者、百無存一、乱戒律者、無処不在、今右大臣
宣[99]偁、宜令件人別当督察者、寺宜承知、依宣行
之故牒、
仁寿三年十二月廿二日左大史正六位上山口[100]宿祢稲麻牒[101]
参議左大弁従四位上兼行右近衛中将近江守藤原朝臣

一[102]　寺内処々事縁等事
三重宝塔一基（坐四佛）
件塔、承和十四年（歳次丁卯）、故輔[103]葛井親王、
（嵯峨天皇々子、田村麻呂[104]大納言女春子女御所生也）、請官符建立之、東方薬

師、南方釈迦者[105]、寺家別当大法師願予造
立之、西方阿弥陀、北方弥勒者、寺家別」（14紙）
当大法師安興造立之、

塔院大門二天事

右件天[106]（多聞天、持国天）者[107]、当寺住侶慶兼、承平七
年七月之比、為修行到信濃国御坂、夜
宿枯木之下、然間、大蛇忽来纏慶兼之
身、慶兼其命已欲絶、仍為遁此難、雖
発種々大願、蛇未解、更発大願云、若
遁此難者、我山塔院大門無其主、仍造立
二天王像、可奉安置、件大門左右者、願力
潜通、霊験立顕、蛇即解去、慶兼無事、
仍上洛之後、当時寺家別当康尚聞此
旨、随喜之余、手自奉刻二天像者也、

一[108] 清水寺別当次第

第一建立内供延鎮
第二願豫
第三安興
第四隆原
第五斎宗
第六寿耀
第七遁塵
第八興法」（15紙）
第九名誉
第十叡源
第十一真寵
第十二禅蓮
第十三長代
第十四増延
第十五康信
第十六朝源
第十七康尚
第十八定朝
第十九定源

第二十定範
第二十一定俊
第二十二定深
第二十三勝快
第二十四永縁
第二十五有禅
第二十六兼円
第二十七長円
第二十八隆覚
第二十九定耀
第三十恵信」（16紙）
第三十一尋範
第三十二玄縁
第三十三範玄
第三十四勝朝
第三十五舜覚
第三十六円長
第三十七信宗
第三十八玄信
第三十九円経
第四十玄信
第四十一範信
第四十二基円」（17紙）

【校異】

1、之—ナシ　2、公田—公田振谷　3、後日改之—ナシ　4、云—ナシ　5、少—小
6、尋求—求尋　7、薬—楽（業イ）　8、急ニ超テ—急（愈）起（超イ）　9、石斜—右斜（石イ）　10、有—ナシ
11、遁—道　12、曽—莫　13、低—低（垂イ）　14、近衛—ナシ　15、麻呂—麿　16、濁々—渇渇無
17、存—存（在イ）　18、砂—沙　19、楽—楽（楽者イ）　20、身女之—女身　21、即—即（イナシ）
22、漸及延暦之比—爾時　23、延暦十四年三月—ナシ　24、麻呂—麿　25、于—千于
26、写—字　27、柱—挂　28、柱—挂　29、賊—賊徒　30、花—華　31、麻呂—麿
32、不如—不如為　33、同年—延暦十四年　34、砂—沙　35、之—ナシ
36、太政官符—給太政官符　37、病—疫　38、御宸筆—宸筆
39、以私建立寺悉壊、渡東西大寺之日、被下太政官符、免除当寺之由也、【割書】—本文

40、兼又賜印一面為当寺之長宝—ナシ　41、之—ナシ　42、雖小僧延鎮也—附属小僧
43、付属—五十戒附属　44、砂—沙　45、御堂—堂　46、花—ナシ　47、労—営
48、慕—募　49、砂—沙　50、合—令　51、花—華　52、誤食—ナシ　53、者—ナシ
54、御—ナシ　55、一—ナシ　56、田邑麻呂大納言—大納言田邑麿
57、坂上田邑麻呂大納言—大納言坂上田邑麿　58、廿一年—廿年　59、近衛—ナシ
60、同年—同廿年　61、近衛中将如故、—中将如元、
62、先之兼近衛大将、大将如故、—先之兼近衛大将、今如元、　63、日—ナシ
64、十一疋、—一十疋、　65、朝臣全継—朝臣縵麿、治部少輔従五位下秋篠朝臣全継
66、二—三　67、災難—交難　68、於—ナシ　69、猶翠—独翠同　70、帳—幄
71、同—ナシ　72、之—ナシ　73、卿—ナシ　74、御—ナシ　75、出—ナシ
76、此—ナシ　77、一—ナシ　78、麻呂—麿　79、麻呂—麿　80、寺家—寺
81、一—ナシ　82、東山—ナシ　83、殊(宜)—宜　84、麻呂—麿　85、永為私寺—ナシ
86、宣—件　87、上—下守　88、左—ナシ　89、常陸—兼隆　90、一—ナシ
91、合地参町参段弐歩—ナシ　92、麻呂—麿　93、今継—全継　94、一—ナシ
95、迹—ナシ　96、譁—訛　97、当—堂　98、穢—滅　99、宣—ナシ
100、山口宿祢稲麻—□宿祢□麻　101、牒—ナシ　102、一—ナシ　103、輔—帥
104、麻呂—麿　105、者—ナシ　106、多聞天—多門天、　107、者—ナシ
108、一—以下、続群書類従本にはナシ。

群書類従本には、金剛寺本が記さない以下の異文あり。

本願、（大願主イ）大納言先祖
阿智王
本朝応神天皇廿年己酉、率数百人、辞漢朝入日本、即有勅、賜大和国檜前地居之、一名英智王、
即子一人、阿多倍也、
阿多倍
阿智王一男、子三人
志努直
阿多倍二男也、子十一人、
駒子
従二位志努直八男也、子七人、
弓束
駒子七男也、子四人、
首名

弓束一男也、子一人、

大国

首名一老子也、子一人、従五位上右衛門大尉、

犬甘

大国一男也、子三人、正四位下右衛門督、

苅田麿

犬甘一男也、子十一人、従三位兵部卿右京大夫右衛門督、

田邑麿

苅田麿三男也、自前漢高祖廿代孫也、自後漢武帝十九代也、自阿智王十一代、若□末代封惣領云、公云、私□大義輩者、永被断坐無間大地獄、於今生者、成白癩黒癩、速可削其苗裔之号、更不可疑矣、

氏知行寺々

道興寺

字□寺云々、

右大和国高市郡檜前郷、件所者、先祖阿智王入朝時恩給地也、仍建立寺云々、

竹林寺

呉原寺云々、右大和国高市郡、件寺者、先祖従三位駒子卿奉為敏達天皇所建立也、

清水寺

氏社

勲一等大仁富明神

右大和国高市郡（郷イ）

（近本謙介）

後記

後藤昭雄先生が天野山金剛寺を訪ね、その所蔵する古典籍を拝見したのは、『天理図書館善本叢書和書之部五七 平安詩文残篇』（八木書店、一九八四年）所収の『本朝文粋』の解題のためだったと伺っている。同書の刊行後も調査は継続され、その成果は、後藤昭雄『金剛寺蔵 注好撰』（和泉書院、一九八八年）、同『平安朝漢文文献の研究』（吉川弘文館、一九九三年）に収められた諸論、当時の大阪大学における後藤先生の同僚であった東野治之氏（文化功労者、奈良大学名誉教授）による『金剛寺本 遊仙窟』（塙書房、二〇〇〇年）として示されている。金剛寺に伝えられた典籍・文書類については、明治時代以降、繰り返し調査が行われてきたが、それらの多くは古文書を対象としたもので、古写経や聖教・外典類の調査においても奥書の収集が主たる目的とされ、一部を除いてはその内容に及ぶものではなかった。金剛寺に所蔵される日本の文学や文化史を考える上で重要な古典籍が広く知られるようになったのは、右記の諸書を通してであろう。

一九九〇年代の半ばに、一切経の調査には人手が必要だということで、大阪大学の大学院の学生であった滝川幸司氏（京都女子大学）、箕浦尚美氏（同朋大学）と海野とで調査のお手伝いに同行した。少し遅れて、梶浦晋氏（京都大学人文科学研究所附属東アジア人文情報学研究センター）が加わり、落合俊典氏（国際仏教学大学院大学）、赤尾栄慶氏（京都国立博物館名誉館員）等の参加を得て、金剛寺一切経と聖教を対象とした総合的調査と検討とが進められてきた。

金剛寺に所蔵される一切経・聖教類総体の目録化を進める一方で、歴史的にも文化史的にもとくに重要と考えられる古典籍については、その内容についても検討を重ねてきた。『今昔物語集』の出典資料として貴重な『三宝感応要略録』についてははやくに輪読を行い、『金剛寺本『三宝感応要略録』の研究』（勉誠出版、二〇〇七年）として刊行しており、古写経については日本古写経善本叢刊（国際仏教学大学院大学）という形で既にその成果が示されているが、文学や芸能に関わる資料や重書についても学術学界に公開する計画を立て、金剛寺の前の座主で真言宗御室派元管長・総本山仁和寺第四七世門跡であらせられました故堀智範猊下にお願いし、ご快諾を得て準備を進めてきた。本叢刊はそうした活動の成果の一部である。

二〇一七年に刊行いたしました天野山金剛寺善本叢刊第一期に引き続き、第二期の刊行におきましても、天野山金剛寺座主堀智真師には多大なるご支援を賜りました。記して深く御礼申し上げます。また、金剛寺の皆様には資料の出納や調査場所の調整をはじめ様々にお世話になりました。重ねて深く御礼申し上げます。

＊　＊　＊

本叢刊は、「金剛寺聖教・文書類を基盤とした社寺ネットワークの解明とその蔵書史的研究」（科学研究費補助金基盤研究（B）課題番号15H03186、期間二〇一五年―二〇一八年、代表者 海野圭介［国文学研究資料館］）による成果の一部を、日本学術振興会の平成二九年度研究成果公開促進費（課題番号17HP5032、代表者 後藤昭雄）による助成を受けて刊行するものであるが、それに前接する、「金剛寺一切経の総合的研究と金剛寺聖教の基礎的研究」（科学研究費補助金基盤研究（A）、課題番号15202002、期間二〇〇三年―二〇〇六年、代表者 落合俊典［国際仏教学大学院大学］）、「真言密教寺院に伝わる典籍の学際的調査・研究――金剛寺本を中心に――」（科学研究費補助金基盤研究（B）、課題番号19320037、期間二〇〇七年―二〇一〇年、代表者 後藤昭雄［成城大学］）、「金剛寺所蔵典籍の集約的調査と研究――聖教の形成と伝播把握を基軸として――」（科学研究費補助金基盤研究（B）、課題番号23320054、期間二〇一一年―二〇一五年、代表者 後藤昭雄）による成果の一部を継承している。なお、第一期二巻、第二期三巻の刊行に際しては、勉誠出版株式会社編集部の吉田祐輔氏の御尽力を賜った。記して謝意を示したい。

海野圭介

監修

後藤昭雄（ごとう・あきお）
大阪大学・名誉教授、成城大学・元教授

執筆者

赤尾栄慶（あかお・えいけい）
京都国立博物館・名誉館員

宇都宮啓吾（うつのみや・けいご）
大阪大谷大学・教授

海野圭介（うんの・けいすけ）
国文学研究資料館・准教授、総合研究大学院大学・准教授

勢田道生（せた・みちお）
大阪大学大学院・准教授

近本謙介（ちかもと・けんすけ）
名古屋大学大学院・准教授

天野山金剛寺善本叢刊　第二期
第五巻　重書
（平成二十九年度日本学術振興会科学研究費補助金「研究成果公開促進費」助成出版）

監修　後藤昭雄
編者　赤尾栄慶　宇都宮啓吾　海野圭介
発行者　池嶋洋次
発行所　勉誠出版㈱
〒101-0051 東京都千代田区神田神保町三―一〇―二
電話　〇三―五二一五―九〇二一㈹

二〇一八年二月二十日　初版発行

印刷
製本　太平印刷社

【三冊揃】 ISBN978-4-585-21212-6 C3015

天野山金剛寺善本叢刊 第一期 〔二冊揃〕

【監修】……後藤昭雄

本体三二〇〇〇円(+税)・二〇一七年二月刊行

収録典籍

一巻◎漢学

〔編集〕…後藤昭雄・仁木夏実・中川真弓

全経大意(鎌倉時代写)
文集抄 上(建治二年〔一二七六〕写)
楽府注少々(室町時代末期写)
本朝文粋 巻第八(南北朝時代写)
本朝文粋 巻第十三(鎌倉時代写)
円珍和尚伝(寛喜二年〔一二三〇〕写)
明句肝要(鎌倉時代写)

二巻◎因縁・教化

〔編集〕…荒木浩・近本謙介

教児伝(応永二十八年〔一四二一〕写)
天台伝南岳心要(正安元年〔一二九九〕写)
聖徳太子伝記(南北朝時代写)
〔佚名孝養説話集〕(室町時代初期写)
〔左近兵衛子女高野往生物語〕(室町時代後期写)
〔無名仏教摘句抄〕(宝治元年〔一二四七〕写)
花鳥集(永和二年〔一三七六〕写)

◎第一巻…七八四頁◎第二巻…五七六頁(口絵各八頁)